湖里年鉴

2021

厦门市湖里区人民政府办公室　编

方志出版社
Publishing House of Local Records

图书在版编目(CIP)数据

湖里年鉴.2021/厦门市湖里区人民政府办公室编.
—北京:方志出版社,2021.12
ISBN 978-7-5144-5046-0

Ⅰ.①湖… Ⅱ.①厦… Ⅲ.①区(城市)—厦门—
2021—年鉴 Ⅳ.①Z525.74

中国版本图书馆CIP数据核字(2021)第274157号

湖里年鉴(2021)

编　　者:厦门市湖里区人民政府办公室
责任编辑:刘方圆

出 版 者:方志出版社
地址　北京市朝阳区潘家园东里9号(国家方志馆4层)
邮编　100021
网址　http://www.zgfzcb.cn
发　　行:方志出版社图书经销中心
电话(010)67110500
经　　销:各地新华书店
印　　刷:福州力人彩印有限公司

开　　本:889×1194　1/16
印　　张:17.75　插页:16
字　　数:643千字
版　　次:2021年12月第1版　2021年12月第1次印刷
印　　数:001～700册

ISBN 978-7-5144-5046-0　**定价**:280.00元

《湖里年鉴（2021）》主编、副主编成员

主　　编　曹荣宝
副 主 编　胡振强
执行主编　张宪敏

《湖里年鉴（2021）》编辑室成员

总　　纂　张宪敏
编　　辑　张宪敏

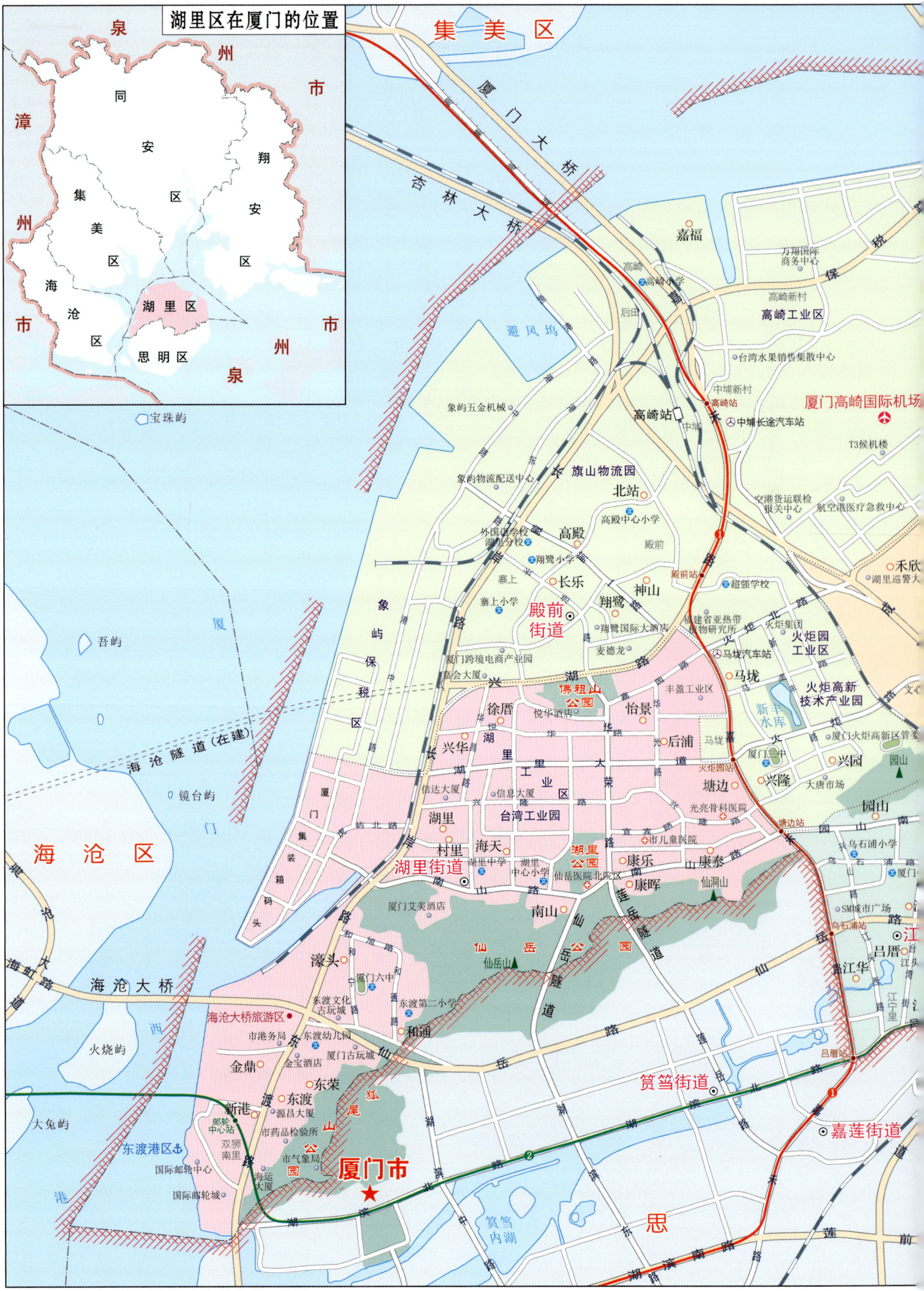

精位大辰数字科技（厦门）有限公司　编制

湖里区地图

审图号：厦S[2021]05号　比例尺 1：40 000　资料截至2020年12月

厦门经济特区发祥地 40 年辉煌成就

1980 年 10 月 7 日，国务院同意在湖里划出 2.5 平方千米建设经济特区。1981 年 10 月 15 日，经济特区建设第一炮打响，宣告厦门经济特区建设启动。40 年来，湖里区作为厦门经济特区发祥地发生翻天覆地的变化。

1981 年 10 月 15 日，在第一声开山炮响后，厦门经济特区建设启动

（厦门经济特区纪念馆供图）

厦门经济特区引进的第一家外资企业——印华地砖厂　　（赵建军　摄于 2002 年）

经济发展

2003 年起，湖里区开始实施“腾巢换凤”和发展飞地经济的战略，湖里区外迁传统工业。湖里工业区转型，老厂房迎来新机遇，建成“特区·1980”湖里创意产业园，由联发东南新天地、联发华美空间、联发文创口岸、海峡设计文创园等 7 个相对成熟的主题园区组成。2007 年，湖里区行政中心东移，加快东部地区建设步伐，东西部共同发展。2020 年，三次产业的比重为 0：39.1：60.9，其中第二、第三产业增加值为 545.65 亿元、850.09 亿元，分别比上年增长 3.2% 和 8.7%。其中增长较快的行业是房地产业、批发和零售业、建筑业，比上年分别增长 34.4%、17.9%、9.8%。湖里区地区生产总值（GDP）总量 1395.7 亿元，财政总收入 259.3 亿元，是 1988 年收入的 8284 倍；每平方千米 GDP 18.9 亿元，全国排名前 20 位；人均 GDP 12.6 万元，全国排名前 30 位。

湖里创新园　　（吴伟　摄于 2013 年 7 月 23 日）

2020年，湖里区航空航天器修理业有规模以上工业企业9家，完成产值84.91亿元。图为厦门太古飞机工程有限公司维修车间（刘星　摄于2017年11月1日）

2020年，湖里区计算机、通信和其他电子设备制造业有企业44家，完成工业总产值1335.52万元，年平均用工35373人，是湖里区主要支柱产业。图为戴尔生产车间（湖里工信局供图　摄于2005年）

2020 年 8 月，厦门飞鱼科技有限公司总部大楼竣工　　（湖里工业园区管委会供图）

2014 年 12 月 20 日，厦门跨境电商产业园开园　　（湖里工业园区管委会供图）

厦门现代物流园

2020 年 10 月 24 日，砂之船（厦门）奥特莱斯综合商业中心营业，项目涵盖商业、办公、酒店、会展、码头五大功能

（金山街道供图）

（王火炎　摄于 2017 年 8 月）

▪ 基础设施建设 ▪

40 年来，湖里区形成海、陆、空立体交通网络。机场、港口、码头、铁路、货运站，与岛外通连的“四桥一隧”均在辖区内，初步形成以海运为主，空运、陆运相辅的交通格局。

1983 年，厦门高崎国际机场建成，2020 年，该机场开通境内外航线 182 条。图为 T3 航站楼

（吴贤宾　摄于 2019 年 5 月 7 日）

厦门海天码头　　（周日清　摄于 2020 年 7 月 17 日）

2010 年 4 月 26 日，中国大陆第一条海底隧道——厦门市翔安海底隧道建成通车。图为位于湖里区一侧的翔安隧道入口

（李鸾汉　摄于 2010 年 4 月 26 日）

建设中的地铁 2 号线

（潘介东　摄于 2017 年 3 月 15 日）

▪ 城市建设 ▪

40 载风雨兼程，作为厦门经济特区发祥地的湖里区，加快城区建设步伐，分批推进西部老旧小区、旧工业区等改造，加速东部整村拆迁、集中安置，湖里区逐渐变身为高素质、高颜值、现代化、国际化的中心城区。

开发建设中的湖里南部生活区　　（刘金镖　摄于 1983 年）

湖里南部生活区新貌　　（区文旅局供图　摄于 2017 年）

2020 年 10 月，东宅安置房通过竣工验收　　　　　（区建设局供图）

高殿社区立面改造后新貌　　　　（胡康强　摄于 2017 年 8 月 7 日）

生态环境建设

2002 年，厦门市委、市政府启动五缘湾片区生态修复与综合开发工作。实行整村收储、整体改造，建设城市绿地和街心公园，增加城市绿化覆盖率。全面清退内湾鱼塘和盐田，还海面积约 1 平方千米；在外湾清礁疏浚 73.88 万立方米，拓展海域约 1 平方千米。水质接近Ⅰ类海水水质标准，海洋生态系统得到恢复。片区内建成 1 处中华白海豚救护基地、厦门市栗喉蜂虎自然保护区和 10 余座无人生态小岛，吸引 90 多种野生鸟类觅食栖息，生物多样性的特征逐步显现。2020 年，五缘湾片区生态修复与综合开发案例入选自然资源部第一批生态产品价值实现典型案例。

厦门新客厅、城市绿肺——五缘湾

五缘湾海域生态环境改善，国家一级保护动物——中华白海豚重现该海域

（何松青　摄于 2020 年 12 月 9 日）

（黄嵘　摄于 2020 年 6 月 3 日）

人民生活

40年来，湖里区始终坚持以人民为中心，持续增进民生福祉。大力发展教育事业，逐年增加一般公共预算教育支出，加快建设现代化教育强区。实施文化惠民工程，促进文化事业繁荣发展，加快建设“健康湖里”“爱心湖里”，引进复旦中山医院、弘爱医院等高端医疗机构。

复旦大学附属中山医院厦门医院　　（杨惠婷　摄于2021年6月21日）

2020年9月1日，湖里区特殊教育学校——厦门嘉禾学校开办。图为该校运动康复训练室

（区教育局供图）

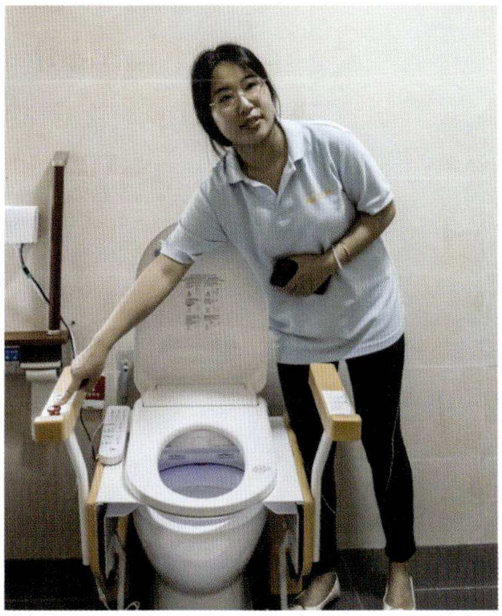

2020 年 12 月 1 日，金山街道养老服务照料中心对外营业。该中心提供食宿、娱乐、医疗、养老和护理一站式服务　　（黄苹　摄于 2021 年）

湖里扶贫攻坚

2014—2020 年，湖里区与甘肃省临夏回族自治州东乡族自治县开展东西部扶贫协作，加大人才、资金、产业、劳务等方面的协作力度，开展全方位、多层次、宽领域扶贫协作和对口帮扶。7 年间，厦门市、区两级投入资金 4.82 亿元，帮助东乡县引进企业 8 家，援建扶贫车间 36 间，就近就地解决就业约 5000 人，输送劳动力到厦门就业 3366 人。2020 年 11 月 21 日，经甘肃省人民政府批准，东乡县退出全国贫困县序列。湖里区帮助东乡县脱贫的同时，还帮扶省内南平市浦城县、宁夏回族自治区泾源县等地，每年给予资金帮扶或人才支持。

▪ 产业扶贫 ▪

2012 年，湖里区与浦城县开展山海协作，共建产业园区——浦潭生物产业园

（区工信局供图　摄于 2020 年 7 月）

厦门东西协作引进到甘肃省东乡县的厦临远达服饰有限公司生产车间

（区档案局供图　摄于 2019 年 9 月）

东西协作引进企业爱福现代农业有限公司在东乡县龙泉镇拱北湾村建设香菇种植基地，为东乡培育香菇种植产业

（区工信局供图　摄于 2019 年）

东乡县厦门林项目由厦门市湖里区援助 1000 万元，在东乡县折红路沿线种植杏树、啤特果等经济林 178.93 万平方米，实现扶贫与改善生态相结合

（区工信局供图　摄于 2020 年）

厦临中达陈何车间位于东乡县陈何村，由湖里区援建，面积 1300 多平方米，主要开展马铃薯等食品加工，吸纳当地就业人员 38 人

（区工信局供图　摄于 2020 年）

2018 年 5 月 31 日，湖里区教师进修学校第二附属小学支教老师陈登连（右）在东乡县锁南民族小学指导教研活动　　（区教育局供图）

由湖里区援助 180 万元、厦门豪客来集团捐助 60 万元新建的东乡县豪客来希望小学，设有 6 个年级 6 个教学班，在校学生 181 名　　（林铭鸿　摄于 2020 年 5 月 14 日）

2020 年 8 月 27 日，厦门市湖里区结对帮扶东乡县学科教师线下交流活动开班仪式在东乡县幸福学校举行 （湖里区教育局供图）

2020 年 8 月 28 日，厦门市湖里中学化学教师陈美钗为东乡县教师举办“单元整体教学研究”讲座 （湖里区教育局供图）

2018 年 2 月 16 日，福建省南平市浦城县中医院投入使用，该医院由湖里区捐赠 3400 万元对口帮扶资金援建

（区工信局供图）

2020 年 2 月 18 日 ，湖里区向东乡县捐赠一辆负压式转运型救护车

（柳子昂　摄）

2020 年 5 月，湖里区妇幼保健院与东乡县妇幼保健院举办远程会诊启动仪式

（区妇幼保健院供图）

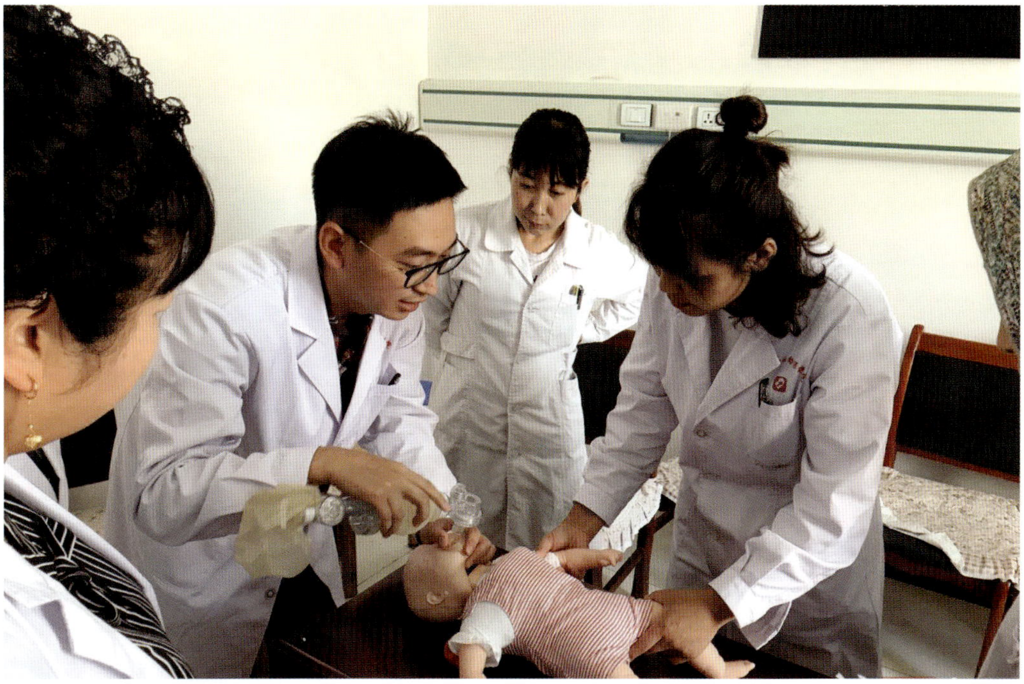

2020 年 8 月 12 日，湖里区妇幼保健院医生张志强为东乡县医生讲解并演示新生儿窒息复苏技术　　（区妇幼保健院供图）

2020 年 9 月 3 日，湖里区妇幼保健院医生张志强为东乡县群众义诊　　（区妇幼保健院供图）

2020 年 12 月 16 日，东乡县妇幼保健院一行到湖里区妇幼学习交流　　（区妇幼保健院供图）

疫情防控

2020 年，新冠肺炎疫情突如其来，湖里区投入 1.45 万名党员干部、2 万多名志愿者，严防死守，外防输入，内防反弹，辖区疫情得到有效控制。4 月 13 日起实现本地病例全面清零，湖里区疫情防控取得阶段性胜利。

2020 年 2 月 13 日，湖里区委书记林建（中）到江头街道检查疫情防控工作

（江头街道供图）

2020 年 2 月 4 日，湖里区区长林重阳（右）带队到钟宅社区检查疫情防控情况

（区档案局图）

2020 年 2 月 24 日，湖里区纪委监委派驻第三纪检组到吕厝社区检查疫情防控物资发放台账及资金使用情况

（区纪委监委供图）

2020 年 2 月 8 日，殿前街道兴园社区防疫志愿者在雪梨星光小区入口对出入人员进行信息登记和体温测量

（殿前街道供图）

2020 年 2 月 9 日，厦门市中医院第二批援鄂医疗队 20 位医护人员在该院举行出征仪式　（中医院供图）

2020 年 2 月 13 日，湖里区红十字会工作人员在区行政中心接收疫情防控爱心捐赠物资

（区红十字会供图）

2020 年 2 月 21 日，湖里区殿前派出所民警肖光鸿在高殿大厦防疫卡点为群众采集照片，核查信息

（殿前派出所供图）

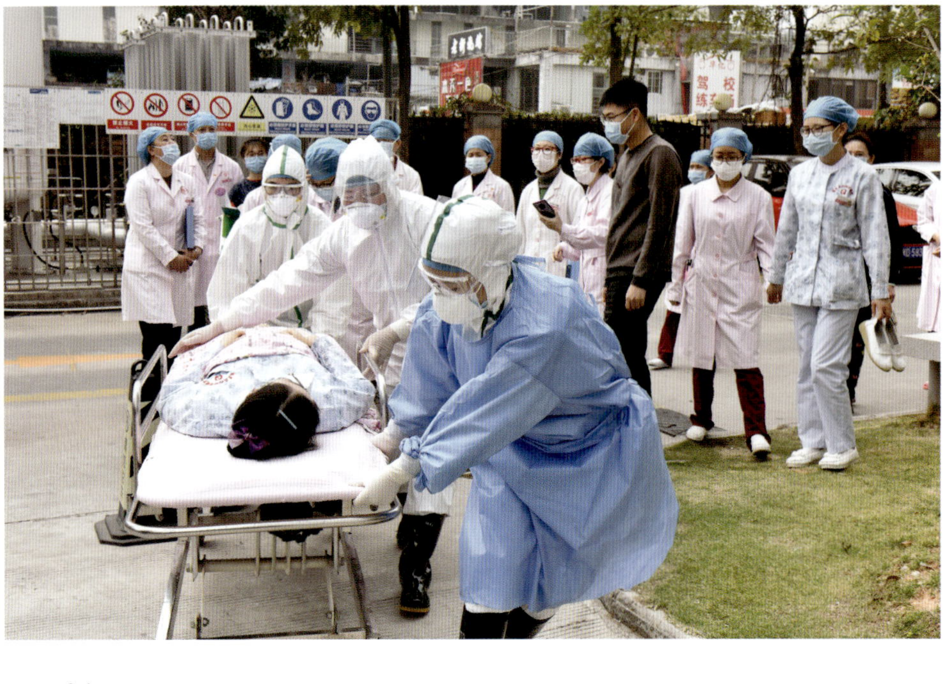

2020 年 3 月 1 日，湖里区妇幼保健院开展发热孕妇急产急救转诊演练　　（区妇幼保健院供图）

2020 年 4 月 2 日，湖里区机场分流专班工作人员在高崎国际机场参与入境检查

（区人社局供图）

2020 年 4 月 26 日，湖里区在诺斯蒂体育公园慰问援鄂医护人员 （区档案局供图）

2020 年 5 月 22 日，湖里区口岸水运专班工作人员在石湖山码头检查境外航线货轮入境人员 （区商务局供图）

数读湖里

- 湖里区下辖 5 个街道、55 个社区居委会，年末常住人口 1036974 人，年末户籍人口 378797 人。
- 地区生产总值 1395.75 亿元，第二产业增加值 545.65 亿元，第三产业 850.09 亿元，三次产业的比重为 0 ：39.1 ：60.9。

  全区规模以上工业企业 232 家，规模以上工业总产值 1724.92 亿元。
- 财政总收入 259.34 亿元，其中区级财政收入 51.05 亿元，教育支出 14.68 亿元。
- 社会消费品零售总额 472.94 亿元。
- 实际利用外资 22.56 亿元。
- 金融保险业实现增加值 115.76 亿元。
- 房屋施工面积 575.7 万平方米，房屋竣工面积 108.35 万平方米，商品房销售面积 96.98 万平方米。
- 专利授权数 5308 件。
- 城镇居民人均可支配收入 60263 元，居民人均消费支出 36026 元。
- 完全中学 1 所，在校学生 3662 人，普通初中 5 所，在校学生 10942 人，九年一贯制学校 9 所，在校学生 13817 人，小学 36 所，在校学生 44145 人，幼儿园 164 所，在园 37930 人。

编辑说明

一、《湖里年鉴》是由湖里区人民政府主办、湖里区人民政府办公室承编的地方综合性年鉴。自 2014 年逐年编纂并公开出版。一年一卷，2021 卷为第 8 卷。

二、《湖里年鉴》以马克思列宁主义、毛泽东思想、邓小平理论、“三个代表”重要思想、科学发展观、习近平新时代中国特色社会主义思想为指导，坚持辩证唯物主义和历史唯物主义的立场、观点和方法，存真求实，全面、客观、系统地记述区域发展情况。

三、《湖里年鉴（2021）》主要记载 2020 年 1 月 1 日至 12 月 31 日湖里区自然、政治、经济、文化、社会发展情况。书中“年内”或“是年”均指 2020 年。书中涉及其他年份的时间，均标明年份。

四、《湖里年鉴（2021）》采用分类编辑法，设置类目、分目、子目、条目 4 个层次，以条目为记述的基本形式。全书条目标题统一用蓝色黑体加【 】表示，个别包含多方面内容的条目，用楷体加层次性小标题提示，方便阅读查阅。全书设专记、大事记、区情概览、中共厦门市湖里区委员会、厦门市湖里区人民代表大会、厦门市湖里区人民政府、政协厦门市湖里区委员会、纪检·监察、民主党派与工商联、群众团体、法治、军事、外事·侨务·台湾事务、应急管理、城市建设与管理、生态环境建设、经济管理、工业、交通·物流·商贸服务业、财政·税务、教育、科学技术、文化·旅游·体育、卫生健康、社会民生、街道、人物·荣誉、附录。

五、《湖里年鉴（2021）》记述的单位和机构名称，首次出现时使用全称，括注其简称，以后再次出现均使用简称。

六、《湖里年鉴（2021）》人物类目中辑录的湖里区级领导人、区直机关、群众团体、街道、工业园区管委会、国有企业等领导干部名录均由区委组织部提供。先进人物和先进集体收录 2020 年被授予市级以上表彰的个人和集体。

七、《湖里年鉴（2021）》入鉴资料大部分由各撰稿单位提供，部分由区政府办负责编纂年鉴的人员收集。文字稿经由各单位审核并加盖公章。各单位报送的文字稿中的数据因统计口径不同，与统计数据不一致时，以统计数据为准。

八、《湖里年鉴（2021）》配备双重检索系统：书前设有详细目录，书后配有索引，索引按汉语拼音字母顺序排列。

九、封面封底设计：厦门鼎元方志文化传媒有限公司

目　录

专　记

大事记

区情概览

中共厦门市湖里区委员会

厦门市湖里区人民代表大会

厦门市湖里区人民政府

政协厦门市湖里区委员会

纪检·监察

民主党派与工商联

群众团体

法　治

军　事

外事・侨务・台湾事务

应急管理

城市建设与管理

生态环境建设

经济管理

工　业

交通・物流・商贸服务业

财政・税务

教　育

科学技术

文化·旅游·体育

卫生健康

社会民生

街　道

人物·荣誉

附　　录

索　　引

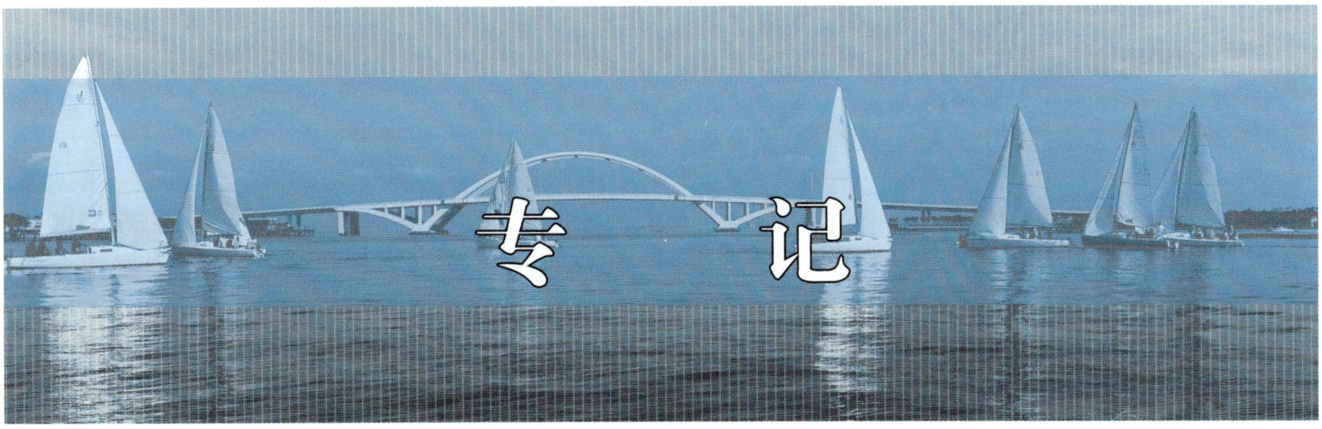

湖里区“十三五”经济社会发展

“十三五”期间（2016—2020年），湖里区积极应对复杂严峻的外部发展环境，主动对接厦门高素质、高颜值现代化、国际化城市建设，按照高质量发展要求，着力挖潜力、扩增量、优存量，综合经济实力显著增强，城区面貌焕然一新，生态环境持续优化，社会各项事业全面进步，人民生活水平不断提高。

一、发展成效

（一）经济发展持续向好

经济发展稳中有进，“十三五”期间国内生产总值年均上升8.1%；规上工业增加值年均上升7.1%；财政总收入从154.5亿元增长至259.34亿元，年均上升8%，其中区级财政收入从42.3亿元增长至51.05亿元，年均上升3%；限上批发零售贸易业销售总额从2166.7亿元增长至约7600亿元，年均上升28%；社会消费品零售总额从350.5亿元增长至约470亿元，年均上升6%；固定资产投资年均上升14.3%。

（二）产业升级稳步推进

全区规上工业总产值年均上升8.5%。高技术产业增加值占全区规上工业增加值的77.1%。平板显示、计算机通信设备、航空产业等先进制造业稳步发展，计算机和通信设备制造业产值实现千亿元规模。以交通运输和商贸物流为主的现代服务业加快发展。第三产业增加值占国内地区生产总值的57.6%，比2015年提高3个百分点。金融服务业占比不断提升。软件信息、创新创意等新兴产业蓬勃发展，湖里创新园、五缘湾营运中心、五通金融商务区等园区不断发展壮大。全区上市企业和新三板挂牌企业28家，上市后备企业37家。

（三）创新驱动深入实施

深入实施创新驱动战略，全社会研发投入41.5亿元，占国内地区生产总值的3.2%。每万人发明专利拥有量24.2件，达到国内创新型城市水平。创新载体不断集聚，建成众创空间国家级6家、省级8家、市级40家、区级43家；国家级科技企业孵化器2个，市级科技企业孵化器5个。创新主体得到凸显，高新技术产业发展迅速，有国家高新技术企业286家、市级高新技术企业428家。

（四）城区品质持续提升

城市更新加快推进，全面统筹规划、征拆、招商、建设、运营等改造系统工程，用好“指挥部+街道+国企+社区”的改造开发机制，湖里东部七大片区、北部高崎机场片区等重点区域开发和功能提升为区域新一轮发展提供重要的战略储备空间。城区建设管理水平持续提高，“大城管”体系建设逐步完善，“大城管委+企业市场化运营”体制持续健全，“数字湖里”公共管理集成平台升级改造加快推进，公共管理事件处置高效便捷。城市建设工作成效显著，完成4个安置房项目建设，协调推进社区发展用地项目15个，完成改造老旧小区39个，惠及居民1.3万户。交通出行和停车难的问题得到有效改善。

（五）改革开放持续深化

开放优势持续累积，营商环境排名全市前列，行政效能不断提升，完成新一轮政府机构改革，启动政务服务“一窗受理、集成服务”改革，“一趟不用跑”事项占79.7%，工程建设项目审批网上办理100%，建立“街道吹哨，部门报到”的联动机制。主动融入海上丝绸之路建设，积极推动辖区企业“走出去”。对台交流成效显著，经贸合作更加深入，引进台资企业项目631个，总投资5.1亿美元；率先在全市出台《鼓励和支持台湾青年创业实施办法》，新增台青创客家等海峡两岸青年创业基地。

（六）生态文明建设扎实推进

推进第二轮中央生态环保督察反馈问题整改，在全市率先办结销号中央督察组交办的40件信访件。污染天气应急响应和防控机制不断完善，空气质量优良天数居全国前列。全面推行“河（湖）长制”，埭辽湖地表水水功能区达标率100%，湖边水库稳定达到Ⅲ类水水质。强化土壤重点行业企业监管，垃圾分类工作在全国住建系统精神文明建设工作会上作为全国先进典型予以推广，危险废物规范化管理水平逐年提升。完成薛岭山、虎头山、寨上等新建公园建设，改造提升五缘湾湿地公园、仙岳公园、火炬公园、埭辽公园等一批公园。率先在全市完成海域退养，五缘湾片区生态修复与综合开发成为自然资源部推荐的生态产品价值实现典型案例。

（七）社会民生加快发展

对口帮扶精准有效，拨付省内外6个对口帮扶地区各项帮扶资金突破1亿元，助力甘肃省东乡县实现脱贫，助力脱贫摘帽的浦城县经济社会持续健康发展。公共服务不断扩容提质，获全国健康促进区、福建省“教育强区”、国家级妇幼健康优质服务示范区等称号。新增义务教育学位8130个，中考学业质量位居全市各区前列。分级诊疗和基层医疗卫生服务体系覆盖率逐步提高，新建一批综合性医院和专科医院。文体事业蓬勃发展，“惠和石文化”“凤飞服饰”等文化品牌加快打造。全民健身活动发展成效明显，山海健康步道全线贯通。社会保障体系持续完善，社会保险基本实现应保尽保，试点“智慧健康养老”，平均每千名老人养老床位达到78张。就业服务不断加强，完成城镇失业人员再就业100972人。居民收入水平稳步提高，城镇居民人均可支配收入57995元。

（八）社会治理稳步提升

开展扫黑除恶“六清行动”（线索清仓、逃犯清零、案件清结、伞网清除、黑财清底、行业清源、业绩清单），涉恶团伙查办数、打财断血金额等主要工作成效指标位居全市前列。创新“10+2+5”重点行业领域突出乱象问题整治工作模式。全面启动安全生产三年行动，生产安全事故起数同比大幅下降。扎实创建平安湖里，群众安全感率排名首次进入全省各区县前十位。坚持党建引领，完善“1+4+N”小区治理体系，在全省率先出台加强小区业委会规范化建设10条措施。探索完善多元化纠纷解决机制，持续深化访调对接、诉非联动和驻公安派出所调解室建设。

（区发改局供稿）

助力东乡县打赢脱贫攻坚战

2010年，厦门市与甘肃省临夏回族自治州确定东西部扶贫协作关系，2014年，湖里区与东乡县开始开展东西部扶贫协作。2014—2020年，湖里区委、区政府认真贯彻落实习近平总书记关于脱贫攻坚和东西部扶贫协作的系列重要讲话精神，加强组织领导，持续加大人才、资金、产业、劳务、消费扶贫、携手奔小康等方面的协作力度，形成全方位、多层次、宽领域的扶贫协作和对口支援格局。

一、东乡族自治县县情简介

东乡县是全国唯一以东乡族为主体的少数民族自治县，全县辖8镇16乡、215个行政村（其中，贫困村159个）、14个社区、1893个社，总人口31.47万人，其中东乡族27.67万人、占87.9%；全县总面积1510平方千米，耕地面积245平方千米、人均耕地仅为780平方米，其中山旱地占87.3%；全县海拔1735～2664米，年均降水量535毫米左右，年蒸发量1437毫米；境内山大沟深、自然资源匮乏，经济社会发展严重滞后，脱贫攻坚难度大。2019年，全县完成生产总值32.7亿元，固定资产投资13.27亿元，一般公共预算收入9465万元，社会消费品零售总额3.04亿元，农村居民人均可支配收入5906元，城镇居民人均可支配收入21165元。

东乡县是甘肃省58个集中连片特困片区县和23个深度贫困县之一，是甘肃省脱贫攻坚的主战场，有着“全国脱贫看甘肃、甘肃脱贫看临夏、临夏脱贫看东乡”之说。2013年2月3日，中共中央总书记习近平到东乡视察调研，作出“把水引来，把路修通，把新农村建设好，让贫困群众尽早脱贫，过上小康生活”的重要指示。近年，东乡县委县政府坚持把脱贫攻坚作为首要工程，抢抓各类帮扶机遇，咬定目标任务，坚定信心决心，攻坚克难，全力打赢打好脱贫攻坚战，2020年11月21日，经甘肃省人民政府批准，东乡县如期退出全国贫困县序列，贫困发生率从2013年年底的38.69%下降到0，特别是2019年、2020年，全县贫困村退出146个，占贫困村总数的91.82%。

二、东西协作情况

2014—2020年，湖里区与东乡县两地加强互访交流，共建协作机制。据不完全统计，市、区两级累计投入财政和社会帮扶资金4.82亿元，实施产业发展、教育、住房、饮水、健康扶贫、挂牌督战等190个项目；先后派驻挂职干部5人，教师、医生、农业等专业技术人才114人，在厦门培训东乡县党政干部、教师、医生、专技人才482人次，湖里区教师、医生等专业技术人才在东乡县开展各类培训155期4426人次；输送贫困劳动力到厦门就业3366人次，实现就近就地就业和输转第三地建档立卡户7014人次，培训贫困劳动力提高岗位技能1945人次；为东乡县引进企业8家（含厦临公司），总投资额近亿元，吸纳建档立卡户就业及利益联结带贫2476人次；采购农特产品2700多万元、带动贫困人口增收3200多人次，援建扶贫车间36间、吸纳就近就业2441人，其中建档立卡户987人；构筑“县区结对、镇街结对、村居结对、村企结对、村社（社会组织）结对”的“五级结对”格局。市、区企业、社会组织、街道、社区、学校、医院、工会与东乡县5个贫困乡镇、134个贫困村、10所学校、13所医院、工会结对帮扶，落实帮扶资金6500多万元（含捐赠物资）。

三、2019—2020年东西协作主要工作

2019—2020年是决战决胜脱贫攻坚关键之年、收官之年。厦门市、湖里区两级加大对东乡的帮扶力度，全力助力东乡县打赢打好脱贫攻坚战。

（一）坚持高层互访共商机制。湖里区党政主要领导林建、龚建阳、林重阳，分管领导戴乐生、陈仲谋等先后到东乡县，考察调研扶贫车间、学校建设情况，走村入户慰问贫困群众，并与东乡县委、县政府召开党政联席会议、座谈会，共商议定东西部扶贫协作事宜，为推进东西协作提供强有力的组织保证。区直各部门、各街道、企业、社会团体、社区等严格落实区委、区政府关于开展东西协作年度工作要求，深入东乡县各乡镇、各村实地调研了解，开展结对帮扶工作。

2年内，到东乡县对接工作525人次，其中党政干部200人次，专业人才71人次，企业227人次，社会组织27人次。

（二）人才支援提升“造血”能力。厦门市、湖里区还先后选派支医、支教、支农等专技人才74人（其中教师32人、医生23人、农技8人、科技4人、文旅4人、社工2人、建设1人）。支教支医教师和医生在全县学校、医院开展辅导培训活动155期，培训4426人次。湖里区委组织部、区教育局、区卫健局等部门主动对接东乡县相关职能部门，通过承办辅导培训班、跟岗锻炼等形式，组织开展对东乡县党政干部进行业务技能综合素质培训210人，其中，党政干部174人、医生20人、教师16人。通过学习培训，东乡县的干部人才接受新观念、开拓新视野，提高自身政治理论能力和业务水平。

（三）资金支持助力脱贫攻坚。一是财政帮扶资金大幅增加。2019—2020年，投入财政帮扶资金35469.72万元，是2014—2018年帮扶资金的2.53倍，位列全国东西部扶贫协作单县财政帮扶资金第一，资金精准用于134个项目建设，截至年底，各项目均完成，并发挥良好的带贫效应，特别是在教育和医疗扶贫方面，安排资金1.3亿元，用于新建、改扩建34所学校，其中寄宿制学校20所，解决东乡县孩子上学远、上学难问题；安排资金1400万元，建设3所乡镇卫生院、79个村卫生室，实施微医互联网项目建设，既解决东乡县群众看病远、看病难问题，又使东乡县老百姓在县里就可通过互联网获得全国各地名医的诊治。二是社会帮扶资金持续增长。区总工会、区工商联、区慈善会等部门积极参与、组织引导企事业单位、社会组织、社区等，通过结对帮村、开展扶贫献爱心活动，向东乡县贫困乡村和贫困群众捐资捐物，开展社会帮扶活动，两年募集社会帮扶资金4515万元（含捐赠物资），主要用于选聘公益性岗位、学校建设、牛羊养殖、环境整治等。

（四）产业合作助推经济发展。一是开展招商引资。2019—2020年，新增招商引资爱福现代农业、厦临远达服饰、中达食品加工、厦临湖东箱包、绿百合解农、厦临轻工产业6家企业，产业涉及香菇种植、服装、马铃薯加工、箱包织造、高原夏菜种植、清真火腿肠生产等，吸纳带动贫困人口就业增收695人，利益联结带贫875人。二是加强消费扶贫工作。两年湖里区累计采购临夏州农特产品价值2695万元，带动建档立卡贫困户增收3199人次。三是重视扶贫车间建设。两年累计新建成28个东西协作扶贫车间，主要生产雨伞、服装、毛衣、薯条、箱包等，吸纳就近就业2441人，其中建档立卡户987人，拓宽了当地贫困人口，特别是贫困妇女就近就业增收渠道。

（五）劳务协作拓宽增收渠道。一是大力推动劳务输转。2019—2020年，湖里区人社局先后组织厦门睿和电子、华联电子、大洲新燕、立达信光电、多喜乐、绿百合、芯阳科技、亨国精机等湖里区企业提供岗位3591个，定向招聘东乡县贫困劳动力到厦门就业，累计招聘东乡籍建档立卡贫困户到厦门务工1179人次，输转第三地和就近就业7014人。二是积极开展技能培训。整合东乡县当地资源组织就地培训1278人，其中，汽车驾驶员650人，扶贫车间岗位技能提升培训378人，挖掘机及装载机技术培训250人。创业致富带头人培训177人，成功创业72人，带动贫困人口280人。

（六）携手推进高质量奔小康。一是强化贫困村结对帮扶。在2018年结对帮扶20个贫困村基础上，2019—2020年，拓宽结对帮扶覆盖面，新增结对贫困村114个，结对贫困村累计达134个，占全县159个贫困村总数的84.28%，特别是2020年，为助力东乡县挂牌督战村实现脱贫，市、区新增发动企业和社会组织79个，叠加结对挂牌督战村38个，重点帮扶解决挂牌督战村教育、医疗、产业等问题。2019—2020年结对帮村资金4412万元，重点用于结对村招聘未脱贫户从事公益性岗位、卫生室建设、完善学校配套设施、扩大牛羊养殖等，切实帮助解决贫困村实际困难和问题。二是持续开展多方位结对帮扶。区教育局精选湖里中学、金安小学等10所小学与东乡县幸福学校等10所小学开展结对帮扶，并根据东乡所需，专门组织语文、数学、化学等学科教师50多人赴东乡县，对所结对学校的老师开展业务培训。东乡县湖里希望小学借助厦门亿联网络公司捐赠的远程教学视频设备，与湖里区金安小学实现两地远程教学互联，使东乡孩子通过线上课堂在湖里“上课”。湖里区妇幼保健院、殿前街道卫生服务中心等6所医院结对帮扶东乡县妇幼保健院、龙泉卫生院等13所医院，并先后派出医生10多名，到所结对地开展诊疗活动，通过示范带动，提升结对帮扶医院的诊疗水平。湖里区总工会继续与东乡县总工会“结对子”，援助资金106万元，用于东乡县建设10个“职工之家”以及开展职工职业技能素质提升活动。

四、结对帮扶工作主要特点

（一）力度大

一是领导高度重视。湖里区

党政主要领导每年都亲自率队到东乡开展实地考察调研，召开党政联席会议或座谈会，共商议定帮扶措施。二是帮扶资金量大。2019—2020年，市、区两级财政和社会帮扶资金量超过3.4亿元，位列全国东西协作单县帮扶资金量第一。

（二）全方位

对照国扶办关于东西协作“六大”任务要求，按照“东乡所需、湖里所能、协作见效”的原则，围绕“组织领导、资金支持、人才支援、产业合作、劳务协作、携手奔小康”等内容，制定年度工作意见，明确责任单位、细化帮扶措施，实施全方位的帮扶。

（三）多层次

区委、区政府领导高度重视，亲自谋划，区工信、民政、建设、工商联等相关职能部门，国企、民企、社会组织，街道、社区、个人广泛参与，与东乡县、乡镇、学校、医院、工会、贫困村开展结对帮扶，形成多层次的结对帮扶格局。

（四）宽领域

紧扣助力解决东乡县短板问题，精准实施帮扶项目，帮扶资金重点投向“两不愁三保障”方面，项目涵盖义务教育、公共医疗、危房改造、安全饮水、企业招商、车间建设、劳务输转、技能培训、村间道路等各个领域。

（五）重创新

分别在东乡县折红路沿线、北岭乡大湾头村实施生态经济造林工程，把生态扶贫与产业扶贫结合起来；在厦临远达服饰、美佳雨具扶贫车间开展周末学堂，邀请支教老师、医生为车间工人授课，教授务工人员学写汉字、讲普通话，以及医疗卫生保健知识；引入微医“互联网＋医疗健康”项目，帮助建立县、乡（镇）、村三级远程诊疗网络，解决东乡县老百姓看病远、看病难问题，全力助力建设生态、智慧、健康新东乡。

（区工信局供稿）

新冠肺炎疫情防控

2020年，新冠肺炎疫情突如其来。在重大疫情面前，湖里区始终深入贯彻总书记习近平关于疫情防控工作的重要讲话、重要指示批示精神和上级决策部署，坚决打赢疫情防控的人民战争、总体战、阻击战。湖里辖区内汇聚着机场、码头、客运站、“四桥一隧”，是“海、陆、空”三域人员和物流的重要口岸集散地，是全国第三大口岸城市，进出口通道多。新冠肺炎疫情防控任务最重、责任大、风险也大。

一、主要做法

组织动员，严防扩散　湖里区及时成立区应对疫情工作指挥部，根据形势需要增设境外防控分指挥部，组建应对秋冬季疫情防控应急工作专班，建立机制，加强领导。组织14523名机关企事业单位党员干部下沉一线，全区482个小区党支部，均牵头成立疫情防控小组，组建党员突击队670支，吸纳志愿者2万多名，开展入户排查、测温登记、巡逻劝导等工作。防控工作取得阶段性重大成效。截至12月31日，累计报告确诊病例3例、无症状感染者1例，均为输入性病例且已治愈出院。3月28日起实现本地病例零新增、4月13日起实现本地病例全面清零。

严把关口，外防输入　湖里区严把入厦人员分流关，截至12月31日，机场累计接收航班3942班次，分流旅客17.96万人次，其中境外航班1359班次、旅客15.48万人次，境内航班2583班次、旅客2.48万人次；枋湖客运站检查车辆6.63万辆次，检测19.56万人次；辖区码头累计接运外贸货轮3283艘、773人次；嘉庚、钢宇体育馆分别分流5285人、2367人。严把定点酒店隔离关，先后设立19家定点隔离酒店，累计接收国内遭受疫情突袭区域入厦人员1.46万人次、境外人员5.86万人次。严把海上偷私渡防范关，组织警力及发动联防队、治安志愿者等社会治安力量3.41万人次，核查进出港船舶2.4万艘次，人员3.88万人次，筑牢严防海上非法入境“五道防线”。严把核酸检测关，关口前移、人物同防，截至12月31日，累计完成各类人员核酸、抗体检测31.5万份，其中8类重点保障人员及高中风险地区返厦人员、防疫工作人员等24.09万份（含国家规定的8类重点人群核酸及血清抗体检测20.68万份），公共场所服务人员7.41万份；累计入仓进口冷链食品1372批次31.23万件4901.09

吨，核酸检测采样 1308 批次 3167 件，出具报告 3145 份，均为阴性。区疾控中心核酸检测实验室于 9 月 30 日建成，10 月 12 日投入使用，截至 12 月 31 日，累计完成 1286 份核酸检测（包括人员 98 份、定点酒店消毒效果监测样本 44 份、冷链食品及外环境 1144 份），检出阳性 1 份、单靶标阳性 7 份；完成总抗体 32 份，免疫球蛋白 M、免疫球蛋白 G 抗体检测 8 份。

精准防控，内防反弹 湖里区做好入厦人群排查及健康管理，截至 12 月 31 日，累计登记管理境内遭受疫情突袭地区入厦人员 26051 人，登记管理境外入厦人员累计居家隔离 2479 人，核实溯源系统任务信息 7.31 万条，核实其他来源信息线索 3.67 万条。创新一揽子操作办法，发布《入厦人员分类管理操作办法》，一表涵盖 6 类对象，提高排查效率；创新小区防疫全过程信息公开，按照防控全过程发现患者、转运、诊断排查、救治、康复出院等关键环节进行 10 类预设分类，逐一编制防控信息公开通知模板，及早告知居民防控进展和人员转归情况，有效遏制疫情谣言的产生和传播。快速进行流行病学调查，确保第一时间发现确诊病例、疑似病例、无症状感染者、密切接触者。

突出重点环节，常态防控落得实 湖里区落实落细社区常态化防控，通过“存量人员排查、新进人员筛查、溯源系统核查、发动群众协查”等“四查”手段。精细实施居家医学观察，严格申请流程，保持微信联系，安装监控探头，第一时间处置不落实管理规范人员，及时化解风险。严密开展校园、商超、餐馆、酒店、养老机构、娱乐场所、建筑工地等人员密集场所防控，大力倡导落实戴口罩、常通风、勤洗手、1 米线、分餐制、公筷制等新生活时尚，确保复工复产复学健康有序。缜密落实秋冬季疫情防控准备，制订完善工作方案、应急预案和应对社区传播流行应急演练方案，组建一支 285 人的流行病学调查储备队伍，制订社区应急核酸检测工作规程，设置应急检测采样点 293 个。开展爱国卫生运动 10 轮，全面加强公众防护宣传，营造全民抗疫良好氛围。12 月上旬启动新冠疫苗紧急接种，结合辖区实际情况，牵头制订区级新冠疫苗接种实施方案并迅速落实重点人群接种，截至 12 月 31 日接种新冠肺炎疫苗 5922 人。

二、工作成果

经过全区上下一年时间的努力，湖里辖区未出现疫情扩散，累计报告确诊病例 3 例、无症状感染者 1 例，均为输入性病例且已治愈，2020 年 3 月 28 日起再无新增本地病例，2020 年 4 月 13 日起全部清零，疫情防控形势取得阶段性成效。社区联防联控的做法得到国务院联防联控机制工作指导组的高度肯定，在全省新闻发布会上得到省委组织部充分肯定。突出“四查”落细落实落严防控工作、开展入厦人员分类管理、小区疫情防控全过程信息公开、下好经济发展先手棋、金安社区群防群控机制 5 个经验做法被市应对新冠肺炎疫情工作指挥部发文推广。社区小区防控的感人事迹被中央电视台报道。区卫健局、区市场监管局殿前所党支部、机场分流专班临时党支部、禾缘社区鑫海湾党支部 4 个单位获评福建省抗击新冠肺炎疫情先进集体；禾山街道社区卫生服务中心传防科科长、主管医师张陈大添，金山街道金安社区党委书记吴丽敏，区城市管理行政执法大队殿前中队副中队长、三级主任科员（机场专班现场协调咨询组组长）高扬 3 人被中共福建省委、福建省人民政府评为福建省抗击新冠肺炎疫情先进个人。吴丽敏还被中共福建省委评为全省优秀共产党员。

（区防控办供稿）

1月

1日　厦门山海健康步道向市民开放，该步道起于东渡邮轮广场，终于观音山。

20日　湖里区“不忘初心、牢记使命”主题教育总结会在区行政中心召开。

22日　湖里区成立应对新型冠状病毒肺炎疫情工作小组，25日调整为指挥部，下设办公室和10个项目组。

28日　湖里区新型冠状病毒感染肺炎疫情防控工作指挥部会议在区行政中心召开。会议听取工作情况汇报，研究全区疫情防控工作。

29日　湖里区工商联（商会）发布《号召广大企业家和社会爱心人士防控新冠肺炎捐赠款物的倡议书》，辖区企业通过各种渠道，向疫情防控一线捐款10421.09万元，捐赠物资价值1632万元。

29日　湖里区发布推进“不见面”审批的倡议书，倡议群众尽量通过采用网上办理、自助办理、双向邮寄等“不见面”方式办理相关审批服务业务。

2月

2日　湖里区召开区政府全体成员（扩大）会议，研究部署全年工作。

14日　湖里法院实行“云端陪审”及电子送达判决书。

16日　湖里区集中开展以环境整治、公共场所消毒、宣传防疫知识等为主的爱国卫生统一行动。市政设施、建筑工地，以及居民区、医疗单位、农贸市场、文娱体育场所、宾馆、饭店、学校、大型商超、其他企事业单位成为该次整治消毒的重点区域。

20日　湖里区各学校为应对新冠肺炎疫情影响，开始为期2个月的线上教学活动。

20日　湖里区实施企业复工复产服务特派员制度，开展“千名干部深入万家企业”活动。

22日　湖里辖区内的12个区属公园、1个市属公园恢复开放。

25日　湖里区举办“网络一线牵　招商零距离”视频签约活动，签下海峡人力区域总部、朝聚医疗集团、融开资本商业保理等高能级项目7个，总投资16.1亿元。其中，朝聚医疗集团等4个项目是与自贸委共同联动招商，总投资超过12亿元。

29日　湖里区包机接甘肃东乡县劳务输转人员回厦门复工。至3月1日，辖区1209家50人以上用工企业复工1073家、复工率88.8%，返岗职工20.9万人、返岗率78.5%。

2月　湖里区建设局拉网式、全覆盖检查辖区内348个住宅小区物业服务企业防疫工作。主要检查物业服务企业落实防疫工作、与社区配合情况、小区日常环境卫生及物业管理等方面。

3月

20日　湖里区金安社区党委书记吴丽敏受邀参加福建省新冠肺炎疫情联防联控工作记者见面会，讲述金安社区的抗疫故事。

20日　湖里区委宣传部与《厦门日报》联手推出《先锋湖里》报中报。《先锋湖里》记录城区发展新速度，感受城区建设新脉动，讲述群众幸福生活新故事，抒写厦门经济特区发祥地高质量发展新篇章。

23日　全市现代农业招商网络签约会湖里分会场举行视频签约仪式，湖里区与康妈妈科技农业园项目、一砖一瓦文创项目、海洋益生元项目 3 个项目签约。

31 日　高林—金林片区完成旧村整村改造 100%签约。该片区涉及金山街道的高林、新厝边、西村、路下、田中央、后门、黄厝 7 个自然社，占地面积 30.2 万平方米，建筑面积 78.29 万平方米，涉及房屋 1098 栋、人口 2005 人。

4 月

23 日　第十二届厦门（湖里）城市诵读节“爱心厦门 · 云读湖里”系列活动启动，受新冠肺炎疫情影响，开幕式由线下转线上。开幕式包括“湖里云读之旅”场景互动 H5 和“爱心抗疫书香湖里”优秀作品云展播 2 项活动。

23 日　湖里五缘湾片区生态修复与综合开发案例成为自然资源部印发的第一批“生态产品价值实现典型案例”之一。

26 日　“厦门网信云学堂”上线并推出首季课程——“厦门的互联网故事”，邀请隆领投资、美柚、十点读书、新浪厦门 4 家网信企业讲述厦门的互联网故事。该学堂是一个综合开放式学习平台，面向全市网信干部、互联网企业及从业人员和全体网民，设立“云课堂——厦门网信学习平台”和“云展播——厦门网信展播平台”2 个版块。

27 日　厦门自贸区知识产权司法协同中心在厦门自贸片区象兴一路 15 号挂牌成立。

5 月

10 日　厦门 · 永青乐竺影视文创园举行启动仪式。该园位于湖里区殿前街道万利达工业园，该园用地面积 1.3 万平方米。永乐影视前期投资 5 亿元，计划建设影视后期制作技术服务中心、影视综合服务中心、个人 IP 孵化基地、两岸影视产业合作交流中心、影视艺术培训中心等。

21 日　涉台检察联络室揭牌暨涉台检察联络员聘任仪式举行，聘请兴隆社区主任助理、兴隆社区人民调解员熊麒为联络员。在自贸区“熊麒台胞调解工作室”设立涉台检察联络点。

22 日　联发尔寓“1819”开业暨思凯文化签约仪式举行。联发尔寓坐落于湖里街道湖里大道兴隆路，为网红工作室、网红直播、短视频多频道网络（MCN）、小微影视工作室等网红经济与自媒体影视技术产业资源，提供场所。

25 日　湖里区发布第四次全国经济普查主要数据公报。

25 日　湖里区举行“云逛华美”直播，主播带着观众参观老厂房改造的锅炉咖啡店、蜘间会员制体验店、首星影城、旧物仓等场所。

29 日　“2019 年厦门文化产业年度风云榜”颁奖典礼在“特区 · 1980”西泠印社举行。揭晓年度人物、年度成长企业、年度新锐企业、年度创意品牌活动、年度匠心设计五大年度产业榜单，公布 2019 年文化产业年度事件，举办文创发展论坛。

6 月

2 日　“2020 厦门市人才服务月”签约仪式在湖里区悦华酒店举行。湖里区区长林重阳与海峡人才合作市场董事长廖世铢签下合作协议。

5 日　湖里区妇幼保健院成为全省首个具有新型冠状病毒核酸检测资质的二级妇幼保健专科医院。

13 日　2020 年湖里区纪念文化遗产日活动暨太极文化公益培训启动仪式在仙岳山公园文化广场举行。

18 日　湖里创新园举办省级人才驿站示范站揭牌仪式暨留学人才对接会活动。

22 日　湖里区在钟宅澜海宫举行 2020 年首场“闽南曲艺说唱新思想斗阵行”宣传活动，以老曲艺 + 新表演的方式，弘扬社会主义核心价值观。

26 日　“湖里头条”和“殿小二”联手在淘宝直播卖车。殿前街道精选 17 家汽车品牌、51 款热销车型网上销售。当天直播间浏览量 210 多万人次，获点赞 700 余万个。

27 日　湖里区召开建区以来第一次全区教育工作大会。

29 日　湖里区新闻发布会在联发东南天地影视文创园举行，发布 26 项“悦游 · 湖里”系列文化旅游活动。

30 日　湖里区 2020 年首届“悦游 · 湖里”厦门沙发音乐节在抖音账号“寻乐之旅”直播间开播。该音乐节举办微博话题“悦游湖里—厦门沙发音乐节”，阅读量 1.6 亿人次，话题讨论 2.1 万人次。

30 日　湖里区官方智慧旅游线上平台——“悦游湖里”小程序上线。在该程序上能找到湖里最好玩的景点、最好吃的美食、最好逛的展览。

6 月　湖里区在华美创业园区举办“初心课堂”，通过线上和线下双平台，不定期为园区企业提供服务。

7月

7日　在“福建省土地使用权出让管理系统”上公布土地使用权的拍卖结果，厦门市恒兴教育投资有限公司以39000万元竞得湖里区2020G02地块使用权。该地块位于湖里区03–06片区云顶中路与吕岭路交叉口西南侧。

10—11日　湖里区在联发华美空间“特区·1980”湖里创意产业园举办食光夜市+晚风音乐会。

22日　中国东方航空股份有限公司厦门分公司在厦门自贸区注册。该公司总部位于上海，是中国三大航空公司之一，总资产3200多亿元，旅客运输量位列全球前十名。

31日　数字湖里事务中心在区城管大楼挂牌成立。该中心负责数字湖里公共管理集成平台运行和管理，为副处级事业单位，编制30个。

7月底　湖里区疾病预防控制中心启动建设新型冠状病毒检测实验室，用时约3个月，完成工程施工，10月11日完成设备调试验收。

8月

8日　湖里区在全区范围内开展“文明健康，有你有我”洁净家园活动。

11日　6号台风“米克拉”登陆后，湖里区快速组织抢险救灾。出动干部742人、道路保洁及清障工作人员1790人次、路巡员4500余次，出动市政工程车辆176辆次。巡查管辖范围内333条道路、16个公园、30座清洁楼、13条下穿通道，清理堆积物165车次。加固树木198株，新增树撑168组，修剪树木466株，处理倒伏树木276株，清理窨井160个，清理雨水箅364个，清理杂物2.9立方米。

13日　湖里区召开2020年上半年政情通报会。区人民政府、区人民法院、区人民检察院向区人大代表和区政协委员通报工作情况。

15日　湖里区金安社区居民参与治理共建幸福家园的事迹登上央视《新闻联播》。

21日　“全闽乐购”厦门分会场暨2020湖里魅力购在湾悦城举行启动仪式。

24日　厦门圣元环保股份有限公司在深交所上市，成为通过注册制登陆创业板的上市公司。

26日　湖里区人民政府、厦门火炬高技术产业开发区管理委员会与施耐德电气（厦门）开关设备有限公司签订合作协议。根据协议，施耐德电气将在湖里生产新一代数字化绿色电气产品，并投入相应研发和建设先进生产线。

28日　中共湖里区委八届十二次全体会议召开。

29日　湖里实验小学教育集团成立。该教育集团以湖里实验小学为龙头学校，成员有湖里教师进修学校附属小学。集团设总校长，拥有人事权及财权。

9月

5日　“幸福河湖·天下无废”志愿活动在湖里区五缘湾湿地公园举行。志愿者们分成“幸福河湖”和“天下无废”2个行动小组包段开展清河行动。

6日　《人民日报》以《厦门市湖里区——改革劲头足　创新活力旺》为题，报道湖里区作为厦门经济特区发祥地40年来的发展变化，点赞湖里区敢闯敢试的劲头和创新创业的活力。

8日　湖里区在厦门国际会展中心人才项目资本合作馆召开集成电路产业人才实训基地签约暨新产品发布会，上百名集成电路产业人才参加发布会。会上，厦门兴华鼎自动化技术有限公司、清华海峡研究院、亿联和鹭燕等上市企业以及“三高”企业展示其高精尖科技产品。

8日　在湖里区招商大会现场，区委书记龚建阳、区长林重阳为北京英蓝集团董事长于志强、七匹狼实业董事局主席周永伟等11位优秀企业家颁发湖里区招商顾问聘书。

8日　湖里区举行“9·8”厦门投资贸易洽谈会项目签约仪式，该届厦洽会湖里区对接推动项目41个，投资总额838亿元。

9日　湖里区优秀校（园）长、杰出教师评选结果揭晓，评选出5位优秀校（园）长、10位杰出教师。

9日　湖里区召开第36个教师节庆祝大会，表扬729名为湖里区教育事业作出突出贡献的优秀教师和优秀教育工作者。

9日　“2020年第四届厦门国际影视产业论坛”在湖里区红点设计博物馆举行。发布未来电影世界、中国电影资料馆2个重点影视项目落户湖里。厦门市影视产业服务中心有限公司招商投资部总监、厦门先锋影业有限公司副总经理张建瑜为论坛嘉宾讲解在湖里区取景拍摄可享受的扶持补贴、影视企业落户厦门可享受到的配套政策、湖里区影视政策“一月一兑”三大扶持政策。

10 日　赛迪顾问经济研究中心发布《2020 年中国城区高质量发展白皮书》“2020 年中国百强区”榜单。湖里区上榜“2020 年中国百强区”，排名第 65 位。11 月 13 日，上榜“中国县域工业竞争力地图榜单”第 65 位。

12 日　湖里街道举办以“四十风华　乘风破浪”为主题的提振夜间经济 · 激发消费活力系列活动，推出影视产业、时尚休闲产业等特色元素的夜间活动。

16 日　湖里区在湖里创新园创新驿站举办 2020 年网络安全进企业主题活动。

16—20 日　第十六届中国俱乐部杯帆船挑战赛群发赛比赛在五缘湾海域拉开战幕。该比赛有 41 支队伍、250 名选手参赛，其中社会组 23 支、竞技组 15 支、女子组 3 支。经过 4 天 11 轮比赛，最终排名成绩榜前十的队伍依次为：北京航海中心、厦门海洋学院达仁帆船队、老男孩梦之队、青岛大学一队、Sailing Forward、武汉体育学院帆船队、广州云帆队、独角兽 Uniron、静想科技 OneSails 白浪帆船队和上海老水手队。

17 日　第三届胶片电影露天放映大会在联发文创口岸像素广场启幕。此次活动举行卓别林经典默片现场配乐，与凌云玉石国潮文化节结合的瑶池放映等特色放映活动。厦门市新华书店在放映现场布置观众互动区，提供与电影相关的书籍供观众选购。该活动持续至 10 月 17 日。

17—19 日　厦门中秋旅游嘉年华在湖里区闽南古镇举行。该次嘉年华打造“旅市”“文市”“潮市”“食市”四大主题特色街区，举办 15 项线上线下主题活动。

30 日　金龙汽车集团全球研发总部在湖里区揭牌成立。该总部包括新能源汽车技术研发中心、智能网联及交通技术研究中心、智能装备技术研发及孵化中心、国际学术交流中心、大数据中心、管理总部等。

9 月　湖里区集中整治辖区“三无”船舶，整改超 60 马力“三无”船舶 112 艘，整治清理“三无”船舶 58 艘。

9 月　湖里区举办“人才登‘鹭’· C 位无限——直播带岗引才湖里区重点企业专场”活动。厦门亿联网络技术股份有限公司、厦门天地开发建设集团有限公司、立达信物联科技股份有限公司等企业相关负责人参加直播，带来 1800 多个岗位，涉及研发类、电子类等众多类别，岗位年薪最高逾 20 万元。

10 月

1—8 日　湖里区殿前街道开展重“走非遗之路 · 探寻文化之源”直播活动。“殿小二”向观众展示漆宝斋漆器作品及制作，木偶戏、茶艺表演和古琴表演等非遗文化产品，7 天时间，抖音、淘宝双平台观看 212.98 万人次，点赞 442.2 万个。

1—10 日　湖里区公园中心在薛岭山公园百花厅举办“中秋月圆时”2020 年迎中秋暨庆国庆插花艺术展。

12 日　湖里区白鹭分“信用停车”上线。白鹭分 530 分（含）以上的市民在湖里区路边停车位均可使用“信用停车”即先停车后付费。

22 日　复旦中山厦门医院“国家区域医疗中心”揭牌仪式在复旦厦门医院举行。

10 月　“尚福居图书馆”落成并举行揭牌仪式。该图书馆位于湖里区金山街道的厦门市龙湫亭实验学校，由上湖社整村拆迁的当地居民林加平先生捐资 55 万元建成。

11 月

3 日　湖里检察院出台《未成年人亲职教育暂行办法（试行）》，规范开展未成年人亲职教育。

7 日　砂之船（厦门）奥特莱斯在金山街道开业，有 AB 两个馆，A 馆主打名品大牌，B 馆主打运动休闲娱乐。总体量 7.5 万平方米，停车位 5000 个，拥有国际、国内知名品牌 300 余个。

16 日　厦门市首家街道综合执法队——殿前街道综合执法队在殿前街道挂牌。

19 日　湖里法院自贸区知识产权法庭联合自贸委知识产权局、象屿开发公司、鹭江公证处、必浩得知识产权代理公司等 6 家单位，成立厦门自贸区跨境电商知识产权基层服务站。

20 日　第十三届中国（厦门）国际游艇展览会在五缘湾游艇港开幕。该展会首次采取线上展示 + 线下体验的办展模式，上线展商 165 家，展品超过 300 个，线下展会开展水陆联展。

25 日　在全省抗击新冠肺炎疫情表彰大会上，湖里区有 3 人获先进个人称号，1 人获全省优秀共产党员称号，4 个单位获评先进集体。

25 日　在中国电影投资大会厦门市影视产业项目签约仪式上，湖里区与慈文传媒创新发展中心、鹭岛科幻电影产业公园、北文爱尚影视科技产业基地、厦门水木基金与全媒体研究中心项目 4 个影视项目签约。

11月　4辆无人驾驶餐车在湖里创新园投用。该车可装载200余份早餐或100余份午餐、晚餐。餐车设有保温装置，通过手机扫码完成支付，就可领到选购的餐食。

11月　湖里区入选全国10个进口贸易促进创新示范区。

12月

4—7日　海峡两岸文博会在厦门国际会展中心开幕。湖里区设置“非遗保护，传承创新”主题展馆，在线下使用智能一体机展示非遗产品。

10—31日　湖里区文化馆与黑龙江省黑河市逊克文化馆共同在区文旅中心举办“大美逊克”雾凇主题摄影展，展出雾凇主题的作品70余幅。

17—18日　由湖里区政府承办的第八届中国新兴媒体产业融合发展大会暨厦门新兴媒体产业对接会在禹洲温德姆酒店举行。

18—19日　由湖里区政府与人民网、厦门工信局共同主办的人民网内容科技创新创业大赛在湖里区佰翔酒店举行。

19日　湖里区4个安置房项目集中开工，可为湖里提供4852套安置房源。

22—31日　五缘湾体育公园面向国际公开征集城市设计及建筑概念性方案，最高奖金200万元。征集城市设计范围北邻虎岭路和五缘湾路，南至仙岳路，东邻金边路，西至钟宅西三路，规划用地面积60.4万平方米。

26日　中共湖里区委第八届委员会第十三次全体会议在区行政中心召开。

26日　湖里区启动适龄女生国产2价宫颈癌疫苗免费接种活动，为学籍在本区（含本区市属学校）的13周岁至14周岁半女生，每人免费接种两针国产2价宫颈癌疫苗。

27日　华东师范大学希平双语学校举行开工仪式。该学校由华东师范大学与厦门恒兴集团联合创办，以恒兴集团董事长柯希平的名字命名，坐落在湖里区吕岭路与金尚路交叉口东南侧，毗邻忠仑公园，占地面积9.8万平方米，是一所含幼儿园、小学、初中和高中的15年一贯制学校。

28日　政协第八届湖里区委员会第五次会议在区行政中心开幕。区政协主席林凡代表政协第八届湖里区委员会常务委员会向大会作工作报告。

28日　禾山中学改扩建项目开工，至此，湖里区委、区政府为落实全市教育大会的民生补短板“5+2”教育建设项目的年度开工目标完成。

29日　湖里区八届人民代表大会第五次会议在区行政中心开幕。区人大常委会主任黄炜代表区第八届人大常委会向大会作工作报告；听取和审议区政府工作报告、区人民法院工作报告区人民检察院工作报告等。

12月　湖里实小教育集团附小校区举行“民间文艺进校园”活动。该活动由厦门市民间文艺家协会组织10多位民间艺人登台表演提线木偶、南音、川剧变脸等民间艺术。

（张宪敏）

区情概览

自然环境

【位置面积】 湖里区位于福建东南沿海台湾海峡西岸厦门岛的北部。东面濒临浔江港，与翔安区相对；北面通过高集海堤、厦门大桥与集美区毗邻；西面为厦门西港岸线，借助海沧大桥与海沧区相通；南面与思明区接壤。湖里区与思明区区界线西起湖滨北路西端入海处，向东依次穿越狐尾山、仙岳山、仙洞山山脊，连接嘉禾路后南折，至吕岭路后东进，接金尚路后南行，至东芳山后沿山脊往东，穿越古地石、虎仔山山脊，在五通东宅入海。2020 年，全区陆地面积 73.98 平方千米。

【地质】 湖里区所在的厦门岛是中新生代断块岛，被数条深大断裂从大陆切割出来。湖里区地属厦门岛北部区域，地质构造位置属于“闽东燕山断坳带”的东缘，“闽东南沿海变质带”的西南部。东面濒临台湾海峡中新生代沉降带。辖区基本构架形成于燕山期。规模巨大的中生代燕山运动，改造了古生代华力西—印支运动形成的基底构造。早侏罗世时以褶皱造山运动作用为主，晚侏罗世至白垩世则以断块造山作用为主。喜马拉雅期构造特点以继承性断裂复活活动和断块差异活动较显著。第四纪以来，地壳运动以断块垂直差异升降运动为主。早更新世—中更新世的地壳以上升为主。晚更新世期间，地壳有 2 次升降运动，发生 2 次海进，第一次发生在 3 万～4 万年前，第二次发生在 1.6 万年前，沉积有上更新统上、下两段海陆过渡相地层，构成第二、三级阶地。全新世境内仍然有两次地壳升降运动，也出现 2 次海进，第一次在 6000～7000 年前，第二次在距今 3000～4000 年前，从而形成下全新统和上全新统海相地层。构成现今的海蚀阶地（台地）及沿海海积阶地和滩涂。台地形成后经过长期风化，形成几米至几十米厚的红色风化壳（红土残积层），即红土台地。

【地貌】 湖里区地貌类型划分原则以形态和成因相结合，根据海拔高度和相对切割深度的差别，可分为 5 种类型。

高丘陵　海拔高度 200～500 米，相对切割深度 100～300 米。分布于辖区南部与思明区交界处，由火山岩和花岗岩构成，受构造和岩性的影响均较明显。由花岗岩构成的高丘陵常呈孤丘状，若地表植被遭受破坏，则基岩裸露，山势陡峭。由火山岩构成的高丘陵坡度较为和缓，顶部浑圆，土层较深厚，植被覆盖度也较好。辖区的仙岳山属于火山岩高丘陵，为湖里区唯一的高丘陵。在湖里区与思明区交界处，海拔 212 米。

低丘陵　海拔高度 50～200 米，相对切割深度 30～100 米。辖区内的低丘陵有 15 座，分别是寨子山、仙洞山、狐尾山、虎山、园山、松柏山、牛头山、石头皮山、赤坡山、薛岭山、金山、风动山、双狮山、安兜山、钟山。

阶地（台地）　海拔高度 5～50 米，相对切割深度 3～30 米。广泛分布于海拔高 50 米以下的山前地带、河谷两侧和沿海地区。辖区有 2 种类型阶地。二级河流台地高出河流平水位 10～15 米，分布零散多属基座台地，上部由河流冲积层和残积层组成，下部由基岩构成基座牢固，宜作为工程建设用地。

海蚀台地　广泛分布于辖区北部。一般可分为三级：一级海蚀台地的海拔高度为 5～10 米，分布于沿海地区和平原外侧；二级海蚀台地海拔高度为 10～15 米；三级海蚀台地的海拔高度为 25～30 米。在海蚀台地分布地区，由于流水的侵蚀作用。常形成一些浅坳谷或低洼地，是水土条件较好的耕作区。

辖区内台地有6个，分别是神山、鸡山、龙头山、关刀山、骑马山、虎头山。

平原　海拔高度2～5米，相对切割深度1～3米。平原分布在钟宅至筼筜港一带。

【土壤类型】湖里区境内土壤类型为砖红壤性红壤、红壤、黄壤、稻土、风沙土、盐土和潮土7个土类、19个亚类、34个土属、5个土种。境内土壤以红壤为主，分布区域自海拔数米低丘或台地至200米左右高丘陵顶部之波状起伏丘陵。此外，另有盐渍土，主要分布于江头、钟宅、高林等地。近山丘周围的地区多覆盖着砂，花岗石风化细矿碎粒形成，主要分布于钟宅、高林、五通等地。个别沿海地带有小片风积沙丘。江头的山麓地带及山沟由于长期受泉水浸润，土层糜烂而层次不明显。

砖红壤性红壤　又名“赤壤”。酸性岩赤红壤分布于狐尾山仙洞山—圆山一带，侵蚀赤红壤分布于低丘台地，海拔小于50米。粗骨性砖红壤性红壤，是土成历史较短的幼年土壤。分布于花岗岩构成的中屿、象屿、虎屿由酸性火成岩或陆相碎屑岩构成的小岛。赤土是由砖红壤性红壤经人工开垦、耕作熟化而成的旱作土壤。分布在马垅、小东山、枋湖、县后、后坑、钟宅、五通、高林等处台地上。

海滨盐土　为盐土属海积相土壤，分布在海岸带的平原海岸、港湾和海岸草木带上，可分为滨海盐土和埭土2个亚类。前者主要分布在辖区沿海原有红树林潮滩上，后者分布在辖区内围垦脱盐及旱作熟化发育的滨海盐土，土体上层已开始脱盐，只有咸土1个属。

风沙土　主要分布在滨海沿岸沙堤、沙丘及沙地上，发育在岛屿迎风浪岸段，是一种非地带性新生土壤，主要分布在五通村浦口、泥金一带至何厝村，长达数千米。该带土壤上生长着以木麻黄为主、台湾相思混交其中的海岸防风沙防护林带。

水稻土　渗育性水稻土主要分布于山地丘陵坡地或岗背上，多系梯田，可分为黄泥田、红土田、白土田、沙质田4个土属。沙质田零星分布在高殿村。潴育型水稻土主要分布在后埔、枋湖、蔡塘、县后、五通等地。盐渍型水稻土分布于北部的海积平原。

【土壤分布】辖区土壤类型空间分布的组合，从高到低垂直分布差异明显，从厦门岛中部湖里区与思明区交界处高丘陵向海岸呈环带状分布。大部分丘陵区为典型赤红壤和粗骨性赤红壤，耕作土壤有少量赤沙土和黄泥土田、灰泥田。台地低丘土壤带的海拔大多在50米以下，地面呈坡状起伏，向海岸倾斜，土壤以粗骨性赤红壤为主。耕作土壤分布于辖区内的旱作和果园，以赤土亚类为主；水田以渗育型水稻土为主，其中以黄泥沙田和红泥沙田居多，是主要水稻土类型。

【海域】湖里区海域包括西部海域、同安湾海域和五缘湾。

西部海域　湖里西部海域属于厦门西部海湾的一部分，北起高集海堤，南至湖滨北路西侧同益码头水闸。该海域集中了厦门市主要的码头，是厦门市开发程度最高的海域，沿岸经济发达，人口密度大，人类活动频繁，承纳排污量大。部分港域出现淤积，有些航段已成为碍航浅滩。

同安湾海域　湖里东部、北部海域南起五通—澳头、北至高崎、钟宅海面，属同安湾海域。该海域地处厦门岛东海岸，海岸较平直，海域开阔。受外海海水影响较大，盐度较高，营养贫乏，浮游生物量较低，风浪较大，属高能环境。辖区所在沿海区域属于岛岸开阔海域，与西海域海湾型海域有明显差异。湖里区在1949—1979年为“军事要区”，开发程度较低，不少岸段仍保持自然风貌。1980年后厦门东海岸出现开发热潮，滨海旅游资源遭受不同程度的破坏，海岸普遍受到侵蚀，滨岸生态环境也遭到不同程度的污染和破坏。

五缘湾　原名钟宅湾，位于湖里区东北部为外大内小的漏斗状海湾，海域面积约4平方千米。历史上海水可涨至洪水桥。1958年，在湾内建国营钟宅盐场，占用港湾面积约0.7平方千米。港湾内有厦门岛唯一出露温泉。1978年，前线人民公社钟宅大队在国营盐场之外再建大队盐场，占用港湾面积约1平方千米。20世纪90年代末，钟宅湾被规划为城市湿地公园，更名为五缘湾。

【自然资源】湖里区主要矿产为花岗岩，有部分锰矿出现于花岗岩中，分布在湖里矿点，钼矿分布在园山矿点，耐火黏土分布在辖区北部和东北部。辖区历史上出现过的陆地野生动物涵盖两栖、爬行、鸟、哺乳四大纲数十种，部分被列入国家重点保护野生动物名录。水生动物较之陆生动物丰富得多，有无脊椎动物，含环节动物、软体动物、节肢动物；脊椎动物，包括鱼等，总计数百种之多。湖里区野生植物主要分布在灌丛和草丛中，灌丛和草丛主要分布在山丘或撂荒地。次生林主要植物群落有马尾松林、相思树林、木麻黄林。野生植物群落红树林已绝迹。

（叶　青）

【气候特征】辖区气候类型属于南亚热带海洋性季风气候。纬度位置处于北回归线偏北约1°，是亚热带中的最南带，为热带向温带的过渡带，具有热带气候的某些特征。辖区受海洋的影响较为显著，气温年较差小，相对湿度大。以张宝堃按候温划分四季的方法（即以五天候平均气温低于10℃为冬季、10℃～22℃为春秋季、高于22℃为夏季）对辖区进行季节划分：则夏季从5月1日至10月25日，长达178天；春季从2月6日至4月30日，共84天；秋季从10月26日至2月5日，共103天。各季气候特点：夏季长而无酷暑，秋春相连而无冬，全年几乎全是无霜期，气温变化不显著，秋温略高于春温；春夏有锋面雨，夏秋有雷雨台风，日照较长；全年多风，深秋季节偏北风而干冷，夏季偏南风而暖湿。海洋性主要表现在：最热月与最冷月平均气温相差不足16℃，9月、10月、11月平均气温高于5月、4月、3月平均气温，盛夏季节海陆风明显。湖里区2月、3月的气候特点是阴冷，这时东北季风已减弱，冷空气强度虽然不如秋季强盛，但仍不时南下影响华南地区，当新的一股冷空气南下与原先控制华南的变性冷高压相遇时形成锋面降水，由于变性冷高压含水量少，所以雨量不大，但天气较冷。如果冷空气较强，就会出现“春寒”或“倒春寒”的天气。到了4月，南方暖空气势力开始加强，当北方有较强冷空气南下影响辖区时，容易引发诸如大风、暴雨、冰雹、雷暴、龙卷风等强对流天气。在冷空气影响之前还极易产生浓雾天气。5—6月，是辖区的梅雨季，此时强盛的“西南季风”已控制华南及以南地区，由于西南季风含有充足的水汽和热量，当北方南下的冷空气与其交绥时，常常形成暴雨或大暴雨天气。有些年份由于北方冷空气较弱或副热带高压提早北跳，使华南在单一的暖气团控制下，雨量偏少，形成“空梅”，容易产生旱情。梅雨季主要灾害性天气是浓雾和大风、暴雨、冰雹、雷暴、龙卷风等强对流天气。7—9月，辖区在副热带高压控制下，天气晴热少雨，有时午后到上半夜由于热力对流，有局地雷阵雨。7—9月也是台风季，此时在西太平洋和南海经常有台风生成影响。台风虽然破坏力强大，但也给炎热少雨的夏季带来充沛的雨量和凉爽的天气。如果台风影响偏少，便很容易发生夏旱。由于湖里东临大海西接漳州平原，受海陆风影响很大，在海陆风影响下，夜里到中午前吹陆风，午后吹海风，因此最高气温不会太高，7月是辖区最热月，月平均最高气温也只32.6℃。影响辖区的台风每年平均3～4个，严重影响的台风1个左右。台风不但会带来狂风暴雨、风暴潮等灾害性天气，以及由此引起的次生灾害，而且台风还会破坏海陆风效应，以及台风来临前所引发的“焚风效应”，使之出现36℃～37℃以上的高温天气。辖区极端最高气温38.5℃就是由台风年份引起的。夏季主要灾害性天气是台风、高温、干旱。从10月初开始，高空西风带南压，西太平洋副热带高压已明显南撤，脊线已退回到北纬20°附近，影响辖区的台风已基本结束，但个别年份仍有台风影响，1999年10月9日14号台风在龙海登陆，辖区最大风力达12级以上。到了10月，冷空气从低空向南方移动，占据华南地区，辖区在冷高压控制下，而此时高空仍受副热带高压控制，形成“下冷上暖”，大气层结非常稳定，出现秋高气爽、天高云淡的晴好天气，气温不冷不热，湿度偏小，气候十分宜人。但有些年份，从11月初至12月初冷空气较弱，出现气温较高、湿度较大的“小阳春”天气。12月至翌年1月，蒙古高压占据整个亚洲大陆，中国东部地区盛行东北季风。辖区由于受来自西伯利亚和蒙古干冷气团的影响，气候干燥，降水偏少。如果有强冷空气影响，还会造成“寒潮”天气。辖区由于地处海边，因此即便是深秋，感觉也不是很冷。1月是厦门的最冷月，月平均最低气温为9.9℃，极端最低气温1.8℃。秋季由于受单一的冷气团控制降水稀少。

【气象灾害】 影响辖区的气象灾害有风灾、水灾、旱灾、低温寒害和雹灾等。风灾有台风、冷空气大风、龙卷风、飑线等。对辖区产生影响的大风平均3年发生一次，主要出现在6月、7月、8月。1959年8月23日的第03号台风、1999年10月9日第14号台风和2016年的“莫兰蒂”台风为历史上居前三位的大风。龙卷风和飑线主要产生局部性灾害。辖区境域水灾主要由热带风暴和台风带来的暴雨所造成。水灾的发生概率与台风的发生概率基本一致，一般每年发生3～4次，重大水灾一年不到一次。但随着城市化进程的加快，局部地区由于地势低洼，排水设施未能跟上或阻塞，降暴雨时较容易受灾。辖区旱情以夏旱和秋旱为主。冻寒灾害多发生在冬至后“三九”期间。低洼地方冷空气容易沉积，故洼地冻害要比坡地、高地严重。辖区春季3月、4月发生冰雹的频率最高，7月、8月次之。

（全丰军）

人文地理

【建置沿革】 湖里区境域在唐天

宝十五年（756年）前后属南安县新城的一部分，此前隶属情况无考。唐大中十一年（857年）前后改属南安县嘉禾里。闽龙启元年即后唐长兴四年（933年）仍为嘉禾里的境域，改属同安县。宋代，辖区境域隶属同安县绥德乡嘉禾里。元代，辖区境域隶属西界二十一、二十三、二十四都，统归于绥德乡。明代至清初，辖区境域隶属关系不变。南明永历九年即清顺治十二年（1655年），辖区隶属郑成功所设思明州。清康熙二年（1663年），清军攻占厦门岛后“墟其地而返”，厦门岛成为荒岛，辖区亦成为无人管辖的荒野。清康熙八年，台湾郑经政权重新据有厦门岛，辖区归郑经集团管辖。清康熙十九年清军攻占厦门，并在岛上派驻总兵，辖区境域重归同安县绥德乡嘉禾里管辖。

民国元年（1912年）4月设立思明县，辖区境域分设若干个保，直属思明县。此后，辖区境域先后成立联保、自治区，均隶属于思明县。民国22年11月20日发生“福建事变”，成立中华共和国人民革命政府，辖区境域隶属厦门特别市。民国23年1月，“福建事变”失败，撤销厦门特别市，辖区境域仍隶属思明县。民国24年4月，撤销思明县，成立厦门市。以辖区境域为主成立禾山特种区，直属福建省政府，但由同安县代管。民国26年7月，禾山特种区改为禾山甲种区，隶属厦门市。民国27年5月，日本侵略军攻占厦门，民国28年（1939年）7月，成立伪厦门市政府，民国32年3月，改伪厦门市为伪厦门特别市，伪禾山区先后隶属伪厦门市和伪厦门特别市。民国34年10月，国民政府收复厦门市，辖区境域仍隶属厦门市禾山区。

1949年10月17日，中国人民解放军解放厦门岛。21日，厦门市人民政府成立。辖区境域隶属厦门市禾山区公所。1954年3月改禾山区公所为禾山区人民政府。1957年8月，省人委批准设立厦门市郊区行政办事处，禾山区为其下辖两个区之一。1958年1月，撤销禾山区，辖区境域分设江头、五通、高殿、钟宅等乡，隶属于厦门市郊区。1958年6月，辖区境域改设五通、江头2个乡，仍隶属厦门市郊区。1958年10月9日，成立政社合一的前线人民公社，辖区境域隶属厦门市郊区前线人民公社。1961年10月，在前线人民公社辖区内成立禾山区。1963年6月，撤销禾山区，恢复前线人民公社。1980年10月，国务院批准在厦门岛西北部湖里地区划出2.5平方千米土地创办厦门经济特区。经济特区管理委员会与厦门市人民政府平行，隶属福建省人民政府。1984年9月，厦门经济特区管理委员会与厦门市人民政府合并，改设湖里工业区管理局，行使市政府对经济特区的管理权。1980年11月，前线人民公社改名为禾山人民公社；1984年10月，撤销禾山人民公社，成立禾山乡人民政府。辖区境域隶属关系不变。1985年6月29日，国务院批复：厦门经济特区的区域范围调整为厦门岛全岛（包括鼓浪屿）。1987年6月10日，国务院批复：同意厦门市设立湖里区，郊区更名为集美区。8月13日，厦门市人民政府颁布《关于调整厦门市行政区划的通知》，宣布设立湖里区，下辖湖里街道所属的8个居委会和禾山乡所属的12个村委会。1987年11月，湖里区成立，隶属厦门市管辖。此后，湖里区境域、行政区划屡有调整，但隶属关系未发生变化。

【行政区划】 2020年，湖里区下辖湖里、殿前、江头、禾山、金山5个街道55个社区。

（张宪敏）

【人口】 2020年，湖里区有常住人口1036974人，其中，男性545047人，占52.56%；女性491927人，占47.44%。常住人口性别比为110.8。全区常住人口中，0～14岁人口160492人，占15.48%；15～59岁人口801435人，占77.28%；60岁及以上人口75047人，占7.24%，其中65岁及以上人口46540人，占4.49%。全区户籍人口378797人，全部为城镇人口，其中男性187717人，女性191080人。年内，新增户籍人口12964人，其中，出生5904人，死亡1051人，迁入23281人，迁出15170人。

（阮燕宣）

2020年湖里区行政区划一览表

表1

街道名称	社区（个）	社区名称
湖里街道	18	湖里、村里、徐厝、濠头、东渡、塘边、后浦、金鼎、南山、东荣、康乐、康晖、康泰、怡景、和通、新港、海天、兴华
殿前街道	9	兴隆、长乐、北站、神山、高殿、马垅、兴园、嘉福、翔鹭
江头街道	9	江头、吕厝、吕岭、园山、金尚、江村、蔡塘、后埔、祥店
禾山街道	10	枋湖、坂尚、钟宅、岭下、围里、禾欣、禾盛、禾山、禾缘、五缘湾北社区
金山街道	9	高林、五通、后坑、金山、金林、金安、湖边、金湖、金海

表 2　　**2020 年湖里区户籍人口情况一览表**　　单位：人

项目			湖里区	殿前街道	江头街道	湖里街道	禾山街道	金山街道
年末总户数（户）			112450	11701	24621	31758	25072	19298
年末总人口	合计		378797	46394	74970	109247	88735	59451
	性别	男	187717	24614	36474	54072	43363	29194
		女	191080	21780	38496	55175	45372	30257
	年龄	0～17 岁	94650	10250	16975	25388	27215	14822
		18～34 岁	95686	15698	17635	25297	23914	13142
		35～59 岁	143143	15725	29650	44128	29821	23819
		60 岁及以上	45318	4721	10710	14434	7785	7668
本年度人口变动	出生	合计	5904	711	1109	1445	1701	938
		男	3175	358	608	763	938	508
		女	2729	353	501	682	763	430
	死亡	合计	1051	125	256	330	146	194
		男	601	76	154	193	71	107
		女	450	49	102	137	75	87
	迁入	省内迁入	20003	2563	4031	5055	5457	2897
		省外迁入	3278	720	453	858	839	408
	迁出	迁往省内	13756	2014	3044	4169	2591	1938
		迁往省外	1414	309	200	360	381	164

【居民生活】 2020 年，湖里区城镇居民人均可支配收入 60263 元，比上年增长 3.9%，人均消费性支出 36026 元，比上年增长 1%。

（陈豪伟）

【方言】 湖里区位于厦门岛的西部至北部。原属厦门岛上“禾山区”的一部分，民间旧称“山场”[sua^1tiu^2]，或叫“顶禾山”[$tin^1ho^2san^1$]（禾山的上半部）。湖里区本地人所讲的方言属闽南方言的厦门话，它跟市区的厦门话有一些极小的差异，但跟厦门市区的厦门话能互通无阻。有人将它称之为厦门话的“禾山腔”。这种“禾山腔”语法与闽南话的厦门话相同，语音与词语略有区别。

语音方面有两个很明显的特点：厦门市区读“i”韵母的一些字，湖里区多数读“u”韵母；厦门市区读“in”韵母的一些字，湖里区读“ai”韵母。词语方面的小差异，也主要表现在两个方面：有一些词语的读音跟市区不同，最明显的是相当一部分人将“母亲”叫作 [au^3a^3]，这可能是“阿母仔”[$a^1bu^3a^3$] 的合音；有一小部分事物的叫法跟市区不同。湖里区内部的差异更小，大概可分为 4 片：以区政府所在地的枋湖为中心，包括原后埔、江头地区；五通、高林等地区；高殿、寨上等地区；钟宅地区。除钟宅地区外，其他 3 个地区之间的差异几乎不容易看出来。钟宅的百姓多是畲族，但他们却不说畲语，而是说闽南方言。钟宅百姓所说的闽南方言跟湖里区的闽南方言是比较一致的。其差异也不明显，给人们留下比较深刻印象的是钟宅百姓的口音里常带有一个话尾词“搭 [tah]”，相当于普通话的“啦”。另外，个别词语的读音或叫法也有一点不同。

（周长楫）

【宗教和民间信仰】 湖里区宗教有佛教、道教、基督教。佛教活动场所有觉性院、观音寺、天竺岩寺，基督教活动场所有新区堂、寨上堂、钟宅和南山路活动点。湖里区有民间信仰宫庙 161 座，其中仙岳山土地公庙、湖里凤和宫、泥金兴隆宫、濠头濠沙宫为市级民间信仰联系点，辖区内设有闽南文化保生慈济分会。影响较大的宫庙还有龙湫亭、高崎万寿宫、安兜青辰宫、钟宅澜海宫、后埔禾济宫、薛岭龙源宫、乌石浦洞炫宫、殿前东山寺、后门小厅宫、昭塘观音寺、后坑资福院、坂美五郎庙、霞边凤山宫、浦口瑞云宫。宫庙供奉的神灵五花八门，有佛教的如来、观音，道教的太上老君、王母娘娘、玄天大帝、张天师、土地神，历史圣贤五谷仙祖、关公、开闽王、三忠王，池、李、朱、邢、温、孙、赵、康等姓的王爷，福建省俗神妈祖、保生大帝、三平祖师、清水祖师、广泽尊王，本地孙姓祖佛真异大师、林姓祖佛林希元，源自本地的俗神白鹤仙祖、耀生伯、三叔公。物灵信仰有虎相公和榕树王等。土地公在当地颇受尊崇，其次是妈祖、王爷、保生大帝、观音。仙岳山土地庙是全国规模最大的土地庙。居民住家多数设有“佛龛”，供奉观音、土地公、灶君。关帝被视为财神，店家供奉为多。当地宫庙建筑俗称“皇宫起”，前后殿之间有天井，大多为三开间燕尾翘脊典型的闽南建筑，少有山门牌坊。保存最完好的古建筑是薛岭龙源宫，最具纪念意义的是五通万人坑祖庙，奉祀被日本侵略军杀害者的亡灵。祖灵信仰深植当地人心。住家中设有祖宗神位，前置香炉、烛台，清明、七月半、冬至和除夕（年兜）“四节”以及祖宗的忌日进行祭拜。同姓聚居的村落建有陈、林、黄、孙、王、钟等 19 个姓氏的 46 座宗祠，俗称祖厝，奉祀开基祖以及列祖列宗。每年在固定的日子里祭祖，结婚的新人婚后要到祖厝里敬拜。乌石浦萧氏家庙、湖里杨氏宗祠、后浦陈氏宗祠被列为市级涉台文物保护单位，两岸宗亲共同祭拜祖先。民间信仰中，祭品常见的是三牲（猪肉、鸡、鱼）和米龟、米粿。信众以掷筊杯俗称“卜杯”进行占卜，有的宫庙中还备有签枝和签诗。醮事多数是道教

2020 年 12 月 5 日，湖里区钟宅畲族社区举办送王船民俗文化活动（杨全木　摄）

的科仪，意在祈福和消灾。许多宫庙在神诞日会组织信众前往祖庙参拜进香，俗称“请火”，奉祀妈祖的三月廿三到湄洲岛或何厝香山妈祖庙请火；奉祀保生大帝的三月十五到白礁、青醮保生大帝慈济宫请火。在元宵节、神诞日或是佐事时，宫庙举办庙会，请出神灵的神像巡游称为“巡境”，接受信众的敬拜，俗称“吃香位”，同时设礼酬神、献戏娱神。其中较有特色的是湖里凤和宫、高崎万寿宫、殿前白鹤寺、后埔禾济宫的庙会，岭下、墩上、尚忠和坂上“王爷公坐任”，高林保安殿“妈婆出巡”，薛岭龙源宫“送王”，枋湖、梧桐“请丈公”。农历十月常有举办王爷佐事，请王爷巡境、敬王爷、送王爷，即“迎王、贡王、送王”。钟宅、枋湖、浦口等地还举行“送王船”活动。海峡两岸有着共同的“神缘”，许多民间信仰活动会有台湾信众参加。

【习俗】 食俗　湖里区居民一日三餐以干饭为主。稀饭俗称“糜”，大多是番薯糜。也有用芋头、海蛎煮成或者掺有高丽菜、芥菜、南瓜的“咸糜”。除此之外，待客炒米粉、冬粉，坐月子吃面线，丧事吃咸糜、咸饭、红糟肉，小孩满月吃“戗油饭”，生日吃蛋，做寿吃面，婚嫁吃圆仔，清明吃薄饼，五月节、七月半吃粽子，六月半、冬至吃汤圆；八月半吃红米龟；年兜蒸咸粿、发糕；正月初九吃甜粿。

茶俗　湖里区居民把喝茶说成吃茶，茶叶俗称“茶心”，基本是用陶制的茶具泡出的“工夫茶”。家家户户有茶桌（茶几）和一整套茶具，茶盘、小茶壶、茶缸、茶盅、茶杯、茶漏、茶铲。“吃茶”的说法已经被“泡茶”所取代。泡“工夫茶”讲究程序和功夫，大多是用紫砂茶壶、白瓷茶杯，程序有孟臣沐浴、水淹七军、乌龙入宫、高山流水、春风拂面、关公巡城、韩信点兵之讲究。待客的最高礼节是白糖水煮 2 个鸡蛋的“鸡蛋茶”。新娘捧茶待客时，一般用冬瓜糖、桂圆、枸杞泡的“冬瓜茶”。茶俗还表现在各种祭拜的礼仪当中。年节或神明纪念日，拜神拜佛要敬献 3 杯“清茶”。平常则在佛龛面前摆放茶叶，以代替日常“敬茶（水）。”

酒俗　湖里区以酒为礼。订婚办酒席，结婚办喜酒；生儿育女办满月酒；送行有“顺风酒”，迎归喝“接风酒”；祭祖敬神和丧事祭拜都要祭酒。但是饮酒不强求，节制自便为主。饮酒以米酒、高粱酒为主。药酒为大多数人所欢迎，“固本药酒”“万全堂药酒”久盛不衰。不少人用当归、党参、枸杞、桂圆等中药泡药酒，“吃补”时和着鸡、鸭等食物食用。在霜降、立冬、冬至和妇女坐月子时，所吃的滋补食物一定要掺药酒。

服饰习俗　现在的男女服装呈时装化和个性化。不管穿什么样的衣服都忌反穿，因为会联想到为死去的人“套衫”。妇女在节庆和喜事时头发插着用红线和金箔丝缠扎的“春花”。把耳环和戒指称为“耳勾”“手子”年轻女子戴的“耳勾”多是有小垂链的，年长女子的“耳勾”，大都镶有珍珠或玉石。多数女子戴圆箍形的戒指，俗称“斗箍”戒指。

称呼习俗　祖先和长辈的名字不能直呼。与长辈名字同音的字也要有所避讳。小辈更不能叫长辈的小名。同事之间一般在姓前冠以“老”“小”。邻里之间称呼，对年长者在名字后加上辈分，如伯、叔、兄、姑；对于已婚女性在其丈夫名后加姆、婶、嫂等；对于同辈和下辈则可直呼其名。除了部队和学校点名，人际称呼一般不连名带姓。

婚嫁习俗　结婚时吃喜饼、喜糖，俗称“糖仔饼”。出嫁时携带象征吉利的春谷、大麦、芋子、火炭、生铁等12项。结婚当天，新郎、新娘都要进行“上头”。新娘出嫁是用彩带花束装饰的花车。结婚时新房要摆汤圆、米糕，要让小男孩先在新床上“翻床”。喜筵之后，众宾客闹洞房，俗称“哗新娘”。婚礼之后新娘向长辈敬茶，长辈回之以礼品，叫“压茶盘”。

生育寿诞习俗　妇女怀孕叫“有身”，产前的一个月称“顺月”，寄托祈求分娩顺利的心愿。婴儿诞生满月，雅称“弥月”，要修剪婴儿的胎发，所以满月俗称“剃头”。婴儿周岁俗称“度晬”，周岁开始，小孩要穿鞋了，所以周岁又叫做“穿鞋”。小孩周岁之后的生日一般煮个鸡蛋代表吉祥。20世纪90年代后，小孩子过生日，买生日蛋糕、生日礼物，上饭店庆祝已经十分普遍。成年人一般在虚岁49岁或59岁才会郑重其事地做50岁或60岁生日。做生日那天，女儿女婿送猪脚、寿面、鸡蛋、酒，亲友贺礼送酒、寿面、喜炮、镜牌，外甥还要送写有“寿”字的大红绸幛。早上敬拜天公，献上寿桃、寿龟、寿面、寿酒、五果、六斋，还要有红丝线捆扎的韭菜、12个染红的鸡蛋、12个染红的鸭蛋；点大红寿烛，烧天公金、寿金，燃放鞭炮；男寿星穿红衣黑裤，女寿星穿红衣红裤，端坐在太师椅上，接受子孙叩拜。寿星要给来拜寿的未成人晚辈红包。拜寿后，当天中午宴请宾客，寿星和大家一起吃猪脚寿面。

丧葬习俗　人去世实行火葬，习俗由繁及简，但基本延续了旧时的初丧、小殓、大殓、出殡、下葬、孝祀。逝世本地称“过身”，净身后给死者换衣服俗称“张穿”，古称“小殓”。丧眷围在逝者旁过夜，称“守丧”；封棺之后丧眷守灵柩而眠，叫“守灵”。出殡本地称“出山”，灵柩移到公众场所，接受送葬亲友的祭奠，称为“谢拜”。火化后，骨灰存放在骨灰室，在骨灰室外摆放发糕、水果，点香、烛，烧金纸，相当于入土后的祭拜。来年的正月初三，逝者的家中“烧新床”，祭亡灵。之后逝世周年都要祭拜称“做祭”。

岁令节俗　时序节俗中，民谚称春节“初一早，初二早（早就去拜年），初三困到饱（不宜出门，可以在家睡懒觉），初四接神，初九天公生，十五上元暝。”大年初一不吃稀饭，不洗衣、不扫地，不汲水。初二女儿携女婿回娘家拜年，俗称“查某团日”。初四摆果品和“三牲”，上香“接神”。初九为“天公生日”，敬拜相当隆重。元宵节本地叫作“上元”，观灯而不吃元宵，近年来政府组织元宵文化踩街活动。本地有的在清明节，有的在三月初三“三日节”扫墓、压墓纸。钟宅钟姓扫墓之后在祖墓前架灶煮供品供大家分食，叫“吃祖墓”。端午节用粽子祭祖先，在门户上挂艾草、榕叶辟邪。在旧观念中，七月是“鬼月”，忌办喜事、搬新居。七月十五俗称“七月半”，要祭祖，在此前后数日村社轮流“做普度”祭拜鬼神。中秋俗称“八月半”，在家中用红米龟祭拜祖先，本区在仙岳山土地庙举办土地公信仰文化节。立冬和霜降吃药膳补身。冬节隆重地祭祖，主要祭品是汤圆。十二月二十四俗为送神之日。本地称除夕为“廿九暝”。用丰盛的饭菜和发糕、咸粿祭拜祖宗和神灵。吃年饭叫围炉，年饭中要有鱼和血蚶。除夕夜在供桌上摆红柑、春饭、发糕迎春祈福，上面都插红色的“春枝”。

（黄国富）

五位一体建设

【经济建设】2020年，湖里区制定出台促产业稳经济、加快新型基础设施建设等五大实施方案以及促进工业增资扩产提质增效和促进建筑业、会展业、电商直播产业发展等政策措施，成立11个经济工作专班，开展固定资产投资攻坚行动，开展2期“湖里魅力购”消费促进活动，促进全区经济企稳回升、逆势增长。出台《应对新冠肺炎支持企业复工复产八条措施》，减免企业税收约60亿元，发放助企援企资金1.7亿元。年内，实现国内生产总值（GDP）1395.75亿元，比上年上升6.4%；财政总收入259.34亿元，比上年上升4.75%。三次产业的比重为0：39.1：60.9，其中第二、第三产业增加值分别为545.65亿元、850.09亿元，分别比上年上升3.2%和8.7%，拉动国内生产总值上升分别为1.4个和5.0个百分点，对经济增长的贡献率分别为21.4%和78.6%。其中，增长较快的行业是房地产业、批发和零售业、建筑业，分别比上年增长34.4%、17.9%、9.8%。

【政治建设】 2020年，湖里区人民代表大会及其常务委员会依法履行监督、决定、任免等职责，成立监察和司法委员会、社会建设委员会，推进代表履职平台高效化特色化建设。发挥区政协专门协商机构作用，开展政协“大走访、大联络”活动，开展民主协商、调研视察、建言资政，完成调研课题31个。完善大统战格局，注重加强与各民主党派的政党协商，开展“同心”系列活动；强化同新的社会阶层人士的联络联系，打造新阶实践创新基地；深化民族团结进步创建和宗教场所规范管理；加强民营经济统战工作，举办中国（厦门）商人节湖里分会场活动；深化为侨服务、双拥共建，开展国防教育进党校、进社区、进学校活动。发挥工青妇等人民团体的力量，凝聚共识，汇集各方力量。

【文化建设】 2020年，湖里区完善公共文体设施，建成投用区文旅中心，区文化馆、图书馆迁入文旅中心大楼，场馆条件得到改善。推进文化馆图书馆总分馆制建设。全区有街道文化站5个、社区综合文化服务中心54个、“24小时街区自助图书机”53台。加强文化遗产保护，对东部旧村改造片区内38处不可移动文物实施分类保护。推进文化惠民，开展亚洲社会设计展、文化科技卫生“三下乡”等“悦游湖里”系列文化旅游活动，举办城市诵读节等各类文体活动1178场次。公布实施首批2个区级文物保护单位，制订东部旧改片区范围内未定级文物保护方案。湖里区推动影视文化产业发展，召开影视文旅招商项目视频签约大会，举办第四届厦门国际影视产业论坛。

【社会建设】 2020年，湖里区推进招聘引才工作，实施扩岗行动，接收专科以上学历院校毕业生1.6万名，促进失业人员再就业2.1万人，兑现稳岗、就业等补贴8400多万元。加强兜底保障，发放各类救助金9432万元，投入1500多万元购买社工服务项目61个。办好民生实事，投入2365万元实施园山小区、百果山小区等老旧小区改造；投入1799万元提升市政设施；建成12个公共停车设施，新增停车泊位1350个。推进“爱心厦门”建设，开展爱心助残、爱心敬老、爱心济困、爱心扶幼和关爱特殊岗位工人行动，机关干部结对帮扶困难户1072户，募集爱心捐款1474万元，在全市率先建成证照齐全“爱心屋”8个。部署实施十大教育发展工程，推进教育“补短扩容”行动，新开办5所公办校（园），新增义务教育及学前教育学位5466个。深化分级诊疗，新建禾山街道社区卫生中心和市行政服务中心卫生服务站，家庭医生签约11.2万人。建成区社会福利服务中心和殿前、金山街道居家养老服务照料中心，在全市率先启动“智慧养老”工作；开展省级婴幼儿照护服务和普惠托育服务试点。举办第十六届中国俱乐部杯帆船挑战赛等全民健身活动30场。召开加快建设高颜值湖里、深化提升城市综合管理工作会议，全方位优化“大城管”体系，试点实施市场化管养、“第三方”考评等机制。召开深化小区治理推进大会，出台《湖里区城市居民小区党支部管理办法（试行）》和《关于加强小区业委会规范化建设的十条措施》，组建小区治理专家顾问团、业委会主任联谊会、物业企业诚信自律联盟、小区爱心联盟，运用“智慧小区”平台，实施物业服务日常监督检查和小区审计，推广小区管委会、微型小区联片管理等无物业小区管理模式，开展小区乱象集中整治。争创全国文明城市“六连冠”，通过全省文明城区总评测评。修订《湖里区鼓励和支持台湾青年创业就业实施办法》，引进台湾人才30人。克服疫情影响，举办第十三届海峡两岸福德文化节等系列活动，推进海峡两岸交流基地建设，创新台胞参与基层治理方式，率先全市成立涉台检察联络室。抓好政治、经济、国土、社会、网络等各方面安全工作。推进扫黑除恶专项斗争，开展线索清仓、逃犯清零、案件清结、伞网清除、黑财清底、行业清源“六清”行动，落实省扫黑办特派督导整改，开展线索“大起底”“大复核”。推进主动创稳，深化“五安”创建，强化治安打防管控。深化“四门四访”（开门接访、进门约访、登门走访、上门回访）、“最多投一次”阳光信访、多元纠纷化解等机制，调处矛盾纠纷4968件，23件疑难信访件全部办结化解。开展“飓风肃毒2020”专项攻坚。落实安全生产和食品安全责任制，推进安全生产专项整治 3 年行动，开展安全生产、森林火灾和房屋安全隐患大排查大整治行动。

【生态文明建设】 2020 年，湖里区抓好第二轮中央生态环保督察反馈问题整改工作，落实污水设施建设、入海排污口整治、信访件办理等任务，中央交办件信访件全部完成验收销号，污水管网项目和排海口整治加速推进，实现排海口晴天污水"零排放"。空气质量优良率 100%。地表水实现 100% 达标。涉疫医疗废物日产日清、安全处置率均为 100%。制订湖里绿地建设导则，绿化建设任务完成，全年新增改造绿化面积 30264 平方米；植树 27.4 万株，森林覆盖率 8.93%，森林蓄积量 2.2 万立方米，林地保有量 3.71 平方千米，自然岸线保有率 17.97%。全区生态环境保护实际投入 1683.16 万元，比上年增长 46.7%。

（张宪敏）

招商引资

【概况】 2020 年，湖里区新增外资项目 196 个，增资项目 39 个。合同利用外资 41.62 亿元，实际利用外资 22.56 亿元，完成全年指标的 105.1%，比上年上升 15.6%，超过全省平均增速（10.3%）。引进内资 1273 亿元，全区新批及增资企业超 1.66 万家。注册资金在 500 万元以上的新设企业 3289 家，增资 500 万元以上企业 1018 家。

【厦洽会招商】 2020 年 9 月厦门贸易投资洽谈会（简称厦洽会）期间，湖里区对接推动项目 41 个，总投资约 838 亿元。其中，内资项目 35 个，投资额 795 亿元；外资项目 6 个，投资额 43 亿元。在厦洽会上台签约项目 22 个，投资额 535 亿元。其中，市级签约项目 5 个，市级央地签约项目 2 个，区级签约项目 12 个，与火炬管委会联动签约项目 1 个，与市自贸委联动签约项目 2 个。

2020 年 11 月 1 日，湖里区区长林重阳（主席台前排左一）参加在国际会展中心举行的厦门市企业家日项目签约仪式　　（区商务局　供图）

【联动招商】 2020 年，湖里区发挥自贸区试验区与火炬高新区（自创区）两大国家战略园区创新辐射和政策叠加效应，依托区产业优势和园区政策红利，与自贸试验区、火炬高新区统筹协调、联动招商。湖里区与厦门自贸委共同引进易大宗、朝聚医疗、中能国裕、亚联商贸、德培利等一批商贸、医疗、影视文化项目，与火炬高新区共同打造清华海峡研究院招商平台，联合引进 TCL 华星微发光二极管显示技术研发中心项目，推进玉晶光电、美捷特、施耐德等项目增资扩产。

【招商活动】 2020 年，湖里区参与对接市、区"网络一线牵，招商零距离"、厦洽会、电子信息产业大会、海峡论坛、数字中国、全市总部经济发展大会、青峰会等 23 场次大型"云签约"和线下签约活动，签约优质项目 98 个，总投资超 1200 亿元。收集整理北上广深杭等重点城市的招商项目，围绕主导产业和重点项目开展上门推介和精准招商。

【全区招商大会】 2020 年 9 月 8 日，湖里区招商大会在区行政中心召开。邀请市属国企、上市公司、总部企业、新落地企业等九大类 300 家企业或公司负责人参会。会上，播放 1 部新的招商宣传片——《把家安在这里》；印发 1 本展示湖里区产业布局、人文环境、政策导向的招商手册；汇编 1 部集合 195 份市、区相关招商引资政策的概要文本；聘请北京英蓝集团董事长于志强、福建七匹狼集团董事局主席周永伟、厦门恒兴集团总裁柯希平等 11 位行业领军人物担任湖里区招商顾问。

（黄灵玲）

【现代农业招商】 2020 年，湖里区对接市农业农村局、市海洋发展局、闽台渔港以及辖区农业龙头企业，拓展招商渠道。至年底，新增农业招商项目 15 个、注册落地项目 13 个、总投资 16.3 亿元；举办 1 场现代农业招商项目云签约活动，签约项目 3 个，总投资 4 亿元。

（李玉玲）

精神文明建设

【概况】 2020年，湖里区推进常态化疫情防控和文明城市（区）创建有机结合，通过全国文明城市、全省文明城区总评测评，获“省级文明示范城区”称号。加强新时代文明实践所、站建设，评选区级新时代文明实践试点和特色志愿服务品牌。开展星级志愿者评选。加强未成年人思想道德建设和公民思想道德建设。王丽华等3人被评为厦门市道德模范，廖诗佳获厦门市“新时代好少年”称号。在全市率先开展“爱心厦门”建设工作。

【文明创建】 2020年4月，湖里区打造社区、小区、公园、广场、商业大街等13类39个实地考察点标杆。试点创建“文明楼道”，按照“一楼一主题，一墙一文化”标准，打造居民门口的文明新风景。在老旧小区公共区域统一建设晾晒区，设置晾晒标识，102个小区晾衣区投入使用。制订《湖里区关于创建文明小区的实施方案》，确定文明小区试点17个。7—8月，开展2个月的市容市貌、城区管理、交通秩序、公共设施、公共卫生、市场秩序、文化市场、建筑工地、企业创建、社区创建等10个方面专项整治。修复受损市容市貌，纠正劝导跨店、占道经营等行为，整治路面及社区小区内乱停车行为，暂扣转运共享单车，查处非机动车逆行、闯红灯，机动车斑马线不礼让行人等各类交通违法行为。8月底，每个街道成立1支环境卫生专项整治应急队伍、城建集团成立5支市政设施破损修复应急处置队伍，实行兜底整治。开展“打通生命通道”专项行动，治理小区内乱占道停车问题。召开快递外卖行业教育培训会2场，印发文明骑行告知书5万余份。加强对共享单车的管理，增设共享单车停车区1131个，共享单车投放企业增加运营维序人员49名，增加运营调度车辆13台，更新车辆近4万辆。在辖区8个主要路口斑马线设置非机动车道，实现人车分离。

【志愿服务】 2020年，湖里区新时代文明实践所、站开展战“疫”志愿服务，发动各类志愿者1.66万名，投入小区、村改居社区等防疫一线。增加14个区级新时代文明实践试点。举办全区新时代文明实践工作研讨会，评选出7个特色志愿服务品牌，绿翔妈妈低碳环保项目入选福建省志愿服务项目大赛优秀项目。6月，启动一星至四星级志愿者推荐、评选工作。建设海堤纪念馆、区图书馆志愿服务驿站，提升改造国际邮轮中心志愿服务驿站。在各类公共场所加挂“爱心厦门”标识1500余处。开展全区志愿服务队伍摸底，梳理应急救援等各类队伍329支，新增注册志愿者8474人，建设新时代文明实践中心师资库、项目库、队伍库、阵地库。开展湖里区新时代文明实践群众需求问卷调查。启动年度“小我和大家，抗疫你我他”学雷锋月活动，联合厦门文明网发起“爱心之城　有你真暖”网络文明传播活动，吸引约100万人次关注。组织全区360余个各级文明单位（社区、校园）志愿者与全区测评迎检点挂钩共建，累计上报各类问题1.6万个。发动全区机关、企事业单位、社区、学校志愿者2.6万名，到“路长制”挂钩社区开展文明创建督导检查，累计上报需协调解决问题3.1万个。连续6次组织“讲文明美家园，讲卫生爱健康”爱国卫生运动，重点整治老旧小区、背街小巷、批发（农贸）市场等环境脏乱差薄弱点位，累计超过16万余人次参加，清理各类垃圾1400余车。

【未成年思想道德建设】 2020年，湖里区策划开展“小我和大家，抗疫你我他”线上活动。1人获厦门市2020年“新时代好少年”称号。组织开展“童心向党”“清明祭英烈”“童谣传唱爱心，文明你我同行”等主题实践活动。3所小学入选全市第八批“城市学校少年宫”。建设金尚社区、金安社区未

2020年8月14日，湖里区委文明办在仙岳书院举办“我们的节日”——“爱满湖里　文采七夕”——孝道乾坤主题活动　（区委文明办　供图）

成年人社会实践指导站试点，禾山社区“13965”（一生教育我）工作法被推荐至中宣部。每月月初，区委文明办联合区市场监督管理局、区城管局等相关职能部门开展1次校园周边联合执法。在辖区93所校园周边200米范围内，竖立200余块警示牌，公示湖里交警大队等4名责任人，包点责任人每天上学、放学期间到点巡查，杜绝违章停车、电动车违规载二孩等行为。7月起，开展净化社会文化环境专项整治行动。组建湖里区应对疫情心理咨询志愿服务队，疏导心理咨询请求439起，致电居家隔离人员1290次。

2020年8月25日，殿前街道第二家爱心屋在地铁1号线殿前站1号出入口举行揭牌仪式 （殿前街道 供图）

【公民思想道德建设】 2020年，湖里区委文明办组织道德模范进机关、进社区、进企业，讲述自身的感人事迹。在区文旅大楼、区青少年宫等人流量较多的地方设置道德模范专题展。开展“我推荐、我评议身边好人”评选活动，向厦门市推荐39名好人，王丽华等3人获厦门市道德模范称号，张雪花入选省好人榜好人。发出移风易俗倡议，提倡“红事延办、白事简办、集会不办、党员示范”，取消元宵民俗文化节、福源宫祭拜活动、“哗新娘”集会等民俗活动。

【爱心厦门建设】 2020年，湖里区在全市率先成立“爱心厦门”建设工作机构，抽调专职人员组建成立区爱心办，制定下发实施方案。新增区商务局等13个主体责任单位，补充完善“爱心厦门”建设实施方案，制订《湖里区“爱心屋”建设实施方案》《湖里区“爱心厦门”建设综合考评正向激励实施办法》等，完善“爱心厦门”建设工作机制。在全市率先建成8个证照齐全“爱心屋”，首月营业额超过21万元，截至年底，营业额260万元。将“爱心厦门”建设纳入区“十四五”规划，推出“爱心屋、爱心小区、爱心驿站、爱心校园、居家养老服务中心、爱心结对”6个增进民生福祉爱心项目，整理各类爱心特殊项目27个。在殿前街道长乐路、江头街道祥店路打造2条“爱心诚信一条街”，在地铁2号线吕厝站出口附近建设“江头爱心公园”，将“宏和号”爱心献血车旧车车体改造为“爱心采血屋”，建设爱心网红打卡点。编印《大爱战“疫”——“爱心厦门 疫情防控”湖里故事集》2000册。发布“爱心厦门 爱在湖里”系列抖音短视频，宣传湖里区爱心人物、爱心故事。年内，推送爱心信息185条，刊发爱心稿件142篇，播发爱心新闻221条，总点击量1000余万人次。

【文明宣传】 2020年，湖里区加强“典型+带动”立体宣传，培育文明风尚。

“拒绝舌尖上的浪费”文明宣传 2020年，湖里区编发“拒绝舌尖上的浪费 文明餐桌从我做起”倡议书，全区360余个文明单位响应，累计点击转载110余万人次。设计制作“杜绝舌尖上的浪费”宣传海报样板15张，并配上音频、微信进行融媒体立体传播。“文明湖里”微信公众号推出“厉行节约、反对浪费”主题宣传推文7篇次，累计点击转载261万次。定点向湖里辖区居民推送“拒绝浪费，厉行节约”微信朋友圈广告60万人次。向单位食堂、餐饮店、社区小区、校园发放“厉行节约”宣传海报1万张，联合区市场监督管理局设计制作“厉行节约、反对浪费”桌贴3万余张，全区商场、超市、餐饮店实现全覆盖。

新冠肺炎疫情防控宣传 设置宣传小喇叭220余处，发动56辆宣传车，到小区、市场进行流动宣传。配备“厝边小喇叭”，做好湖北返厦、到厦人员温馨服务。创作《守望春天》书画、歌曲等文艺作品40余件，以“艺”战“疫”。开辟“爱心厦门·防控疫情”宣传专栏，编发原创推文100余篇次，被“文明福建”微信公众号转载21篇次，被“文明厦门”“爱心厦门”微信公众号转载超过40篇次。

（吴千惠）

中共厦门市湖里区委员会

综　　述

【概况】 2020年，中共厦门市湖里区委员会（简称湖里区委）统筹推进疫情防控和经济社会发展，克服新冠肺炎疫情影响，做好“六稳”“六保”工作。全面从严治党，推进岛内大提升、城区治理现代化，加快建设高素质、高颜值现代化、国际化中心城区。打好精准脱贫、污染防治、防范化解重大风险三大攻坚战。年内，湖里区委召开全体会议2次、区委常委会会议41次。

【全面从严治党主体责任落实】 2020年，湖里区委党建办牵头制订《2020年全区党建工作要点》，调整区委党建工作领导小组成员。落实全面从严治党主体责任，制订区委落实全面从严治党主体责任清单，会同区纪委监委做好省对市、市对区主体责任落实情况检查迎检以及区级主体责任落实情况年度检查工作。开展区委常委述责述廉评议。开展“加强党建工作机制创新，推进治理现代化”课题调研，向市委党建办报送调研报告2篇。培育党建项目，向省委党建办报送兴隆社区“幸福隆屋”省级党建重点培育项目进展，向市委党建办推荐“联发欣悦园小区居民之家改造提升项目”作为市级党建重点培育对象。

【政策研究】 2020年，湖里区委办制订出台《中共湖里区委办公室调研课题管理办法（试行）》。加强一线调研，注重总结提炼，《积极应对疫情冲击　主动下好经济发展先手棋》《在“岛内大提升”中展现湖里担当、贡献湖里力量》《精准施策　攻坚克难》等多篇调研报告在《厦门通讯》《厦门特区快讯》等刊物发表。

【全面深化改革】 2020年，湖里区委改革办组织召开区委深改委会议7次，开展中共十八届三中全会以来全面深化改革任务落实情况总结评估，制订《湖里区构建“1+3+8”工作机制推进岛内大提升集成改革方案》，起草区委年度改革工作要点以及年度、半年工作总结。营造改革创新浓厚氛围，滚动更新“四个一批”改革创新项目43个，开展改革主题宣传6次，组织评选“金点子”60个、“改革创新奖”120个，并汇编成册。做好市委改革办对湖里区“改革创新”工作绩效评估的迎检工作，牵头开展区级“改革创新”工作绩效评估。党建引领助推“三高”（高技术、高成长、高附加值）企业发展工作机制作为改革典型案例在市委深改委会议上作经验交流，复工复产工作经验在《厦门改革简报》刊发。

（吴宗元）

【调研考察】 2020年2月11日，省委常委、市委书记胡昌升到东部旧村整村改造现场，检查金林湾花园B区1—07地块安置房项目复工及疫情防控情况。市领导黄文辉、孟芊，市建设局局长陈锦良，湖里区委书记林建、区长林重阳陪同检查。胡昌升一行现场检查项目部食堂、员工宿舍和施工现场。

2月19日，省委常委、市委书记胡昌升，市长庄稼汉走访调研湖里辖区重点企业防控疫情和复工复产情况。市领导黄文辉、韩景义、黄晓舟，湖里区委书记林建、区长林重阳陪同调研。胡昌升一行先后走访亿联网络技术有限公司、立达信集团、施耐德电气、麦克奥迪，了解企业运转和项目建设情况。

4月12日，湖里区委书记龚建阳，区委副书记、区长林重阳带队到高崎国际机场入境人员分流服务中心及区定点隔离酒店调研指导工作，并看望慰问奋战在疫情防控一线的工作人员。

（湖里头条编辑部）

重要会议

【区委八届全体会议】 2020年，湖里区第八届委员会召开全体会议2次。

8月28日，中共湖区第八届委员会十二次全体会议在区信访大楼召开。区委委员、候补委员，非区委委员的区级领导，区纪委常委、区监委委员，各部门、各单位领导等参加会议。会议学习贯彻习近平总书记重要讲话、重要指示批示精神，落实省委十届十次全会和市委十二届十一次全会精神；审议通过《中共湖里区委关于深入学习贯彻习近平总书记重要讲话重要指示批示精神　勇当率先实现全方位高质量发展超越排头兵的决定》和《中共湖里区委八届十二次全体会议决议》等文件；动员全区广大党员干部群众牢记殷切嘱托、弘扬特区精神，更好统筹常态化疫情防控和经济社会发展，做好“六稳”工作、落实“六保”任务，在经济特区设立40周年的新起点上，以更强的担当、更大的气魄、更实的举措，奋力推进岛内大提升，加快建设高素质、高颜值、现代化、国际化中心城区，勇当率先实现全方位高质量发展超越排头兵，为建设新时代新福建、促进祖国统一大业、实现中华民族伟大复兴中国梦作出湖里应有贡献。

12月26日，中共湖里区委第八届委员会十三次全会在区信访大楼召开。区委委员、候补委员，区级领导，区纪委常委、区监委委员，各部门、各单位领导参加会议。全会学习贯彻中共十九届五中全会精神，落实中共福建省委十届十一次全会、厦门市委十二届十二次全会精神；听取和讨论区委书记龚建阳所作的工作报告；审议通过《中共湖里区委关于制定湖里区国民经济和社会发展第十四个五年规划和二〇三五年远景目标的建议》和《湖里区高素质高颜值现代化国际化城区发展规划（2020—2035）》。龚建阳就“建议（讨论稿）”和“发展规划（讨论稿）”向全会作说明。

【全区领导干部大会】 2020年4月9日，湖里区领导干部大会在区行政中心召开。会上，宣布省委、市委关于湖里区委主要领导调整的决定。原中共湖里区委书记林建任厦门市人民政府党组成员，提名为副市长人选，不再担任区委书记、常委、委员职务，龚建阳任区委委员、常委、书记。

【区委常委会会议】 2020年，中共湖里区八届委员会召开区委常委会（扩大）会议41次、上会议题250个。包括传达学习总书记习近平在中央政治局常委会会议、中央全面深化改革委员会会议、“不忘初心、牢记使命”主题教育总结大会等会议上的重要讲话精神，以及习近平关于统筹推进常态化疫情防控和经济社会发展等工作的重要讲话、重要指示批示精神；专题学习《习近平谈治国理政》第三卷以及《习近平在福建》《习近平在厦门》《习近平在宁德》《习近平在福州》系列采访实录等内容；专题研究湖里区落实“三大攻坚战”、扫黑除恶专项斗争、“三高企业”倍增发展、鼓励和支持台湾青年创业就业、房屋安全隐患大排查、大整治暨百日攻坚专项行动，领导干部下访，车管所改造项目调整，深化街道机构改革等重要事项。

（吴宗元）

2020年8月28日，中共湖里区第八届委员会在区信访大楼召开十二次全体会议　（区委办　供图）

组织工作

【概况】 2020年，湖里区组织工作紧扣选好干部、建强组织、集聚人才，在服务大局中履职尽责，在应对疫情防控等重大斗争考验中担当作为，发挥党建引领小区治理作用。截至2020年12月31日，全区有各级党的基层组织1504个，其中，党委75个，党总支40个、党支部1389个，另设党组（含党组性质党委）17个，党工委8个，党员20376人。其中，女党员9134人，占总数的44.83%，少数民族党员546人，占总数的2.68%，35周岁以下党员7222人，占总数的35.44%，本科以上文化程度11961人，占总数的58.7%。中共厦门市湖里区委组织部（简称湖里区委组织部）组织开展“深化大学习、提振精气神”专项活动，区委书记、区长带头上专题党课，全区107个机关企事业单位参加该活动。开展“推动岛内大提升，实现湖里大跨越”大讨论活动，28名区级领导围绕“以上率下、担当作为”主题，50个区直机关单位围绕“转变理念、主动服务”主题，5个街道和国企围绕“征地拆迁再发力、项目建设再提速、招商引资再提效”主题，结合“党日”活动开展大讨论。开展“铭记初心、创先争优、奋力超越再出发”主题活动，全区机关企事业单位党员拟定“奋斗清单”4056份，单位党组织对照“问题清单”梳理出重点问题402个。

【基层党组织建设】 2020年，湖里区夯实基层党组织建设基础。

小区党建　深化和提升党建引领小区治理的水平，湖里区在全省率先实现小区党的组织全覆盖，在全省率先出台《城市居民小区党支部管理办法（试行）》。全区386个小区党支部、1089个楼栋党小组全部实体化运行，新组建（换届）小区业委会100%将党的领导写入议事章程，85%的小区建立红色业委会。推动近邻党建工作，辖区407家机关企事业单位党组织、35家非公企业党组织与小区党支部精准共建，“精准双报到”经验入选全省近邻党建典型案例，12个小区党建示范点入选全省近邻党建示范点。

城市党建　推进非公、机关、学校、国企等各领域党建全面发展。新打造中绿集团、科技谷等10个非公党建典型，湖里创新园入选全省园区党建典型，“三高”企业“四同四有”党建工作模式被推荐为全市深化改革典型案例。创新“1+X”联建模式，全区建立“1+X”联建片68个，覆盖非公领域党组织473个。创新推行公民办学校党组织“结对共建”和党建小片区管理模式，开展“基层党建见实效”“爱心校园”活动，做实教师“双培养”工程，重点培育“红烛先锋”等学校党建品牌。

【干部选用】 2020年，湖里区通过公务员考录、选调等渠道吸纳23名干部，20世纪90年代后出生的占91.3%，优化干部年龄梯队、专业结构。落实“干部一线轮训计划”，向基层一线、重点项目、对口地区倾斜工作力量，重点配备25名征拆、法律、卫健等领域的行家担任领导，选派24名干部到街道挂职，12名干部参与省市级重点项目建设或对口支援帮扶，让干部在一线提升专业素养。

【干部培训】 2020年，湖里区委组织部组织2期处科级干部培训班，抽调61名干部脱产培训。举办5场专题辅导报告，1014人次参训。区委党校组织参加省、市组织系统线上线下各类培训2.5万多人次，提升干部的专业能力。

【干部考核】 2020年，湖里区委组织部到疫情防控、招商引资、东部旧村改造7个指挥部一线等开展机动式考核，进驻开展一线蹲点调研考核，面向11家项目审批职能单位、48名二级调研员进行专项考核。年内，累计发现86个好做法、好事迹，对防疫表现突出的2名干部予以火线提拔，对表现优秀的6人记三等功，专项表扬49人。降职处理违纪违法干部1人，启用问责处分期满、态度端正、表现优秀的干部9人。

【人才强区战略实施】 2020年，湖里区实施“智汇湖里”人才强区战略，织密从高层次人才、骨干人才到基础人才的政策扶持网络，累计引进和培育国家级、省、市、区各

2020年6月18日，湖里区首批省级人才驿站示范站揭牌仪式在湖里创新园创新驿站举行
（区委组织部　供图）

类高层次人才245名。引进中国海峡人才市场闽南总部、厦门邦芒等市场化人力资源服务机构，形成组织部门牵头抓总体、有关部门各司其职、社会力量广泛参与的人才工作格局。坚持“人才驿站+人才服务点”双轮驱动，创新驿站成为全市唯一一个入选的省级人才驿站。

【人才服务保障】 2020年，湖里区召开12场人才专题会议，研究关于政策兑现、人才评定、住房保障等工作，到企业聚集园区、街道开展7场人才政策巡回宣讲。累计为1002名高校毕业生拨付各类住房补贴、新引进人才生活补贴等各类人才扶持资金1418万元，依托人才驿站举办300场人才活动，服务人才1.2万人次。加大人才安居保障，提供优望天地、龙湖冠寓等7个人才公寓项目6000套房源。走进企业园区举办部长会客厅5场，解读惠企政策，协调解决人才住房问题。

【人才评审评优】 2020年，湖里区实施“智汇湖里”人才强区战略，织密从高层次人才、骨干人才到基础人才的政策扶持网络，靶向引进和培育24名重点产业人才，新增国家级企业技术中心等21个市级以上创新平台，评选4名区领军型社工人才，培育市级骨干教师161名、市卓越教师培养对象1人。评选首届区优秀人才12名、人才工作先进集体9个、人才工作先进个人8名。

（吴煜超）

宣传工作

【概况】 2020年，中共厦门市湖里区委宣传部（简称湖里区委宣传部）宣传习近平新时代中国特色社会主义思想，承担起“举旗帜、聚民心、育新人、兴文化、展形象”的使命任务，聚焦“疫情防控”“岛内大提升”“大招商招大商”“深化大学习、提升精气神”等中心工作开展宣传。讲述湖里好故事，唱响湖里好声音，树立湖里好形象。在市对区意识形态工作责任制考核中获优秀等次。

【新冠肺炎疫情防控宣传】 2020年，湖里区组建宣传与舆情管控组、新闻应急队伍。报道科学防疫典型事迹和经验做法，在省级以上媒体刊登报道532篇，新媒体端总点击量过亿。编写疫情防控“三字经”、打油诗，用普通话和闽南话录制，用流动播音设备在辖区上千个主要进出路口进行语音播放，配置300多辆宣传车入小区、市场进行流动宣传。创作一批抗疫主题文艺作品。开展“爱心厦门、防控疫情、小区在行动”活动，组建360支小区防控志愿服务队和心理咨询志愿服务队，提供心理疏导咨询服务334次。在新时代文明实践中心推送20多个线上课程，收集抗疫典型事迹汇编成《大爱战“疫”——“爱心厦门 疫情防控”湖里故事集》，征集爱心捐款61.5万元。实行24小时在线值守，处理涉疫舆情信息近300条。

【理论学习宣传】 2020年3月24日，湖里区委宣传部印发《2020年全区各级党委（党组）理论学习中心组学习计划》，发放《习近平谈治国理政》第三卷、《习近平在厦门》、《习近平在宁德》采访实录等学习材料，区委中心组开展集中学习20次，其中研讨式学习8次。汇编区委中心组成员学习《习近平在厦门》等采访实录的心得体会以及2019年度区委理论学习中心组学习成果。

4月7日，湖里区委宣传部制订《湖里区2020年深化理论武装工作实施方案》，组建新一届特区建设者宣讲团，举办全区理论工作培训会、基层宣讲员培训会等活动。全年开展专题宣讲200场，实现理论宣讲对基层党组织全覆盖。9月，制作《决胜小康·奋斗有我》宣讲微视频；举办7场次“小康幸‘湖’年，光影满家园”电影公益展映；举办“大学习·i分享”线上征文活动，收到投稿50篇。开展6场闽南曲艺说唱新思想斗阵行活动，用答嘴鼓、南音等形式把新思想唱给群众听。在社区、小区推动一线宣讲阵地与新时代文明实践站点建设相融合，全区55个社区的342个小区党支部开展各具特色的宣讲。设立“好厝边”闽南角，开办时政理论学习班、千人微学堂，成立夕阳读报小组等基层理论阵地。升级“湖里文化地图”微信小程序，入驻各类理论宣讲阵地131个，发布宣讲活动1212次，发布短视频35条，月均活跃人数约为3万人。10月17日，举办新思想理论百宝箱H5有奖知识答题系列宣传活动。

【意识形态工作】 2020年，湖里区委召开常委会会议专题研究意识形态工作4次。把《中国共产党宣传工作条例》要求有机融入意识形态工作责任制考核方案，采取“2份基础考核清单、1份宣传思想文化工作项目表、1份特殊成绩界定标准”的“211”考核模式，对全区意识形态工作责任制落实情况进行督查，并把日常督查、巡视巡察、年终专题督查情况相结合综合考评，未出现考核不合格的单位。成立专项检查组，对区委政法委、区直机关党工委等8家单位开展意识形态专项检查，并把结果与干部考核、绩效考核和文明单位考核挂钩。加强对全区报告会、讲座、论坛等管理，严格报备审批流程，把好正确方向。出台“媒体采编管理正负面清单”《湖里区合作新媒体管理规定（试行）》《湖里区微信公众号意识形态阵地管理规定（试行）》等制度，完善宣传思想文化领域制度体系。

【媒体融合发展】 2020年，湖里区推进区级融媒体中心建设。实现主流舆论阵地、综合服务平台、社区信息枢纽融通贯通，形成以融媒体中心指挥大屏和湖里头条为核心，以《先锋湖里报》和“先锋湖里点映频道”为“两翼”，以24家传统媒体与新媒体联盟为外宣渠道的“双核两翼多端”格局。升级“先锋湖里”APP，形成区级新闻核心枢纽。截至年底，湖里区在各类媒体报道1.1万条次，其中，省级以上媒体1281篇、平面媒体459篇、湖里头条1923篇、新媒体网站5087条、电视新闻1880条、广播407条，总点击量超过2.38亿次。

【舆情引导】 2020年，湖里区融媒体中心坚持围绕中心，服务大局，聚焦岛内大提升、招商引资、征地拆迁、小区治理等区委中心工作，在各类媒体报道1.03万条次，其中省级以上媒体1121篇，总点击量超过1.99亿次。“湖里头条”公众号用户数有20余万人，在2020年第三季度全省政务新媒体影响力指数排名中位列县市区第一名。“先锋湖里”微博粉丝超过10万人，在人民网组织的2020年上半年福建省政务微博影响力排名中位列全省第七名。建立意识形态舆情分析研判机制及网络舆情分类处置机制，全年处理负面网络舆情信息1216条，组织网评员转发、评论6000条。

2020年6月22日，湖里区委宣传部和区委政法委在禾山街道钟宅社区开展闽南曲艺说唱新思想斗阵行宣传活动。图为答嘴鼓表演 （区委宣传部 供图）

【核心价值观宣传】 2020年，湖里区委宣传部将社会主义核心价值观贯穿、深层次融入意识形态建设。抓好金海社区社会主义核心价值观主题公园二期工程、高崎国际机场周边社会主义核心价值观景观造型建设；改造提升辖区红色文化遗址和爱国主义教育基地阵地。

培育学雷锋活动示范点1个和岗位学雷锋标兵省市级各1人。当选“厦门市道德模范”3人，获“厦门市新时代好少年”称号1人。高殿义务消防队、金山社区等志愿者守牢社区防疫第一线的事迹被中央媒体报道，禾山社区未成年人思想道德建设“13965”工作法被推荐至中宣部。通过第六届全国文明城市、全省文明城区总评，获“省级文明示范城区”称号。举办文化科技卫生“三下乡”、第十二届厦门（湖里）城市诵读节、闽南曲艺说唱新思想斗阵行、庆祝厦门经济特区建立40周年系列文化活动等。

印发《湖里区关于贯彻落实〈新时代爱国主义教育实施纲要〉的具体措施的通知》，围绕纪念抗日战争暨世界反法西斯战争胜利75周年，举办“勿忘国耻·牢记使命·砥砺前行”主题教育暨全民国防教育活动，弘扬以爱国主义为核心的民族精神。

推进“爱心湖里”建设，在全市率先建成8个证照齐全的“爱心屋”，全年营业额260余万元。推出爱心屋、爱心小区、爱心驿站等6大爱心项目，打造2条爱心诚信一条街、江头爱心公园、爱心采血屋等网红打卡点。

【湖里宣传APP】 2020年，湖里区委宣传部与《厦门日报》合作筹办《先锋湖里报》，3月30日首刊发布。4月初，“先锋湖里”APP上线，向群众推送新闻类、视听类、服务类等30个栏目。

2020年5月11日，“致敬白衣天使”公益云演唱会举行。图为设在如心妇婴医院的湖里分会场 （区委宣传部 供图）

【公益云演唱会】 2020年5月11日，由湖里区引进的企业爱尚传媒与人民日报新媒体、新浪微博等联合发起主办，湖里辖区企业——古风科技执行的“致敬白衣天使”公益云演唱会举行。湖里分会场设在如心妇婴医院。该演唱会邀请刘德华、周杰伦、林俊杰、莫文蔚等众明星献唱。《人民日报》客户端、新浪娱乐一直播、《人民日报》一直播3个端口同时在线超9500万人，微博相关话题浏览超14.3亿人次，阅读量超40亿人次。

（刘靖虹）

统战工作

【概况】 2020年，中共厦门市湖里区委统战部（简称湖里区委统战部）主要负责分管和联系区民宗局、工商联、侨联、区委台港澳办等4个部门，厦门市知联会湖里分会、湖里区新的社会阶层人士联谊会、湖里区佛教协会、湖里区福德文化联谊会、湖里区侨乡促进会5个统战社团，以及湖里区8个民主党派近2000名成员。支持各民主党派巩固“不忘合作初心、继续携手前进”主题教育成果；指导民革、民盟、致公党、九三学社4个民主党派完成换届工作；依托统战“同心荟萃堂”举办宣讲20多场次、“同心志愿服务团”“同心”文体活动20多场次。全年累计报送各类信息300多篇，区委统战部获评全市统战信息工作先进单位。在抗击新冠肺炎疫情期间，发动统战系统成员向武汉等地区捐赠资金（物资）1.66亿元，向菲律宾、新加坡等4个友好社团捐赠口罩7万只。以“一基地一品牌”为抓手，指导全区17个新阶实践创新基地按照“六有三化”标准，开展规范建设，青瓦创业基地等5个基地被评为“厦门市新的社会阶层人士统战工作实践创新基地”。

小资料

六有三化：“六有”指有人员管事、有党员队伍、有场所议事、有经费保障、有活动开展、有特色品牌，“三化”指组织设置科学化、党建工作规范化、作用发挥常态化。

【统战工作联席会议】 2020年5月26日，湖里区统战工作联席会议在区行政中心召开。区委常委、统战部部长陈晓东，区各民主党派负责人，区侨促会、区福德文化联谊会、区佛协会、区新联会等统战社团负责人，以及区委统战部相关人员参加会议。会上陈晓东部署联合议政工作、民主协商工作，成立湖里区统战系统专业招商小组，规范湖里区民主党派工作经费管理使用等具体工作。

【各民主党派工作交流会】 2020年7月18日，湖里区委统战部召开全区各民主党派工作交流会，区委统战部有关领导和相关人员及各民主党派代表参会。区委常委、统战部部长刘云标主持会议并讲话，各民主党派报告党派基本情况，以及近年来的工作特色、亮点，以及工作中遇到的困难和问题。

【上半年全区经济运行情况协商议政会】 2020年8月24日，湖里区在区行政中心召开半年全区经济运行情况协商议政会。区委常委、统战部部长刘云标，区政府副区长陈滨，区政府办、区委统战部、区发改局相关领导以及区各民主党派、工商联（商会）、新联会代表出席会议。各民主党派、工商联、无党派代表人士聚焦湖里经济运行工作中的热点、难点问题，讨论交流，提出建设性的意见建议。

【海外联谊会考察团招商推介会】 2020年9月6日，湖里区海外联

2020 年 8 月 24 日，上半年湖里区经济运行情况协商议政会在区行政中心召开

（区委统战部　供图）

谊会考察团招商推介会暨海外联谊会第四届六次理事会在区行政中心召开。市委统战部领导，区委、区政府部分领导，在厦门的海联会领导、区八大宗亲会会长，区台港澳办、区商务局、区侨联及各街道等相关单位领导参加。会议讨论通过海联会人事调整事项，与会人员参观两岸金融中心（湖里园）、东部旧村整村改造项目。

【党外代表人士和统战干部培训班】 2020 年 10 月 29—31 日，湖里区委组织部、区委统战部、区委党校联合组织在南平市建阳区举办党外代表人士和统战干部培训班。各民主党派基层委主干、党外干部、新阶代表人士、网络代表人士、区街部分统战干部等 40 人参加培训。

【联合议政课题调研成果协商对接会】 2020 年 12 月 14 日，湖里区联合议政课题调研成果协商对接会在区行政中心召开。区委常委、统战部部长刘云标，区委统战部、区发改局、区商务局、区民政局、区文旅局、区卫健局等部门负责人，各街道统战分管领导，区各民主党派主委、工商联（商会）负责人，以及各课题调研组主要执笔人参加会议。参会对象主要围绕推动湖里经济发展，增进民生福祉等各项问题建言献策。

【党外人士新春座谈会】 2020 年 12 月 31 日，湖里区党外人士新春座谈会在区行政中心召开，各民主党派、工商联、新联会、民族宗教界、台商、侨界等代表 20 余人参加座谈会，区委书记林建，区人大常委会主任黄炜，区委常委、区政府常务副区长吴旗荣，区委常委、统战部部长陈晓东，以及区委相关部门领导出席座谈会。

（邱舒密）

机构编制

【概况】 2020 年，湖里区编制委员会办公室（简称湖里区编办）办理公务员实名制增减 57 人次、事业单位人员实名制增减 417 人次、机关事业单位工资审核 474 人次。采取电话沟通、网上审批、“容缺受理”等模式，实施“不见面”审批。完成统一社会信用代码变更登记 19 家、事业单位法人年度报告公示 108 家、变更登记 58 家、设立登记 6 家，保障各单位运行。年内，区编办推进街道机构改革，向市委编办争取机关行政编制 22 名。核增编制解决湖里区“2 人局”设置问题，加强区级体育执法力量。设立巡察事务中心、区社会治安综

2020 年 10 月 29 日，湖里区党外代表人士和统战干部培训在南平市建阳区举行

（区委统战部　供图）

合治理中心。核增区建设局下属事业单位人员编制、领导职数及内设机构；整合区民政局与区残联事业单位，设立区民政事务中心；调整区属各中小学、幼儿园领导职数、党政后勤管理机构限额及其领导职数；划转区防汛办3名非在编人员及指标、经费到区应急管理局；将区行政服务中心综合窗口25名编外人员及指标、经费统一划转到区行政审批管理局。

【街道机构改革】 2020年4月10日，《湖里区深化街道机构改革方案》经市委、市政府批准印发。5月29日，印发各街道机关及街道综合服务中心“三定”，5个街道行政编制总量从83名增加到100名，核增5名副处级领导职数，强化街道领导班子建设。各街道设置党政办公室、社区建设办公室、经济服务办公室、综合治理办公室、综合执法办公室（城市管理办公室）等5个内设机构。街道综合服务中心提为副处级，增设4个内设机构，充实街道工作力量。

【街道综合执法改革】 2020年8月，《湖里区街道综合执法改革试点方案》经区委编办审核、区委编委会审定后，提交区委、区政府批准印发，并选定殿前街道作为全市街道综合执法改革试点单位。11月16日在全市率先挂牌成立湖里区殿前街道综合执法队。综合执法队在驻街的城管中队加挂牌子，城市管理、劳动保障监察、安全生产等3支执法队伍进驻街道，形成1支队伍管执法的模式，在日常管理上以街道为主。区委编办汇总编制印发《湖里区街道综合执法事项清单》，清单包括城市管理、劳动监察、安全生产三类执法事项266项（990个子项）。其中，城市管理14个大项（499个子项）、劳动监察75项（85个子项）、安全生产执法177项（406个子项）。

【区巡察事务中心成立】 2020年7月28日，湖里区巡察事务中心成立，隶属区委巡察办，划分为公益一类，经费管理形式为区财政核拨，核定人员编制6名，主要职责为承担区委巡察办和巡察组开展巡察工作的技术性、辅助性和事务性工作。

2020年6月18日，福建省委编办到湖里区调研街道机构改革情况

（区委编办 供图）

【区民政事务中心】 2020年7月28日，湖里区社区工作服务中心、区残疾人就业服务中心整合为区民政事务中心，加挂区残疾人就业服务中心牌子。区民政事务中心（区残疾人就业服务中心）隶属区民政局管理，划分为公益一类，经费管理形式为区财政核拨，核定人员编制10名。单位主要职责调整为承担区民政事务、残疾人就业服务、社会工作、养老服务、居民家庭经济状况核对、保障性住房服务等方面技术性、辅助性和事务性工作。

【区社会治安综合治理中心】 2020年11月2日，湖里区信访服务中心更名为区社会治安综合治理中心，加挂区信访服务中心牌子，主管部门由区信访局调整为区委政法委，人员编制由4名调整为7名。该中心主要职责：协助主管部门承担社会治安综合治理、群众来访等方面的技术性、辅助性和事务性工作；协助处理群众集体上访和有关突发性事件，承办上级交办的其他事项。

（刘松年）

【数字湖里事务中心挂牌】 2020年7月31日，数字湖里事务中心在城管大楼挂牌成立。该中心在区城管委办公室的领导下，负责数字湖里公共管理集成平台运行和管理，为副处级事业单位。人员编制30名，核定领导职数1正2副，设置综合科、业务科、督导科等3个科室。由于事业单位改革精神未明确，编制问题尚未落实，故从区市政园林局、区城管局、区行政审批局、禾山街道等部门单位借调9名编内人员和40名编外人员。

（丁　岚）

区直属机关党建

【概况】 2020年，中共湖里区委区直机关工作委员会（简称湖里区直机关工委）下辖102个基层党组织，其中党委7个，党总支3个，党支部92个，党员1600名。全年召开党工委会32次，研究党费返拨、基层党组织人事调整等55个重要事项。

区直机关工委学习贯彻习近平新时代中国特色社会主义思想，为机关1600多名党员干部配发《习近平在厦门》《习近平在福州》《习近平在宁德》及《习近平谈治国理政》第三卷等辅导读物6000多册。举办“决胜小康、奋斗有我”宣讲活动。中心组开展2次意识形态专题学习、1次网络意识形态专题学习，党工委召开2次意识形态工作专题会。举办2期机关党务干部培训班，专题辅导机关党务干部107名。

落实党组织和在职党员“双报到”制度，400多名机关党员干部到所在社区（小区）报到。开展自愿捐款，支持新冠肺炎疫情防控工作，1600多名机关党员干部捐款23万余元。600多名机关干部参与到境外疫情防控一线，指导成立4个工作专班临时党支部，组建6个党员突击队，设置12个“党员先锋岗”。开展“千名干部深入万家企业”活动。

【主题教育活动】 2020年10月21日，湖里区直机关工委组织直属党组织的31名党员到五通灯塔公园参观以“永铭在心”为主题的厦门抗日死难者纪念雕塑和抗日战争胜利纪念林，重温入党誓词。

【演讲比赛决赛】 2020年6月18日，湖里区直机关工委、区机关工会在信访大楼联合举办“立足岗位作贡献、提振精神勇担当”演讲比赛决赛，12名选手参赛。比赛选出一等奖1名，二等奖2名，三等奖5名。

（黄定兰）

2020年6月18日，湖里区直机关工委、区机关工会在信访大楼联合举办“立足岗位作贡献 提振精神勇担当”演讲比赛。图为决赛颁奖（区直机关工委 供图）

机关效能建设

【概况】 2020年，湖里区效能督查办（简称湖里区效能办）督办区委主要领导交办事项424项，形成《督查落实专报》16件，跟踪督办区委常委会会议议定事项21项、区委专题会议议定事项22项；服务保障国务院督导组指导金安社区疫情防控、市委主要领导调研湖里区等上级工作检查7次。印发《湖里区2020年督查检查考核年度计划》，压缩、整合、合并同类督查、检查、考核事项，明确计划安排督查检查考核事项13项，比上年下降48%。

【督查督办】 2020年，湖里区效能办围绕“马上就办”和便民服务落实情况，在全区开展机关内部事项办理情况、对外服务窗口视频监控系统情况、便民服务热线接听情况等专项督查。对“五个一批”和省、市重点项目建设以及征地拆迁、招商引资、文明创建等领域开展定期督查。成立环保督查专班，开展现场核查4次，督促区市政园林局、区城市管理局、区建设局3个单位提前10天完成第二轮中央生态环保督察涉及的12件信访件整改销号。先后对湖里街道古龙公寓火灾事故应急处置工作不力问题、乌石浦花园安置房项目建设滞后问题、金山街道金钟路文明创建工作存在问题进行全区通报。全年受理信访投诉50件，投诉件办结率100%。全年效能问责20人次，其中效能告诫7人次，通报批评11人次，诫勉教育2人次。

【绩效考评】 2020年，湖里区效能办完成2019年区级综合效能考评工作，通报表扬7家单位，对受到效能问责的30人减发或不发绩效评估奖，3 名干部因受效能问责影响提拔使用。7 月 17 日，印发《湖里区 2020 年度综合效能考评工作方案》，组织对街道和部门进行考评。

（吴宗元）

老干部工作

【概况】2020 年，中共厦门市湖里区委老干部局（简称湖里区委老干局）服务管理离退休干部 30 人，离休干部遗属 10 人。其中，离休干部 4 人，区级退休干部 26 人。区老干局突出党建引领，抓好老干部"三项建设"，做好老干部服务保障，引导老干部发挥优势，助力湖里高质量发展。区老党员志愿者服务队 160 余名老党员在各自小区参与疫情防控值守，18 名离退休老干部，为助力疫情防控捐款 7 万余元。

【老干部政治理论学习】2020 年，湖里区委老干局采取送学上门的方式，为老干部配发《习近平在厦门》《习近平在宁德》《中华人民共和国民法典》等学习书籍；通过微信工作群组织全区离退休党员学习总书记习近平在决战决胜脱贫攻坚座谈会上的讲话精神，组织"我看全国'两会'"网上学习讨论，组织学习总书记习近平在深圳经济特区建立 40 周年庆祝大会上的讲话。

【离退休干部党组织规范化建设】2020 年，湖里区老干局汇编《湖里区离退休干部党建工作手册》，规范离退休干部党组织成立程序和工作规则。年内，以争创省级离退休干部"示范党支部"为目标，在强化政治引领、规范组织建设、丰富活动载体、发挥优势作用等方面主动作为，对照"六有"（有组织、有制度、有活动、有阵地、有经费、有联络员）标准，列出清单、统一要求、对标创建，湖里区 4 个离退休党支部被省委离退休干部工委、省委老干部局命名为省级离退休干部"示范党支部"。

【离退休干部待遇落实】2020 年初，湖里区委常委会专题听取全国离退休干部"双先"表彰大会和全国老干局局长会议精神，研究湖里区贯彻意见。举办湖里区离退休干部党员增添正能量读书班，在端午节、重阳节之际，召开区老干部座谈会 2 次，通报湖里区疫情防控和经济社会发展情况。落实定期走访慰问和困难帮扶制度，先后走访慰问老干部 83 人次，发放价值 1.5 万元慰问金及物品。定期向老干部发送疫情防控温馨提醒和重要节日祝福短信，先后 2 次寄送慰问信，为老干部配送口罩 6000 个。

【离退休干部文体活动】2020 年，湖里区委老干局向全区离退休干部书画爱好者征集 150 余幅作品，评选部分优秀作品统一装裱，布置在区老年活动中心 3 楼至 5 楼廊道。延伸拓展老干部、老党员在辖区内开展户外文体活动的场所，先后与湖里区仙岳书院、诺斯蒂文化体育公园签订共建协议，将 2 处列为区老干部文体活动点，提高老同志的幸福感。

【线上老年教育】2020 年 9 月，湖里区老年大学微信公众号开通，建立《网上学堂》专栏，架构"空中学习"和"直播课堂"2 个线上平台，通过整理优质老年网校网址，链接省老年大学线上教学资源，开展网络远程教育，满足离退休老干部居家学习的需求。

【老干部座谈会】2020 年 6 月 24 日，湖里区级老干部座谈会在区行政中心东附楼举行。区委书记龚建阳通报 2020 年湖里区的主要工作情况。区委常委、组织部部长胡鹏程主持会议，区四套班子主要领导和 22 位区级老干部参加会议。

10 月 15 日上午，区老干部政

2020 年 10 月 15 日，湖里区级离退休老干部到诺斯蒂文化体育公园奥林匹克纪念馆参观

（孙天锡 摄）

2020 年 6 月 24 日，湖里区级老干部座谈会在区行政中心举行　（孙天锡　摄）

情通报会在区行政中心东附楼召开。区领导与区级老同志欢聚一堂、通报工作、听取意见、共谋发展，区领导向老干部送上节日祝福。19 位区级老干部出席会议。

（孙天锡）

【关心下一代工作】 2020 年，湖里区关心下一代工作委员会（简称区关工委）通过线上学习、线下培训、开办讲座等抓好各级关工委、“五老”骨干的学习教育活动。新冠肺炎疫情防控期间，区关工委组织开展线上学习，有 6000 名学生参与在线知识竞答。举办“老少共话中国梦”“大手拉小手，追梦同心同向走”“学雷锋、知党恩、讲道德、见行动”等 100 余场主题教育活动。区关工委宣讲报告团进学校、进社区、进夏（冬）令营，讲“国史”，讲“身边的故事·湖里的故事”。全年授课 100 场，受教育的青少年 2 万人。

区关工委携手市、区慈善组织开展“慈善·关爱——与抗疫同行暨湖里区第九届‘雨露育青苗’孤困儿童结对帮扶”公益活动，为辖区 168 名孤困儿童发放逾 40 万元的扶助金及爱心大礼包。各街道关工委开展“爱心厦门·‘六一’暖心行”活动，慰问援鄂医务人员子女、外来员工子女、防疫一线关工委人员子女、辖区困难家庭子女，送去文具大礼包。是年，区关工委系统关爱联盟单位捐资助学金 200 万元，受资助的贫困学生 3000 余人。吕厝、兴华、兴园社区推动更多的“五老”参与社区帮教、社区矫正，开展法律援助、心理咨询等，“结对子”“一帮一”助力解决“五失”青少年在工作、学习、生活等方面遇到的困难。

（方丽铃）

2020 年 5 月 30 日，湖里区关工委与厦门市慈善总会、区慈善会联合在湾悦城举办“慈善·关爱——与抗疫同行暨湖里区第九届‘雨露育青苗’孤困儿童结对帮扶”活动。图为举办方人员与受助儿童合影　（方丽铃　摄）

厦门市湖里区人民代表大会

综　　述

【概况】 2020年，厦门市湖里区人民代表大会常务委员会（简称湖里区人大常委会）召开区人民代表大会1次、常委会会议9次，主任会议10次，听取审议“一府两院”专项工作报告14项，开展专题询问1项、专项工作评议1项，依法作出决议、决定10项。开展调查研究31场次，组织市、区人大代表视察19场次，督办代表议案、建议74件。任免国家机关工作人员71人次，任命人民法院陪审员58人，补选市人大代表1名、区人大代表7名。截至年底，有区人大代表190名，市人大代表50名。

【决议和决定】 2020年，湖里区人大常委会全年作出决议、决定10项。主要有：关于批准2019年区本级财政决算、批准湖里区2020年预算调整的决议；关于老旧小区消防设施改造及相关问题的议案继续办理的决定；关于接受林建、吴进华等辞去湖里区第八届人大代表职务，曹荣宝、张国平辞去湖里区人大常委会委员、湖里区第八届人大代表职务请求的决定；关于补选区第八届人民代表大会代表的决定以及关于召开湖里区第八届人民代表大会第五次会议的决定。

（蒋惠琼）

重要会议

【区八届人民代表大会第五次会议】 2020年12月28—31日，湖里区八届人民代表大会第五次会议在区行政中心召开。会议听取和审议区人民政府区长林重阳作的《湖里区人民政府工作报告》；听取区人民政府常务副区长吴旗荣作的《湖里区国民经济和社会发展第十四个五年规划和二〇三五年远景目标纲要（草案）编制情况的说明》，审查和批准湖里区国民经济和社会发展第十四个五年规划和二〇三五年远景目标纲要；书面审议《湖里区2020年预算执行情况和2021年预算草案的报告》，批准湖里区2021年区本级预算；听取和审议区人大常委会主任黄炜作的《湖里区人大常委会工作报告》；听取和审议区人民法院院长高碧青作的《湖里区人民法院工作报告》；听取和审议区人民检察院检察长吴华峰作的《湖里区人民检察院工作报告》；补选区八届人大常委会委员2名，并

2020年12月28日，湖里区第八届人民代表大会第五次会议开幕式在区行政中心举行（陈小龙　摄）

表决通过各项决议。会议期间收到代表提出的议案、建议、批评和意见 89 件。

2020 年 8 月 13 日，湖里区人大、政协在区行政中心召开上半年政情通报会。图为区人民政府区长林重阳作区政府上半年政情通报　　（陈小龙　摄）

【湖里区人大、政协政情通报会】 2020 年 8 月 13 日，湖里区人大常委会召开湖里区人大、政协 2020 年上半年政情通报会，全区人大代表、政协委员参加会议。会议听取区人民政府上半年工作情况通报，以及区人民法院、区人民检察院上半年工作情况书面报告。

【区八届人大常委会会议】 2020 年，湖里区八届人大常委会召开会议 9 次，即第 30 次至第 38 次常委会会议。

【区八届人大常委会主任会议】 2020 年，湖里区人大常委会召开主任会议 10 次。会议主要研究区人大代表补选和人事任免有关事宜、区八届人大五次会议筹备等重大事项；讨论年度工作要点、年度监督计划、常委会专项工作评议和专题询问监督暂行办法等；研究确定常委会年度重点督办代表建议；通过年度课题调研计划和评审办法；部署机关意识形态、文明创建等工作。

（蒋惠琼）

2020 年湖里区八届人大常委会会议情况一览表

表 3

会次	时间	主要内容
第 30 次会议	2 月 28 日	书面审议区政府关于区人大常委会对“区八届人大三次会议代表建议办理工作情况报告”审议意见研究处理情况的报告
第 31 次会议	4 月 23 日	听取和审议区人民政府关于湖里区 2019 年环境状况和环境保护目标完成情况的报告；审议湖里区人大常委会专题询问监督暂行办法草案及专项工作评议监督暂行办法草案；表决通过人事任免有关事项
第 32 次会议	5 月 28 日	听取和审议区人民政府关于道路交通安全执法工作情况的报告；听取和审议区人民政府关于公办校（园）建设情况的报告；表决通过人事任免有关事项
第 33 次会议	6 月 18 日	审议有关人大代表工作事项；听取和审议区政府关于社会养老服务体系建设工作情况的报告；表决通过人事任免有关事项
第 34 次会议	7 月 28 日	表决通过人事任免有关事项；听取和审议区法院关于民事诉讼程序繁简分流改革试点工作情况的报告；听取和审议区政府关于 2019 年财政决算草案报告和关于本级预算执行和其他财政收支情况的审计报告，批准 2019 年决算；审议代表资格审查委员会关于补选代表资格审查报告；书面审议区政府关于区人大常委会对“2019 年环境状况和环境保护目标完成情况报告”审议意见处理情况的报告
第 35 次会议	9 月 28 日	听取部分市人大代表报告履职情况；听取和审议区政府关于湖里区 2020 年 1—8 月预算执行情况和预算调整草案的报告，审查批准预算调整草案；听取和审议区人民政府关于油烟扰民执法整治情况的报告；听取和审议区人民政府关于文化产业发展工作情况的报告；审议区八届人大代表补选工作事宜；表决通过人事任免有关事项；书面审议区政府关于区人大常委会对“道路交通安全执法工作情况报告”、“公办校（园）建设情况报告”审议意见研究处理情况的报告
第 36 次会议	10 月 29 日	听取和审议区政府关于法治政府建设工作情况的报告；对区应急局安全生产工作情况开展专项评议；审议有关人大代表资格事宜；表决通过人事任免有关事项；书面审议区政府关于区人大常委会对“养老服务体系建设工作情况报告”审议意见研究处理情况的报告

续表 3

会次	时间	主要内容
第 37 次会议	11 月 27 日	听取部分市人大代表报告履职情况；对区政府公共卫生工作情况开展专题询问；表决通过人事任免有关事项；书面审议区法院关于区人大常委会对“民事诉讼程序繁简分流改革试点工作情况报告”审议意见研究处理情况的报告、区政府关于区人大常委会对“‘2019 年财政决算草案报告’和‘2019 年预算执行和其他财政收支情况的审计报告’”审议意见研究处理情况的报告
第 38 次会议	12 月 18 日	审议代表辞职有关事宜；听取和审议区政府关于厦门市湖里区国民经济和社会发展第十四个五年规划纲要（草案）编制情况的报告；听取和审议区政府关于 2020 年预算执行情况和 2021 年预算草案编制情况的报告；听取和审议区政府关于《湖里区老旧小区消防设施改造及相关问题的议案》办理情况的报告，对议案是否办结进行表决；听取和审议区政府关于区八届人大四次会议建议、批评和意见办理情况的报告，对重点建议办理情况开展满意度测评；审议有关代表资格事项；研究区八届人大五次会议相关事宜；表决通过人事任免有关事项；书面审议区政府关于区人大常委会对“法治政府建设工作情况报告”“2020 年 1—8 月预算执行情况和预算调整草案报告”“油烟扰民执法整治情况报告”审议意见研究处理情况的报告

人大监督

【听取审议专项报告】 2020 年，湖里区人大常委会听取和审议区政府关于 2019 年度环境状况和环境保护目标完成情况，道路交通安全执法，公办校（园）建设，社会养老服务体系建设，油烟扰民执法整治，文化产业发展，法治政府建设，安全生产工作，公共卫生工作，区八届人大四次会议代表建议、批评和意见办理情况和关于《湖里区老旧小区消防设施改造及相关问题的议案》办理工作情况报告；听取和审议区法院关于民事诉讼程序繁简分流改革试点工作情况的报告。

【审查批准预决算和国民经济与社会发展规划】 2020 年，湖里区人大常委会加强对预、决算全口径、全领域、全过程的审查监督，听取和审议区政府 2019 年财政决算草案报告、2019 年度区本级预算执行和其他财政收支情况的审计报告，批准 2019 年决算；听取和审议 2020 年 1—8 月预算执行情况和预算调整草案的报告，审查批准预算调整草案；听取和审议《2020 年预算执行情况和 2021 年预算草案编制情况的报告》，批准 2021 年区本级预算；听取和审议区政府《关于厦门市湖里区国民经济和社会发展第十四个五年规划纲要（草案）编制情况的报告》，推动政府结合 2035 年远景目标，高起点、高标准谋划湖里发展。

【专题询问】 2020 年，结合新冠肺炎疫情防控工作，湖里区人大常委会将政府公共卫生工作情况纳入监督重点。11 月 27 日，区八届人大常委会第 37 次会议对区政府公共卫生工作情况开展专题询问，围绕加强突发公共卫生事件处置能力、开展好传染病防控宣传工作等 10 个问题提出询问，区卫健局、区工信局、区财政局、区教育局、区文旅局、区防控办等职能部门、各街道及各街道社区卫生服务中心主要领导到会列席并对相关问题进行应询，推动政府相关部门织密织牢公共卫生安全防护网。

【专项工作评议】 2020 年，湖里区人大常委会成立由副主任林充贺任组长的专项工作评议组，从 7 月下旬开始，对区应急管理局 2018 年以来履行安全生产监督管理职责

2020 年 7 月 28 日，湖里区八届人大第 34 次常委会会议审议区法院民事诉讼程序繁简分流改革试点工作情况 （陈小龙　摄）

工作情况开展专项工作评议。评议组先后召开各街道安全生产专项工作、政府相关部门以及部分企业安全工作负责人等类型的座谈会和调研。向 100 名人大代表和群众征求意见并进行测评。10 月 29 日，区八届人大常委会第 36 次会议听取和审议有关工作情况，并就区急管理局履行安全生产监督管理职责工作情况进行现场评议，通过无记名表决方式，区应急管理局安全生产专项工作获评“满意”等次。

（蒋惠琼）

2020 年 9 月 28 日，在湖里区八届人大常委会第 35 次会议上区人大常委会主任黄炜（右一）为新任命人员颁发任命书　（陈小龙　摄）

人事任免

【概况】 2020 年，湖里区人大常委会依法任免国家机关工作人员 71 人（次）。其中任命国家机关工作人员 39 人，免去 32 人。任命人民陪审员 58 人。

【任免事项】 2020 年 4 月 23 日，经湖里区八届人大常委会第 31 次会议审议，会议任命方文江为区财政局局长，任命郭顺强、薛潇、龚晓星、庄剑斌、林丽玉、肖安定、刘路英、林婧雯、谢源成、陈奕婷、林轶琳为区人民法院审判员；免去张国平的区人大常委会禾山街道工作委员会主任职务，免去张金坪的区财政局局长职务，免去王萍的区卫生健康局局长职务，免去张天勇的区监察委员会委员职务，免去李建锋的区人民法院审判员职务，免去侯春盛的区人民检察院副检察长、检察委员会委员、检察员职务，免去杨毅东的区人民检察院检察员职务。

5 月 28 日，经区八届人大常委会第 32 次会议审议，会议任命刘凯娟为区人民法院副院长；免去刘建强的区人民法院审判员职务。

6 月 18 日，经区八届人大常委会第 33 次会议审议，会议接受曹荣宝辞去区八届人民代表大会常务委员会委员职务的请求；任命蒋晓民为区人民政府副区长，任命曹荣宝为区人民政府办公室主任，任命周泽勇为区市政园林局局长；免去刘云标、陈颢颖的区人民政府副区长职务，免去洪志伟的区政府办公室主任职务，免去周泽勇的区城市管理局局长职务。

7 月 28 日，经区八届人大常委会第 34 次会议审议，会议任命李玉昆、吴允梭、王合作、王盛南、郭孝福为区八届人大常委会财政经济工作委员会委员；免去王小帅、施芗萍、徐保之、叶小良、刘梓良的区八届人大常委会财政经济工作委员会委员职务。

9 月 28 日，经区八届人大常委会第 35 次会议审议，会议任命庄伟为区司法局局长，任命王小帅为区工业和信息化局局长，任命彭芳兰为区民政局局长，任命白贤龙为区卫生健康局局长，任命郑新宇为区人民检察院副检察长；免去李建军区人力资源和社会保障局局长职务，免去郑高良区司法局局长职务，免去林筱丽区工业和信息化局局长职务，免去章再耕区民政局局长职务。

10 月 29 日，经区八届人大常委会第 36 次会议审议，会议任命杨盛为区人力资源和社会保障局局长。

11 月 27 日，经区八届人大常委会第 37 次会议审议，会议任命黄年生为区人大常委会科教文卫侨工作委员会主任，任命马竞生为区人大常委会湖里街道工作委员会主任；任命文晓鸣为区人大常委会禾山街道工作委员会主任；免去李东区人大常委会科教文卫侨工作委员会主任职务；免去黄年生区人大常委会湖里街道工作委员会主任职务。

12 月 18 日，经区八届人大常委会第 38 次会议审议，会议接受张国平辞去湖里区第八届人民代表大会常务委员会委员职务的请求；任命周文澎为区八届人大常委会湖里街道工作委员会委员，任命陈思成为区八届人大常委会殿前街道工作委员会委员，任命曹梅媛为区八届人大常委会江头街道工作委员会委员，任命叶建新、谢幼珍为区八届人大常委会禾山街道工作委员会委员，任命徐祥敏为区监察委员会委员，任命王更儒、代萍竹、蒋艺超为区人民检察院检察委员会委员，任命陈峰明等58人为区人民法院陪审员；免去苏照山的区八届人大常委会湖里街道工作委员会委员职务，免去黄诗和的区八届人大常委会殿前街道工作委员会委员职务，免去陈舒雯的区八届人大常委会江头街道工作委员会委员职务，免去秦宪帅、郭歆妮的区八届人大常委会禾山街道工作委员会委员职务，免去崔跃民、林轶琳的区人民法院审判员职务。

（蒋惠琼）

2020年10月22日，湖里区人大代表视察南山新村老旧小区消防安全改造工作

（湖里区建设局　供图）

代表工作

【议案建议办理】　2020年，湖里区人大常委会组织人大代表对议案和重点建议办理情况进行视察，征求人大代表对办理情况的意见，督促承办单位落实“办前、办中、办后”与代表沟通联系制度，破解代表“被公关”“被满意”等问题。全年督办代表建议74件，均全部办结。根据常委会会议上对“老旧小区消防设施改造意见”议案是否办结的票决结果，依法作出议案继续办理决定。在市十五届人大五次会议上，通过市人大湖里代表团这个平台，向大会提交代表建议96件，通过市人大常委会机关交办和持续督办。

【代表视察】　2020年，湖里区人大常委会紧扣岛内大提升和“六稳”“六保”，围绕经济社会发展和民生关注等重难点问题，组织或委托街道人大工委组织省、市、区人大代表对湖里区经济发展、疫情防控、城区建设、文化产业等情况进行视察，先后开展视察活动19场次。主要视察湖里区村改居开展“爱国卫生”工作情况，东部旧村整村改造、安置房建设情况，道路交通安全执法工作情况，养老体系建设工作情况，重大经济项目建设进展情况，区八届人大四次会议议案、重点建议办理情况，岛内大提升工作进展情况。

【代表资格变动】　2020年，湖里区八届人大常委会第33次会议补选龚建阳为厦门市第十五届人民代表大会代表；7月18日，分别组织第12、第48、第80、第83、第103选区选民投票，补选丁红斌、洪志彬、魏峰、龚建阳、朱碧蓉为区八届人民代表大会代表。10月24日，分别组织第13、第78选区选民投票，补选马竞生、文晓鸣为区八届人民代表大会代表。

区八届人大常委会第33次、36次、38次会议，分别接受林建、钟伟东、曹荣宝，吴进华，张国平辞去区八届人民代表大会代表职务。

区八届人大常委会第38次会议通过区人大常委会代表资格审查委员会关于个别代表的代表资格的报告，对钟伟东、曹荣宝、林建、张国平、吴进华、高明福6名代表资格终止和依法补选龚建阳、丁红斌、洪志彬、魏峰、朱碧蓉、马竞生、文晓鸣7名区八届人民代表大会代表资格予以确认。截至年底，区八届人大实有代表190名。

（蒋惠琼）

厦门市湖里区人民政府

综　述

【概况】 2020年，湖里区政府召开重要会议55次，研究议题约600个。其中，全体成员会议2次；区政府廉政工作会议1次；区政府党组会议19次，研究议题54个；常务会议33次，研究议题267个；区政府专题会议170次，研究议题294个。调研、检查、走访慰问等活动1082场次。向省、市上报工作信息3752条次。

年内，湖里区统筹推进疫情防控和经济社会发展，做好稳就业、稳金融、稳外贸、稳外资、稳投资、稳预期工作，全面落实保居民就业、保基本民生、保市场主体、保粮食能源安全、保产业链供应链稳定、保基层运转任务，推进"岛内大提升"，实现经济全面企稳回升、持续向好发展。

【新冠肺炎疫情防控】 2020年，湖里区启动突发公共卫生事件一级响应，在530个小区（自然村）设置970个卡口，对进出人员实行登记、测体温等管理。全区发现3例确诊病例和1例无症状感染病例（均为输入性），从4月13日起，实现本地疫情全面清零。先后3批51人次医护人员驰援湖北遭受疫情突袭的武汉。关口前移外防输入。湖里区地处全市交通枢纽，是外防输入的最前沿。组建23个工作专班到机场、酒店、长途客运站以及港口等一线驻点管理。截至12月下旬，分流登记管理境外航班1359架次、旅客15.48万人次，境内航班2583架次、旅客2.48万人次，客车6.63万辆次、旅客19.56万人次，核查进出港船舶2.4万艘（次）、人员3.88万人次。组织实施"点对点"转运3万人次，19家定点酒店接待隔离旅客7.32万人次，实现"零差错、零感染、零事故"。精细管控"防反弹"。坚持人物同防，设立万翔集中监管仓，增设进口冷链食品防控组，对11月20日后入仓的834批19万件货物实行批批检测、件件消毒。对辖区内238个冷库存量食品全部采样、消杀，实现批发市场和冷链食品监管监测"全覆盖"。完成各类人员核酸及血清抗体检测31.5万份。以"抗疫一线、直接接触"为优先对象，完成1582人新冠疫苗接种工作。制订各类工作预案，建立285人组成的流行病学调查储备队伍，建成区疾控中心核酸检测PCR（聚合酶链式反应）实验室，设置267个社区应急检测采样点。投入1776万元落实防疫物资应急储备。

【政务督查】 2020年，湖里区政府办督办省、市、区任务731项。其中，省、市政府工作报告中涉及湖里区的210项；省、市为民办实事项目涉及湖区的57项；区政府工作报告以及全区征收大会、招商大会等175项；领导批示件71件，市级建议提案69件；区人大议案、政协建议提案149件。每月跟踪督办各承办单位办理工作进展情况，编印2期《督查通报》，通报督查工作情况。

【政务信息公开】 2020年，湖里区在政府网站开设"疫情防控"专题页面，发布疫情动态、疫情防控信息、企业服务等信息。年内，通过网站主动公开政府信息1014条，全文电子化率100%；全区受理21件政府信息公开申请，办理答复21件，答复率100%；制作出版4期《湖里区人民政府公报》，累计印发2000份。

【湖里区入选全国进口贸易促进创新示范区】 2020年，湖里区入选进口贸易促进创新示范区。在11月召开的第三届中国国际进口贸易博览会期间，商务部、发展改革委、财政部等9个部门和单位共同作出决定，在全国设立 10 个进口贸易促进创新示范区，厦门市湖里区入围。

（张宪敏）

重要会议

【全体成员会议】 2020 年 2 月 2 日，湖里区政府全体成员（扩大）会议在区行政中心东附楼召开，区长林重阳主持。会议研究部署全年工作，林重阳对全年工作提出要求：全力以赴坚决打赢疫情防控阻击战；统筹兼顾全面完成年度各项目标任务；建章立制提升治理体系和治理能力现代化；廉洁自律担当作为。

2020 年 2 月 2 日，湖里区在区行政中心召开政府全体成员（扩大）会议

（郑菁玮　摄）

【廉政工作会议】 2020 年 5 月 7 日，湖里区政府在区信访大楼召开政府系统廉政工作会议。区长林重阳主持，会议研究部署政府系统廉政和效能建设工作。

【区政府常务会议】 2020 年，湖里区召开区政府常务会议 33 次，上会议题 267 个。

2020 年湖里区人民政府常务会议情况一览表

表 4

时间	会次	议题
1 月 17 日	第八届 第 73 次常务会议	研究关于湖里区健康步道沿线建筑立面改造提升项目投资，确认钟宅畲族社区发展中心项目受让主体等议题 4 个
2 月 11 日	第八届 第 74 次常务会议	研究加强疫情科学防控、有序推进企业和项目复工复产议题 1 个
2 月 21 日	第八届 第 75 次常务会议	研究 2020 年经济运行和项目推动、2020 年区级重点项目安排等议题 9 个
3 月 6 日	第八届 第 76 次常务会议	研究提高湖里区人才公寓供应量、2020 年第一批开办学校资金计划预安排等议题 6 个
3 月 16 日	第八届 第 77 次常务会议	研究关于进一步完善湖里区溯源排查工作、关于 2020 年湖里区对口帮扶南平市浦城县工作计划等议题 11 个
3 月 27 日	第八届 第 78 次常务会议	研究区行政审批管理局申请新开办企业公章刻制费用预算、2020 年中小学幼儿园教师招聘工作等议题 10 个
4 月 17 日	第八届 第 79 次常务会议	研究区建设局关于法治审核修改湖里区促进建筑业发展实施办法、调整禾山中学改扩建项目建设规模及投资额等议题 11 个
4 月 30 日	第八届 第 80 次常务会议	听取区建设局关于湖里区房屋安全隐患大排查大整治暨百日攻坚专项行动近期工作情况报告，研究部署下一步工作；研究终止高殿科技园收储项目并拨付未予支付收储资金等议题 9 个
5 月 9 日	第八届 第 81 次常务会议	研究开展全区领导干部下访活动及《2020 年湖里区重点信访案件领导包案责任表（送审稿）》议题 1 个

续表 4

时间	会次	议题
5 月 20 日	第八届 第 82 次常务会议	听取区扫黑办关于湖里区近期扫黑除恶专项斗争有关工作情况汇报，研究部署下一步工作；研究 2020 年度新增政府债券额度等议题 8 个
5 月 23 日	第八届 第 83 次常务会议	研究启动江头片区雨污混接改造工程议题 1 个
6 月 3 日	第八届 第 84 次常务会议	研究湖里消防救援大队关于申请 2020 年消防经费补助、追加东乡县年度财政扶持资金；听取湖里区 2019 年以来金融产业发展情况及 2020 年金融工作要点的报告等议题 8 个
6 月 11 日	第八届 第 85 次常务会议	传达学习习近平关于文物保护的重要讲话指示批示精神，听取区文旅局关于国家文物局调查工作组文物检查反馈和整改意见情况汇报，研究部署整改工作；研究钟宅民族小学拆迁分流方案等议题 6 个
6 月 17 日	第八届 第 86 次常务会议	听取关于养老服务体系建设工作情况汇报，研究部署下一步工作；研究 2020 年二次供水设施改造项目等议题 11 个
7 月 1 日	第八届 第 87 次常务会议	研究加强预算管理、第七次全国人口普查保障等议题 10 个
7 月 8 日	第八届 第 88 次常务会议	研究湖里区贯彻落实中央生态环境督察报告整改方案议题 1 个
7 月 17 日	第八届 第 89 次常务会议	传达学习全国农村乱占耕地建房问题专项整治工作行动部署电视电话会议精神，研究部署下一步工作；研究启动自贸区片区、枋湖片区和两岸金融中心片区溯源排查工作；研究 2019 年度湖里区本级预算执行和其他财政收支情况的审计结果报告等议题 6 个
7 月 28 日	第八届 第 90 次常务会议	传达学习习近平给广大高校毕业生的回信精神、在企业家座谈会的重要讲话精神和在吉林考察时的重要指示精神，以及对防汛救灾工作的重要指示精神；研究关于建设新冠肺炎病毒检测实验室相关事宜等议题 12 个
8 月 8 日	第八届 第 91 次常务会议	听取区扫黑办关于十大重点领域专项整治行动工作情况汇报，研究部署下一步工作；研究江村社区发展中心（二期）变更受让主体、申请地质灾害项目建设资金等议题 11 个
8 月 14 日	第八届 第 92 次常务会议	传达学习关于贯彻落实国务院联防联控机制严防聚集性疫情做好秋冬季防控工作视频会议和中央纪委党风政风监督室电话提示稿精神，研究下一步工作措施；研究公布厦门经济特区管委会办公楼旧址和周文学宅为第一批区级文物保护单位、区产业引导基金管理办法等议题 7 个
8 月 21 日	第八届 第 93 次常务会议	听取湖里区“十四五”规划工作进展的汇报，研究部署下一步工作；研究 2020 年湖里区旅游厕所建设项目费用、泥金蓄洪池综合整治工程等议题 7 个
9 月 2 日	第八届 第 94 次常务会议 （第一阶段）	研究扫黑除恶专项斗争重点行业领域整治、污水治理、安全生产、危房治理等重点工作；听取关于 2020 年厦洽会湖里区筹备工作情况的汇报等议题 5 个
9 月 3 日	第八届 第 94 次常务会议 （第二阶段）	研究开展平台经济招商、延续社区公交线路补贴等相关议题 13 个
9 月 11 日	第八届 第 95 次常务会议	学习《中华人民共和国民法典》；研究申请建设湖里区残疾人综合服务设施的请示，扫黑除恶专项斗争重点行业领域整治、巡视迎检等议题 7 个
9 月 18 日	第八届 第 96 次常务会议	听取三大攻坚战开展情况汇报，研究部署下一步工作；研究关于 2020 年商贸业稳定增长指导意见、行政规范性文件清理结果等议题 11 个
9 月 26 日	第八届 第 97 次常务会议	研究部署疫情防控、举办第十三届海峡两岸福德文化节等议题 11 个
10 月 14 日	第八届 第 98 次常务会议	传达学习习近平在第三次中央新疆工作座谈会、联合国生物多样性峰会等重要会议精神；研究部署疫情防控工作、存量安置房转为限制性出让安置房等议题 8 个

续表 4

时间	会次	议题
10 月 23 日	第八届 第 99 次常务会议	听取关于法治政府创建工作情况的汇报，研究部署下一步工作；研究建立湖里区学校管理及校园周边治理工作联席会议制度、人才公寓政策适用范围扩展至自贸区与火炬高新区等议题 6 个
10 月 30 日	第八届 第 100 次常务会议	研究疫情防控工作、确认五通社区发展中心项目开发建设主体等议题 7 个
11 月 6 日	第八届 第 101 次常务会议	研究解决特殊疑难信访问题专项资金使用暂行办法、调整辖区国企人才个税奖励政策等议题 13 个
11 月 18 日	第八届 第 102 次常务会议	听取扫黑除恶专项斗争近期工作情况汇报；研究疫情防控工作等议题 5 个
12 月 2 日	第八届 第 103 次常务会议	研究湖里区推进企业上市实施意见、湖里数字经济产业园等议题 10 个
12 月 13 日	第八届 第 104 次常务会议	研究增加审判辅助人员经费、购买社区矫正社会工作者服务项目经费等 9 个
12 月 23 日	第八届 第 105 次常务会议	研究在征拆和建设过程中全面开展有关历史文化遗存排查复查工作、坂美花园安置房项目选址和立项等议题 12 个

（张宪敏）

人力资源管理

【概况】 截至 2020 年年底，湖里区事业单位有在编在职人员 4130 人，其中管理人员 459 人（含“双肩挑”人员 162 人）、专业技术人员 3549 人、工勤技能人员 122 人；政府系统事业单位年度考核 4225 人，其中，769 人被确定为优秀等次，879 人受到嘉奖。办理事业单位工作人员因被采取强制措施、受行政刑事处罚期间工资待遇 11 人次。纳入区劳务派遣有限公司统一管理的机关事业单位非在编人员有 598 人，补充性工作人员有 724 人。开展 2019 年度优秀人才、优秀青年、优秀妇女，青年妇女工作先进集体、先进个人评选表彰工作，全区表彰先进集体 25 个，先进个人 60 名。

【人才引进及政策兑现】 2020 年，湖里区落实人才强区战略，办理外地人才调入区属企业 131 人，其中硕士 5 人、本科 95 人、大专 29 人、中专 2 人。全年向 442 名区企事业单位工作的新引进人才兑现一次性生活补贴 1214 万元，向 6 名新引进台湾同胞兑现生活补贴 18 万元。兑现高校毕业生住房补贴 2 批 293 人次，发放补贴 165.6 万元。

【人员招录】 2020 年，湖里区为贯彻落实关于做好 2020 年东西部扶贫协作工作有关文件精神和部署，提供 3 个区属事业单位编制，定向招聘 3 名甘肃省临夏州建档立卡贫困高校毕业生。参加市区联合招考，湖里区推出 5 个岗位招聘事业单位工作人员 6 人，其中，有 3 个岗位专门面向应届高校毕业生。面向应届高校毕业生公开招聘非在编人员，推出 48 个岗位，拟招用 64 名，最终录用 51 名，通过简化程序选聘非在编人员 29 人。接收军转干部到事业单位工作 1 人，接收大学生村官安置到事业单位工作 2 人。

【人事调配与职务任免】 2020 年，湖里区开展事业单位人员岗位调整工作，办理事业单位区内调整 5 人。政府系统事业单位调出本区 3 人，辞职解聘 14 人，退休 43 人，其中，干部 36 人，工人 7 人；事业单位新聘用毕业生见习期满转正 121 人；办理政府系统事业单位岗位设置方案设置或变更申报 48 家，事业单位工作人员岗位聘任 2516 人次。

【初级职称确认和评审】 2020 年，湖里区职改办（湖里区人社局）结合区审改办、区效能督查办的有关要求，简化和规范毕业生初级专业技术职务任职资格确认办理程序，全年确认 425 人。业务主管部门组织教师系列、综合类工程技术系列、土建工程技术系列的初级职务评审，有 180 人通过评审取得相应的初级专业技术职务任职资格。

【人事人才代理】 2020 年，湖里区新增立户企业 235 家，立户企业累计 2499 家。全年接收大中专毕业生 15601 人，外地干部调入 131 人，办理人才流动手续 716 人次。单纯寄档及个人委托人事代理 441 人，档案入库 2321 份，档案出库 631 份，零星材料归档 599 份，借档案材料 376 人次，政审查档 105 人次，出具证明函件 1685 份。

（潘大全）

行政服务

【概况】 截至 2020 年 12 月底，湖里区设有区级行政服务中心 1 个、区行政服务中心分中心 2 个、街道便民服务中心 5 个、社区便民服务代办点 55 个。区行政服务中心继续深化简政放权，全区有行政审批和公共服务事项 768 项，其中，区级事项 643 项、街道事项 59 项、社区事项 66 项，全年总办件 85.15 万件。

【简政放权】 2020 年，湖里区承接市级下放审批服务事项 87 项，其中区建设局承接 21 项，区人社局承接 21 项，区残联承接 18 项，区市政园林局承接 13 项，区市场监管局承接 6 项，区卫健局承接 4 项，区商务局、区民政局、区发改局、湖里生态环境局各承接 1 项。其中，实现“一趟不用跑”事项 76 项、实现“全程网办”事项 50 项。

【互联网 + 监管】 2020 年，湖里区行政服务中心依托福建省“互联网 + 监管”系统，组织全区 17 家执法部门开展行政检查事项检查实施清单梳理、监管事项与三级网上行政执法平台关联匹配等工作，并加强跟踪督办，相关工作通过国家和省市评估。是年，全区认领监管事项主项 236 项，行政检查实施清单梳理完成率 100%，监管子项与三级执法平台关联率 99.83%，全年录入监管数据 165 条。

【行政审批服务改革】 2020 年，湖里区对涉及项目落地的 68 个审批服务事项实施提速增效改革。36 个事项压缩后办理总时限 111 个工作日，办理时限约为原办理时限的 37.2%。14 个事项优化为即来即办事项；新增设置绿色通道事项 2 个。通过双向邮寄的方式优化为“一趟不用跑”事项 7 个；新增 19 个全流程网上办理事项；新增推行靠前服务事项 7 个。新增可容缺受理申办材料事项 16 个；新增推行告知承诺制事项 4 个。

【行政审批服务监管】 2020 年，湖里区行政审批管理局先后开展领导“四门四访”活动 8 次，其中线上接访活动 1 次、定点接访 2 次、街道走访 5 次；累计收到信访事项 2 件，承办“12345”便民服务中心转办件 54 件，其中咨询 4 件、投诉 6 件、建议 4 件、求助 36 件、表扬感谢 3 件、效能投诉 1 件，均在规定时限内办结；累计抽查分中心、街道便民服务中心和社区便民服务代办点 613 次，发出整改通知单 330 份，对检查发现的问题，督促责任单位整改。

【网上行政审批】 2020 年 2 月 3 日至 3 月 10 日，为防止新冠肺炎疫情扩散，湖里区行政服务中心、分中心、街道便民服务中心和社区便民服务代办点暂停现场办理业务，通过福建省网上办事大厅、部门自建网上办事系统、手机 APP 等各类在线受理平台受理网上申报件 49107 件，快递收取、送达 5645 件，自助办件 463 件，提供现场业务咨询 2891 件。3 月 11 日恢复现场服务后，继续引导群众对非必要现场办理的业务采取“不见面”审批方式办理，尽量减少人群聚集，截至 12 月 31 日，通过各类在线受理平台受理网上申报件 57.81 万件，快递收取、送达 6.18 万件，自助办件 6699 件。

【企业开办综合窗口启用】 2020 年 7 月 1 日，在湖里区行政服务中心启用“企业开办综合窗口”，实

2020 年 7 月 1 日，湖里区行政服务中心设立企业开办综合窗口

（区行政服务中心 供图）

现企业开办流程压减至1个环节、办理时间控制在1个工作日以内。其中，设立登记办理时限不超过0.5天，公章刻制、首次发票申领等即时办理。

【行政服务模式改革】 2020年9月1日，湖里区行政服务中心在全市率先实施“一窗受理、集成服务”改革，推行“前台综合受理、后台分类审批、统一窗口出件”服务模式。进驻区行政服务中心的70.23%的审批服务事项按照业务类别分别设置社会民生、经营管理、工程建设等3类综合窗口，347个审批服务事项逐项制作综合窗口收件受理手册，3类综合窗口工作人员按照业务手册标准受理，并借助“湖里区智慧审批综合平台”实现多部门事项综合受理，建设“湖里区综窗人员绩效考核管理”系统，标准化统一管理、考核和培训综合窗口服务人员。改革推行后至年底，群众评价率环比提升4.9%，实现零差评。

【行政审批便民服务】 2020年9月，湖里区“政策兑现”综合窗口设立，实现一口发布、一口受理、一口咨询。全年受理办事申请620件。推出食品经营、医疗器械经营、药品经营等3个领域21个事项“一件事”集成套餐服务。梳理涉及新生儿审批服务的5个部门9个事项、退休审批服务的3个部门10个事项，推出“新生儿一件事”“退休一件事”2个民生类主题服务动画及全流程图。压减行政许可类事项申报材料，全区（含街道、社区）行政许可类事项平均申办材料5.1份。审批服务事项中，“一趟不用跑”占80.12%，全程网办占52.1%。

（翁琪玥）

信　访

【概况】 2020年，湖里区开展信访“三无”区、街、社区和“人民满意窗口”创建活动。落实信访事项首接首办责任制，开展领导干部“四门四访”（开门接访、进门约访、登门走访、上门回访）活动，建立街道信访联席会议机制。年内，湖里区信访总量35258件次，其中，群众到市、区走访711件2916人次；群众来信、来邮访分别为1483件和507件；“12345”便民服务平台投诉32557件；区领导接待群众来访286批1426人次。受理信访复查事项72件，比上年上升89.5%。重复信访占23.5%，比上年下降7.9%；网上信访占82.4%，比上年上升22.9%。信访事项及时受理率和按期办结率均为100%，群众对信访机构满意率97.2%，对责任单位满意率96.2%；“12345”便民服务平台及时接收、联系、答复、反馈、按时办结率均为100%，群众满意率99.91%；上级交办的重点信访事项均按时办结。区信访局在市对区综治信访考评中，26项指标有23项位列全市第一，综合成绩在全市排名第一。

【领导“四门四访”】 2020年5月22日，湖里区委书记龚建阳下访江头街道杨某珍反映的其丈夫（已故）名下位于江头路的房屋在1999年因台湾街建设需要配合拆迁，安置的四间店面至2020年无法办理产权证问题；5月27日，区长林重阳下访金山花园刘某、王某亮反映的金山花园红线内1000多平方米土地被改造成市政人行道，要求政府协调处理问题，2件信访事项均得到解决。截至12月底，全区各级领导干部开门接访192批1069人次，进门约访109批473人次，登门走访92批162人次，上门回访112批136人次。化解重点群体事项12件、重点人员事项15件。

【网上信访阳光信访】 2020年，湖里区信访局开展网上信访、阳光信访宣传，引导群众多走网路、少走马路，印发宣传折页2万份，开展现场宣传3次，网上信访占

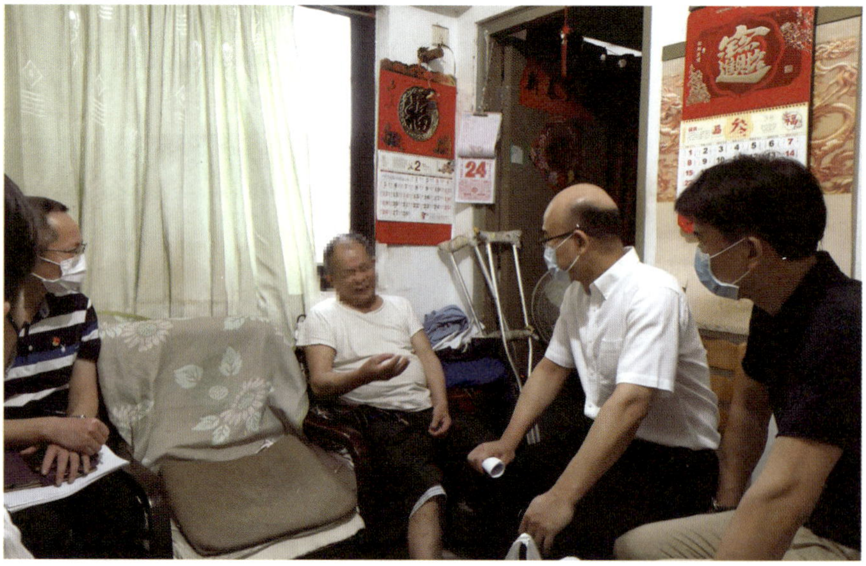

2020年5月27日，湖里区区长林重阳（右二）到金山街道郭某成家下访土地被占用问题

（区信访局　供图）

82.4%。落实“最多投一次”阳光信访工作机制，纳入阳光信访平台办理的1048件信访件全部按时办结；推广落实信访评理，建立信访评理室62个，聘请信访评理员996名，全区开展信访评理156件，成功率90%以上。在巩固提高信访事项及时受理率、按期办结率、群众满意率“老三率”的基础上，提升及时回应率、信访事项化解率、回访属实率“新三率”。

【防疫信访保障】 2020年初，湖里区信访局成立疫情防控信访工作领导小组，建立节假日值班和夜间值班制度，及时回应疫情期间群众诉求。落实上级“半小时转交、24小时办结”的工作要求，受理涉疫情信访事项5214件，按时办结率100%。落实信访窗口疫情防控要求，按规定配齐防疫物资，设立一米线和临时隔离点，落实测体温、戴口罩、通风、消毒要求，确保接访过程安全。

【信访干部业务培训】 2020年9月28日，湖里区信访局在市委党校举办信访干部业务培训，全区27个责任单位37人参加培训。培训“12345”政务服务便民平台办理、信访规范化基础及年度重点工作。

（刘英楠）

对口帮扶

【概况】 2020年，湖里区拨付各项对口帮扶资金878万元，其中，东乡县帮扶资金678万元、浦城县100万元、宁夏泾源县100万元。主要用于各贫困地区建设“两不愁、三保障”项目、基础设施项目、产业合作项目等。帮助东乡县引进中达农业、湖东箱包等2家企业，新设立13个扶贫车间，带动600名贫困人口就业。向美佳雨具兑现东西部扶贫产业合作资金115.4万元。采购东乡农副产品1359万元，超额完成市下达的1100万元任务。帮助引进绿康生化、闽创新能源等项目及企业落户浦城。

2020年6月17日，甘肃省东乡县考察团到湖里调研“数字湖里”公共管理集成平台项目

（郭晓冰 摄）

【东西部扶贫协作】 2020年2月18日，湖里区向甘肃省临夏回族自治州东乡族自治县捐赠1辆负压式转运型救护车。4月28日，区委、区政府印发《2020年湖里区东西部扶贫协作工作意见》。6月、8月，区委书记龚建阳、区长林重阳分别到甘肃省临夏州东乡县调研、对接工作。拨付东西部对口帮扶资金1800万元。拨付西藏左贡县200万元。引进甘肃厦临中达农业发展有限公司、临夏州厦临湖东箱包有限公司。拨付市推进东西部扶贫产业合作项目115.4万元。消费扶贫1359万元，完成年度任务的123.5%。完成年度新增输转东乡县建档立卡贫困人员到厦务工709人。发动辖区170余家企业、社会组织、社区、个人等以捐款捐物、消费扶贫方式结对帮扶东乡县贫困村，社会资金（含捐物）到位678万元，完成年度任务的135.6%。拨付闽宁社会帮扶资金100万元。

【浦城县帮扶】 2020年3月16日，湖里区出台《2020年厦门市湖里区对口帮扶南平市浦城县工作计划》。年内，湖里区与浦城县党政主要领导互访3次，向浦城县提供社会帮扶资金100万元，捐赠口罩5万个。

（戴静静）

政协厦门市湖里区委员会

综　述

【概况】 2020年，中国人民政治协商会议厦门市湖里区委员会（简称湖里区政协）召开区政协八届五次会议、政协常委会议7次、主席会议6次；开展各类协商活动23次，组织专题视察考察70次、调研课题30个，区本级立案提案79件；收到社情民意信息120件；编纂印制《湖里文史资料（楹联卷）》。

邀请区委、区政府领导就全区经济社会发展、新冠肺炎疫情防控、东部旧村改造以及扫黑除恶等工作进行情况通报，帮助委员知情明政。举办政协暑期研习班，组织政协委员、机关干部参加全国政协培训，开展“推动岛内大提升、实现湖里大跨越”专题大讨论活动，开设“委员讲堂”，把牢正确的政治方向。

【社情民意反映】 2020年，湖里区政协全年收到社情民意信息120件，比上年上升26%。社情民意信息经分类处理后，有78件上报市政协，42件直接转送市、区职能部门办理。

【文史宣传工作】 2020年，湖里区政协整理编辑《湖里文史资料（楹联卷）》，辑录600余副古今楹联。全年刊出《湖里政协》15期，报送信息被福建省《政协天地》、厦门市《政协信息》《厦门日报》等刊物和新媒体采用36篇（条）。全年通过网站发布工作动态61篇，通过微信推发政协信息83条。

【暑期研习班】 2020年7月28—31日，湖里区政协在永安市委党校举办暑期研习班。区政协主席、副主席、政协常委、各专委会主任、副主任、秘书，各界别活动小组召集人，各街道联络组负责人，功能型党支部书记等近50人参加培训。

【专题学习活动】 2020年10月21日，湖里区政协机关党支部召开党员大会，开展警示教育及专题学习活动。区政协2名副主席、政协机关全体党员干部和退休党员代表等参加会议。会议特邀湖里区委第二巡察组组长杜军上警示教育课，学习《习近平新时代中国特色社会主义思想三十讲》3个专题及《习近平在厦门》采访实录。

（曾　佳）

2020年7月28—31日，湖里区政协在永安市委党校举办暑期研习班

（区政协　供图）

重要会议

【政协湖里区委员会八届五次会议】2020年12月28—30日，湖里区政协八届五次会议在区行政中心召开。会议审议通过政协第八届湖里区委员会常务委员会工作报告、提案工作报告以及大会决议；表彰2019年度区政协优秀提案和提案承办先进单位；安排5个委员作大会发言。

2020年12月28日，中国人民政治协商会议第八届湖里区委员会第五次会议在区行政中心开幕 （区政协 供图）

【区政协八届常委会会议】2020年，湖里区政协全年召开7次常委会会议，即第25次至第31次常委会会议。

八届区政协第25次常委会会议 4月17日召开。会议审议区政协2020年度工作要点。

八届区政协第26次常委会会议 6月19日召开。会议书面学习全国“两会”精神及省市贯彻意见，并对无物业管理住宅区（楼宇）治理工作情况进行专题协商。

八届区政协第27次常委会会议 8月25日召开。会议协商完善湖里区突发公共卫生事件应急预案和湖里区东部旧村整村改造工作安置房建设情况。

八届区政协第28次常委会会议 9月25日召开。会议协商湖里区2020年1—8月财政预算执行情况及年度预算调整（草案）和湖里区政协八届四次会议提案办理情况，听取湖里区扫黑除恶工作情况通报等。

八届区政协第29次常委会会议 12月11日召开。会议协商《政府工作报告》《湖里区国民经济和社会发展第十四个五年规划纲要》《关于湖里区2020年预算执行情况和2021年预算草案的报告》；审议通过八届区政协有关人事议题；审议大会相关文件等。

八届区政协第30次常委会会议 12月28日召开。会议听取区政协八届五次会议期间各组召集人汇报区政协常委会工作报告和提案工作报告的分组讨论情况。

八届区政协第31次常委会会议 12月30日召开。会议听取有关区政府工作报告、区“十四五”规划草案和二〇三五年远景目标纲要草案、区2020年预算执行情况和2021年预算草案报告、两院工作报告分组讨论情况汇报，以及会议期间提案初步审查和会议决议（草案）审议情况汇报。

【区政协八届主席会议】2020年，湖里区政协召开6次主席会议即第24次至第29次主席会议。

八届第24次主席会议 4月10日召开。会议审议区政协常委会2020年工作要点。

八届第25次主席会议 6月1日召开。会议专题学习全国“两会”精神，讨论《区政协机关“推动岛内大提升、实现湖里大跨越”专题大学习、大讨论活动方案》。

八届第26次主席会议 8月17日召开。会议确定八届27次常委会会议时间和议题。

八届第27次主席会议 9月17日召开。会议研究区政协八届28次常委会时间和议题等。

八届第28次主席会议 12月4日召开。会议审议召开区政协八届5次会议有关事项。

八届第29次主席会议 12月11日召开。会议研究有关人事事项及区“两会”期间疫情防控工作。

（曾 佳）

政治协商

【概况】2020年，湖里区政协常态化邀请各专委、界别委员和特邀研究员列席常委会，参加政协履职工作，做到重要议题共同协商、重大活动共同组织、重点调研共同开展。全年开展各类协商项目23个。

【对口协商】2020年6月2日，湖里区政协社会法制委员会联合区政协机关党支部到区城管大楼考察城市管理智能化精细化高效化工作开展情况，听取城管委介绍数字湖

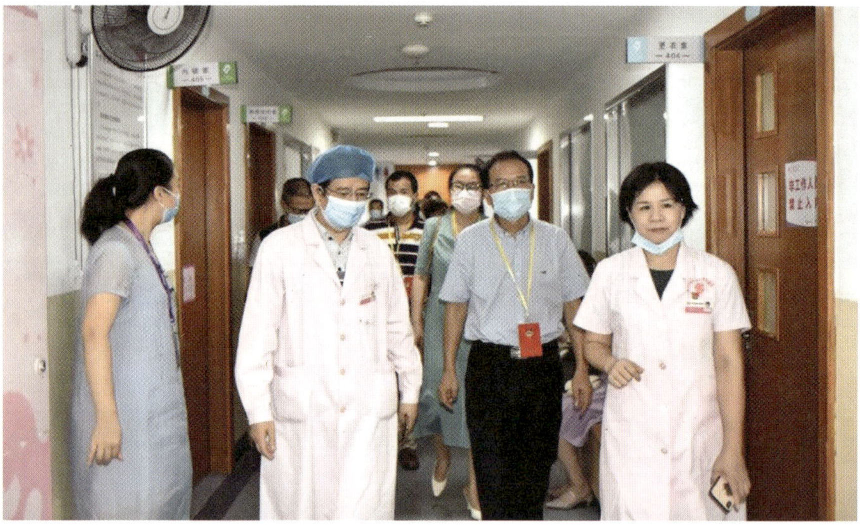

2020年7月22日，湖里区政协组织委员考察“健康厦门”建设情况及湖里区突发公共卫生事件应急处置情况。图为委员在区妇幼保健院考察

（政协湖里区委员会　供图）

里公共管理集成平台相关情况并提出意见建议。

【界别协商】 2020年9月22日，湖里区政协机关党支部会同九三学社界别到厦门市第二东通道湖里区建设现场学习考察。了解项目施工进展、质量管控、工地安全、海中区域施工工艺、施工难点等情况。听取项目指挥部负责人介绍项目工程概况和安全文明标准化施工。

【专题协商】 2020年8月25日，湖里区政协召开八届二十七次常委会会议，协商完善湖里区突发公共卫生事件应急预案和湖里区东部旧村整村改造工作安置房建设情况。区政协主席、副主席、常委及部分委员、特邀研究员，区政府副区长洪耀同和区政府办、区卫健局、区建设局等部门领导参加会议。此次会议特邀医疗专家和社区代表，分别从专业层面和基层角度发表观点和意见，委员和特邀研究员经过视察调研从不同角度进行协商讨论，提出逐步建立起湖里区大卫健体制建议。

（曾　佳）

民主监督

【概况】 2020年，湖里区政协通过专题会议、视察考察、课题调研、社情民意反映、提案督办等形式开展民主监督活动。就政府工作报告、财政预算报告等进行讨论，就无物业管理小区工作情况、污水排放整改、维护劳动者合法权益情况等开展民主监督。

【无物业管理小区工作情况监督】 2020年6月19日，湖里区政协召开常委会协商湖里区无物业管理住宅区（楼宇）的治理问题，并开展实地考察和协商活动。政协主席带领常委、委员一行视察江头街道园山社区金龙公寓小区和殿前街道兴园社区兴园雅苑小区，听取小区治理情况介绍，委员对无物业管理住宅区（楼宇）的治理问题提出有针对性的意见建议。

【污水排放整改监督】 2020年8月25日，湖里区政协副主席带队视察排海口整改工作。视察组一行先后到五缘湾南、北排海口，渔港中心排海口，现代码头排海口，南山路排海口5个具有代表性的排海口，实地查看排海口整改工作情况。委员们下到排海口附近查看，了解各点的进展及存在困难。

【维护劳动者合法权益工作监督】 2020年9月1日，湖里区政协开

2020年9月1日，湖里区政协在厦航工程项目部开展维护劳动者合法权益工作监督考察

（区政协　供图）

展“湖里区维护劳动者合法权益情况”民主监督考察，考察湖里区维护劳动者合法权益工作开展情况。政协社法委、提案委、中共特邀界别委员、政协提案社法功能型党支部党员、区政协机关党员干部参加考察。考察组先后考察厦航总部工程项目、殿前街道劳动争议仲裁庭，听取相关工作情况介绍并进行座谈，委员从不同方面进行讨论，并提出意见建议。

（曾　佳）

参政议政

【概况】 2020年，湖里区政协委员、专门委员会、界别提交提案142件，经提案委员会审查，区本级立案提案79件，其中，财政经贸方面16件，占20.3%；政法民政方面8件，占10.1%；科教文卫方面23件，占29.1%；城建城管方面32件，占40.5%。内容超出区本级权限的提案28件，转为社情民意信息的35件。截至6月27日，36个承办单位均向委员作出答复，所有提案均收到委员反馈意见，其中满意78件，占98.7%，基本满意1件，占1.3%。截至8月24日，78件提案的内容及办理结果向社会公开，公开率98.7%。

【2020年上半年政情通报会】 此条目内容详见“湖里区人民代表大会”相关条目。

【优秀提案及优秀提案承办先进单位评选】 2020年10月至11月，湖里区政协提案委组织开展2020年度优秀提案和提案先进承办单位民主推荐活动，并经提案委委员无记名投票和区政协主席会议审定，评选出《关于建设好“三高企业培育库”，做大做强“三高”企业的建议》等15件提案为2020年度优秀提案；湖里区工业和信息化局等8个承办单位为提案先进承办单位。在区政协八届第五次会议上，表彰优秀提案及优秀提案承办单位。

【政协优秀提案选录】 2020年，湖里区政协评选出优秀提案15件。

推进湖里区集成电路产业加快发展的建议　由民革界别提出。建议主要内容：谋划设立集成电路产业园二期，寻求更好更大的发展空间；寻求支持，做大做强保税交易中心；加大集成电路产业的引智引资力度；完善与自贸区、火炬高新区管委会的“利益共同体”关系，促进集成电路产业在湖里区聚集成长；优化管理体制机制，实行市场化薪酬待遇。

完善五缘湾片区高端医院周边公共配套服务的建议　由民盟界别提出。建议主要内容：增设满足病患需求的便民超市和营养餐食供应服务；规划建设服务公寓（短租房）；完善五缘湾片区公共交通系统。

加快学前教育发展的建议　由区政协教育文化卫生委员会提出。建议主要内容：大力发展，推进学位供给增量；重点发展，推进幼教收费平价；多元发展，推进办园形式多样；健康发展，推进教育服务均衡。

提升社区治理信息化水平的建议　由致公党党员钟寅翔提出。建议主要内容：明确社区事务权责清单；完善社区网格化信息平台；构建社区基础信息地图；提升社区治理安防能力；创新社区治理信息化应用。

（曾　佳）

纪检·监察

综　述

【概况】 2020年，湖里区纪委监委全面从严治党，推进不敢腐、不能腐、不想腐，党风廉政建设和反腐败斗争取得新成效。强化政治监督，聚焦疫情防控、复工复产、旧村改造等中心工作靠前监督、一线监督，创新开展立项监督；压实“两个责任”，落实区委常委会常态化研究全面从严治党工作和区委书记、区纪委书记“半月谈”、关键少数“双月谈”等工作机制，推动“两个责任”（党委负主体责任、纪委负监督责任）贯通协同、同向发力。强化正风肃纪，健全“1+X”监督机制，巩固拓展落实中央八项规定精神，着力整治形式主义、官僚主义，推动基层减负，推进作风建设常态化、长效化。深化不敢腐、不能腐、不想腐一体推进，分领域整治，严肃查处涉黑涉恶腐败和“保护伞”，推动发案部门（领域）以案促改、建章立制，创新“第一种形态”教育新方式，强化以案释警、以案释德，增强不敢腐的震慑、扎牢不能腐的笼子、提升不想腐的自觉。推动改革创新，做好全省纪检监察体制改革工作县（市、区）级联系点工作，探索实践“四位一体”（纪律监督、监察监督、派驻监督、巡视监督）工作机制，全省改革联络员调研座谈会（南片）在湖里区召开，湖里区有关纪法贯通、法法衔接的创新做法在会上作经验介绍。

【区纪委八届五次全会】 2020年1月22日，中共湖里区纪委八届五次全体（扩大）会议召开。会议传达学习十九届中央纪委四次全会、福建省纪委十届五次全会、厦门市纪委十二届五次全会精神。区委书记林建讲话，对推动湖里区全面从严治党向纵深发展、深入开展党风廉政建设和反腐败斗争作出部署要求。区委常委、区纪委书记、区监委主任黄绿青作题为“提高政治站位，突出监督职责，坚定不移推动全面从严治党向纵深发展”的工作报告，回顾2019年全区纪检监察工作情况，研究部署2020年党风廉政建设和反腐败工作。

（黄文颖）

监督巡察

【政治监督】 2020年，湖里区纪委监委围绕区委、区政府中心工作，强化精准监督、一线监督、有效监督，推动完善防控应急资金物

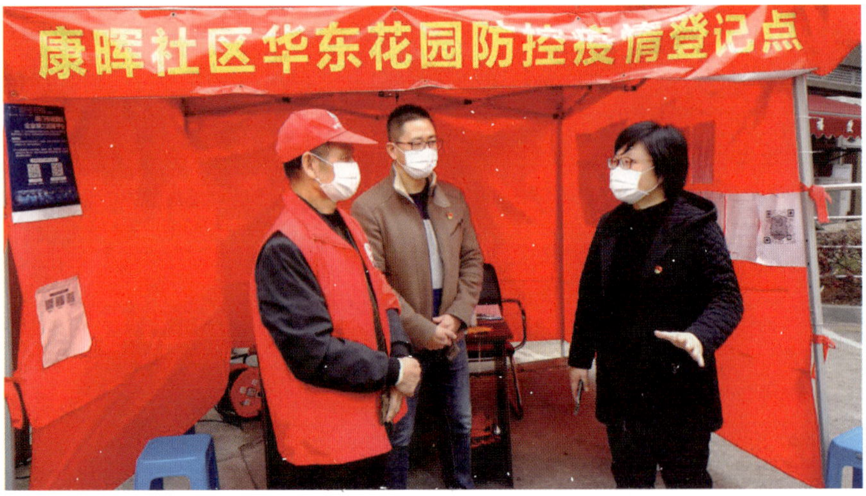

2020年3月5日，湖里区委常委、区纪委书记、区监委主任黄绿青（右一）带队到华东花园开展疫情防控监督检查　　（区纪委监委　供图）

资管理、入境人员分流等工作机制，妥善办理涉疫信访23件，倒查小区防控纠纷处置不力问题1个，全区通报批评2人。跟进监督东部旧村整村改造，向片区指挥部派出监察员，推动在征迁项目部设立“一站两员”工作站监督点，促进廉洁征拆、高效征迁。

【立项监督】 2020年，湖里区纪委监委发挥监督专责作用，跟进区委、区政府中心工作。围绕扫黑除恶专项斗争、安置房建设、文物保护、储备用地等重大部署、重点工作、重要环节找准监督切入点，选题立项、纠偏立规，灵活运用嵌入式、联合式、专班式监督等方式，开展立项监督15项，制发专报13份，查处问责18人次，推动建章立制20多项。

【巡察工作】 2020年，湖里区率先全市调整由区委书记担任巡察工作领导小组组长，推进巡察全覆盖工作。全年开展2轮常规巡察，覆盖8个区直部门。对“村改居”社区同时开展常规巡察和集体“三资”监管专项巡察。完成第十轮、第十一轮、第十二轮巡察意见反馈，反馈问题263个，移送问题线索22条；完成问题整改210个，党纪政务立案6件10人，谈话函询15人，清退违规款项347万余元，追回租金、借款6988万元。

（黄文颖）

肃纪反腐

【反腐整治】 2020年，湖里区纪委监委以查办忠仑公园违纪违法案件为突破口，深化以案促改、以案促治，靶向整治市政园林、征地拆

2020年5月25日，在湖里区委常委（扩大）会议上，区纪委组织与会人员开展廉政学习

（区纪委监委　供图）

迁领域腐败问题，推动优化完善征地拆迁工作流程，督促忠仑公园健全规范招投标、小额采购、固定资产管理等6项工作制度。忠仑公园违纪违法案件立案10人，留置3人，移送司法3人，党纪政务处分10人，退缴违纪款及追回、核减不符合规定的征迁补偿款600多万元。针对市政园林系统建设养护工作多、经费开支大的实际，督促区市政园林局对全区17家区管公园探索实施国企化管养制度，提高国有经费的使用效率和质量。

【“四风”纠治】 2020年，湖里区纪委监委健全完善“1+X”监督机制，纪检监察机关与职能部门联动开展日常督查和重要节点明察暗访，严肃查处违反中央八项规定精神问题8个8人，形式主义、官僚主义问题6个11人，教育医疗、食品药品安全、“三资”监管等民生领域问题6个6人，坚决防止享乐主义、奢靡之风反弹回潮。开展新风正气宣传教育，坚持纠“四风”树新风并举，推进作风建设常态化、长效化。

【腐败惩治】 2020年，湖里区纪检监察委立案52件52人，其中自办案件45件45人，涉及处级9人、科级16人，党纪政务处分51人，移送检察机关3件3人。严肃查处涉黑涉恶腐败和“保护伞”等五类问题，全年立案25件25人，其中查处涉黑涉恶腐败问题案件6件6人，查处“保护伞”案件2件2人，查处推动专项斗争工作不力3件3人，查处其他失职失责问题14件14人。

【廉政学习】 2020年，湖里区委常委会常态化学习研究全面从严治党工作，实行区委书记、区纪委书记党风廉政“半月谈”。区纪委监委紧盯“关键少数”，依托区委常委（扩大）会议，打造“廉政课堂”，每2个月由区纪委以视频短片或PPT讲解等形式开展1次廉政教育，推动责任落实，强化压力传导，形成知责于心、担责于身、履责于行的氛围。

【廉情抄告】 2020年，湖里区纪委将问题专报制度更改为廉情抄告制度，定期盘点总结日常监督检查、审查调查、巡察和全区落实全面从严治党主体责任落实情况检查等6个方面重要廉情信息，以廉情抄告单的形式送给分管区领导。在收到廉情抄告单后，分管区领导就相关问题对相关部门责任人开展廉政约谈或谈话提醒，督促落实问题整改，全年制发廉情抄告14份。

（黄文颖）

民主党派与工商联

中国国民党革命委员会厦门市湖里总支委员会

【概况】 2020年，中国国民党革命委员会厦门市湖里总支委员会（简称民革湖里总支）第五支部成立，截至年底，有5个支部、党员119人，其中，新发展党员21人，比上年上升5.5%；新党员平均年龄38岁，均为本科以上学历，高级职称占23.8%。党员中有省政协常委1人，有市人大代表1人、市政协委员2人，区人大代表4人、区政协委员9人。

【参政议政】 2020年，民革湖里总支党员开展课题调研，相关调研成果转化为人大建议案、政协提案或通过社情民意直接报送有关领导。民革湖里总支与禾山街道开展共建，认领街道建设“问诊清单”，联合开展课题调研，参与小区治理。提交市、区两级的调研成果中一部分被转化为市政协大会发言或集体提案。

【民主监督】 2020年，民革湖里总支党员2人被聘为市审计局特约审计员。1人受聘担任湖里区特约审计员，1人被湖里区纪委、区监察委聘为特约监察员。2人分别任厦门市烟草专卖局行风监督员、湖里派出所党风监督员，受聘党员均完成各自监督职责。

【社会服务】 2020年1月和9月，民革湖里总支部分党员2次到禾山街道残疾人就业中心慰问残疾人；4月，民革湖里总支主委、副主委、总支支委等和华大支部携手帮扶集美区侨英街道浒井村外口图书馆；10月，慰问自闭症家庭，举办插花展，指导自闭儿童完成部分插花作品。

【党员大会】 2020年11月21日，民革湖里总支在团结大厦召开升格为民革湖里区基层委员会的全体党员大会，选举产生新一届委员会。湖里区委常委、统战部部长刘云标，民革市委专职副主委周文勇，民革市委副主委、湖里区政协副主席黄向阳等出席会议。杨迎芳汇报民革湖里总支过去5年工作情况；选举产生民革湖里区基层委员会委员及下辖5个支部委员会委员，明

2020年1月，民革湖里总支部分党员到禾山街道残疾人职业援助中心慰问残疾人

（民革湖里区基层委 供图）

2020 年 11 月 21 日，民革湖里区基层委员会全体党员大会在团结大厦召开。图为与会党员合影

（民革湖里区基层委　供图）

确委员分工。

（胡德智）

中国民主同盟会厦门市湖里区基层委员会

【概况】 2020 年，中国民主同盟会厦门市湖里区基层委员会（简称民盟湖里区基层委）下设综合、科技、经济、文创、火炬园区、三中、禾山中学、信息学校、湖里实验中学 9 个支部，及调研宣传、老龄工作、青年工作 3 个跨支部的工作委员会，截至年底有盟员 317 人。其中：综合支部 40 人、科技支部 62 人、三中支部 51 人、火炬园支部 34 人、禾山中学支部 18 人、经济支部 49 人、信息学校支部 13 人、文创支部 38 人、湖里实验中学支部 12 人。盟员中有市人大代表 4 人、市政协委员 1 人、区人大代表 2 人（其中常委 1 人）、区政协委员 14 人（其中常委 2 人）。主委 1 人，副主委 5 人。年内，湖里区基层委被民盟中央评为“盟务工作先进基层组织”。湖里区基层委、火炬园支部被授予“纪念厦门民盟成立 70 周年先进集体”称号，10 人被评为纪念民盟成立 70 周年优秀盟员，1 人被评为纪念民盟成立 70 周年杰出盟员。

【参政议政】 2020 年年初，民盟湖里区基层委召开调研课题征集座谈会，围绕湖里区委、区政府的中心工作、民盟市委的中心任务，申报课题。全年完成课题 21 个，全部转化为市、区“两会”的提案或政协协商会发言。其中，1 个提案作为市政协十三届四次会议民盟界别口头发言；湖里基层委提交的 4 个提案，被评为“湖里区政协优秀提案”。在湖里区“两会”期间，基层委代表和委员在教育、文化、社会治理、城市提升等方面分别提交人大建议 2 件、政协提案 21 件。

【社会服务】 2020 年，民盟湖里基层委开展社会服务 4 次。慰问后坑社区困难家庭，慰问东渡社区贫困学生。组织盟员到温馨家园伍心养老院参与敬老公益活动，到江头社区开展志愿服务活动。

【总结表彰会】 2020 年 1 月 12 日，民盟湖里区基层委在惠和石文化园召开 2019 年度工作总结暨表彰会。100 多位盟员参会。会议总结 2019 年基层委工作，表彰在 2019 年度成绩突出的支部和个人，并组织文艺表演。

【履职能力提升培训】 2020 年 11 月 14 日，民盟湖里区基层委在区教师进修学校举办履职能力提升培训班。各支部 60 多人参加培训，邀请民盟市委领导讲授课题调研、信息撰写、宣传报道。

（陈施超）

2020 年 11 月 14 日，民盟湖里区基层委履职能力提升培训在区教师进修学校举行

（魏立成　摄）

中国民主建国会厦门市湖里基层委员会

【概况】 2020年，中国民主建国会厦门市湖里区基层委员会（简称民建湖里区基层委）有支部6个，有参政议政工作委员会、经济工作委员会、信息工作委员会3个跨支部的工作委员会。年内发展新会员13人，从思明区经济支部调入1人，截至年底，有会员222人。其中，一支部35人、二支部49人、三支部31人、四支部42人、五支部36人、六支部29人。会员中市人大代表3人、市政协委员1人、区人大代表3人（其中常委1人）、区政协委员16人（其中常委1人）。主委1人，副主委7人。是年，为抗击新冠肺炎疫情，湖里民建会员捐款捐物116万元。

【参政议政】 2020年，民建湖里区基层委完成调研课题25个，其中1个课题在厦门市政协十三届四次会议上做口头发言，多个议题参加参政议政专题研讨会，或入选课题调研成果汇编，或转化成市、区“两会”的提案议案。民建湖里五支部、商务支部与集美区杏林支部联合举行“民营企业的困难与对策”研讨会。向民建市委、区委统战部报送信息107篇，其中1篇信息分别被全国政协、省政协、市政协采用。

【民主监督】 2020年，民建湖里区基层委有民主监督员4人。其中，市国土资源与房产管理局1人、厦门市人社局1人、市检察院1人、市党风廉政监督员1人；2人担任湖里区特邀纪检监察员。

【骨干会员培训】 2020年8月8—10日，民建湖里区基层委在厦门国家会计学院举办2020年骨干会员培训班。民建湖里区基层委骨干会员，2019年第二批入会、2020年第一批入会的新会员，及近年入会但尚未参加新会员培训的会员40人参加培训。主要培训课题调研、信息撰写等基层委重点工作。

【三明考察调研】 2020年11月14—15日，民建湖里区基层委第二、第三、第六支部在基层委领导带领下，到三明市沙县、尤溪县，调研沙县小吃产业发展和朱熹理学文化传承。湖里区基层委一行与沙县支部共同参观考察沙县小吃科技馆、民俗馆及沙县小吃文化城。并与沙县支部开展座谈交流。在尤溪县考察朱子文化园、尤溪博物馆等。

（晏锡鸿）

中国民主促进会厦门市湖里区基层委员会

【概况】 2020年，中国民主促进会厦门市湖里区基层委员会（简称民进湖里区基层委）下设经济、科技、综合、教育、信息学校5个支部，组织宣传、参政议政、社会服务3个工作委员会，发展新会员8人，截至年底有会员146人。其中，经济支部31人、科技支部42人、综合支部39人、信息学校支部17人、教育支部17人。会员中有市人大代表1人、区人大代表2人（其中常委1人）、区政协委员7人（其中常委1人）。主委1人，副主委3人。1个支部获民进厦门市委参政议政突出贡献奖，3名会员被评为福建省委履职能力建设暨参政议政工作先进个人，16人被评为厦门市委参政议政先进个人。4人被民进福建省委评为民进省委抗击新冠肺炎疫情先进个人，1人被聘为区监察委员会第一届特约监察员。

【参政议政】 2020年，民进湖里区基层委完成民进省委课题调研报告10篇，其中，获评民进福建省委优秀调研报告一等奖、二等奖、三等奖各1篇；完成民进厦门市委课题18个，其中重点课题7个，重要课题9个；完成区课题3个，

2020年12月29日，民进湖里基层委的区人大代表和政协委员参加区两会

（民进湖里基层委 供图）

2020 年 8 月 7 日，民进会员罗家永在湖里区消防大队为队员开展心理拓展活动

（民进湖里基层委　供图）

其中 1 个课题转化为区政协民进界别提案，与江头街道的 1 个联合课题转化为区政协联合提案，3 篇调研课题报告被收录至《湖里区政协 2020 年度专题调研报告汇编》。提供福建省“两会”快报 5 篇、厦门市“两会”快报 14 篇。向民进厦门市委和湖里区委统战部提供信息 105 篇，其中，被全国政协采用 1 篇，被民进中央采用 14 篇，被省政协采用 3 篇，被民进省委采用 16 篇，被市政协采用 10 篇，被市委统战部采用 5 篇，被市委办采用 6 篇。其中，1 篇信息被评为民进省委优秀社情民意一等奖，1 篇信息分别被全国政协、民进中央、民进省委、市委统战部和市委办采用。在湖里区“两会”期间，提交人大代表议案 1 件，政协民进界别提案 2 件，政协委员提案 6 件。2 个提案转化为市政协提案，并被评为 2019 年度市政协优秀提案。

【社会服务】 2020 年，民进湖里区基层委 5 个支部与江头街道 5 个社区结对子，签订社区治理责任书。发挥各支部优势和特色，开展社区治理共建活动。科技支部开展“凤凰绿荫助学行动”，帮助 2 名社区贫困家庭大学生。教育支部主委罗家勇为湖里区消防救援大队队员开展心理拓展和团体心理辅导活动；综合支部主委陈昱为市民提供在线法律咨询服务；经济支部会员孙韬利用厦门蓝天救援队平台为市民服务。

（杨喜爱）

中国农工民主党厦门市湖里基层委员会

【概况】 2020 年，中国农工民主党厦门市湖里基层委员会（简称农工党湖里区基层委）有支部 9 个，年内发展新党员 12 名。截至年底，有党员 261 名，其中：男党员 120 名，女党员 141 名；拥有高级职称 123 人、中级职称 90 人；医药卫生界党员 114 人；全体党员平均年龄 55.37 岁；党员中有十五届厦门市人大常委会委员 1 名，十五届厦门市政协委员 1 名；八届湖里区人大代表 3 名，八届湖里区政协常委 1 名、政协委员 9 名。有基层委委员 14 名，其中，主任委员 1 名，副主任委员 13 名。向农工市委、区政协、区委统战部报送信息 42 篇，基层委及各支部开展活动 44 次。年内，农工党湖里区基层委被农工党中央授予“优秀基层组织”称号；综合支部被农工党福建省委评为先进基层组织。1 人被农工党福建省委授予“优秀农工党党员”称号。

【参政议政】 2020 年，农工党湖里区基层委向区人大提交建议、议案 3 个，向湖里区政协提交提案 5 个，其中，3 件政协提案被湖里区政协评为 2020 年度优秀提案；12 月 28 日，在湖里区政协八届五次会议上，会员郭俊芳在会上作“关于推进运用景观地埋式智能垃圾收储设备的建议”的发言；撰写调研文章 8 篇，其中，2 篇入选《湖里区政协二〇二〇年度专题调研报告汇编》，1 篇在湖里区委统战部举办的课题协商会上发言交流；1 个建议获湖里区金点子三等奖。

【民主监督】 2020 年，农工党湖里区基层委有特约审计员 1 人；5 次派骨干党员参与湖里区社会经济发展民主监督，主要议题有《养老机构项目建设》《扫黑除恶专项斗争》《湖里区 2020 年重点工作》等；党员到学校及餐饮店开展民主监督，提出应用 5G 技术加强管理提升校园餐食安全监管水平的建议；到集美新城地下综合管廊科普教育基地以及海上环境卫生管理站开展民主监督，提出因地制宜进一步做好公共场所垃圾分类工作的建议；到医院、养老院开展民主监督，提出推动社区医养结合机构体系建设，在社区居家养老中强化医养护一体化服务的建议；到企业开展民主监督，提出区块链技术应用

2020 年 9 月 21 日，农工党中医院支部与台盟湖里总支到殿前街道兴隆社区联合开展义诊活动　（张建新　供图）

前景的建议；到宠物医疗机构开展民主监督，提出加强宠物医疗废物监管和处理的建议。

【社会服务】 2020 年，农工党湖里基层委参加社会服务 10 次。参与新冠肺炎疫情防控，支援武汉同济医院光谷院区新冠肺炎救治，承担起全区的流调任务，参加新冠疫情机场分流专班工作，捐款捐物 6 万多元；教育战线党员承担空中课堂教学任务。开展儿童急救知识、技能培训，为居民提供医疗咨询服务。环保支部推动临夏生活垃圾焚烧发电项目建设，六中支部 1 名党员赴新疆支教，促成在霞浦县总医院设立“同心工作室”。

（吴毅琳）

中国致公党厦门市委员会湖里区基层委员会

【概况】 2020 年 11 月 15 日，中国致公党厦门市委员会湖里区总支部升格为中国致公党厦门市会员会湖里区基层委员会（简称致公党湖里区基层委），全年发展党员 10 人。总支和湖里区第三支部被市委会评为“不忘合作初心，继续携手前进”主题教育活动先进集体；第三支部被市委会评为抗击新冠肺炎疫情先进集体。1 人被市委会评为抗击新冠肺炎疫情先进个人。

【参政议政】 2020 年，致公党湖里区基层委完成省、市、区级调研课题 27 个。其中，省级调研课题 2 个、市政协调研课题 3 个、致公党厦门市委调研课题 9 个。被省、市级重要会议采用材料 9 篇，其中，省级会议采用 1 篇，市级会议采用 8 篇。提出提案 29 个，其中，被全国政协采用 14 个，厦门市政协采用 15 个。被湖里区采用反映社情民意信息 58 篇。第二支部被市委会评为“2020 年度参政议政先进集体”。

【社会服务】 2020 年，致公党湖里区基层委 1 名党员创作 20 幅书画作品参加慈善义卖。致公党湖里区基层委与湖里街道联合开展“迎两会、下基层、听民声”调研，到湖里街道和通、濠头社区听民声、汇民意。第一支部与濠头社区也达成共建协议。提出为江头市场周边群众营造一个洁净的环境、整治江头市场的建议。

（孙　怡）

【政协致公党界别委员联络站成立】 2020 年 6 月 19 日，政协福建省委

2020 年 6 月 19 日，政协致公党界别委员联络站在海峡风众创空间成立　（致公党湖里基层委　供图）

2020 年 11 月 15 日，致公党湖里区基层委员会成立大会在区行政中心召开。图为部分参会会员合影

（致公党湖里区基层委　供图）

员会、政协厦门市委员会、政协湖里区委员会联动式界别委员联络站——政协致公党界别委员联络站在厦门市湖里区海峡风众创空间成立并举行揭牌仪式。该站是集学习、协商、联系、服务为一体的综合性实体平台，省、市、区三级致公党界别委员 60 多人参加成立大会。

【致公党湖里区基层委成立大会】2020 年 11 月 15 日，致公党湖里区总支部党员大会暨湖里区基层委员会成立大会在湖里区行政中心召开，约 100 名致公党党员参加会议。致公党市委常委、湖里区总支部主委颜伟民作工作报告。会议选举产生致公党湖里区基层委第一届委员会，主委关琰珠，副主委张庆良、沈仲藩、庄德义、钟寅翔、郑一泓。

（钟寅翔）

九三学社
厦门市湖里区基层委员会

【概况】 2020 年，九三学社厦门市湖里区基层委员会（简称九三学社湖里基层委）新增工程支社，截至年底，有 12 个支社及专家工作委员会、青年工作委员会等。发展新社员 14 人，截至年底，有社员 323 人，其中，水产研究所支社 30 人、海洋研究所支社 26 人、亚热带植物研究所支社 19 人、厦门出入境检验检疫局支社 29 人、厦门信息学校支社 19 人、厦门中医院支社 34 人、医卫支社 27 人、湖里区第一支社 44 人、湖里区第二支社 20 人、湖里区第三支社 37 人、复旦大学附属中山医院厦门医院支社 7 人、工程支社 31 人；社员中有博士 20 人，硕士 65 人；正高职称 50 人，副高职称 128 人，中级职称 113 人。社员主要分布在科技、医卫和教育界别；有市人大代表 1 人、市政协委员 1 人、区人大代表 5 人（其中常委 1 人）、区政协委员 15 人（其中常委 2 人）、区政协特邀研究员 1 人，该届区政协委员庄洁担任提案委主任、张跃平担任科技界别召集人。有主委 1 人、副主委 6 人。

【参政议政】 2020 年，九三学社湖里区基层委开展课题调研 20 个，提交代表建议 2 件、政协提案 13 件。组织政协委员和社内相关行业社员等参加区财政局召开的“关于优化营商环境，促进湖里区企业上市的建议”的政协界别提案交流座谈会；九三界别政协委员和部分社

2020 年 12 月 29 日，九三学社湖里区人大代表、政协委员参加湖里区两会。图为参会社员合影

（九三学社湖里基层委　供图）

员参观厦门第二东通道建设现场，听取项目负责人对整个建设工程的介绍，并进行交流；工程支社 10 多位社员到东部旧村改造项目湖边社现场调研。全年报送信息 115 篇，其中 18 篇信息被中央统战部、全国政协、九三学社中央、福建省政协等采用。

【民主监督】 2020 年，九三学社湖里基层委有民主监督员 6 人。其中，福建省检察院人民督导员 1 人，厦门市党风政风监督员 1 人、市审计局特约审计员 1 人，区审计局特约审计员 2 人、区机关效能建设和督查工作监督员 1 人。监督员在省市区纪检监察部门、纠风办和特约单位的领导下，开展工作、履行监督职责。

【社会服务】 2020 年，九三学社湖里基层委 9 名会员投身防疫一线工作，4 名基层社员在各自岗位参加抗疫活动。捐款 15.45 万元，分别给湖北武汉医院、湖北英山县中医院和福州协和医院捐赠口罩 7000 个、防护靴 113 双、医用口罩 500 个。年内，分别到湖里区钟宅、安溪县医院、漳州衍后村、长泰县武安镇、海沧天竺山社区开展送医服务。5 位九三学社湖里基层委社员到甘肃省临夏回族自治州参与科技扶贫工作。厦门信息学校支社社员 1 人到西藏支教。

（郑国防）

台湾民主自治同盟厦门市湖里区总支部

【概况】 2020 年，台湾民主自治同盟厦门市湖里区总支部（简称台盟湖里区总支）下设 3 个支部，有盟员 65 人。其中，高级职称 9 人，中级职称 13 人；担任区人大代表 1 人，区政协委员 5 人；主委 1 人、副主委 3 人。年内，在台盟厦门市委表彰大会上，1 个支部被评为年度参政议政先进集体，1 个支部被评为年度活力支部，1 人被评为参政议政先进个人，2 人被评为宣传工作积极分子，2 篇调研文章分获“台盟厦门市委 2020 年度优秀调研课题”二等奖和三等奖。2 人被台盟中央授予“台湾民主自治同盟抗击新冠肺炎疫情先进个人”称号。台盟湖里总支获台盟中央先进基层组织奖。

2020 年 11 月 3—6 日，台盟湖里区总支盟员吴维超代表厦门台盟参加在南宁举办的 2020 年台盟中央第九次协商议政论坛 （台盟湖里区总支 供图）

【参政议政】 2020 年，台盟湖里区总支完成 5 篇调研报告及 2 篇社情民意信息报送，其中 1 篇调研报告被盟省委作为省政协大会书面发言材料。吴维超代表厦门台盟参加在南宁举办的 2020 年台盟中央第九次协商议政论坛。

【社会服务】 2020 年，在抗击新冠肺炎疫情的战役中，台盟湖里区总支 40 位盟员向湖北省汉川市人民医院捐款 1.4 万元；3 位盟员向贵州省赫章县金银山街道儿童活动中心捐款捐物价值 57655 元。

（吴维超）

厦门市湖里区工商业联合会

【概况】 2020 年年底，湖里区工商业联合会（简称湖里区工商联）有街道商会 5 个，下设建材、建设、物流、文创与旅游 4 个行业公会；有执委（理事）会 211 家，监事会成员 9 人，会员企业 313 家。区工商联全年开展助力复工复产系列活动 3 个。走访企业近百家，收集意见建议 45 条，召开 3 场政企座谈会，联合湖里建行为企业提供金融服务 10 家。联合区司法局为企业开展免费“法治体检”20 多家，在创新驿站设立区工商联（商会）民企商事纠纷调解工作室。

【“企业担当”系列活动】 2020 年，湖里区工商联同区商务局联合开展“湖里全民乐购”大型活动，由 2020 年湖里区商人节活动的启

2020 年 5 月 27—31 日，湖里区企业家代表团赴新疆昌吉州考察。图为企业家代表考察援建医院　　（区工商联　供图）

动仪式、农夫市集、湖里夜生活、电商直播、爱生活家具节等系列活动组成。11 月商人节期间，举办 2020 年中国（厦门）商人节湖里分会场活动。区工商联支持厦门嘉禾学校爱心超市建设。

【企业家代表赴新疆考察】 2020 年 5 月 27—31 日，湖里区委常委、统战部部长，区工商联主席及企业家代表 12 人到新疆昌吉州及吉木萨尔县考察。昌吉州党委副书记、福建援疆前方指挥部总指挥长王中向考察团介绍昌吉州的经济发展环境、历史人文底蕴、自然资源优势等情况。企业家代表团实地考察调研昌吉州及吉木萨尔县招商环境、农特产品、消费扶贫，以及福建援疆项目和当地知名企业，并走访慰问福建省和厦门市第八批援疆人员。

【民企商事纠纷调解工作室】 2020 年 7 月 3 日，湖里区工商联（商会）与上海段和段（厦门）律师事务所签订厦门市湖里区商会纠纷调解工作协议书。在创新驿站设立区工商联（商会）民企商事纠纷调解工作室，聘请上海段和段（厦门）律师事务所调解工作室的邱占文、郑安安等 6 名律师为湖里区工商联（商会）民企人民调解委员会调解员，聘用期 5 年。7 月 17 日，举行工作室揭牌仪式，并为 6 名专业调解员颁发聘书。是年，该工作室调解涉民企纠纷 390 多件。

【促进民营“三高”重点企业倍增发展恳谈会】 2020 年 7 月 21 日，湖里区召开促进民营“三高”重点企业倍增发展恳谈会。区委书记、区长等区级领导 5 人，区发改局、区工信局、区财政局等 9 个单位领导，以及亿联网络、鹭燕医药、台和电子等重点企业代表 20 人出席会议。会上，区领导听取企业家意见。

【中国（厦门）商人节湖里分会场活动】 2020 年 10 月 31 日，湖里区工商联在悦华酒店举办 2020 年中国（厦门）商人节湖里分会场活动暨六届三次执委监事（扩大）会议。厦门市委统战部、市工商联领导，湖里区领导，区民营办成员单位领导，区工商联副主席、副会长、执委、理事、监事 300 多人出席大会。会上，区工商联（商会）表彰在东西协作、脱贫攻坚工作中做出贡献的爱心会员企业 34 家；通报表扬“民企联村”精准扶贫爱心企业 47 家、参与“爱心抗疫”的企业 99 家。举行向嘉禾学校捐赠“爱心超市”建设经费仪式。在六届三次执委监事（扩大）会上，传达学习贯彻习近平对新时代民营经济统战工作重要指示精神和全国民营经济统战工作会议精神；听取

2020 年 7 月 21 日，湖里区商会在区行政中心东附楼召开民营“三高”重点企业倍增发展恳谈会　　（区工商联　供图）

2020 年 10 月 31 日，湖里区工商联在悦华酒店举办 2020 年中国（厦门）商人节湖里分会场活动暨六届三次执委监事（扩大）会议　（区工商联　供图）

区工商联（商会）六届三次执委会工作报告和财务报告；增选区工商联（商会）六届执委会副会长、理事并为其授牌。湖里各部门的“店小二”，为民营企业家们进行政策宣传，答疑解惑。

【嘉禾学校爱心超市】 2020 年，湖里区工商联（商会）响应“爱心厦门”建设的号召，捐给厦门嘉禾学校 3 万元经费，支持其爱心超市建设，11 月 19 日该超市建设完成。11 月 23 日，区工商联（商会）举办嘉禾学校爱心超市揭牌仪式。区委统战部部长刘云标，区工商联（商会）15 人参与活动，并为“爱心超市”送去价值 3.3 万元的爱心物品。

（林　澜）

【禾山街道商会成立】 2020 年 12 月 30 日，禾山街道商会依法注册登记成立，成为湖里区首个街道商会。该商会为街道各企业提供互通有无、资源共享的实体平台。12 月 11 日，召开街道商会第一次会员大会。听取《厦门市湖里区禾山街道商会筹备工作报告》；审议通过《厦门市湖里区禾山街道商会章程》《厦门市湖里区禾山街道商会理事、监事选举办法》及《厦门市湖里区禾山街道商会会费标准和使用管理办法》；选举第一届理事会成员，包括会长 1 名、监事长 1 名、秘书长 1 名、副会长 7 名。

（陈月华）

厦门市湖里区总工会

【概况】 2020年，湖里区有独立组建工会2483家，覆盖小微企业20693家，有工会会员19.68万人。是年，全区各级工会在加强职工思想引领，抗击新冠肺炎疫情，服务职工群众，强化自身建设等方面开展工作。湖里区总工会全年接待到湖里区参观学习工会工作的团体44批次。

【专场读书分享会】 2020年，湖里区总工会组织全区职工学习《习近平在福建》《习近平在厦门》《习近平在宁德》《习近平在福州》等采访实录和《习近平治国理政》第三卷。9月5日，在殿前街道职工书屋举行“职工书屋·工悦领读”专场读书分享会。在该读书会上，市区总工会领导、殿前街道党工委相关领导与职工代表分享湖里区巨变，感受特区人民先行先试、爱拼会赢的奋斗精神。

【为工会会员送温暖】 2020年，湖里区总工会干部到三优光电股份公司、厦门高科防静电装备公司、顺丰速运等多家企业走访慰问职工；慰问社区干部、环卫工人、公安干警等防控新冠肺炎疫情一线职工10360人，送去价值94.79万元慰问品。慰问驻酒店防控专班人员3次1500余人次，送去价值60余万元慰问品。中秋购买月饼355份，慰问抗疫一线工作人员或其家属。购买25.2万元清真食品，慰问甘肃省东乡县到厦务工人员1088人次。

【区总工会助力企业复工复产】 2020年，湖里区工会干部分赴500多家企业，引导企业、职工落实各项新冠肺炎疫情防控措施，了解企业复工复产情况以及所面临的困难和问题。组织外地职工包车返厦复工；为100多名甘肃省东乡县职工包机返厦；区总工会给予企业自行包车经费补助4.11万元；多次开展线上招聘活动。

【职工权益维护】 2020年，湖里区总工会联合区人社局等部门出台《湖里区疫情期间促进劳动关系和谐稳定专项行动方案》。开展线上无接触法律服务，组织相关法律政策宣讲8场，受众1888人；线上受理、调处劳动争议案件41

2020年，湖里区包车帮助东乡县在厦门工作人员返厦复工

（区档案局供图　3月19日摄）

件，涉及职工 56 人，挽回经济损失 136 万元；提供法律咨询和法律援助服务 87 次，惠及职工 255 人，挽回经济损失 265 万元。开展线下法律服务，提供法律服务 86 次，服务 259 人次，为企业提供规章制度合法合规性审查 15 家。劳动关系协调员化解劳动争议 31 件，涉及职工 176 名，挽回经济损失 205 万元。开展以“同舟共济、共克时艰、提质增效、和谐发展”为主题的集体协商“特别要约”行动，指导 162 家企业与职工协商解决特殊时期劳动合同、劳动报酬、休息休假等劳动关系问题。

2020 年 6 月 13 日，湖里区第六届职工运动会触球比赛在金安小学举行

（区总工会　供图）

【扶贫行动】 2020 年，湖里区总工会拨出 45 万元援建甘肃省临夏回族自治州东乡县总工会；在达板沿洮河经济带开发区和达板厦临经济园新建共享职工之家 2 个；在达板凤凰山、厦琳鞋业等 3 个扶贫车间组织开展技能培训和技能竞赛，参与职工 319 人。

【主题征文】 2020 年 1 月，湖里区总工会发布第六届“回家的路——不负韶华，筑梦向前”主题征文通知。收到征文作品 80 余篇。区总工会特邀有关部门领导，市、区作协干部组成评奖委员会，评出一等奖 10 个，二等奖 15 个，三等奖 26 个。

【区总工会第八次代表大会】 2020 年 11 月 22 日，湖里区总工会第八次代表大会召开，290 名代表出席会议。会上，审议并通过《第七届工会委员会工作报告》《财务工作报告》和《经费审查委员会工作报告》。大会选举产生区总工会新一届领导班子，选出常务委员会委员 11 人，委员 33 人，经费审查委员会委员 7 人。区委副书记丁红斌当选区总工会主席，区审计局副局长陈正清当选经审办主任，省劳模、科技谷（厦门）信息技术有限公司技术中心副总工程师吴炎泉当选兼职副主席。

【第六届职工运动会】 2020 年 6 月 13 日，湖里区总工会在金安小学举办以“提振精气神，建功新时代”为主题的第六届职工运动会。辖区机关、社区、学校、企业 72 支队伍 800 多名职工参加该运动会。

（林舒婕）

2020 年 11 月 22 日，湖里区总工会第八次代表大会在区行政中心召开

（区总工会　供图）

共青团厦门市湖里区委员会

【概况】 2020 年，共青团湖里区委员会（简称湖里团区委）下设基层团支部 314 个、团委 20 个、团总支 12 个，覆盖和联系团员 5989 人。年内，团区委组织青年团员成立青年突击队，助力新冠肺炎疫情防控及复工复产工作。对接甘肃省临夏自治州东乡县团委，确定东

西部扶贫协作项目。通过“台青驿站”线上互动平台向台湾青年创业者推送介绍湖里区发展战略、人才政策、惠台措施等。举办公务员、非公党建指导员等招考公益培训，开展舒压团建、新春慰问快递员等活动。在全区8座“爱心屋”开展“爱心湖里　青你点亮”打卡主题活动。是年，有6名青年被评为“厦门市优秀青年”“福建省青年‘五四’奖章”，3个青年集体被评为“‘五四’红旗团支部”等称号；2个“青年之家”被评为“省级示范性青年之家”。

【“青年大学习”行动】 2020年，湖里团区委组织全区团员青年学习《习近平在厦门》、总书记“五四”寄语精神等。调整“新青年”宣讲团成员，将省“五四”奖章个人、省优秀团干部等纳入宣讲团，并依托团区委微信公众号平台开展云上宣讲，全年录制推送宣讲视频7期，活动覆盖3500余人次。发动团员青年参与“青年大学习”主题团课，全年发动团员青年6.6万人参与36期主题学习。

【主题教育】 2020年，湖里团区委组织开展4次主题活动。5月，湖里团区委开展“五四”青年节主题活动。8月，联合相关部门举办中学生团干夏令营、第十九届两岸青少年夏令营。10月13日，在厦门市金林湾实验学校举办“2020年厦门市中国少年先锋队建队日”主题活动，通过“致敬先锋学榜样”“情暖鹭岛传爱心”“奋发有为绽光彩”“凝心聚力育新人”等活动篇章，引导少年儿童争做新时代好队员。

【湖里台湾青年交流】 2020年，湖里团区委组织湖里、台湾青年交流活动3场。8月12日，湖里团区委联合区台港澳办举办“我爱诗词”第十九届两岸青少年夏令营。9月19日，组织15名两岸青年参加第十八届海峡青年论坛。10月23日，携手区台港澳办在“台青创客家”举办“青春在鹭上”两岸青年派对。

【“青春扶贫”行动】 2020年，湖里团区委联合市同心义工服务中心募集消毒液、口罩等防疫物资价值5万余元，支援甘肃省临夏回族自治州东乡县学校开展疫情防控工作；动员中铁十七局集团有限公司为东乡县小学生捐赠文具、服装、书包等物资；与东乡团县委共享亲子关系、考前舒压、小升初衔接、疫情防控、自律习惯等7个青少年身心健康相关的线上课程资源。落实“助力决战决胜脱贫攻坚‘十百千’专项行动”，以“线上+线下”的形式，联系建档立卡贫困家庭的大中专毕业生11名，其中在湖里区就业6人。

【青年文体活动】 2020年，湖里区“青年之家”平台开展各类主题活动20余场，服务团员青年1000多人次。在新景龙郡等小区开展“致敬‘最美坚守者’”青少年文化作品征集活动，征集绘画、诗歌、书法、摄影等文艺作品。开展“防疫进行时　共绘新蓝天”绘画活动、“感怀母恩　让爱流动”手工DIY等亲子活动。针对就业青年，开展“演讲口才三部曲”企业青年演讲技巧培训沙龙、“花艺醉人　曼陀罗美”企业青年舒压沙龙等活动。

【“云”系列活动】 2020年“五四”青年节期间，湖里团区委举办“云宣誓”线上活动，各基层团组织的团员青年云聚“湖里新青年”平台，重温入团誓词。制作发布“青春战疫‘云’故事”视频，讲述医护人员、社区干部等青年投身抗疫一线的青春故事。微信公众号推出“抗疫前线”“青春战疫人物”等专栏报道。联合市资源规划局团委与“1010农农场”青年企业家举行“云签约”，携手开展青少年服务活动，为辖区内援鄂医护人员子女家庭、服刑人员子女家庭等51户，送上“1010农农场”的爱心蔬菜大礼包。依托第五代超文本标

2020年1月16日，湖里团区委与鸟巢公益图书馆联合举办外来务工人员子女2020春节嘉年华活动
（团区委　供图）

2020 年 10 月 19 日，湖里团区委在南平市浦城县管厝学校开展“运动托举未来”体育公益行活动　（团区委　供图）

记语言（H5）小程序，生成“‘吾是’湖里新青年”个人海报。

【青少年群体关爱】 2020 年，湖里区青少年权益中心服务人群从少年拓展至青年群体。依托该中心，组建由 13 名心理咨询师、50 余名心理志愿者组成的专业队伍，为辖区内青少年开展思想引领、安全自护、法治宣教等主题活动 160 余场，服务青少年 5 万多人次；组织学习动力、人际关系、亲子关系提升等小组活动 60 余场，服务青少年 800 多人次；为深受心理问题困扰的学生和家长提供一对一辅导，个案服务约 300 人次；为街道社区青年开展交友联谊、团建舒压、文体娱乐、亲职教育、志愿服务等活动约 30 场，服务青年 1000 余人次。青少年权益中心接到微信咨询 680 余人次，电话咨询约 1000 人次，现场咨询约 300 人次；服务辅导 874 人次，帮助偏差青少年回归正轨 335 人。

【体育公益行活动】 2020 年 10 月 19—20 日，湖里团区委联合区青联体育协会到南平市浦城县开展“运动托举未来”体育公益行活动。该活动为浦城县管厝学校捐赠书包文具套装 115 份、校队定制篮球鞋 10 双，以及贫困助学金 2000 元；为梦笔幼儿园捐赠书包文具套装 35 份及校队定制篮球鞋 10 双。

（汤婷芳）

厦门市湖里区妇女联合会

【概况】 2020 年，湖里区有区、街道和社区妇女联合会 62 个，其中，街道 5 个、社区 56 个，有妇女干部 118 人。实施妇女儿童发展纲要（简称“两纲”）责任目标，“两纲”88 项重点监测指标中有 79 项达到或超额完成市、区终期目标，占重点监测指标总量的 89.98%。关心关爱贫困妇女儿童，依法维护妇女儿童合法权益。是年，全区 1 个单位被评为“全国家庭教育创新实践基地”，1 户家庭被评为福建省第十二届“五好”文明家庭，3 户家庭被评为福建省最美家庭，16 户家庭被评为厦门市最美家庭。

【妇联主题活动】 2020 年，湖里区妇女联合会（简称湖里区妇联）组织辖区各级妇女组织学习领会习近平三八妇女节讲话精神。开展“巾帼暖人心・普法维权在身边”维权宣传月活动，推出“巾帼暖人心・法援创美好”线上有奖知识竞答，“向家庭暴力说不”案例分享及“以法护航之离婚诉讼指引”线上讲座。联合爱自然生命力家庭教育机构，推出“原生家庭对孩子一生的影响”为主题的家庭教育系列公益讲座。

2020 年 5 月 30 日，湖里区妇联组织 20 名儿童到海巡船上参加伴你“童”行别样航海文化体验营活动　（区妇联　供图）

【贫困妇女儿童帮扶】 2020年，湖里区融入“爱心厦门”建设，推进“春蕾助学”“四癌救助”“贫困妇女儿童关爱”等爱心活动机制化。救助“四癌”妇女、特困儿童6人，发放救助金5.2万元；资助贫困学生75人，发放资助金6万元。六一国际儿童节期间，为辖区127名困境儿童赠送价值3.2万元图书。建立困境儿童与“爱心妈妈”结对帮扶机制，厦门海事局与湖里区20名困境儿童代表爱心结对。

【妇女创业就业】 2020年，湖里区200多名创业妇女咨询、申请小额贴息贷款，为53名创业妇女发放小额贴息贷款1060万元。开展“春风行动”招聘会和妇女技能公益培训，提升妇女创业就业能力。

【妇女微家】 2020年，湖里区妇联打造“小区妇女娘家人”服务品牌，组成“小区妇女娘家人”志愿服务队，形成社区妇联—小区妇女娘家人—小区服务管理网络的扁平化工作模式。是年，区妇联扩大小区妇女娘家人队伍，将小区妇女娘家人服务延伸到辖区建立党支部的小区。辖区75个建立党支部的小区有娘家人98个。小区妇女娘家人参与小区治理，协助妇联开展妇女儿童维权宣传，协调解决妇女群众问题25个，协助家事审判、家事调解72件，化解婚姻家庭矛盾纠纷13起。小区妇女娘家人参与所在小区人员管控摸排、防疫宣传等。截至年底，全区创建“妇女微家”18个。

【妇女儿童合法权益维护】 2020年，湖里区妇联推动完善反家暴各项制度、性别平等评估机制建设。发挥信访窗口、“12338”维权热线、“妇女之家”等工作平台和阵地作用。成立妇联维权接待室，组织专业律师、心理咨询师和巾帼志愿者加入妇联维权队伍，为合法权益受侵害的妇女儿童提供法律咨询、心理咨询、婚姻家庭调解服务和帮助。推进“‘妇’助平安，‘联’合参与”妇女儿童维权服务社工项目。全年接待来电、来访421人次，其中，婚姻家庭权益类49人次，家庭暴力类21人次。信访事项及时受理率、按期办结率、群众满意率均为100%。开展线上线下普法宣传20多场，发放资料100多册。

【家庭教育】 2020年，湖里区妇联联合爱自然生命力家庭教育机构，推出“原生家庭对孩子一生的影响”为主题的家庭教育公益系列讲座10场，超过上万人次在线观看。向辖区妇女干部赠送家庭教育主题书籍约300册。开展“一封家书寄深情·优良家风助成长”家书征集活动，挖掘家书在传承中华传统美德，促进社会和谐进步中的重要作用。“福建省家庭教育进社区”项目落地怡景社区。

（许维维）

厦门市湖里区科学技术协会

【概况】 2020年，湖里区5个街道均建立科学技术协会组织，配备专（兼）职科协秘书长，有社区科协分会55个，配有专人负责科普工作。各街道、社区开展各类具有当地特色的科普活动。辖区有9个科普教育基地，有区、街道科普志愿者936人。截至年底，全区建成科普e站84个，其中社区e站60个，校园e站15个，中国科普e站9个，配套设置51个福建科普智慧云互动大屏。区级全年安排科普专项经费240万元，街道安排160.5万元，人均3.88元。是年，区科协为每个社区科普宣传栏拨付经费3000元，用于更新内容以及修护保养；向各社区青少年科学工作室拨付1万～1.7万元不等的经费，用于日常运行；向各社区科普大学拨付0.8万～1.5万元不等的经费，用于教学活动；向各社区赠送科普挂图，以及拨付专款，用于支持社区开展新冠肺炎疫情应急科普活动和公民科学素质调查工作。迎接“十三五”公民科学素质调查，完成迎检工作。参与2020年福建省全民科学素质网络竞赛。在“全国科普日”期间，区科协组织20个社区阵地，开展系列主题活动约30场次。

【新冠肺炎疫情应急科普】 2020年1月23日，湖里区科学技术协会（简称湖里区科协）下发《湖里区科协关于开展新型冠状病毒感染的肺炎疫情应急科普工作的通知》，传达给街道、社区，实现三级联动机制。利用各类传播渠道，做好新型冠状病毒感染的肺炎疫情应急科普工作。全年推送科普宣传文章1610篇，50万人次阅读，受众72.9万人。

【科普活动】 2020年8月23—29日，湖里区组织开展10余场科普活动。围绕“科技为民·奋斗有我”的活动主题，5个街道及各个社区制作宣传栏，普及科普知识，服务社区居民。在（寒）暑假，举办社区科普（冬）夏令营25场。在全国防灾减灾日，区科协联合吕厝社区科协举办“赠书助力疫情防控，阅读提高公民素质”赠书仪式。组织2场科普超市进社区活动，对居民进行食品安全、健康卫生、居家环保等方面宣传，500多名居民参加该活动。

【金山街道社区航模制作选拔赛】2020 年 9 月 26 日，湖里区科协在金海社区文化广场举办金山街道社区航模制作选拔赛。参赛队伍 10 支，每支队伍由 7～12 岁青少年 10 人组成。经过评选，有 20 人获奖。其中，一等奖 1 人、二等奖 2 人、三等奖 3 人、优秀奖 14 人。

【社区青少年科学工作室竞赛】2020 年 11 月 28 日，湖里区科协在怡景社区举办“怡情杯”社区科普工作者陶艺创意体验赛、“怡景杯”青少年 F4 越野车模竞赛 2 场社区青少年科学工作室竞赛。该活动先由 5 个街道组织社区进行培训并举行初赛，选出优胜者参与区级竞赛，其中参赛社区 32 个、参赛队伍 36 支。经评审，小学组评选出一等奖 20 人、二等奖 24 人、三等奖 27 人；中学组评选出一等奖 20 人、二等奖 24 人，三等奖 26 人；评选出优秀团队奖 16 个、团队合作奖 16 个、组织奖 5 个、优秀组织奖 1 个。

2020 年 11 月 28 日，湖里区科协在怡景社区举办“怡景杯”青少年 F4 越野车模竞赛（区科协 供图）

【科普阵地建设】2020 年，湖里区新建社区青少年科学工作室 5 个，其中市级 3 个、区级 2 个。截至年底，全区建成社区青少年科学工作室市级 26 所、区级 6 所；有社区科普大学市级 5 所、区级 15 所，社区科普学堂区级 4 所；建有科普图书角（柜）和高标准 10 米以上社区科普宣传栏 55 个。其中，宣传栏每 2 个月更新 1 次，展示内容涵盖防震减灾、食品安全、健康保健、生态环保、自然知识等。

（黄琳姗）

2020 年 9 月 26 日，湖里区金山街道社区航模制作选拔赛在金海社区文化广场举行（区科协 供图）

厦门市湖里区归国华侨联合会

【概况】2020 年，湖里区归国华侨联合会（简称湖里区侨联）有区、街道、社区三级侨联组织 63 个。其中，街道侨联 5 个，社区侨胞之家 57 个。区侨联组织归侨、侨眷、海外华侨为抗击新冠肺炎疫情捐赠口罩 2 万个、价值 8.5 万元，捐款 2000 元；向菲律宾东棉

2020 年 2 月 17 日，福建上丞建设集团、厦门汇景集团有限公司、厦门智为建筑装饰设计有限公司联合捐赠仪式在区行政中心举行　（区侨联　供图）

省菲华工商联合会、鄢市菲华各界联合会、棉兰佬中国和平统一促进会捐赠医用口罩 5 万个，向新加坡道教总会捐赠防护口罩 2 万个。实地走访调研华侨企业，了解企业复工复产情况 408 家。

【侨界活动】 2020 年，湖里区侨联举办第十届厦门市侨界健步行（湖里片区）暨湖里区委统战部 2020 年同心文化节系列活动；发动全区归侨侨眷参加中国侨联第二届“侨商杯”法律知识竞赛。在《中华人民共和国宪法》宣传周期间，开展涉侨法律宣传。在各类平面、网络等媒体刊登报道 100 多篇（次），宣传区、街、社区侨联的各项工作。

【侨界参政议政】 2020 年，湖里区侨联引导侨界政协委员和侨联干部立足区情实际，围绕湖里区经济社会发展和侨界群众关心的重点难点问题撰写提案 19 件，提交调研报告 3 篇。推荐新侨代表加入市新侨人才联谊会 3 人；全年报送反映社情民意信息 18 条。

【困难归侨侨眷帮扶】 2020 年，湖里区侨联在传统节日走访慰问辖区归侨侨眷，发放慰问金 5.44 万元；助侨专款帮扶辖区内特困归侨 10 户，全年发放补助金 3.6 万元；协同厦门汇景集团开展“侨帮侨”活动，帮扶辖区患重病致贫的归侨 4 户，发放帮扶款 2 万元；落实年度东西部扶贫协作任务，向社会募捐帮扶资金 10 万元，帮扶甘肃省东乡县贫困归侨侨眷。

（蔡慧雯）

厦门市湖里区社会科学界联合会

【概况】 2020 年，湖里区社会科学界联合会（简称湖里区社科联）举办社会科学普及宣传周活动。在禾盛社区五乐广场播放“红色”电影；邀请厦门大学马克思主义学院导师及学生到殿前街道嘉福社区开展“新思想进小区”主题宣讲活动；举办社科专题系列讲座；以“解锁百宝箱 · 学习新思想”为主题，在“湖里头条”微信公众号、“湖里文化地图”小程序等线上平台举行社科知识有奖问答。在新媒体合作平台开展《中华人民共和国民法典》线上宣传图片展。

【社科普及周启动仪式】 2020 年 10 月 17 日，湖里区社科联在禾山

2020 年 10 月 17 日，湖里区社会科学普及宣传周启动仪式在禾山街道乐群广场举行　（区社科联　供图）

街道乐群广场举行2020年社会科学普及宣传周启动仪式。舞台上，以“文艺宣讲+小讲堂”模式，围绕“脱贫攻坚”“爱心厦门”“扫黑除恶”“庆祝厦门经济特区建立40周年”等主题，以曲艺表演方式进行宣讲。开设红色小讲堂和法律小讲堂，邀请区文史专家黄国富宣讲解放厦门的红色故事、法律专家讲解《中华人民共和国民法典》与百姓生活相关的故事。舞台下，举办“民法典与生活同行”图片展，开展综合性宣传咨询服务、社科知识有奖问答、社会科学普及宣传和志愿服务、义诊服务以及剪纸体验等活动。

【社科专题系列讲座】 2020年10月科普周期间，湖里区社科联邀请4名市委讲师团讲师到街道、社区开展4场社会科学专题系列讲座。宣讲《习近平谈治国理政》第三卷和《习近平在福建》《习近平在福州》《习近平在厦门》《习近平在宁德》等系列采访实录以及《新时代爱国主义教育实施纲要》《新时代公民道德建设实施纲要》等。宣传厦门经济特区建设四十周年湖里区取得的成就，脱贫攻坚奔小康的中国故事、厦门故事、湖里故事。

（陈　卉）

2020年5月16日，湖里区残联在厦门山海健康步道举办残疾人“阳光健步行”活动

（区残联　供图）

厦门市湖里区残疾人联合会

【概况】 湖里区残疾人联合会（简称湖里区残联）围绕“全面建成小康社会，残疾人一个不能少”的目标任务，融入“爱心厦门”，开展“爱心助残”行动，推进新冠肺炎疫情防控和各项残疾人事业，促进湖里区残疾人事业的发展和提升。先后制订和修订《湖里区一户多残低保和低收入家庭生活补助实施办法》《湖里区残疾儿童康复训练陪护补助办法》。帮助精神残疾患者659人申请服药补助；为残疾儿童134名发放市级康复补助金49.69万元。实施残疾人康复体育关爱家庭计划项目，为残疾患者30人提供康复体育家庭服务。将精神残疾人群体纳入“爱心厦门”的重点关爱对象，购买精神障碍社会支持社工试点项目，构建服务群体的社会支持网络。

【残疾人服务机构恢复服务】 2020年7月9日，湖里区政府成立由区残联牵头，区防控办、区卫健局、区民政局、区建设局、区消防救援大队6家单位组成的复工复训联合评估小组，区残联与区卫健局共同制订《湖里区残疾儿童康复机构复训准备工作评估导则》，围绕“机制建立、制度建设、健康排查、人员防控、物资准备、应急处置和康复训练准备”等7个大项23个小项进行复训前准备工作的部署和培训。联合评估小组对辖区内5家无明确业务主管部门的残疾儿童康复机构开展复工复训前评估。截至11月20日，5家被检单位全部通过评估。8月，5个街道残疾人职业援助中心恢复服务。

【残疾人文体活动】 2020年，湖里区残联举办“助残脱贫　决胜小康”主题活动，开展“爱心助残，圆梦微心愿”活动，为25名残疾人完成心愿。在厦门山海健康步道举办残疾人“阳光健步行”活动，300余名残疾人、家属、社区残疾人联络员及助残志愿者参加活动。开展“感恩有爱　文化助残”文化周系列活动，组织120名残疾人观看电影《夺冠》。

【无障碍环境建设】 2020年9月7日，湖里区制订《湖里区进一步完善无障碍设施建设2020—2021年行动实施方案》。成立湖里区无障碍环境建设督导队，对街道、社区办公场所及附近道路的无障碍设施进行督查，发现问题110个。推进残疾人家庭无障碍建设，完成对有需求的残疾人家庭无障碍改造12户。

【残疾人关爱】 2020年，湖里区残联审查重残瘫痪在床残疾人1487人和困难残疾人生活补助申请 705 份。为重度残疾人 135 人发放托养补助金 58.09 万元。市、区、街各级领导节日走访慰问困难残疾人 600 人，慰问款物约 40 万元。全国助残日期间，慰问全区残疾人 4500 余人，发放慰问款 47.8 万元。六一国际儿童节，走访慰问 14 周岁以下残疾儿童 299 人，发放慰问金 5.98 万元。

【残疾人教育就业帮扶】 2020 年，湖里区残联给予学前教育儿童 15 人每人教育训练和生活费补贴 3000 元，为残疾学生 279 人及残疾人子女 68 人发放就学补助金 44.2 万元。组织 13 家企业为残疾人提供 73 个岗位参与招聘会及日常推荐。为其中有劳动能力的残疾人 85 人和重度残疾人家属 2 人找到就业岗位，其中，区福乐家园和各街道残疾人职业援助中心集中安置就业 59 人。截至年底，完成年度城镇残疾人新增就业率 140.28%，城乡新增培训完成率 141.94%。发放一次性创业补贴 8 人 9 万元，发放经营性补贴 3 人 1.5 万元，发放社保补助金 74 人 60.95 万元。为残疾人个体户、企业经营主和盲人按摩店 62 家，分别发放租金补贴、运营补贴 20.04 万元和 24.65 万元。

【首期“爱心屋”网络直播电商培训】 2020 年 11 月 2 日，由湖里区爱心办、区残联、湖里国投集团、厦门金山欣湖建设开发有限公司联合主办，在海西 MCN 产业基地举办首期“爱心屋”网络直播电商培训。培训直播带货、短视频拍摄技巧等。首批参加培训“爱心屋”工作人员 21 人。

【“爱心屋”网上直播带货】 2020 年 11 月 7 日，湖里区“爱心屋”、殿前街道和湖里国投集团欣湖公司借助殿前街道“殿小二”网络招商直播平台，联合举办“爱心屋”首场网络直播带货。该直播采用“殿小二 & 爱心屋”直播的方式，奔驰、宝马、奥迪、盈众 4 家品牌车企参与该次活动，首日直播带货销售超 1200 万元。建设线上“爱心屋”商城——湖里云上“爱心屋”，11 月 12 日上线运行。截至 12 月 31 日，营业额 267 万元。

（曾景评）

2020 年 11 月 2 日，“厦门爱心屋”工作人员在海西 MCN 产业基地接受直播电商培训

（区残联　供图）

厦门市湖里区红十字会

【概况】 2020 年，湖里区红十字会参与疫情防控、“爱心厦门”建设。开展人道资源动员、应急救护培训、红十字宣传、基层组织建设等工作。为社区、企业提供健康教育、健康监测、志愿服务等。

【博爱帮扶】 2020 年 1 月 14 日，湖里区红十字会在殿前街道开展 2020 年“红十字博爱送万家”活动，帮扶重特大疾病患者、困难的红十字志愿者、“三献”（无偿献血、捐献造血干细胞、捐献人体器官）家庭、道德典型等重点人群。区红十字会按慰问金 500 元 / 户、慰问品 50 元 / 户的标准向 150 户重点人群配发慰问款物。

【世界献血者日活动】 2020 年 6 月 9—12 日，湖里区委文明办牵头的团体无偿献血活动在区行政中心广场举行，300 名机关党员干部、群众参与献血。区红十字会工作人员现场发放“三献”宣传折页以及宣传品。区红十字会制作“社会需要爱‘三献’聚善心”宣传折页 1.5 万份，发放至各基层红十字会。

【红十字博爱周系列活动】 2020 年“5 · 8”世界红十字日期间，湖里区红十字会开展“助力疫情防控　红十字救在身边”为主题的“红十字博爱周”系列的活动：红十字会员、志愿者坚守在疫情防控第一线，为社区、企业提供健康教育、健康监测、志愿服务等，引导群众加强自我防护，协助政府开展常态化疫情防控，助力维护生活秩序、推进复工复产；通过微信公众号、微信群、宣传栏等平台宣传红十字相关知识，向居民群众发放宣

2020 年 5 月 8 日，湖里区红十字会在禾盛社区开展纪念第 73 个世界红十字日主题宣传活动　（区红十字会　供图）

练习心肺复苏方法并接受考核。

6 月 9—16 日，区红十字会联合湖里消防救援大队开展应急救护培训，辖区内 6 个消防站点 100 余人参加培训。邀请市红十字救护培训中心教师授课，重点讲解心肺复苏和自动体外除颤仪使用等。

6 月 28 日，区红十字会在火炬公园举办应急救护暨水上安全培训，30 名公园管理人员参加培训。区红十字会志愿服务队队员钟淑钦、陈辉雄讲授心脏复苏、自动体外除颤仪使用、预防溺水、溺水施救与自救的必备知识和正确处理方法。

（陈炯懿）

传折页 1.2 万份，宣传防疫知识、急救知识、“三献”知识；红十字工作人员和志愿者走进困难帮扶家庭，了解其生活状况和需要帮助解决的困难、问题，送去红十字会的关爱和温暖；在“博爱周”期间，区各级红十字会组织发起向甘肃省东县乡扶贫募捐活动。

【应急救护培训】 2020 年，湖里区红十字会举办应急救护培训 3 场。

1 月 13 日，在厦门外国语学校湖里分校举办创建“爱心校园”启动仪式暨“尊重生命　爱心救护”主题活动。组织师生和家长学习心肺复苏知识，全校 1500 多名学生

2020 年 6 月 28 日，湖里区红十字会在火炬公园举办应急救护暨水上安全培训　（区红十字会　供图）

法　治

政法与综治

【概况】 2020年，中共湖里区委政法委（简称湖里区委政法委）统筹把握服务“六稳”“六保”主线，聚力治乱创安，扫黑除恶专项斗争取得胜利。湖里区刑事警情比上年下降19.9%，群众社会治安满意率保持在98%以上，市对区综治考评全市排名第一，连续17年蝉联全市综治考评优秀区。

扫黑除恶　推动全省扫黑除恶专项斗争重点督办区整改工作，开展线索“大复核”“大起底”，凝聚全区决战合力，打掉以林某东为首的纠集笼络高林社本地村民及社会青年强揽工程的黑社会性质组织，抓获犯罪嫌疑人16名，查扣涉案资产总估值1.43亿元，实现2020年厦门市涉黑案件零的突破，其中，打掉黑社会性质组织1个、恶势力集团14个、恶势力团伙2个；查处涉黑涉腐败和“保护伞”问题40件40人；案均查封冻结扣押涉案资产6380万元，湖里区扫黑除恶成效群众好评率全省排名第21位，比上年上升57位。

法治环境优化　深化司法体制改革，“一审发改率”和“服判息诉率”实现一降一升，员额法官、员额检察官人均结案数位居全市前列，其中员额法官人均结案数居全省基层法院首位。通过推广“小区警察”“智慧小区”等创新举措，遏制突出治安问题，电信网络诈骗刑事警情比上年下降30.07%。推进十大重点行业领域专项整治，使突出的乱点乱象得到遏制。

【平安湖里创建】 2020年，湖里区5个街道党工委均配备政法委员，各派出所所长兼任各街道党工委委员，55个社区全部由社区党员民警担任社区党委副书记，由社区治保主任担任社区警务助理，280个小区全部由小区民警担任党支部副书记。探索“访调对接”，完善“最多投一次”阳光信访工作机制，提升信访规范化水平。加大法律援助力度，出台《建立维护劳动者合法权益的执行联动工作机制的实施意见》，开展涉民生案件专项执行行动。设置小区民警、小区律师、小区调解员、小区公证联络点，打通政法综治工作联系服务群众的“最后一百米”。加强区级多元化纠纷解决中心和各街道多元化纠纷解决中心建设，做强做大行业调委会，对接人民调解、行政调解、司法调解，做到“案结、事了、人和”。推进“雪亮工程”建设。开展整治非法占地、煽动闹事阻挠征地拆迁、阻挠重点工程建设等专项行动。推进重点行业领域专项整治，铲除医疗卫生、旅游、网信、生态环境等领域影响行业健康发展的乱点乱象，先后打掉全市首个医疗卫生领域敲诈勒索团伙、全市首例网络空间领域涉恶犯罪团伙。在治安重点部位组织开展打击无证旅馆等18项专项整治，遏制“小黄卡”等问题多发态势。

【重点行业领域专项整治“六个一”工作机制】 2020年，湖里区委政法委创新制定“六个一”专项治理工作机制：“一行一摸排”，各行业领域主管部门全面摸排本行业领域存在的涉黑涉恶问题和本行业领域存在的乱点乱象及突出问题；“一案一剖析”，针对发生在本行业领域的涉黑涉恶案件以及乱点乱象，逐案分析，逐一查摆，倒查原因，发现存在的管理漏洞；“一案一整治”，对发现乱点乱象进行集中整治，堵塞管理漏洞；“一书一卷宗”，对每一份建议书（函）项下材料逐一归档，单独成卷；“一行一清单”，各行业领域主管部门针对存在的乱点乱象，逐一梳理清单，明确整治重点、整治任务、整治时限，责任到岗、责任到人，做到底数清、情况明；“一行一机制”，各行业领域主管部门就乱点乱象整治工作逐一总结梳理预防、治理机制，固化为制度，确保长效常态。

【案件会商机制】 2020 年，湖里区委政法委牵头区法院、区检察院、湖里公安分局，研究完善案件会商机制。是年，政法各部门提请区委政法委会商涉黑恶案件、线索 11 件，均作出有罪宣判。

【干部协管机制】 2020 年，湖里区委政法委针对政法干警涉黑涉恶腐败和失职失责问题，牵头研究制订《中共湖里区委关于健全完善区委政法委协管政法干部队伍工作机制的通知》，明确区委政法委依据干警各方面表现，会同组织部门共同参与区管政法干部动议分析、人员酝酿、推荐、考察。

（郑奕昕）

法治政府建设

【概况】 2020 年，湖里区依法治区委员会召开第四次和第五次工作会议，对 2020 年全面依法治区重点工作作出部署，学习贯彻中央全面依法治国委员会会议精神和习近平法治思想。湖里区深化“放管服”改革，完成简政放权任务；推行行政执法“三项制度”；开展为民营企业法治体检；实现社区法律顾问全覆盖；完成规范性文件管理。湖里区落实中央全面依法治国委员会第三次会议审议通过的《行政复议体制改革方案》，优化行政复议资源配置，发挥行政复议公正高效、便民为民的制度优势和化解行政争议的主渠道作用。

【“放管服”改革】 2020 年，湖里区加快建设服务型政府进程，按期完成简政放权任务。取消行政审批中介事项，对保留的 10 项中介服务事项实行动态化清单管理。完成 250 项区级审批服务事项近 1220 份申办材料的抽检工作，发现并督促整改问题材料 22 个。深化“一趟不用跑”改革。全区各级部署在福建省网上办事大厅的 4717 个审批服务事项中，“一趟不用跑”事项 3764 项，占 79.79%，超出当年度省市下达的 65% 目标任务。推进“一窗受理、集成服务”改革。自 9 月 1 日起，试点推行跨部门综合窗口服务改革，截至年底，受理办件 7731 件。在区行政服务中心启用“企业开办”综合窗口，实现企业开办流程压减至 1 个环节、办理时间控制在 1 个工作日以内。采用政府购买服务方式，为新开办企业提供首套印章免费刻制服务，全年服务新开办企业 5062 家。

【规范性文件审查】 2020 年，湖里区对 14 份行政规范性文件进行合法性审核，其中，经合法性审核通过并依法公布 9 件。对 4 件实施满一年的重大行政决策开展实施后评估。年内，实行行政规范性文件全面清理并公布以区政府及其办公室名义印发的行政规范性文件 54 件，其中决定继续有效 28 件，废止和宣布失效 26 件。

【行政执法监督】 2020 年，湖里区实现行政执法全程留痕和可回溯管理，依法向社会公开有关行政执法信息。坚持重大处罚案件“有件必备、有备必审、有错必纠”原则。是年备案审查重大行政处罚案件 78 件。开展全区行政执法人员编号和信息采集工作，对已公示的行政执法主体进行编号，对适格人员进行编号和信息采集。加强行政执法证件动态管理，是年，办理新申领行政执法证 25 件，审核办理注册延期 104 件，遗失补办 1 件、缴销 2 件。开展案卷质量评查，抽查 10 个行政执法部门执法案卷 42 件。

【行政复议】 2020 年，湖里区收到行政复议案件申请 94 件，依法受理 46 件，转送 48 件。加强行政复议和解调解力度，全年采取和解调解方式结案的行政复议案件 35 件，占总结案数的 83%。

【行政应诉】 2020 年，以湖里区政府为被告的一审行政应诉案件 23 件，一审审结 12 件，其中，裁定驳回起诉 5 件，判决驳回诉求 2 件，当事人撤诉 5 件。

【学法普法】 2020 年，湖里区落实《国家机关“谁执法谁普法”责任制实施办法》，定期开展督促检查，将全区 32 个部门 411 项普法任务完成情况列入“七五”普法督导项目进行综合考评。落实领导干部学法制度，区政府常务会议专题学习《中华人民共和国民法典》《最高人民法院关于行政机关负责人出庭应诉若干问题的规定》等相关法律法规。全年组织领导干部任前学法考试 9 批次 55 人次，组织全区公务员法律知识考试 1371 人次，提高全区领导干部法治思维和法治意识。做好“七五”普法总结验收迎检工作。

（司法局　供稿）

【全面依法治区委员会会议】 2020 年 5 月 9 日，湖里区委常委会会议暨区委全面依法治区委员会第四次会议在区行政中心召开。会上，传达学习省委全面依法治省委员会及市委全面依法治市委员会有关会议精神，研究贯彻实施意见，审议通过《湖里区委全面依法治区委员会

2020年工作要点》。

（陈文勇）

2020年6月23日，湖里警方捣毁1个跨省涉疫防护制假售假窝点，缴获劣质口罩原材料10余吨，涉案金额500余万元　（湖里公安分局　供图）

公　安

【概况】 2020年，湖里区公安分局以“主动创稳”为主线，迎难而上、砥砺奋进，战疫情、防风险、保安全、护稳定。全年完成厦门国际马拉松赛、第33届中国电影金鸡奖等大型活动安保、安全监管139场次，警卫任务13场55次，确保安保工作万无一失。打掉1个黑社会性质组织、7个恶势力犯罪团伙，全区刑事警情比上年下降19.9%，其中，电信网络诈骗刑事警情比上年下降30%。矛盾纠纷排查调解率99.9%，各类矛盾纠纷录入率100%。分局1个集体获二等功、1个派出所获三等功、1人获二等功、11人获三等功。

【刑事案件侦破】 2020年，湖里区公安分局开展“飓风肃毒2020”会战，循线查获1件53千克、价值近1亿元的可卡因重特大毒品案件，破获1件公安部目标案件“中冀医药”案。依托“云剑—2020”专项行动，侦破命案5件，破获10年以上命案积案9件，侦破涉案505万元的公安部督办案件1件及涉案220万元特大电信诈骗案件1件，打掉1个涉案300万元的犯罪团伙，抓获犯罪嫌疑人400人，打击文物犯罪专项取得近五年来“零”的突破。截至年底，该分局破获各类刑事案件1628件，抓获犯罪嫌疑人2681人，现行命案、“两抢”类案件破案率均为100%。

2020年1月4日，湖里区副区长、公安局局长戚乐健（中）在五缘湾检查马拉松赛安保工作　（陈霖　摄）

【涉疫案件侦破】 2020年，湖里区公安分局捣毁3个制售涉疫情假证明窝点，连续破获涉案13.5万元的贩卖口罩诈骗案、涉案79万元的柯某悦被诈骗案、涉案63.4万元的胡某木被诈骗案3起涉疫电信诈骗案件，查破制售伪劣口罩案、“6·23”非法生产销售伪劣熔喷布案、非法经营案3件省部督挂牌督办案件。

【治安秩序整治】 2020年，湖里区公安分局围绕年度“深化攻坚”主题和“深挖根治”目标，以“十大”重点行业领域乱点乱象为整治重点，开展7项专项整治行动。对辖区17个城中村，黄赌、电信诈骗、校园及周边安全、涉疫情违法犯罪等突出问题开展专项整治；联合街道、管委会对高新园区诈骗案件高发和治安隐患突出的4个楼宇挂牌，推动行业部门开展“扫楼行动”，堵漏治乱；先后组织打击整治黄赌违法犯罪、打击跨境网络赌博“断链”“扫黄打非”等专项行动，常态化保持对辖区“涉黄涉赌”问题的高压打击态势，全年查破涉黄案件1108件，其中，省厅挂牌督办案件5件，全国“扫黄打非”办列为重点案件1件，城中村黄赌举报警情比上年下降42.77%。

【公共安全风险防范】 2020年，湖里区公安分局建立完善派出所消防工作考评机制，优化大巡防勤务，形成巡特警“全域巡防”+派出所“片区巡防”+辅警或网格员“网格巡防”三级勤务模式。推进安全生产隐患大排查、大整治及公共安全领域突出问题大排查、大化解、大整治攻坚行动。狠抓涉枪涉爆涉危单位、寄递物流行业、水电油气等治安保卫重点单位安全监管及“平安校园”“平安医院”工作，完成湖里区“不流失、不打响、不炸响”公共安全平稳工作目标任务。

【经济犯罪防范】 2020年，湖里区公安分局结合扫黑除恶“行业清源”行动，首创涉众型经济金融风险排查整治技战法，每周牵头组织跨警种、跨行政部门开展联合排查整治暨“扫楼”行动及黑灰产整治，每季度分析总结本地经济犯罪和金融风险形势并主动介入处置。年内，建立风险企业数据库6900家，被工商部门列入异常名录6500家，完成挤压清理150家。联合金融监管部门约谈辖区内存在违法违规的涉众型苗头隐患风险企业21家，摧毁1家涉及20个省、98家期货公司，交易额4.9万亿元的非法经营期货犯罪团伙，移送起诉一涉案金额17.4亿元的虚开骗税犯罪团伙，立案查处一批非法经营、变相吸收公众投资、虚开发票、骗取出口退税、为赌博网站进行推广等违法经营企业，维护辖区经济秩序及社会稳定。

【公安政务服务】 2020年，湖里区公安分局推广智能咨询窗口、网上预约、自助受理、线上流转等业务，对全局146个审批事项全面采取时限压缩、全程网办、容缺受理、靠前服务、绿色通道等改革措施。146个审批事项全部入驻省网办事大厅，网上可办事项占98.6%，“一趟不用跑”事项占60.27%。

2020年11月20日，“防骗金点子”展示交流会在湖里公安分局警务大楼召开
（林春　摄）

【智慧警务建设】 2020年，湖里区委政法委、区财政局、区建设局等部门联合下发《关于全区推广开展智慧安防小区建设的意见》，分类分步推进全区示范警务室6个、建设智慧安防小区187个，推进“科技引领+社会共治+流程再造”社区警务建设模式；常态化采集旅馆业、娱乐服务场所、机动车维修业等各类治安要素基础性信息，累计建设辖区宾旅馆“火眼”系统13家，信息化管控能力提升。

【联动共治】 2020年，湖里区推进社区警务与综治网格管理一体化融合发展，开展平安创建、平安守护、邻里守望行动，打造特色“家住厦门”小区治理及“守护八合一”城中村治理模式；推广驻所“退休老民警”“民心调解室”等经验做法，完善“专班+网格化”“随警作战”“律师驻所”“庭所对接”制度，探索“公证+”综治矛盾纠纷调解工作模式；推动固化反骗联席会机制，将反骗工作纳入湖里区扫黑除恶日常调度必研项目，深化“反骗+防疫”“反骗+七普”“反骗+平安三率”融合模式，强化综治考评结果运用。

【海防管理】 2020年，湖里区公安分局因势利导调整工作重点和应对措施，坚决防止海上非法入境带来的疫情输入风险，筑牢沿海管防坚固屏障。完成二代小型船舶防越界系统升级及新型船舶识别牌安装工作，抑制海上疫情风险，保持海上非法入境“零”纪录，确保沿海一线辖区的安全稳定。

（阮燕宣）

【道路交通管理】 2020年，湖里交警大队围绕“降事故、保安全、保畅通”工作主线，以道路交通事故预防“减量控大”为目标，深化道路交通基础建设、秩序管控、事故预防等，促进文明交通大提升。

做好节假日及春秋季开学，中高考、金鸡百花电影节等重要活动、马拉松等重大赛事的道路交通安全保障工作。查处各类道路交通违法行为 62.92 万起，其中现场查处违法 27.93 万起，非现场查处 34.99 万起。全年道路交通事故受理立案 243 件，死亡 23 人，受伤 309 人。与上年相比，立案数上升 16.83%、死亡人数上升 4.55%、受伤人数上升 76.57%。参与新冠疫情防控工作，出动警力 7348 人次，警车 3021 辆次，检查车辆 7291 辆，检查人员 12400 人；排查入厦涉鄂牌车辆 500 余辆；为 236 家（次）运输企业开通业务办理绿色通道。

交通秩序整治　湖里交警大队盯住辖区交通致祸、致乱问题，以“五类十项”严重违法为切入点，规范路面通行秩序。开展酒驾夜查行动，查处涉酒违法 699 起，其中饮酒驾驶 309 起，醉酒驾驶 390 起。开展斑马线未礼让行人整治、摩托车和电动车整治、街面停车秩序综合整治，查处违章停车 35.1 万起，电动自行车违法 10.2 万起，摩托车违法 1.2 万起，斑马线未礼让行人 1.4 万起。查扣电动自行车 1.15 万辆，摩托车 1009 辆，三轮车 2169 辆。开展新业态交通违法整治，开展共享单车、送餐车、网约车、平衡车和大货车（含渣土车）专项整治，全面挤压违法空间。查处各类道路交通违法案件 62.9 万件，其中现场查处 27.9 万件。查处车辆非法改装 107 件（强制类），各类车辆超员 503 件，货车超载 30% 以上 987 件，涉牌涉证违法 8844 件。查扣汽车 3494 辆、平衡车 60 辆。

交通安全检查及宣教　湖里交警大队实地走访重点运输企业 748 家次，抽查全球定位系统（GPS）平台车辆管理记录 1205 趟次，发现“红眼客车”、超速违法案件 228 件，通报逾期未年检、未报废车辆 2.3 万次，催检临审和逾期驾驶人 5692 人次，推送催检短信 4.3 万条。约谈企业负责人、安全管理人和驾驶人 313 人次，下发限期整改通知书 127 份，发送抄告函 197 份，公路客运车辆、旅游客运车辆、危化品运输车辆、校车和“营转非”大客车 5 类重点车辆检验率 100%，重型货车检验率 96.51%，重型挂车检验率 97.12%。湖里区政府投入交通安全宣传经费 11 万元。6 月起，区道安办在全区试点开展“零酒驾”街道、社区示范工作，选取南山社区、江华社区为示范点。召开民生保障行业电动车管理推进会，邀请朴朴、饿了么、美团、达达等 20 家快递送餐企业负责人参会。开展交通安全宣传进学校、进企业、进社区等宣传 1674 场次，开展“平安春运、交警同行”、“12・2”全国交通安全宣传日、“知危险会避险”等主题宣传 147 次。

道路通行条件改善　湖里区完成嘉禾路中埔铁路段（殿前—中埔段）、酒店用品批发市场段，环岛路（海峡旅游服务中心段）、祥岭路、薛岭北路、枋湖西片区新行政服务中心大楼、宸鸿科技、江头商城周边交通改善项目；推进五缘湾西片区交通组织优化工程项目及东渡港区交通组织调整项目。3 处需要增设红绿灯的人行斑马线纳入第三批人行斑马线提升改造工程。在长浩路长乐路口、仙岳路金尚路口、金湖路禾山路口、东渡路仙岳路口，调整车行道、增设掉头区。在金尚路枋湖南路口、嘉禾路湖里大道路口施画人车分离斑马线。

道路安全隐患治理　湖里交警大队建立道路隐患滚动排查机制，排查上报并整改问题点段 90 处，其中修复护栏约 500 米，增设交通标志牌 36 个、人行道线及斑马线 15 处、太阳能爆闪灯 6 个、广角镜 2 个、减速带及振荡标线 6 组。落实道路交通事故“一案双查”，对亡人事故逐起实地勘查，针对行人随意横穿马路、交通安全设施缺失等问题，责成相关路权单位整改。

重点项目占道施工监管　湖里交警大队开展重点在建工程项目占道施工大排查、大整治，发挥骑警力量，加强占道施工路段巡查，发现问题通报施工单位整改。全年开展路面巡查 6812 次，约谈施工单位 141 家次，下发整改通知书

金尚路枋湖南路口人车分离斑马线（2020 年 9 月 23 日摄）（湖里交警大队供图）

138份，开具罚单31张，处罚15.5万元。

停车难题破解　湖里区通过街道报需求，交警大队指导，城管委办牵头，联合多部门整合开放停车资源。对道路承载能力有余量的路段增设路内停车泊位，截至年底，有74个路段增设路内停车泊位2901个。对道路资源紧张的、停车需求矛盾突出的居民小区路段增设夜间限时停车泊位，在6个路段增设临时停车泊位162个，允许车辆20时至次日7时停放。倡导推行错时停车，实现一个车位一天内服务2辆或3辆车的可能，提高车位周转使用率，缓解小区周边道路违停现象。

快递行业电动车管理　湖里交警大队借助“积分考评机制”“违法抄告机制”“例会推动机制”，联合职能部门、行业主管、企业提升快递行业整体规范管理水平。通过“督促落实管理规范”“强化警企联动对接”“加大路面管控力度”等手段，督促企业落实“一人一车一号”管理，并加大电动车违法查处力度。立足“点”宣传引导，守住“线”宣传教育，拓展“面”宣传发动，提升骑手安全文明骑行交通意识。

《湖里区近期交通优化改善规划》通过评审　2020年11月12日，区道安办联合区市政园林局组织召开近期交通优化改善规划评审会，《湖里区近期交通优化改善规划》通过会议评审。该规划包含节点渠化8处；线性优化31处，其中道路提升7处，打通道路24处；网络强化4处；管理细化主要分5类135处；停车场出入口改善2处；慢行改善21处；公交站点改善12处；改善信号灯、中央护栏、标志标线、违停抓拍等交通设施71项。

（吴敬城　王晓兰）

小资料

“五类十项”：“五类”指涉酒类、超员类、超载类、超速类、牌证类；“十项”指酒后驾驶、醉酒驾驶、营运客车超员、摩托车超员、其他车辆超员、货车超载30%以上、现场超速、涉牌、涉证、其他。

检　察

【概况】 2020年，厦门市湖里区人民检察院（简称湖里区检察院）围绕湖里区推动岛内大提升等战略部署，把服务大局、司法为民落到实处，履行检察职责，为湖里区建设“两高两化”中心城区营造良好法治环境。湖里区检察院全年办理各类移送审查逮捕案件321件450人，审查起诉案件985件1402人。对认罪认罚、轻刑犯罪适用依法从宽的刑事政策，依法不捕90人、不诉129人，适用认罪认罚从宽制度1060人，占审结案件人数的80.61%，提出量刑建议判决采纳率96.73%。从严从快批捕医疗器械诈骗、暴力抗拒防疫检查、伪造健康证明等涉疫案件。注重自贸检察公共关系建设，走访域内职能部门、执法部门23次，到企业开展法律服务3场次。成立“涉台检察联络室”，聘请1名台湾企业家担任涉台检察联络员。办理各类金融犯罪案件13件40人。举行各类线上线下校园普法活动7场，邀请校方领导及教职工15人参加检察开放日活动。依法为1名因案致贫的刑事案件被害人申请司法救助2.8万元。受理群众来信、来电及网络信访121件，接待来访21批次，做到回复、答复两个100%。

【审理程序简化】 2020年，湖里区检察院适用速裁程序、简易程序审理案件613件，占审理总数的77.89%。加强复杂疑难案件引导调查取证工作，提前介入38件，发出侦查意见书24份。把“案—件比”作为案件质量核心评价指标，对退补、延长审查期限的案件进行重点监督，是年，“案—件比”下降至1∶1.77，比上年下降38.4%。监督侦查机关立案、撤案3件11人，纠正漏捕漏诉9人，发出纠正违法通知书7件、检察建议5件、侦查活动监督通知书12件。对受疫情影响致使判处实刑未执行刑罚罪犯增多现象开展监督，监督收押132人。开展财产刑执行、强制医疗执行专项监督活动和社区矫正专项巡回检察，对社区矫正对象建档管理608人次，针对社区矫正、财产刑执行中存在的不规范问题发出书面纠正意见4件。办理各类民事、行政诉讼监督案件9件，就1件虚假诉讼案件发出再审检察建议。办理公益诉讼案件10件，发出诉前检察建议4件。

小资料

“案—件比”：2019年，由最高人民检察院提出的用于衡量办案质效的新概念，即案件与案件进入司法程序后所经历的有关诉讼环节形成的对比关系，但一些不可避免的、必经的法定环节不作为“件数”叠加计算。当“案”为1，“件数”越低，说明办案经历的诉讼环节和业务活动越少，办案质效相对较高。

【检察系统扫黑除恶】 2020年，湖里区检察院联合区纪委监委、区法院、湖里公安分局复核涉黑涉恶线索159条。研判厦门市检察院交办线索4条，提出侦查建议17条，依法起诉“保护伞”1人，起诉涉黑涉恶案件 6 件 17 人，出庭支持公诉涉黑涉恶案件 5 件 28 人，核查涉黑涉恶财产刑执行案件 10 件 86 人。向行业主管部门或发案单位发出检察建议 6 件。办理涉未成年人案件 74 件 102 人，依法起诉涉嫌侵害未成年人犯罪 18 人，对 13 个涉案家庭开展强制亲职教育，开展心理疏导 21 人次。

【经济领域犯罪惩治】 2020 年，湖里区检察院依法惩治合同诈骗、职务侵占、串通投标、虚开增值税发票等破坏市场经济秩序的犯罪，起诉 49 件 103 人。打击非法集资犯罪专项行动，办理各类金融犯罪案件 13 件 40 人，其中，依法起诉非法吸收公众存款、集资诈骗、洗钱等犯罪 10 人，涉案金额近 2 亿元。

【涉民企案件办理】 2020 年，湖里区检察院起诉侵害企业权益案件 5 件 5 人，涉案金额 361.4 万元。对涉嫌犯罪的民营企业负责人，依法取保候审 33 人，不捕、不诉 14 人。其中，就 2 件民营企业及其负责人涉嫌虚开增值税专用发票犯罪案件，举行公开审查评议会，对其依法作出不起诉决定。

【专项检察监督】 2020 年，湖里区检察院针对辖区内多个路段存在盲道设计不合理，网络平台上部分商家存在未经备案从事医用口罩等医疗器械网络销售，对辖区内部分自动售货机未按规定公示营业执照和食品经营许可证，对薛岭山烈士陵园存在的管理保护不全面、烈士墓碑碑体断裂、设置不规范等督促相关职能部门整改；区检察院向区法院调阅非诉执行原审案卷进行系统性审查，立案行政检察案件 2 件，针对法院在执行过程中存在对冻结款项未及时处理、违规适用终结本次执行程序等情形，依法向法院制发检察建议；开展 2016—2017 年度公安机关刑拘后未报捕且未移诉案件专项监督行动，逐案评查刑拘后未报捕且未移诉案件卷宗 240 件 350 人，监督公安机关撤案 1 件 9 人，发出“书面纠正违法通知书”1 份，发出纠正普遍性、倾向性违法问题“检察建议书”2 份。

2020 年 5 月 21 日，涉台检察联络室揭牌暨涉台检察联络员聘任仪式在厦门自贸区举行　　（区检察院　供图）

【社区矫正对象关爱】 2020 年，湖里区检察院及时掌握辖区所有社区矫正对象的活动情况，督促社区矫正机关加强监管警示和日常防控，走访辖区内 5 个司法所，核查社区矫正对象的社区矫正情况，并参与厦门市检察院组织的社区矫正专项巡回检察，就湖里区社区矫正工作中存在的问题，向区人民法院发出纠正违法通知书 1 份，向区司法局发出纠正违法通知书 2 份。

【公开听证】 2020 年，湖里区检察院建立专门的公开听证室，可容纳 30 余人，配备多媒体示证系统、同步录音录像系统。全年举行拟不起诉案件公开听证会 6 场，邀请人大代表、政协委员、人民监督员等第三方人员参加，就事实认定、法律适用和案件处理等问题听取听证员和其他参加人意见。

【涉台检察联络室成立】 2020 年 5 月 21 日，湖里区检察院在自贸区“熊麒台胞调解工作室”设立涉台检察联络室。聘请湖里区兴隆社区主任助理、兴隆社区人民调解员熊麒担任涉台检察联络员。该联络室主要职责是保障台胞台企合法权益，听取台胞台企对涉台检察工作的意见建议，搭建台胞台企沟通桥梁，促进检察机关与台胞台企良性互动。

【未成年人亲职教育】 2020 年 10 月 21 日，湖里区检察院出台《未成年人亲职教育暂行办法（试行）》，该办法明确亲职教育的不同类型、适用范围、开展形式和教育目的，建立监护人接受亲职教育的成果处置和保障机制。是年，对 13 个涉案家庭开展强制亲职教育，为父母调整亲子关系提供具体策略。针对普通未成年人监护人开展一般亲职教育 1 场，7000 多人接受教育。

【检察开放日】 2020 年 10 月 26

2020 年 12 月 4 日，湖里区人民检察院举行检察开放日活动（区检察院　供图）

日，湖里区检察院举行以“服务‘六稳’‘六保’护航民企发展”为主题的检察开放日活动。邀请区工商联、民营企业经营者代表 7 人参加，听取其意见建议。12 月 4 日，邀请区人大代表、社区工作人员及学校教职工 23 人，参加“学习习近平法治思想，强化新时代法律监督”主题检察开放日活动。一行人参加观摩检察官宪法宣誓仪式，并进行座谈。

（罗　琳　林惠嫔）

法　　院

【概况】 2020 年，厦门市湖里区人民法院（简称湖里区法院）受理各类案件 34672 件，办结 30932 件，比上年分别上升 13.51% 和 20.33%。新冠肺炎疫情严重时，推行“全在线”诉讼模式，在全省首创“云端陪审”，前 4 个月，受理网上立案 1030 件，网上开庭、调解 504 件。与区政府联合出台《府院联动助力企业复工复产意见》，制定 10 条司法服务保障措施，研究提出 21 条法律意见，助力企业复工复产。解除援鄂医护人员“限高令”一案，入选福建法院服务保障疫情防控典型案例。开展“以案释德、以案释纪、以案释法”警示教育。组织干警参加《中华人民共和国民法典》专题等线上线下司法能力提升培训班 68 期。加强审判理论研究，全院有 9 个典型案例入选国家级案例，43 篇学术论文在省级以上刊物发表，3 个案件被评为全市优秀案例。落实司法民主，选任人民陪审员 58 名，陪审率 83.20%。员额法官人均结案 583.58 件。投身抗疫一线干警 54 人次。全年有 24 名干警、3 个集体受到市级以上表彰。

【审判工作】 2020 年，湖里区法院审结全市首例利用比特币交易的新型贩卖毒品案等刑事案件 813 件 1153 人。审结汪某泉黑社会性质组织犯罪案件等涉黑涉恶案件 8 件 53 人，执行到位罚金、违法所得及退赔款等 1568.35 万元，复核移交线索 14 条，发出司法建议 4 份。适用认罪认罚从宽制度审结案件 562 件，占同期结案的 69.13%。落实宽严相济刑事政策，判处 5 年以上有期徒刑 28 人，判处缓刑、管制等非监禁刑 321 人。强化未成年人司法保护，审结涉未成年人犯罪案件 17 件。审结涉自贸案件 7817 件。向自贸区市场监督管理局披露经营异常企业 12 家。创设跨境电商知识产权预警服务机制，审结商标、著作权等知识产权案件 558 件。审结涉外民商事案件 66 件。审结房地产买卖、房屋租赁、物业纠纷等居住权相关纠纷 1796 件。审结妨害公务案等涉疫情案件 55 件。

2020 年 1 月 14 日，湖里区法院新任人民陪审员在院内举行就职宣誓仪式

（区法院　供图）

【执行工作】 2020年，湖里区法院执结各类案件13439件，实际执行到位24.83亿元，分别比上年上升37.06%、35.85%。全年开展专项执行行动12次，将520人纳入失信被执行人名单，对8819人限制高消费，移送追究拒执罪10件，审结6件，判决有罪6人。

【司法为民】 2020年，湖里区诉非联动中心成立，对接联动36家综治平安责任单位，推动诉源治理，累计诉前化解矛盾纠纷1550件，诉源收案14671件，比上年下降10.81%。推进一站式诉讼服务和多元调解纠纷中心建设，提供网上立案、自助立案、跨域立案服务，线上立案8673件，占总立案数的29.1%，实现诉讼费缴退无须到法院办理、执行立案无须提供裁判生效证明、执行款发放最多跑一趟。开展信访攻坚行动，处理来信、来访223件次，办结率100%。依法打击虚假诉讼行为，对虚假陈述等开出“罚单”，推行诚信诉讼承诺制。针对办案发现的社会治理问题，发出司法建议书14份。开展普法宣传12场次，在各类媒体平台发布宣传报道330篇，弘扬社会主义核心价值观。审结追索劳动报酬等劳动纠纷491件，发放农民工工资执行款551.94万元。加强司法救助工作，依法为当事人缓减免诉讼费7.68万元，提供司法救助15万元，发放欠薪应急保障金10.1万元。

【司法改革】 2020年，湖里区开展民事诉讼程序繁简分流改革试点工作，成立改革领导小组和5个专项小组。制定优化司法确认程序、完善小额诉讼程序、完善简易程序规则、扩大独任制适用范围和健全电子诉讼规则5个项目操作规程。探索电子送达方式，简化庭审程序及裁判文书，开展线上线下相结合的诉讼模式，推进简案快办取得实效。全年司法确认调解协议有效639件，适用小额诉讼程序审结案件1359件，适用简易程序审结案件9152件，采用独任制审结案件9951件，比改革前上升41.06%、35.76%、13.49%和21.96%。配套“全在线”诉讼平台应用，出台《电子诉讼实施细则》。全年平台在线立案2598件，电子送达10216次，在线证据交换2358个，在线开庭1153件，在线成功调解104件。“全在线”诉讼平台做法入选最高法院第九批司法改革案例，获评“2020年‘微政府’‘微法院’‘微服务’卓越奖”，获湖里区2020年度“改革创新奖”一等奖。优化审判团队建设，简案团队以占31.4%的法官数审结61.95%的民商事案件。清理长期未结案件，累计清理旧存案件3474件，清理率98%。强化审判委员会和专业法官会议功能作用，加强复杂疑难案件研究，提高案件质量，一审改判发回重审率2.51%，比上年下降0.15%，一审服判息诉率90.27%，比上年上升1.27%。

【司法审判创新】 2020年1月30日，湖里区法院在“全在线”诉讼平台接入可信电子证据平台“实锤”保全系统。该系统借助区块链、电子签名、电子证据公证保全等技术，实现类案电子合同纠纷一键起诉、多方保全出证，解决电子证据溯源难、认定难问题。2月14日，湖里区殿前法庭征得当事人同意，通过“全在线”诉讼平台审理2件商事纠纷案件，并当庭宣判。宣判后，经当事人同意，法庭向其电子送达判决书。此次审理开创“云端陪审”模式，人民陪审员在线参与庭审、在线合议，为人民陪审员依法履职提供便利。

【厦门市首例涉疫情妨害公务案审理】 2020年5月11日，湖里区法院以远程视频庭审方式，开庭审理厦门市首例涉疫情妨害公务案。2月12日，被告人谢某途经湖里区岐山北路坂尚路红绿灯路口新冠肺炎疫情防疫检查点，意图进入社区时，因未戴口罩、不配合信息核实及体温检测，遭到工作人员邹某等人阻止。谢某殴打邹某等人并咬伤邹某左手拇指，经鉴定，系轻微伤。案发后，谢某被民警抓获，其如实交代妨害公务的主要事实。区法院经审理认为，谢某以暴力方法阻碍国家机关工作人员依法执行疫情防控公务，鉴于谢某归案后如实供述自己主要罪行，愿意接受处罚，法庭遂依法以妨害公务罪判处被告人谢某拘役4个月，被告人谢某当庭服判。

【厦门市首例新型贩卖毒品案审结】 2020年6月22日，湖里区法院公开审理厦门市首例利用比特币交易的新型贩卖毒品案。区法院经审理认为，被告人毕某通过聊天软件发布贩售毒品大麻的信息，并以比特币结算毒资的方式向他人贩卖毒品大麻，判处毕某有期徒刑3年2个月，罚金人民币7000元。该案系厦门市审结的首件利用即时通信工具及比特币贩卖毒品的案件。该种交易方式相较于传统毒品交易方式隐秘性更强、取证难度大，是各国当下较为关注的新型毒品犯罪方式。

【五缘湾特色商业街执行案执结】 2020年7月10日，湖里区法院将五缘湾特色商业街重大执行系列案案涉面积3万多平方米的13栋房产全部交还给申请执行人厦门市路桥五缘湾运营有限公司。其间，湖里法院专门成立五缘湾特色商业街系列案件专项执行小组，院长高碧青多次协调路桥公司和案涉商户。执行法官逐门逐户走访转租商户、约谈商户法定代表人、股东，劝说商户主动搬离案涉房产，对于幼儿园、月子会所等特殊商户给予宽限期，29 家转租商户均按期自行搬离。

【全国首例同性伴侣抚养权纠纷案】2020 年 7 月 29 日，湖里区法院审理全国首例同性伴侣抚养权纠纷案。区法院经审理认为，原被告系同性伴侣关系，双方恋爱期间，被告生育一女，出生医学证明上载明母亲为被告，未记载父亲信息。法庭认为，购买精子、通过辅助生殖技术孕育生命的行为既非中国法律所允许，亦违反中国社会一般性的伦理要求和公序良俗原则。在无明确法律规定的情况下，不能仅以双方确认或仅因孩子具有原告的基因信息就认定其与原告存在法律上的亲子关系。为更好保护未成年人身心健康，法庭驳回原告的诉讼请求，孩子继续由被告抚养。

（杨莉苹）

司法行政

【概况】2020 年，厦门市湖里区司法局（简称湖里区司法局）推进法治湖里、平安湖里、幸福湖里建设。全年清理行政规范性文件 54 件，保留 28 件，废止或失效 26 件；审核规范性文件 14 件；配合区委办清理建区以来党内规范性文件 300 件；审结行政复议案件 41 件；全区各级人民调解组织调解案件 5247 件，调处成功 5237 件，调解成功率 99.8%，协议金额 8547.32 万元，涉及 10851 人；全区新入矫社区服刑人员 538 人，解矫 514 人，上报特赦人员 15 人，截至年底在册社区服刑人员 556 人；年内，全区安置帮教 962 人，安置率 100%，帮教率 100%，截至年底在册安置帮教人员 745 人；全年办理各类法律援助案件 2027 件，接待法律咨询 3981 人次，受理刑事案件辩护全覆盖案件 380 件，完成“认罪认罚制度”律师见证 633 件；全年办理各类公证 4397 件，协助法院完成公证送达 2000 件；全年各类新媒体平台发布法治资讯 218 条，举办互动普法答题 15 期，55815 人次参与答题。

【新冠肺炎疫情期间公证便民措施】2020 年，湖里区公证处在新冠肺炎疫情期间推出在线服务。开通 2 个公证咨询热线，微信公众号上提供出国留学等涉外公证 61 项、保全证据等国内公证事项在线申请办理 18 项，向当事人邮寄公证文书。为保障疫情防控工作者及其近亲属，以及因疫情不可抗力事件受影响的各类当事人申办公证提供绿色服务通道；为因疫情发生经济困难的当事人按规定减免公证费用，为涉及疫情的公益事项提供免费公证法律服务。区公证处与全国 200 多家公证处联合发起关于抗击肺炎疫情、打击哄抬物价行为的公益行动，任何消费者都可以通过“公证云”APP 向相关监管部门举报哄抬物价、囤积居奇等不法行为，并可在需要时在线申请出具相应的电子公证书维权。

【金山公共法律服务工作站建成】2020 年 4 月，金山公共法律服务工作站在金山司法所建成。该站引入律师事务所专业团队进驻，1 名专职律师周二、周四坐班，开展法律咨询、矛盾纠纷调解等；开发“法治金山微站”微信小程序，开展线上 AI 智能法律咨询、人民调解、法律援助、法律宣传、公证申请、司法鉴定引导、社区矫正教育、安置帮教政策解答等服务；对接市“12348”热线和“数字湖里”信息平台，通过热线、信息平台受理法律需求。年内，金山公共法律服务工作站通过热线受理法律咨询 152 件，化解房屋租赁、薪资报酬等矛盾纠纷 7 件。

2020 年 5 月 29 日，湖里区居民在金山街道公共法律服务站咨询涉拆迁法律问题

（区司法局　供图）

【邵火营调解工作室挂牌】 2020年5月8日，邵火营调解工作室在湖里区殿前街道长岸路商务大厦挂牌。该工作室依托殿前街道人民调解委员会建立，由获得省优秀人民调解先进个人的邵火营、社区民警、社区党员代表、妇女代表及特邀律师等8人组成，主要调解涉及辖区内多发易发的婚姻家庭、合同纠纷、劳动争议等各类矛盾纠纷，接受湖里区法院委托调解（特邀调解组织），配合区、街开展信访、矛盾纠纷排查化解及法治宣传等工作。是年，化解各类矛盾纠纷80余件。

【“七五”普法总结验收动员部署会】 2020年6月16日，湖里区在纪委楼召开“七五”普法总结验收动员部署会，区委依法治区办副主任、区司法局局长郑高良做具体部署。会上，总结“七五”普法开展情况，并对做好“七五”普法总结验收提出具体要求。

【区社区矫正管理局成立】 2020年7月1日，经湖里区委编办同意，湖里区社区矫正管理局在园山南路761号挂牌成立。该局加挂在区司法局社区矫正与安置帮教科，局长由区司法局社区矫正与安置帮教科科长兼任。该局履行《中华人民共和国社区矫正法》等法律、法规赋予的社区矫正刑事执行工作职责。

【厦门华美文创园多元调解中心成立】 2020年9月28日，厦门华美文创园多元调解中心在湖里街道徐厝社区挂牌成立，区、街领导参加揭牌仪式。该中心设有调解员7人，由湖里街道综治办、司法所、派出所、联发物业、徐厝社区的调解员、律师、文创园区内的调解志愿者共同组成。通过整合资源，调解中心将参与园区300多家企业与周边、企业与企业、企业与客户、企业与职工、职工与职工之间的矛盾纠纷调处化解。

2020年9月28日，厦门华美文创园多元调解中心在徐厝社区成立

（区司法局　供图）

【“七五”普法市级总结验收】 2020年9月29日，厦门市人大监察司法委主任委员邹庆键率市委依法治市办“七五”普法第一检查组到殿前街道兴隆社区开展“七五”普法规划贯彻实施情况检查验收。检查组一行实地察看涉台法治文化公园、廉政文化广场、熊麒调解工作室等，观看普法视频，听取区委依法治区办副主任、区司法局局长庄伟所作的关于《全面实施“七五”普法规划　推动法治湖里跨越发展》的专题汇报。

【未成年社区矫正对象矫正小组专家库】 2020年10月15日，湖里区未成年社区矫正对象矫正小组专家库设立。聘请11名熟悉未成年人身心特点的心理咨询师为专家库成员，确保每个未成年社区矫正对象的矫正小组有1名熟悉未成年人身心特点的专业人员。

【区级人民调解员协会成立】 2020年12月8日，人民调解员协会第一次会员代表大会在区信访大楼召开，选举产生厦门市首家区级人民调解员协会，属于群众性的社团法人。协会由353个人民调解组织和1800多名人民调解员组成。

（陈文勇）

【社区法律顾问全覆盖】 2020年，湖里区以政府采购法律服务的方式，向全区55个社区提供“一社区一律师顾问”。社区法律顾问兼任小区律师和小区调解员，实现小区律师全覆盖。社区律师全年开展法治宣传教育讲座活动147场次，提供法律咨询和法律建议1361人次，协助社区处理纠纷、信访等169起。

【公共法律服务】 2020年，湖里区创新法律援助形式，群众通过“网上办”“掌上办”方式，申请法律援助；将受疫情影响导致的房屋租金、退订票等纠纷纳入法律援助范围。是年，受理法律援助案件2305件，为群众挽回经济损失

2535.5万元。区公证处全程参与征迁工作，推行“一条龙”服务，全面提高办证效率。推动区、街、社区三级公共法律服务平台建设，引入专业律师团队入驻街道公共法律服务工作站。推进“互联网+法律服务”建设，丰富完善“湖里公共法律服务”微信公众号功能，挖掘公共法律服务助推社区自治、法治、德治深度融合等特色品牌。

【民营企业法治体检】 2020年5月至6月，湖里区司法局联合区工商联、区台港澳办开展为期2个月的民营企业公益法治体检活动。遴选3家律师事务所组建法治体检律师服务团，为11家民营企业进行线上法治体检，实地走访企业27家，向24家企业出具书面体检报告。向企业赠送法律宣传手册1.6万本，开展涉及《中华人民共和国民法典》《中华人民共和国劳动合同法》《中华人民共和国知识产权法》等领域的普法讲座21场，提供线上法律咨询251条，助力企业健康发展。

（司法局　供稿）

仲　裁

【劳动争议仲裁】 2020年，湖里区受理劳动争议案件1001件，其中10人以上集体案件58件，已结案926件，其中调解及撤回仲裁申请结案614件，调撤率66.36%。认定工伤875件。在全省率先自主研发智慧调解仲裁系统。

【智慧调解仲裁系统】 2020年，湖里区自主研发智慧调解仲裁系统，该系统将劳动争议预防、调解、仲裁融合，实现服务事项全在线、调解仲裁全过程智能辅助。建成智能仲裁院，为巡回仲裁庭配置科技移动仲裁系统设备。是全省智慧仲裁唯一试点。

（潘大全）

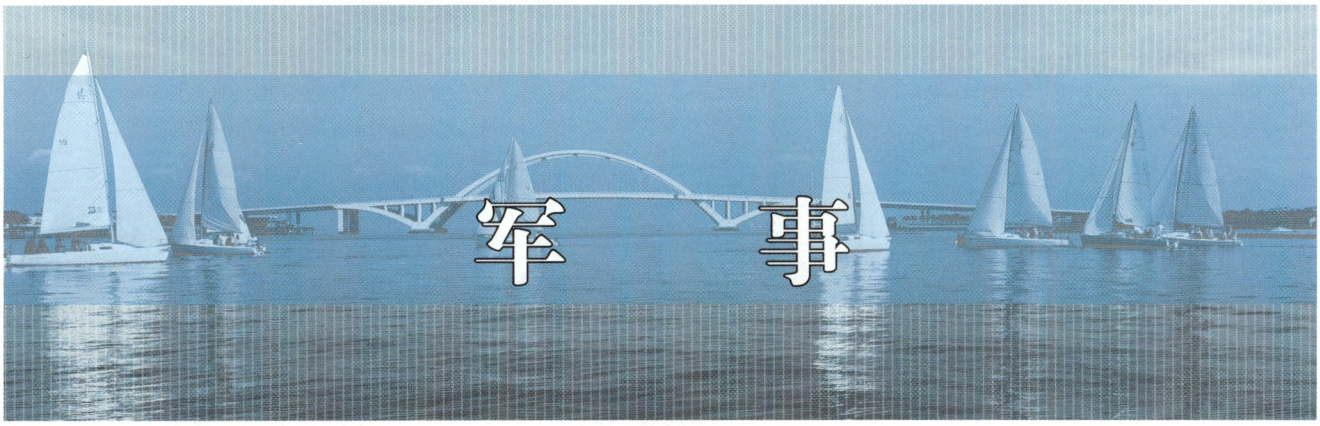

军　事

人民武装

【概况】 2020年，中国人民解放军厦门市湖里区人民武装部（简称湖里区人武部）坚持以习近平新时代中国特色社会主义思想为指导，贯彻习近平强军思想，落实中共中央、中央军委和习近平决策部署，把住主题主线、主业主责、底线红线，加强思想引领，发扬斗争精神，聚力备战打仗，搞好统筹协调，狠抓末端落实，国防动员和后备力量建设开创新局面、迈入新台阶。完成国防动员、国防教育和兵员征集等工作。投入20多万元，补充完善本部、应急连携行运行装备和国投武装部应急分队装备器材。

【思想政治建设】 2020年，湖里区人武部以《习近平谈治国理政》第三卷、《习近平在厦门》和习近平关于改革强军、备战打仗等一系列最新指示、论述等为基本教材，学习贯彻习近平新时代中国特色社会主义思想和习近平强军思想。全年突出“疫情防控、抓建基层、动员备战、党的建设、管理教育”等主题。党委中心组开展《军队基层建设纲要》等政策法规理论学习。组织全体人员围绕使命任务、责任担当开展讨论辨析，推动理论武装在学懂弄通上见成效。

【党管武装】 2020年4月23日，湖里区人武部召开部党委第一书记任职命令大会。专题召开区委议军会暨街道党工委书记党管武装工作述职会，研究制订推动新时代国防动员工作5条措施；协调区委、区政府多次召开专题会议，研究党管武装工作落实情况。开展专武干部年度考核，组织专武部长、专武干事分批参加省、市专武干部集训。

【兵员征集】 2020年，湖里区征兵重点集中在大学在校生、大学毕业生。克服新冠肺炎疫情影响，采取网上网下相结合方式，宣传发动，全区兵役登记率100%。严格征兵程序步骤，严把兵员质量关，完成年度征兵任务，大学生比例创新高，实现37年无责任性退兵。

【民兵整组】 2020年，湖里区人武部完成应急、专业和特殊3类基干民兵队伍整组任务，基干民兵党员率和退伍兵率、专业对口率、新质力量占比均超额完成上级指标任务。

2020年9月1日，湖里区人武部与区委宣传部在灯塔公园共同开展“勿忘国耻·牢记使命·砥砺前行”主题教育暨全民国防教育活动　（区人武部　供图）

【训练参赛】 2020年，湖里区人武部完成首长机关训练、民兵分队集训、专武干部选训。6月，参加警备区组织的专业民兵教练员比武，2人夺得第一名、1人夺得第二名；参加省军区民兵防空导弹分队专业技术骨干集训，夺得总评第一名。7月，参加省军区海上民兵专业骨干集训比武，夺得总评第一名。

2020年6月11日，厦门市社区（村）人口疏散训练规范现场会在湖里区禾缘社区召开

（区人防办　供图）

【国防动员】 2020年，湖里区人武部围绕军事行动抓好备战打仗工作，落实专项任务和演训活动保障任务，协调部队训练保障工作；编实保交护路、抢修抢建、综合保障、医院、港口、铁路机动保障、公路机动保障等民兵分队；开设区域综合保障中心、伤病员紧急救治点、油料供应保障点和维修保障点。

【国防教育】 2020年，湖里区人武部开展国防教育进党校、进学校、进社区活动，完成国防教育进党校授课1次、国防知识宣传3场、专题进校园宣传1次。在2所小学建设国防教育长廊。

（张友勇）

人民防空

【概况】 2020年，湖里区人民防空办公室（简称湖里区人防办）推动人口疏散训练筹备工作；组织开展人民防空知识进社区、进校园宣传活动；完成防空警报鸣响活动；深化人防工程审批制度改革，将结建就地审批改为备案制即来即办，结建易地审批改为告知承诺制，缩短审批时限。

2020年10月13日，湖里区人防办在和通社区设置人民防空知识宣传展板

（区人防办　供图）

【人口疏散训练筹备】 2020年，湖里区人防办在全区开展人口疏散训练工作，制订《2020年厦门市湖里区人口疏散训练方案》。与区武装部多次到5个街道的住宅小区进行实地勘察，明确疏散训练场所和参训人数。此次演练探索人口疏散训练的新方法，建立规范化的训练机制。

【防空警报试鸣】 2020年，湖里区人防办组织防空警报设施管理员排查辖区防空警报设施。为深切哀悼在抗击新冠肺炎疫情斗争中牺牲的烈士和逝世的同胞，4月4日上午10时起，辖区内防空警报器在接到市人防办发出的控制信号后统一鸣响。5月10日，按照市里统一部署，开展“5·10”防空警报试鸣活动，警报音响覆盖率99%。

【人防知识宣传】 2020年，湖里

区人防办组织开展人民防空知识进和通社区宣传教育活动，印制宣传展板7版，现场讲解演示如何使用人防应急包，并发放各类宣传资料；结合厦门市金林湾实验学校防空防灾演练，开展人防知识入校园宣传活动。学校老师向学生普及安全知识及紧急逃生知识；学生绘制人防知识手抄报。

（王淑燕）

退役军人事务

【概况】 2020年，湖里区退役军人事务局开展“基层基础基本建设年”“思想政治工作年”“不忘初心　担使命　退役军人立新功”活动。加强基层服务中心（站）规范化建设。搭建信息综合服务平台、教育管理平台、权益维护平台、就业创业扶持平台、帮扶援助平台5个平台和1个温馨服务窗口。促进全区退役军人思想政治和权益维护工作开展，全年落实各项退役军人安置保障经费，按标准发放各类优抚金，完成退役士兵社保缴纳工作。

【退役军人服务体系建设】 2020年，湖里区在基层服务中心（站）初步实现“五有”（有机构、有编制、有人员、有经费、有保障）和“全覆盖”基础上，推动退役军人服务中心（站）规范化、示范型建设。10月，开展对所辖服务中心（站）考核工作，全区1个退役军人服务中心和5个街道退役军人服务站完成示范型建设，62个社区退役军人服务站中48个完成规范化建设，6个示范型服务中心（站）参加全国示范型退役军人服务中心（站）评选，1个社区退役军人服务站争创全国服务保障体系“五比五看”创“五有”先进单位评选。在江头街道祥店社区开展兼合式退役军人党支部试点工作。

【思想政治建设】 2020年，湖里区退役军人事务局每月开展主题宣传，各党支部开展退役军人主题党日活动。在区退役军人服务中心设立退役军人之家和退役军人调解室，作为退役军人思想政治工作的载体。邀请老兵宣讲团成员给退役军人工作系统工作人员讲革命故事，开展爱国主义教育。通过宣传栏、电子屏、报纸等宣传最美退役军人、最美兵支书、最美家庭、爱国拥军模范、退役军人就业创业、退役军人参与疫情防控等先进事迹。

【退役军人慰问】 2020年，湖里区社会爱心组织、企业，开展“关爱功臣”等暖心优抚行动。国庆节前，区退役军人事务局同海丝慈善会走访慰问抗战老兵陈文展和3名在乡老复员军人；军梦双拥双创园慰问困难退役军人4人。

【退役军人权益维护】 2020年，湖里区退役军人事务局建立军人权益保障接访制度，建立常态化联系制度，诉非联动机制。每月区退役军人事务局分管领导在该局接访退役军人，每季度开展1次常态化联系，全年入户联系1次7人次，电话联系3次21人次。召开专题会议，研究解决符合政府安置工作的退役士兵的历史遗留问题1个，解决拆迁补偿、子女入学等退役军人权益问题。

【退役军人移交安置】 2020年，湖里区退役军人事务局组织开展一张联络卡、一条欢迎绶带、一束鲜花、一辆专车、一个亲人拥抱、一场欢迎座谈会、一站式退役服务“七个一”活动，迎接退役军人返乡。湖里区设置党组织关系转接、落户介绍信开具、信息采集、退役金卡开卡、社会保险关系接续、预备役登记、职业技能培训7个窗口，开展好退役返乡“一站式”服务。做好转业干部接收安置和岗前培训工作。是年，符合政府安排工

2020年9月，湖里区退役军人事务局开展“七个一”迎接退役士兵光荣返乡活动，图为吕厝社区退役军人服务站欢迎退役士兵返乡

（吕厝社区退役军人服务站　供图）

2020 年 9 月 26 日，湖里区退役军人事务局、禾山街道退役军人服务站联合在禾山街道湾悦城广场举办退役军人暨随军家属专场招聘会 （区退役军人事务局 供图）

作的退役士兵全部接收安置完成。落实 2019 年秋、冬季退役士兵自主就业经济补助，2020 年转业士官待安排工作期间生活补助，社保接续费用，无军籍退休职工退休金、文明奖等。

【退役军人就业创业】 2020 年，湖里区召开退役军人暨随军家属专场招聘会，60 家企业提供招聘岗位，退役士兵及随军家属参加招聘会。12 月 4 日，辖区退役军人和随军家属参加市、区联合举办的专场招聘和 12 月 11 日的公益性岗位专场招聘。湖里区与军梦双拥双创园合作组织 4 场“筑梦新时代 扬帆再起航”退役军人创业培训沙龙。做好退役军人企业新冠肺炎疫情期间帮扶，为退役军人创业提供帮助。扶持符合条件的退役士兵再就业，提供随军随调家属安置岗位 12 个，社区工作者专项招聘湖里区户籍退役军人。

【优待抚恤】 2020 年，湖里区按标准发放定期抚恤补助金，60 周岁烈士子女、农村籍退役士兵老年生活补助金；重要节日期间，慰问优抚对象，发放慰问金、优抚对象座谈会补助金；发放义务兵家属优待金、优抚对象医疗补助金、重点优抚对象价格临时补贴；发放社保报销、大学生奖励金、一次性抚恤金、临时救助金，代缴残疾军人医疗保险等。

【纪念英烈活动】 2020 年 4 月，湖里区退役军人事务局为烈士敬献小花圈，在薛岭山烈士陵园开展“别样清明一样情”代祭典礼，按照疫情防控工作要求，发动退役军人参与网上祭扫和省退役军人事务厅“特别的怀念，给特别的你”征文活动。9 月 30 日，在薛岭山烈士陵园和石鼓山谢景德烈士墓举行烈士公祭，区退役军人事务局代表区委、区政府向烈士敬献花圈，组织退役老兵缅怀英烈、追思英烈。开展清明节、烈士纪念日，烈属慰问活动。江头街道制作“追寻先烈足迹‘韶华不负，流芳鹭岛——谢景德英烈事迹短视频’”。

【烈士设施管理】 2020 年，湖里区开展烈士英名录信息核对、烈士纪念设施摸底与统计上报，完成第二阶段烈士纪念设施基础数据校核工作，经核查，全区有 345 个烈士纪念设施。对薛岭山烈士陵园存在部分墓碑破损、设置不规范、碑体污损且字迹不清等情形，区退役军人事务局组织人员对薛岭山烈士陵园全体墓碑镌字描红。向区财政申请 80 万元维修改造费用，开展烈士陵园修缮工作。

【双拥工作】 2020 年，湖里区走访慰问驻地部队单位和转制单位。投入资金支持部队建设。预备役团派出官兵参与湖里街道组织的全国文明城市创建活动。区退役军人事务局同区司法局联合开展“送政策、送法进军营”活动，宣讲退役军人安置政策、报到程序、职业教育、技能培训和自主创业税费等政策待遇。制作《双拥之花并蒂开》双拥工作纪实汇报片，投入 19.8 万元在主要街区建立国防教育和双拥宣传阵地，各成员单位多形式、多渠道宣传全国双拥模范城创建工作。湖里国投集团、光亮骨科医院、爱国拥军促进会等企业、社会组织、拥军人物参与拥军。

【支前保障】 2020 年，湖里区慰问和做好到区内执行任务部队保障工作。健全支前体系，编制预案，编组队伍。与厦门夏商民兴超市有限公司、福建万翔现代物流有限公司合作新组建支前物资供应站和物流运输队。

（郭佩佩）

外事·侨务·台湾事务

外　　事

【概况】 2020年，湖里区外事办公室（简称湖里区外办）贯彻落实中共中央和省、市有关外事工作会议精神，外事工作服务全区中心任务、服务经济发展。年内，3个年度因公出国计划受疫情影响暂停。是年，区外办全力服务外籍人士疫情防疫工作。

【为外籍人员提供疫情防控服务】 2020年，湖里区外办会同各街道在外籍人士居住较多的社区成立外籍人员宣传小分队，宣传疫情防控知识和政策，了解外籍人员需求；会同区教育局向外籍学生推送防控知识。会同区文旅局掌握辖区酒店外籍人员入住情况，解决外籍人员实际困难，为入住禹洲嘉美伦酒店的48名日本人购买口罩288个。公布外事咨询热线，及时答复外籍人士咨询，通过微信群等渠道宣传最新的疫情防控措施。开展对辖区外籍人士口罩申购需求摸底，为69名外籍人士申购口罩414个。负责辖区相关单位向境外捐赠物资的申报工作，联系中国厦门外轮代理有限公司和电信快递公司，了解口罩等防控物资运往国外的相关手续。选派1人参加机场专班分流点工作。

【助推外企复工复产】 2020年，湖里区外办做好企业外籍人员通过“快捷通道”到华初审和报批工作。全年为17个国家的63名外籍人员办理相关手续。其中，日本20人，新加坡11人，意大利4人，韩国4人，菲律宾3人，澳大利亚3人，英国2人，保加利亚2人，马来西亚2人，美国2人，英国2人，加拿大3人，德国、土耳其、希腊、罗马尼亚、乌克兰各1人。

（张宪敏）

侨　　务

【概况】 2020年，湖里区人民政府侨务办公室（简称湖里区侨办）走访慰问贫困归侨81人次，发放慰问金4.12万元；落实特困归侨5名，发放补助金1.8万元；配合市

2020年12月17日，金山社区侨务工作者慰问归侨叶明珍。图为叶明珍女儿在社区代其接受慰问金　（区外侨办　供图）

2020 年 10 月 22 日，江西省萍乡市考察团到康泰社区考察侨务工作

（区外侨办　供图）

委统战部落实低保归侨 8 名，发放补助金 1.92 万元。开展 2020 年度华侨华人捐赠兴办公益事业情况统计工作，接受物资捐赠 5.7 万元。向菲律宾、新加坡等 4 个海外社团捐赠医用和防护口罩 7 万个。通过侨法进社区、侨法现场咨询等形式，开展涉侨法律法规宣传。

【侨胞服务】 2020 年，湖里区侨办出具“三侨子女”身份证明 5 份；出具归国华侨身份证明 58 份；办理华侨回闽定居 3 人；出具华侨、归侨、侨眷身份证明 17 份。配合市委统战部，落实低保归侨 8 名，定期给予 200 元 / 人 · 月补助。落实特困归侨 5 名，定期给予 300 元 / 人 · 月生活补助。开展“社区为侨服务好，侨为社区贡献多”的双向服务活动。

【萍乡市考察团到康泰社区考察侨务工作】 2020 年 10 月 22 日，江西省萍乡市考察团一行 9 人到湖里街道康泰社区参观考察侨务工作。康泰社区介绍该社区的涉侨具体工作，双方就社区侨务工作交流分享经验。

（杨晓芬）

台湾事务

【概况】 2020 年，湖里区台港澳办公室（简称湖里区台港澳办）落细落实“十三五”规划涉台工作，完善保障台湾同胞福祉和实现同等待遇的制度安排和政策措施，落实各级惠台政策，开展两岸人文、宗亲、民俗等双向交流活动，探索台胞参与社会、社区基层治理新模式。配合厦门市举办海峡论坛、海峡两岸文博会，举办海峡两岸大学生篮球争霸赛和第十一届海峡两岸青少年中华姓氏源流知识竞赛。组织台商、台胞开展联谊活动，协助举办第十三届福德文化节。推进台湾人才服务湖里区各项建设。区台港澳办在中央台办“两刊”对台宣传工作中被评为先进单位。

【对台招商引资】 2020 年，湖里区台港澳办走访辖区重点台资企业 135 家，与台资企业负责人座谈交流并听取其意见、建议。落实台胞、台企“两个同等待遇”的要求，先后出台一系列惠台企业政策。欣贺服饰、玉晶光电等公司增资 35.5 亿元。2020 厦门国际投资贸易洽谈会期间，接待台资企业厦门考察团 11 人；接待全国台企联常务副会长、农业功能委员会主委、天津康农食品集团董事长林易陞一行 9 人。林易陞在湖里区设立“康妈妈”品牌物流营销总部，并成立 3 家公司。

2020 年 2 月 14 日，厦门市和湖里区领导到台资企业——厦门台松精密电子有限公司检查疫情防控工作

（湖里区台港澳办　供图）

【台胞参与基层治理】2020年，湖里区聘请11名台胞担任11个社区的主任助理，12名台胞担任小区业委会主任和业委会顾问，4名台商当选区政协委员，6名台胞担任海沧区涉台法院陪审员，成立第五家台联小组——“禾缘社区台联小组”。

【台企和台青创业发展扶持】2020年，湖里区修改完善《湖里区鼓励和支持台湾青年创业就业实施办法》，并制订评审细则。实地走访台青创业就业基地及企业30余次，组织3场街道一线经办人员培训会，兑现台湾青年创业扶持政策补贴345.1万元；印发5000余本小册子，召开4场政策宣讲会，微信公众号围绕政策推广、活动创建、台商故事等方面发布41期108篇宣传报道。11月24日，关于台湾青年创业就业扶持政策解读的“宣传周”活动启动。首场云创智谷创新创业基地政策解读会吸引台青、台商等100余人参加。

【台湾专业人才服务】2020年，湖里区经过评选，认定4家企业推荐的4人获评台湾专业人才；兑现2019年度16名台湾专业人才薪酬补贴、保健补贴、个税奖励等各项补贴近100万元；是年，引进台湾人才30名。

【台胞台企投诉求助处理】2020年，湖里区排查化解台胞、台企投诉求助46件，其中，房屋租赁纠纷3件、损害赔偿纠纷3件、合同纠纷2件、劳务纠纷2件，其他纠纷36件。调处成功46件，调处成功率100%，未发生台胞、台企越级上访情况。

【湖台互致节日祝福慰问】2020年，湖里区台港澳办联合辖区5个街道，开展春节走访慰问活动，走访辖区25户困难台胞、台属，赠送慰问金和慰问品。兴隆社区与高崎边防检查站“同心桥”服务组联合开展“同心两岸情、隆禧一家亲、诗语话中秋”读书会活动，邀请在湖里的台胞代表参加该活动，台北市忠顺里里长曾宁旖、台湾兴隆社区执行月长赖玉敏、台北文山区明兴里里长鄢健民等从台湾发来祝福视频。区台港澳办走访辖区70岁以上的老台胞、台属，送上重阳节祝福。

2020年9月28日，湖里区兴隆社区与高崎边防检查站“同心桥”服务组邀请在湖里区的台胞代表参加中秋节读书会（湖里区台港澳办 供图）

【台资企业座谈会】2020年5月19日，湖里区在翔鹭国际大酒店召开台资企业座谈会，24家台资企业负责人参会。该会主要摸排辖区台资企业复工复产情况，帮助解决疫情期间境外出口订单下滑、台胞往来两岸受限等影响企业发展的难题。

【第十九届在厦台胞台商子女青少年诗词夏令营】2020年8月12日，湖里区台港澳办、团区委、区侨联、厦门仙岳书院联合在仙岳书院举办以“我爱诗词”为主题的第十九届在厦台胞台商子女青少年诗词夏令营，51名台胞台商子女参加夏令营。

【湖里与台湾文化体育交流】2020年，湖里区组织区内2队台湾青创队伍参加第十二届海峡两岸青少年中华姓氏源流知识竞赛，分别获二等奖和三等奖。在厦门市湖里区青少年校外活动中心篮球馆举办“体彩杯”厦门第六届国际名校大学生篮球精英赛。该届比赛邀请西安交通大学、云南师范大学、浙江理工大学等10支队伍参赛。其中，参赛的台湾籍球员及随队人员11人。

【湖里与台湾姓氏宗亲联谊座谈会】2020年10月22日，湖里区海峡两岸姓氏宗亲联谊座谈会暨第八次宗亲联席会议在惠和石文化园召开。湖里区八大宗亲代表、在厦台湾姓氏宗亲代表及台商、台胞代表30余人参加座谈会。会上，宗亲代表围绕如何发挥两岸宗亲在湖里与台湾民间交流中的桥梁和纽带作用建言献策。

【湖里与台湾青年联欢会】 2020年10月23日，湖里区团委、台青创客家在五通商业中心共同举办“青春在鹭上 · 两岸青年联欢会”，吸引50余名青年参加。活动中，青年表演舞蹈、乐器弹奏、歌曲等节目。民众自发为两岸青年提供鲍鱼捞饭，主办方准备烧烤小食。

2020年10月24日，福德文化论坛在悦华酒店馨悦厅举行

（湖里区民宗局　供图）

【第十三届福德文化节】 2020年10月25日，第十三届福德文化节开幕式及颂典活动在仙岳山土地公庙广场举行，该文化节主题是“福地湖里　德泽两岸”。来自海峡两岸的信众齐聚一堂，共同弘扬中华优秀传统文化。受新冠肺炎疫情影响，该届活动首次推出云祭拜活动，开幕式及颁奖仪式由厦门会场和台南会场同步网络直播。该文化节由海峡两岸福德文化论坛、两岸姓氏宗亲座谈联谊会、两岸青年文化联欢会、台青创客基地参访、殿前街道海峡两岸民俗文化节活动组成。

2020年10月25日，第十三届海峡两岸福德文化节颂典活动在仙岳山举行

（陈汉强　摄）

【欣贺股份有限公司上市】 2020年10月26日，台资企业欣贺股份有限公司在深圳证券交易所中小板挂牌上市。欣贺股份公开发行股票1.07亿股，发行价8.99元/股，募集资金9.59亿元，扣除发行费用后，募集资金净额8.69亿元。

（李宝龙）

应急管理

综　述

【概况】 2020年，湖里区应急管理局（简称湖里区应急局）完善应急值守制度，明确相关人员职责、信息报送范围及流程。梳理上访处置制度，并将制度上墙。印制“值班记录本”，发至各街道和区直有关部门。落实24小时值班和领导带班制度，加强区值班室和各街道、区直各部门的应急值守、信息报告和应急处置工作。做好各级“两会”和节假日期间等重要时段及新冠肺炎疫情防控时期应急值守相关工作。做好象屿保税区二期有害气体中毒事故等突发事件的信息报告和应急处置、善后处理工作。采取电话抽查、现场检查等方式，督查区值班室及各单位节假日值班工作。组织应急救援专家对全区5个街道的安全员进行应急救援基础技能专项巡回培训8场，206人次接受培训。

【应急职能调整】 2020年1月8日，湖里区森林防灭火职能移交工作完成，调整区森林防灭火指挥部成员。5月1日，区防汛办职能由区市政园林局移交至区应急管理局，完成人员调整。将区应急局安全生产值班、防汛值班及森林防灭火值班整合至防汛值班室。

【首届应急救援技能竞赛总决赛】 2020年6月30日，首届湖里区总工会职工技术比赛“第一响应人”应急救援项目竞赛总决赛在路桥体育五缘湾运动馆举行。由5个街道以及中国航油厦门分公司、厦门太古飞机工程有限公司、象屿股份有限公司等单位的78名从事应急救援人员组成的14支应急救援队伍参赛。比赛分基础理论测试和实际操作技能比赛。模拟检伤分类、外伤处置、心肺复苏、担架制作4个场景，人社部应急救援考评员组成评审团。评出一等奖3名，二等奖5名，三等奖10名，优秀组织奖4个。

（许溪圳）

安全生产监管

【概况】 2020年，湖里区发生生产安全事故23起，死亡10人，事

2020年6月30日，湖里区应急局联合区总工会在路桥体育五缘湾运动馆举办“第一响应人”应急救援项目竞赛总决赛。图为应急救援人员模拟心肺复苏

（区应急局　供图）

故起数、死亡人数分别比上年下降39.5%和9.1%，未发生较大及以上事故，安全生产形势总体稳定。是年，湖里区应急局针对安全生产违法行为立案处罚48件，罚款65万元；生产安全事故处罚6起，罚款197万余元。

【安全生产齐抓共管】 2020年，湖里区召开5次区委常委会会议、6次区政府常务会议研究部署全区安全生产工作。每季度召开全区防范重特大生产安全事故会议，每月召开安全生产形势分析月例会。构建以街道行政区域为大网格，以社区行政区域为中网格，以片区为小网格的网格监管机制，划分大网格5个、中网格58个、小网格323个。

【安全生产隐患大排查大整治】 2020年，湖里区对房屋、建筑、危化品等10个领域开展安全生产隐患大排查、大整治行动。全区排查各领域企业（单位、场所）27007个；发现问题隐患6640处，其中一般隐患6639处，重大隐患1处，至年底，全部完成整改，整改率100%；责令企业停产停业整改30家，行政处罚104家。

【安全生产专项整治三年行动】 2020年6月11日，湖里区制订《湖里区安全生产专项整治三年行动实施方案》，细化成2个专题和9个专项实施方案，形成安全生产专项整治三年行动专题（专项）实施方案及相关工作机制。在区委常委会上，传达学习全国、省、市秋冬季森林草原防灭火工作电视电话会议精神、市委常委会会议精神以及全市安全生产形势季度分析会议精神并研究湖里区贯彻意见；在应急管理干部专题培训会上，组织观看“生命重于泰山——学习总书记习近平关于安全生产重要论述”电视专题片；印发《习近平总书记关于安全生产重要讲话和指示摘编》1000本。组织3个工作小组，到5个街道驻守，开展安全生产工作。全年检查危化企业346家次，排查整改安全隐患197处；消防检查各类单位场所1037家次，责令“三停”2家，罚款合计52.55万元；查处各类道路交通违法62.5万起；出动执法人员804人次，拆解“三无”船舶65艘；排查整改城市建设领域隐患171处；工业园区等功能区排查整改隐患38处；出动124人次，排查危险废物产出单位41家次，发现整改隐患问题42个；鉴定D级危房265栋，解危率（不含D级危房文物）91.1%；启动防暴雨应急响应10次，防台风应急响应4次。

【“安全生产月”活动】 2020年，湖里区应急局利用微信公众号、LED显示屏、展板、宣传栏等媒介宣传安全生产、防灾减灾、消防知识。在微信公众号开通“安全生产月”专栏，开展安全知识有奖竞答活动，有5.5万人次参与竞答；制作电动车消防安全和道路交通安全宣传视频，在辖区的电梯电视上播放。举办房屋安全施工拆除现场安全管理、企业安全事故防范、全区应急管理专题培训等5期培训，400多人参加培训。

【安全生产工作情况评议】 2020年10月29日，湖里区八届人大常委会第三十六次会议对区应急管理局安全生产工作情况开展专项评议。区应急局局长黄木清汇报全区2018—2020年安全生产情况，提出下一步工作计划。区人大社会建设委员会主任委员向延琼宣读调查报告。人大常委会参会人员逐一发言，肯定成绩，指出问题，提出建议。

（许溪圳）

消防救援

【概况】 2020年，湖里消防救援大队接处警1252起，其中，火警369起，死亡1人，受伤13人，直接经济损失165.8万元。与上年相比，火警起数下降3.66%，亡人数上升100%，直接财产损失下降81.53%。完成海峡论坛、金鸡百花电影节等活动消防安保工作。

【火灾隐患整治】 2020年，湖里消防救援大队牵头制订城中村电动自行车充电桩及“保命墙”建设、老旧小区“一区一策”消防车通道治理、高层建筑等方案；区“三合一”整治办组织联合执法194次，检查“三合一”场所1323处，开展“三合一”整治暗访督导74次，督导场所459处；区消防联席办制订《湖里区简易搭盖火灾隐患整治专项方案》，开展集中整治，排查简易搭盖火灾隐患112处，拆除简易搭盖46处，拆除总面积4417平方米；湖里消防救援大队联合区市场监督管理局和5个街道开展联合执法7次，排查电动自行车销售点、维修点118处；是年，建成城中村电动自行车充电点401处、充电桩（口）3266个，“保命墙”106面。全区累计建成电动自行车充电点655处，充电桩（口）7014个；街道发动基层网格员组织“四清一查”行动2775次，清理小场所违规住人2349人次、住宅楼违停自行车7376辆次、可燃杂物2105处，清理消防通道障碍物2861处，清查违规用火、用电、用气、用油1538起；截至12月底，湖里消防救援大队检查各类单位场所1022家次，下发责令改正通知书114份，下发消防行政处罚决定书42份，其中责令“三停”2家，罚款 52.55 万元；接处核查消防投诉举报 295 起。各公安派出所检查场所 6887 家次，下发责令改正通知书 1866 份，下发行政处罚决定书 655 份，其中当场处罚 617 份，罚款 30.7 万元。

【消防通道问题整治】 2020 年 9 月 25 日，湖里区消防联席办出台《湖里区老旧小区“一区一策”消防车通道治理方案》，建立由各街道、建设、城市管理、交警、消防等部门组成的联合执法队伍，开展联合执法 4 次。有 315 个居民小区完成消防车通道施画，画线率 72.25%；完成公共建筑消防车通道施划 283 个，画线率 86.02%；印发《湖里区老旧小区消防安全专项整治工作方案》。

【消防执法改革】 2020 年，湖里消防救援大队为砂之船奥特莱斯、海丝艺术品中心园区和永青乐竺影视产业园等 10 余个项目提供消防技术咨询服务；落实消防执法营商环境专项工作，累计排查案件 2937 件，发现问题 367 个，均完成整改；区政府授权湖里消防救援大队组织事故调查组，调查“5·15”亡人火灾事故。落实火灾调查延伸制度，全年组织开展火灾原因调查 70 起；与福建英合律师事务所签订法律服务协议，聘请法律顾问驻点大队提供服务。

【消防宣传教育】 2020 年，湖里区在加州小游园建成全市首个消防主题公园；区教育局、湖里消防救援大队联合举办“小小消防员”绘画征文比赛及消防进军训活动，蔡塘学校、湖里实验中学、禾山中学参加全市教育系统首届“桃李杯”消防安全大比拼活动，获得团体第一名；新冠肺炎疫情防控期间，印制《致广大市民和社会单位的倡议书》6 万份，提出 10 条社区、家庭疫情防控消防安全倡议；“119”消防宣传月期间，印制各类消防宣传单和主题海报，发放至各街道、派出所张贴；联合街道、社区开展消防宣传活动 108 场次，发放各类宣传材料 1.6 万份；采取政府购买服务的形式，先后为 163 家单位开展消防技能培训。

【消防救援队伍建设】 2020 年 10 月 10 日，湖里消防救援大队组建水域救援 6 人防汛救援小组并开展针对性训练；10 月、11 月分别组织 397 家二级消防安全单位微型消防站和 55 支社区微型消防站分批比武竞赛。全年辖区各消防救援站、小型消防站联合辖区消防安全重点单位、微型消防站、组织消防安全重点单位和微型消防站拉动演练 315 次。

（黄龙渊）

2020 年 10 月 23 日，湖里区社区微型消防站比武竞赛在厦门国际游艇汇中心广场举行 （湖里消防救援大队　供图）

防灾减灾

【概况】 2020 年，湖里区防汛办检查防汛工作 20 余次，检查各类风险隐患点 30 余处，排查 65 个自然灾害避灾点，防范化解安全隐患。启动三级应急响应 10 次，二级应急响应 2 次，一级应急响应 1 次。2 次调用“龙吸水”排水抢险车到积水现场排涝，确保人民生命财产安全。

2020 年，湖里区森林防火办公室（简称湖里区森防办）制订下发《厦门市湖里区森林防灭火指挥部工作规则》《湖里区森林防灭火工作全链条职责分工》，修订《湖里区森林火灾应急预案》。区、街道两级开展森林防火检查 120 余次，完成森林火灾隐患问题排查整改 15 个，区领导专项调研 3 次，湖里区森防办先后下发专项整治通知 4 次，对相关问题加大督办力度和“回头看”检查，解决山体坟墓纸钱、个别山头易燃物堆杂等隐患问题。年内，响应厦门市森林防火指挥部发布的高森林火险橙色预警 10 次，处置火情火险 5 次。

2020 年，金海社区参加“全国综合减灾示范社区”评选。湖里区对已评选为“全国综合减灾示范社区”进行复评，截至年底，全区有“全国综合减灾示范社区”17 个。完成全区 64 个点位地震预警系统安装，开展 16 个地震避难场所的自查整改工作。

【森林防火】 2020年，湖里区委书记龚建阳、区长林重阳带队调研全区森林防灭火工作2次，并召开专题会议研究部署相关工作；区森防办全年开展森林火灾风险隐患排查暨野外火源专项治理、打击林区违法用火专项行动、重大火险隐患专项排查治理等活动；结合“119”消防月，为各街道、步道公司等成员单位配发森林火灾案例宣传图册（7版），开展防火法制宣传。

【“数字避灾地图”掌上通】 2020年6月10日，湖里区开通“数字避灾地图”掌上通。当自然灾害发生时，受灾群众打开“百度地图”“高德地图”应用程序（APP），输入“避灾点”关键字，附近的避灾点名称、距离、地址、照片等信息全部显现，点击任意一个避灾点，就能实现一键导航抵达避灾点。“避灾点数字地图”掌上通为福建省首创，厦门市应急管理局在全市范围内推广该应用程序。

【防台抗灾应急演练】 2020年7月10日，湖里区在金山街道莲头山北侧拆迁工地召开防台抗灾应急演练观摩会。演练防台抗灾准备工作、山海健康步道安全管控、地质灾害应急疏散、城市内涝应急处置、在建工地应急抢险、倒伏树木处理及清障6个科目，约150人参加演练。全年组织21场危险区域群众转移安置演练，建档立卡转移人员和群众642人参加演练。组织辖区27个社区开展抽排水演练。

2020年8月11日，台风“米克拉”过境后，湖里区综治人员在枋湖南路清除倒伏树木　（区应急局　供图）

【第6号台风“米克拉”防御】 2020年8月11日，第六号台风“米克拉”在福建漳浦沿海登陆。台风登陆前，区委书记龚建阳、区长林重阳全程在防汛指挥中心坐镇指挥，研究部署防台抗台工作。台风登陆后到一线指导检查抗台工作。台风期间，全区干部下到一线参加抗台风742人次，转移各类人员5774人，启动15个避灾安置点，安置受灾群众907人。

【地质灾害防治培训会】 2020年9月28日，湖里区防汛办联合厦门市资源规划局直属分局在湖里街道召开地质灾害防治培训会。特邀厦门地质勘察院2位专家讲授地质灾害及防治与挡墙的基础知识。全区各街道和各社区负责人40余人参加培训。

【防灾减灾检查】 2020年11月4日，厦门市应急管理局一行4人到湖里区检查避灾点提升建设情况及防灾减灾工作。检查组重点检查防灾物资仓库、避难场所、标牌标识规范化、避灾点的避灾路线设置等。检查结束后，在湖里街道召开座谈会。

（许溪圳）

建筑业管理

【建筑施工安全检查】 2020年，湖里区建设局监管工程项目82个，对45个工程项目开展“双随机”检查73次，发出改正通知70份；抓好建筑施工复工复产、节假日期间安全生产工作以及防汛备汛工作；开展建筑起重机械、加装电梯、建筑施工脚手架、建筑工程材料抽查、抽测等建筑施工安全专项检查，落实安全隐患整改。

【建设工程专项整治】 2020年，湖里区建设局开展9轮建设工程文明施工及施工工地扬尘防治巡查、考评，对扬尘防治措施落实不到位的5家责任单位记入信用监管行为记录P档；做好劳资清欠、建筑工地“除四害”爱国卫生运动、建筑工地食品安全专项检查等工作；结合“质量月”“安全月”“消防月”举办线上、线下知识讲座8场，动员辖区40家企业开展排查整治安全风险隐患304处，参加“安全生产大家谈”云课堂学习797人次，为1300人次培训工程创优、施工质量控制、住宅工程质量通病防治措施等内容；举办知识竞赛、施工员岗位技能竞赛、建筑信息模型建模竞赛、测量员技能竞赛等活动，500家企业1700人参赛。

【建筑行业扶持招商】 2020年，湖里区出台《湖里区促进建筑业发展实施办法》。完成2019年度建筑业企业奖励扶持资金申报受理兑现86家3052万元。对接具有特级、一级资质的房建、市政施工企业或甲级资质的设计、勘察、监理等建筑相关企业，全年引进38家建筑企业落户，为年总产值贡献约50亿元。

【建设领域审批制度改革】 2020年，湖里区建设局精简工程建设领域审批环节，压缩时限；实现“最多跑一趟”和“一趟不用跑”，“一趟不用跑”事项占比由48%提升至100%。承接施工总承包序列三级资质认定、建筑施工企业安全生产许可证核发、房屋建筑和市政基础设施工程施工招投标备案等9个审批服务事项。

（王淑燕）

2020年5月28日，湖里区建设局、区应急管理局联合检查厦门国际航材保障中心

（许勇杰　摄）

房地产业

【概况】 2020年，湖里区建安企业完成建安年产值796.62亿元，比上年上升12.2%，占全市总产值28.8%，拉动全区生产总值上升1.7%；全年新引进38家建筑企业；促进房地产销售“去库存”，全年实现商品房销售面积约97万平方米，比上年上升92.4%；全年房地产企业累计完成开发投资289.25亿元，比上年上升81.1%，其中，建安企业完成投资46.03亿元，比上年上升4.4%。4个存量安置房转化为限制性出让安置房。安置房项目完成投资42.5亿元；协调推进社区发展用地项目10个；协调推进公共停车设施项目21个，完工项目12个，新增停车泊位1350个；完成厦门北站至厦门站铁路沿线综合整治再提升工程，整治房屋立面约5000平方米，总投资182.11万元；完成健康步道沿途影响景观建筑物改造提升120幢，面积9.8万平方米，总投资约3955万元；完成机场北路沿线立面改造提升8处13幢，改造面积约8800平方米，总投资约200万元；完成厦门市古玩城南西侧挡土墙隐患治理工程和南山路100号南侧边坡治理工程2个地质灾害治理项目。落实工程建设领域审批制度改革。是年，区建设局监管的1个地块项目工程获2019年福建省“闽江杯”

2020年湖里区房屋施工面积、竣工面积、销售、待售情况表

表5

指标名称	单位	合计	住宅	90平方米以下住房	140平方米以上住房	办公楼	商业营业用房	其他房屋
房屋施工面积	平方米	5757013	2196509	681558	759235	1201385	493729	1865390
其中：新开工面积	平方米	840223	600103	0	340997	0	9229	230891
房屋竣工面积	平方米	1083537	4713	0	3597	376981	91168	610675
其中：不可销售面积	平方米	280892	0	0	0	53771	62195	164926
商品住宅竣工套数	套	0	29	0	19	0	0	0
竣工房屋价值	万元	402691	6529	0	4277	175826	33555	186781
出租房屋面积	平方米	107269	0	0	0	13188	44176	49905
商品房销售面积	平方米	969825	596397	68173	276783	41819	93086	238523
其中：现房销售面积	平方米	278141	120417	22931	41385	20138	62299	75287
其中：期房销售面积	平方米	691684	475980	45242	235398	21681	30787	163236
商品房销售额	万元	3695565	3119359	218315	1669036	111626	184893	279687
其中：现房销售额	万元	721880	513017	73540	259945	49040	76371	83452
其中：期房销售额	万元	2973685	2606342	144775	1409091	62586	108522	196235
商品住宅销售套数	套	0	4414	1094	1352	0	0	0
其中：现房销售套数	套	0	1061	446	166	0	0	0
其中：期房销售套数	套	0	3353	648	1186	0	0	0
空置面积	平方米	1032930	15302	56	11461	293827	336765	387036
其中：空置1～3年面积	平方米	530316	4713	0	3597	76364	261478	187761
其中：空置3年以上面积	平方米	242637	10447	56	7864	70377	47934	113879

优质工程奖，1个工程项目获第十四届“中国钢结构金奖工程”称号，4个项目获得2020年度厦门市建设工程优秀质量控制成果奖，3个项目被列入市建设局劳务实名制重点示范项目，1个项目获“厦门市建筑施工安全生产标准化优良项目”称号。

【安置房建设与管理】 2020年，湖里区制订《湖里区全面推进安置房和社区发展用地建设再提速工作机制》《湖里区安置房及社区发展用地建设项目工作考评考核办法》《湖里区关于加强代建（代业主）单位准入与退出管理的若干措施》《湖里区安置房建设与管理指导意见》《湖里区安置房建设标准》等文件。坚持边拆边勘、边批边设、边审边编的“三边”工作法，每一个安置房项目都有一个工作专班，确保每一个安置房项目在提供净地后60天开工建设。开工建设安置房项目工期优化加速提前10%。全年完工东宅安置房等4个项目，总建筑面积33.19万平方米，安置房源2076套，完成上湖洪塘等3个安置房修缮提升工程，改造后提供房源3286套，开工建设钟宅南苑等6个安置房项目。

【存量安置房转型】 2020年，湖里区创新推动存量安置房转型，完成全市第一批4个存量安置房转为限制性出让安置房，总面积37.22万平方米，土地出让金总价76.54亿元，销售总价91.53亿元，拉动全区生产总值增长1.3%；理顺安置房项目显化指标关系，推动12个前期安置房项目转化为安置型商品房。

【安置房初始产权办理】 2020年9月，湖里区建设局完成马山安置小区住宅部分初始产权登记工作。完成登记住宅面积6.4万平方米，房源660套。首创初始产权地上地下分开办理新模式。

【社区发展用地建设】 2020年，湖里区建设局推进社区发展用地项目10个，其中在建项目2个，前期项目8个。协调有关部门落实钟宅社区发展中心加油加气站调规及坂尚公租房调整为市场性租赁住房等工作；推动3个社区发展用地建设租赁住房，高林—金林、后埔2个社区发展中心项目建筑面积13.7万平方米，租赁房源4904套，获中央财政专项资金补贴2.01亿元，预拨到位1亿元，作为集租房的启动资金。

【重点项目建设】 2020年，湖里区将所有在建工程项目数据纳入全区重点项目建设跟踪服务平台监管。成立各级重点项目、安置房发展用地、招商项目、教育民生项目和消防验收5个服务专班，协调解决项目推进过程的问题。是年，辖区内有省、市重点项目63个，累计完成投资222.7亿元，超额完成67.2亿元。区重点项目42个，完成投资262.5亿元。

【老旧小区改造提升】 2020年，湖里区制订《湖里区老旧小区消防安全专项整治工作方案》，指导全区老旧小区消防安全整治工作；编制一小区一方案，分类推进实施老旧小区改造；建立起老旧小区消防安全管理长效机制。全年完成港务8个老旧小区改造任务，改造建筑面积约24万平方米，涉及2357户，总投资2365万元。

【住宅小区物业管理】 2020年，湖里区建设局对辖区20个物业小区项目给予通报表扬，对15个项目给予通报批评，并列入重点监管项目；召开全区物业服务小区文明城区创建工作部署会，对辖区348个物业服务小区文明创建迎检工作进行拉网式、全覆盖督查，通报表扬项目43个，通报批评项目19个，将3家物业企业列入警示名单；摸排物业管理服务项目合同备案情况，完成住宅小区物业服务质量星级评定工作；建立湖里区物业服务企业及项目经理信用综合评定制度和“红黑名单”，出台《湖里区物业服务企业及项目经理信用综合评定机制》，制订《关于加强无

2020年11月26日，湖里区建设局拆除浦园社62号危房　（区建设局　供图）

物业住宅小区管理的建议》。

【房屋安全隐患排查】 2020年，湖里区制订《湖里区进一步深化房屋安全隐患大排查大整治暨百日攻坚专项行动方案》，成立区房屋安全隐患排查整治专项行动领导小组，完成拉网式、全覆盖排（复）查房屋28321栋；对全区鉴定为D级的265栋危房，实现“一房一策”危房长效解危处置，全年长效处置危房213栋，其中，拆除解危194栋，加固解危19栋，长效解危处置率80.38%。

【建设工程消防审查验收】 2020年，湖里区建设局成立专班工作组，分期、分批、分阶段组织建设工程消防验收，对重点工程、民生工程的消防技术提前指导。全年办理消防验收项目41个，出具消防验收监督报告48份，其中，合格42份，不合格6份。

（王淑燕）

【保障性住房管理】 2020年，湖里区加强保障性住房政策宣传、咨询、申请、受理与审核等各项工作。全年受理保障性住房变更申请53户，发放保障性租赁房租金3135户1846万元，街道做好保障性住房的日常监管，做好保障性租赁房、商品房审核、协查，完成三年一审1342户。

（陈　琴）

市政建设

【概况】 2020年，湖里区投入7007.28万元，建设永升新城一期二次供水改造工程、纵六路北段道路工程、祥岭路下穿铁路西侧接线工程等项目32个。至年底，永升新城一期二次供水改造工程、17座环卫公厕提升改造、爱心驿站和湖边公园管理房旅游公厕等20个项目完工。

【公路管养】 2020年年底，湖里区完成327条市政道路维护改造，327条道路绿化的养护管理，822万平方米主次干道的清扫保洁。

【污水管网建设】 2020年，湖里区投入9656.85万元建设污水管网一、二期工程。截至年底，新建污水管道14.39千米，打通污水断头管，改造混接管网。

（李玉玲）

城市管理

【概况】 2020年，湖里区城市管理局（简称湖里区城管局）对接湖里区高素质、高颜值、现代化中心城区建设目标，一手抓疫情防控，一手抓主责主业，以查处违建保障城区发展、整顿市容促进文明创建、专项整治解决民生问题为重点。全年办理各类信访举报39251件，办结率100%；接待群众来访75批152人次，满意率100%，领导下访12次。

全区完成327条道路绿化的养护管理，822万平方米主次干道的清扫保洁；新增或改造提升园林绿地30.19万平方米，完成全年任务的100.6%，完成义务植树劳动人数9.6万人，完成全年任务的111.63%，植树27.4万株，完成全年任务的101.48%。

（林　璐　李玉玲）

【“两违”综合治理】 2020年，湖里区城管局拆除在建“两违”900处8.92万平方米，实现新增“两违”零形成。拆除历史存量违建185.24万平方米，完成目标任务的463.09%。执行裁执分离案件45件，执行历史积案19件。拆除古龙公寓小区沿街店铺13处历史违

2020年2月27日，湖里区城管局拆除湖里街道原污水处理厂配套项目地块内的违法建设　（区城管局　供图）

2020 年 8 月 27 日，湖里区城管执法人员在古龙公寓周边开展夜间市容专项整治

（区城管局　供图）

章搭盖。开展简易违章搭盖建筑火灾隐患整治，拆除 56 处 4417 平方米。开展“一改多”房屋排查整治专项行动，查处 216 起。

【市容环境整治】 2020 年，湖里区城管局落实错时弹性工作制，开展常态化市容环境整治行动。全年纠正劝导各类违章行为 10.76 万起，暂扣占道经营物品 4840 件，拆除违规广告和店招 1358 处 8063.85 平方米，暂扣违停共享自行车 1.23 万辆；查处渣土车污染路面行为 70 起。处罚“门前三包”不落实 220 件，罚款 1.66 万元；开具各类垃圾分类执法文书 1156 份，实施行政处罚 728 起，罚款 7.02 万元。

开展共享单车专项整治，纠正违停共享单车 14768 辆，暂扣并转运 10762 辆；督促企业增加运营维序人员 49 人、运营调度车辆 13 辆，在 24 条主要干道增设共享单车停车区 1131 个。建立政企联动、专队整治、应急协调、快速查处、评分考核 5 个长效管理机制。

落实城管、环保、市场监管 3 部门协同合作机制，开展油烟扰民常态整治，全年立案 32 件，罚款 39.1 万元；办理油烟扰民相关信访举报 839 件，办结率、答复率均为 100%，辖区夜间露天烧烤、油烟扰民等热点难点问题得到控制。完成第二轮中央环保督办件销号任务，比区委规定的 1 个月时限提前 10 天。

【普法宣传】 2020 年 12 月 2 日，湖里区城管局在联发・欣悦里广场开展“12・4”国家宪法日宣传活动。此次活动发放《雨污分流》《致湖里区全体居民的一封信》《厦门市互联网租赁自行车管理办法》《厦门市户外招牌设置导则》等各类宣传材料 800 余份，并对相关法律法规现场解答释疑，向广大居民宣传城市管理相关法律法规。

（林　璐）

【“城市大脑”建设】 2020 年下半年，湖里区与京东数科、政通公司等科技公司合作，在升级完善数字湖里公共管理集成平台基础上，建立 1 个集数据运用、指挥调度、智能预警、考核评价、行业应用为一体的操作系统，构建 1 个经济运行中心、1 个城市管理中心、1 个公共服务中心以及 N 个行业应用，建成“1+3+N”的城市大脑体系。

【第三方城市管理信息采集】 2020 年，湖里区城管委办公室（简称湖里区城管委）牵头推进第三方信息采集工作。修改完善《湖里区城市综合管理第三方信息采集实施方案》和《湖里区城市综合管理对第三方信息采集机构监管评价实施方案》，采用“广泛征求意见”+“局部试点试行”的方式，在湖里街道试点 3 个月；12 月 29 日招投标，确定浙江网新邦德公司作为第三方信息采集运营方。

【“大文明”+“大城管”城市管理】 2020 年，湖里区城管委和区创建文明城市（区）工作指挥部领导实现一肩挑，区委文明办主任兼任区城管委办常务副主任。数字湖里公共管理集成平台整合市政、执法、交通、环卫、绿化等多个领域政务信息，集中收集、快速分发各单位发现的问题；共享湖里公安 2500 多路视频系统资源，连接小区和城中村等视频系统，实现资源共享；对群众微信和电话举报以及市级平台派发的各类问题，集中受理、统一派发，快速发现和解决问题，形成动态、闭环、长效的城市管理体系。

【摊规点设置】 2020 年，由湖里区城管委办牵头，各街道、区城管局配合，湖里建发城建集团具体实施摊规点设置。在嘉禾路马垅公交站、蔡塘快速公交站、金山快速公交站、SM 城市广场、坂尚路、创新路 6 个区域设置摊规点 69 个，统一标准、规范管理。

2020 年 7 月 22 日，加快建设高颜值城区暨深化城市综合管理工作会议在湖里区行政中心召开 （区城管委 供图）

【城市综合管理工作会议】 2020 年 7 月 22 日，加快建设高颜值湖里暨深化提升城市综合管理工作会议在区行政中心召开。区长林重阳主持，区委书记龚建阳出席会议并讲话。会议提出，深化“大城管”体制改革，构建“六位一体”大城管体系的工作思路，即建立健全高位统筹的组织体系、高效运行的指挥体系、专业公正的第三方信息采集体系、立体有效的监督体系、万物相连的智慧体系、充满活力的市场化维护体系，构建“大指挥”“大统筹”“大协调”的“大城管”工作机制，推动形成部门整体联动、齐抓共管的城市综合管理新格局。

（丁 岚）

【景观提升】 2020 年，湖里区投入 350 万元改造提升薛岭山公园东南侧绿地，面积 2.04 万平方米，主要建设内容为园路、疏林草地及部分片状乔木种植。投入 1400 万元提升环卫北侧用地景观，用地面积 1.7 万平方米，主要建设内容为拆除挡墙、新建园路、新建树池、种植绿化等。投入 198 万元提升厦门日报社大楼绿地景观，主要建设内容为园路、广场、景墙、雕塑小品，微地形塑造，绿化等。

（李玉玲）

【环境卫生消杀】 2020 年，湖里区参与全市环境卫生消杀行动，出动作业人员 58129 人次、洒水车及洗扫车 6897 车次，洗扫道路 7035 条，清洁消杀 2221 万平方米；消杀机场、邮轮母港等周边道路及地下人行通道，累计消杀 2738 万平方米。

【废弃口罩收运管理】 2020 年，湖里区各街道规范设置、改造废弃口罩投放专用垃圾桶，率先全市完成辖区废弃口罩专用垃圾桶的布设工作；完善废弃口罩收运方案，率先全市实现废弃口罩专车专运、日产日清。

【活禽收集无害化处理】 2020 年，湖里区市政园林局联合区市场监督管理局、区城管局等部门共同做好疫情期间辖区查处活禽收集无害化处理工作，开展联合执法行动 38 次、收集 4325 只鸡鸭等家禽家畜并进行无害化处理。

【市场及散养场所消毒灭源】 2020 年，湖里区市场开办单位、街道、社区做好市场及散养场所消毒灭源工作。先后 4 次采集 70 份棉拭子样、11 份环境样、9 份血样送检，所有样本均合格。

【生活垃圾分类】 2020 年，湖里区有厨余垃圾直运线路 30 条，厨余直运率 100%；其他垃圾直运线路 46 条，日直运量 441 吨，约占

改造提升后的薛岭山公园东门 （杨艺端 2020 年摄）

2020年8月4日，湖里区委书记龚建阳（前排右）带队到铁路家园小区调研小区治理和垃圾分类工作（区垃分中心 供图）

缘湾、湖边水库和泥金蓄洪池等水域巡查。在新冠肺炎疫情防控期间，要求各水体管理单位确保水域环境管理质量不松懈。在部分园区恢复开放时期，加强水域周边卫生保洁和区域消毒，同时做好宣传工作，引导群众安全有序游园。

【渔业船舶清理整治】 2020年，湖里区按照保民生、减存量、分类处置、稳步推进的原则，开展渔业船舶清理整治工作。至年底，湖里区“三无”船舶减量95艘，其中，拆解45艘、集中管控39艘、劝离11艘，数量下降20.1%。

（李玉玲）

其他垃圾总量的65%，率先全市完成工作目标；经过直运体系的逐渐完善，湖里区有18座清洁楼实现功能转型。在具备建设条件的居民小区、“村改居”社区推广垃圾箱房，完成建设并验收111座。开展错峰考评、垃圾直运考评、疫情期间垃圾收运管理等专项检查。

【河（湖）长工作】 2020年，湖里区调整区、街各级河（湖）长、河长办主任和河道专管员等人员，并更新相关公示牌。做好巡河队伍标准化、巡河工作日常化、监督常态化、台账规范化“四化”建设。区级河（湖）长多次到天地湖、五

2020年6月15日，湖里区级总河（湖）长龚建阳（前排右二）、林重阳（前排左二）带队到湖边水库巡湖（郭晓冰 摄）

生态环境建设

综　　述

【概况】2020年，湖里区围绕全方位推动高质量发展超越和高素质、高颜值、现代化、国际化中心城区建设目标，以生态环保为目标，推进岛内大提升，创建国家生态文明建设示范区，打赢污染防治攻坚战，改善辖区环境质量。空气质量综合指数2.41，比上年下降20.2%；空气质量优良率100%；六项主要污染物实现“六降”。湖边水库、新丰湖达到Ⅱ类水水质标准，埭辽湖达到Ⅳ类水水质标准，功能区水质达标率100%。入海排口基本实现晴天“零排污”，同安湾水质从劣四类提升到二类。危险废物处置贮存率100%，涉疫医疗废物212.4吨，全部日产日清，安全处置率100%。地下水省考点水质丰水期达标，枯水期氨氮和锰超标。区域噪声56分贝，交通干线噪声66.7分贝，均达标。全年新增改造绿化面积30.26万平方米；森林覆盖率8.93%，森林蓄积量2.2万立方米，林地保有量371.45万平方米，自然岸线保有率17.97%。全区通过多规合一业务协同平台办理项目149个，生态环境保护实际投入1683.16万元，比上年上升46.7%。五缘湾片区生态修复与综合开发案例入选自然资源部第一批生态产品价值实现典型案例，辖区厦门跨境电商产业园获评国家电子商务示范基地，环境执法案例入选省生态环境厅第一批典型案例。全年无逾期投诉件，未出现答复不规范被上级部门抽查退回情况；接收“12369”环保举报管理平台投诉件53件，与上年相比下降91.8%。

【绿色产业发展】2020年，《湖里区促进工业增资扩产提质增效十条措施》等政策出台，开展国土空间总体规划编制。严格项目环境准入，推动现有制造业向智能化、绿色化和服务型转变，对不符合生态环境准入清单条件的项目，不准入、不招商、不引进。鼓励技改减排，支持以奖促改，办理“企业投资项目备案”技改项目51个，对27家企业兑现2020年技改补助2182万元。开展会议碳中和及湾北社区低碳试点。新增绿色建筑占比首次达到100%。台松电子完成清洁生产审核，施耐德电气信息技术（厦门）有限公司、施耐德电气（厦门）开关设备有限公司获评第五批国家级绿色工厂，戴尔（中国）有限公司入选国家级绿色设计产品名单。

【生态环保宣传】2020年，湖里区结合“6·5”世界环境日、全国低碳日等开展生态环保知识“进社区、进学校、进企业”活动。组织政协委员视察、开展栗喉蜂虎保护区专题参观、进社区环境普法等，开展环境宣传教育。年内，在主流报刊等媒体上宣传推广生态环保经验做法。

（范晓东）

【节能减排】2020年，湖里区加强节能技改力度，源头控制能耗增量。开展项目备案，要求企业做出符合产业政策的声明以及签订备案信用承诺书，办理企业投资项目备案（技改项目）49件。推进循环经济，辖区23家企业项目获得市节约能源和发展循环经济财政支持。给予入选2019年度“厦门市节能技术和产品目录”的6个节能项目奖励资金6万元。加大新能源汽车推广应用，推动鹭城巴士集团公司投入微循环公交车（纯电动）14辆用于湖里社区公交。开展全国节能宣传周和全国低碳日活动，运用网站及微信等新媒体，开展系列主题宣传。

（戴静静）

2020年1月6日，湖里生态环境局参加"三下乡"活动，在禾山街道宣传生态文明建设和环境保护知识　（朱艺鸿　摄）

污染防治

【大气污染防治】 2020年，湖里区成立空气质量提升攻坚领导小组，建立"空气办吹哨、各成员报到"的"13616"协调工作机制。全年启动一级响应46次，二级响应139次，三级响应128次，出动1269人次，排查工地和涉挥发性有机物（VOCs）工业企业798家次。加强挥发性有机物污染治理，打造太古起落架等3家示范典型。加快"散乱污"企业整改、关停、搬迁。完成二污普涉炉窑企业和22家重点行业企业排查整治，完成1685台非道路移动机械挂牌任务，完成5家加油站油气回收在线监控安装。督促辖区建设工地责任主体落实扬尘防治措施，对湖里大道、南山西路等10余条道路绿化裸露进行补植，补植面积4419平方米。全年出动执法人员1835人次、执法车辆517辆、巡查路段1121条，查处渣土车污染路面行为12起，处罚2起，罚款1107元，查处非法倾倒建筑废土行为19起，处罚金额7550元。

小资料

"13616"协调工作机制：1位主要领导亲自抓，3位分管领导协调抓，6位中层干部合力抓，成立1个空气攻坚办，调配6位精干人员加强空气应急调度管控。

【水污染防治】 2020年，湖里区落实河（湖）长制，严格执行区级河长"一月一巡查"、街道河长"一周一巡查"巡查制度。组建水域片区综合联防联控平台。投入1.53亿元开展全区性水污染溯源排查，基本完成南山路、兴湖路应急处理站流域、湖边水库流域、五缘湾流域、厦鼓码头片区、渔港西路片区、鳌山路片区、县后东片区、鼻子沟流域（成功大道以西）片区溯源排查，总排查面积约60平方千米、排查管网2887千米，形成湖里区排水管网一张图。开展陆源入海污染源整治，推进入海排污源整治任务，针对国家海洋督察反馈陆源入海排污源涉及湖里区需要整改的入海排污源11个，第二次全国污染源普查排查海岸线污水直排口5个，自查问题排海口12个，制订整治对策，形成"一口一策"。年内，投资10亿余元，推进全区19个污水管网项目和28个排海口整治，改造完成289个排水单元和127条市政道路雨污混接改造，改造污水管网78.08千米。建立海漂垃圾"海上环卫"及网格监管工作机制，将海岸线海漂垃圾巡查纳入网格监管，通过网格巡查上报事件

2020年7月28日，湖里区生态环境局工作人员检查厦门峻鸿环境固废处置有限公司废水排放情况　（朱金修　摄）

312 件，做好环岛路（长尾礁—五通段）岸线沙滩湖里段日常保洁，清理沙滩垃圾、竹竿及大件垃圾 671 吨。

【土壤污染防治】 2020 年，湖里区继续推行生活垃圾分类，构建“垃圾直运”新模式。加强土壤重点行业企业监管，强化辖区土壤环境重点监管企业和重点行业企业监管，完成太古起落架等 3 家重点监管企业周边土壤环境质量监测、隐患排查与自行监测。

（范晓东）

2020 年 5 月 15 日，湖里区领导检查五缘大桥北侧入海排口整治情况

（陈伟明　摄）

环境监管

【环境执法监督检查】 2020 年，湖里区检查油库、涉氨、核与辐射、涉重金属、涉尘、废弃危险化学品等企业环境安全 264 家次，发现一般隐患 45 处，全部完成整改；利用一体化平台对涉放射源企业开展环境安全检查 15 家次。是年，企业自行监测完成率 99.98%，审核企业报备信息 1174 条，修约缺失数据、超标预警数据 606 条，辖区企业在线监控数据传输有效率 99% 以上。完成固定污染源清理整顿和排污许可证核发登记，固定污染源排污许可发证登记率 100%。对违反《厦门经济特区生活垃圾分类管理办法》的单位和个人开具 1124 份执法文书，其中对随意堆放生活垃圾等违法行为的个人实施简易程序处罚 717 起。

【中央环保督察问题整治】 2020 年，湖里区推动中央生态环保督察涉及辖区 4 个方面 10 个任务的整改落实。针对入海排口问题，投资 10 亿元，采取“工程治理 + 综合治理”整治方式，实行分类整治，累计新建管网 14.39 千米，雨污分流改造 75.73 千米。摸排年排水量 1 万吨以上工业企业 16 家，对 68 个入海排口定期巡查，对 28 个晴天有水口开展 19 轮监测。组织第三方监督评估小组开展监督评估。全年召开 8 次区委常委会、9 次区政府常务会、6 次区委专题会、47 次工作调度会、42 次现场调研，推动中央环保督察整改任务落实、落深、落细。截至年底，第一轮中央环保督察交办信访件 63 件全部验收销号，第二轮交办 40 件信访件在全市率先完成验收销号。28 个需整改的入海排口基本实现晴天“零排污”，其他整改项目也按时序推进、完成。

（范晓东）

经济管理

宏观经济管理

【概况】 2020年，湖里区经济运行克服新冠肺炎疫情影响先降后升、不断提速，实现地区生产总值1395.75亿元，比上年上升6.4%，实现既定目标，高于全市（5.7%）、全省（3.3%）平均增速。固定资产投资、批零等其他9项主要经济指标增速高于全省平均水平，其中，固定资产投资、其他营利性服务业2项指标增速高于全市、全省平均水平。

存在问题：新旧动能接续不足，传统产业缺乏新增长点，且对非区属因素的依赖程度进一步提高；总部经济尚未形成规模效应，处于培育阶段，有效接续不够。基本盘不够扎实，分行业看，工业的区属部分连续21个月负增长，工业对国内地区生产总值的贡献主要靠火炬园部分，交通运输业主要由市级核算，区级主动性较小；从行业内部情况看，宸鸿、象屿、中建四局等10家企业，合计贡献超全区国内地区生产总值的50%，经济主体过于集中，缺乏量的支撑，经济运行受龙头企业经营状况影响较大，增大不稳定性。新项目落地见效周期较长。

【产业发展】 2020年，湖里区工业逐步走出下滑区间，工业增加值实现545.65亿元，比上年上升1.3%；第三产业以60.9%的占比贡献81%的经济增长，成为支撑全区经济稳定恢复的关键力量，对全区经济增长的贡献创历史新高。建筑业保持稳定增长，建筑业产值比上年上升12.2%，对全区经济增长的贡献率达到16.7%。

【项目策划落地】 2020年，湖里区发改局梳理辖区土地空间资源，编制湖里区招商地图。完成健康步道园山路段市民休闲商业项目、公交环卫保障公寓、改造建设湖里实验学校等民生补短板项目策划。策划忠仑科创园、枋湖工业区改造提升方案等产业项目。区发改局制订《湖里区推进落地项目前期工作实施办法》，打造全区前期项目全流程监管信息系统和在建项目跟踪服务平台，对阳光龙净“一带一路”总部、湖里公交生产生活基地等31个重点落地项目组建落地项目服务专班。梳理郭氏集团闽南总部、古地石片区市政道路工程等87个落地项目进入项目储备库，推动金尚学校、闽昱酒店、枋湖西路延伸段开工建设转入重点建设阶

省重点项目——建设中的英蓝国际金融中心（2020年摄） （区发改局　供图）

段。截至 12 月，储备库项目 118 个，其中重点项目 33 个。

【岛内大提升】 2020 年，湖里区发改局制订《湖里区“岛内大提升”行动方案（2020—2022 年）》。完善“指挥部、街道吹哨，部门报到”工作机制，成立区前期办、重点办、招商落地办，生成支撑项目 354 个，总投资额超过 4000 亿元，累计启动项目 264 个。

【土地出让及征拆】 2020 年，湖里区出让经营性用地 6 幅，其中，商住用地 3 幅、商办用地 2 幅、教育用地 1 幅，合计出让用地面积 17.8 万平方米，建筑面积约 44 万平方米，出让金额 100.4 亿元。年内，东部旧村改造需拆迁约 900 万平方米，累计完成房屋征收签约 823 万平方米，完成率 91.44%，拆除面积 681 万平方米、完成率 75.67%，其中，当年完成签约 400 万平方米，拆除 608 万平方米。23 个自然社完成整村拆除，提交净地面积 259.93 万平方米，推出 6 幅地块挂牌出让。出台安置房建设标准和管理办法，优先保障安置房和社区发展用地项目供地。

【产业升级】 2020 年，湖里区联合市自贸委出台《促进工业增资扩产提质增效十条措施》，截至 12 月，全区新增 25 个工业企业技术改造增资扩产项目，美捷特、同致电子等 3 个增资扩产项目被列入技改服务基金“白名单”。设立玉晶光电、太古可口可乐、美捷特、乔丹实业等重点工业企业增资扩产工作专班，推进产业提升。推进跨境电商园区、航空维修平台、集成电路平台和黄金珠宝平台等建设，提升产业发展格局。

【科技创新及奖励兑现】 2020 年，湖里区联合中科院厦门育成中心改造联谊大厦，引入新材料、人工智能、环保、新能源及其他新型智能等领域企业，提升经济高质量发展潜力。是年，落实扶持科技资金 1829.5 万元，其中立项科技项目 28 个，扶持资金 1030 万元；社会发展项目 3 个，扶持资金 416 万元；专项奖励 3 类，配套奖励资金 383.5 万元。给予卓越青凡、全向物联等 169 家高新技术企业扶持国高、市高奖励 2540 万元，把湖里区打造成科创企业基地。

【新经济新业态发展】 2020 年，湖里区联合自贸委出台《厦门自贸区基金小镇股权投资类企业发展办法》，打造股权投资基金聚集区和财富管理创新高地。出台支持电商直播产业发展的扶持政策，培育和发展电商直播、网红经济等新业态、新增量，为全区经济发展注入新动能。

【债务风险防范】 2020 年，湖里区落实政府性债务管理要求，依法依规举债，全区债务运行平稳，总体风险可控。截至 12 月底，全区法定限额内政府债务余额为 133 亿元（不含抗疫国债），其中一般债券 31.7 亿元、专项债券 101.3 亿元，无隐性债务，风险等级被省评定为绿色等级，属于低风险可控范围。

（黄汉杰）

国有及集体资产管理

【概况】 2020 年，湖里区人民政府国有资产监督委员会（简称湖里区国资委）直接监管国有企业 2 家。组织国有企业对口帮扶甘肃省临夏州东乡县。出台《储备用地管理工作流程》，收储管理土地 42 宗，总用地面积 99.6 万平方米。

（苏丽缎）

【国企国资监管】 2020 年，湖里区人力资源和社会保障局、区财政局联合下发《湖里区区属国有企业工资总额管理试行办法》《湖里区区管国有企业工资总额管理办法实施细则（试行）》，深化国企收入分配制度改革，健全、完善与劳动力市场基本适应、与国企经济效益和劳动生产率挂钩的工资决定和正常增长机制。指导区属国企给予符合条件的区政府经营性房产及国企经营性房产承租户租金减免，全年为 518 家中小企业和个体工商户减免租金 3179.6 万元。推动同安工业集中区湖里园办公楼以及配送中心资产的处置工作，理顺园区资产权属关系，解决历史遗留问题，由天地公司按照项目投入成本 1.1 亿元购买，提高资产运营效益。

（苏丽缎）

【国企债务和对外投资风险防范】 2020 年，湖里区梳理区属国企负债及投资情况、调研分析并进行风险评判，提出建立资产负债约束标准、加快代建项目决算，降低负债率、控制对外基金投资规模等建议。截至 12 月底，国投集团负债 133.37 亿元，资产负债率 87%；天地集团负债 37.85 亿元，资产负债率 60.42%，国企债务水平维持在合理区间。

（黄汉杰）

【湖里国投集团】 2020 年，厦门市湖里区国有资产投资集团有限公司（简称湖里国投集团）下属一级全资子集团子公司 13 家，二级全资子公司 4 家，对外控股及参股公司 13 家。是年，湖里国投集团完成投资 46.21 亿元，实现营业收入7.05亿元，利润总额0.89亿元，纳税0.41亿元。

征地拆迁　湖里国投集团完成征地面积159.9万平方米，占全区完成量的63.5%；房屋签约面积266.83万平方米，占全区完成量的65.67%；拆除面积381.68万平方米，占全区完成量的61.76%；提交用地面积220.25万平方米，占全区完成量的66.8%；支付补偿款43.28亿元；完成返迁选房1805套。

国有资产运营及清退接收　湖里国投集团管理经营性资产811处。其中，自有资产126处、面积19.18万平方米；代管资产685处、面积16.59万平方米。全年租金收入6987万元。上线资产竞价系统。贯彻落实市、区关于新冠肺炎疫情期间对中小企业减免房租政策，对符合条件的224家承租方减免租金1692万元。完成海天调蓄池项目用地清退及交地。完成签约206户，完全拆除13栋临时建筑、面积1.4万平方米。完成环东海域湖里工业园邻里中心项目719间公寓、46间店铺的清退工作，并公开招租。新接收41套拆迁周转安置房，签约出租33套；接收原物业管理的拆迁周转安置房252套，完成合同变更及租金收取246套。开展区、街办企业接收清理工作，完成5家企业接收、1家企业注销，接收现金及股份超500万元及4处自有资产、价值约2600万元，剩余2家企业进入法院强制注销程序。

招商引资　湖里国投集团全年引进项目47个，推动项目落地33个，项目总投资额49.52亿元。开展影视、基金等业务的投资，引进41家影视企业，其中企业注册落地30家；参股亿联凯泰人工智能创业服务基金。

土地“收、储、让”　湖里国投集团全年完成东部旧村改造范围内区级土地收储地块10宗，总用地面积0.85平方千米；完成4个出让项目的土地“收、储、让”工作，面积0.15平方千米，土地出让金成交额93.05亿元。

（叶淑红）

【天地集团】　厦门市天地开发建设有限公司（简称天地集团）注册资本16.96亿元、资产总额83.74亿元、净资产29.26亿元，主要业务涵盖旧村改造、产业园区建设与管理、房地产开发、工程项目代建、物业服务、资产管理、股权投资、教育、文化、养老服务等多个领域，旗下全资及控股子公司12家，孙公司7家，对外参股公司11家。集团5年累计投资约50亿元，上缴税收7.72亿元，年均营业收入3.35亿元，年均利润8396万元。

股权投资及资产管理　截至2020年年底，天地股权投资公司持有直接投资项目7个、股权基金28只，覆盖项目超过150个，其中上市项目14个。投资涉及医疗健康、科技制造、教育培训和消费文娱四大行业。天地集团自有房（地）产面积25.5万平方米，涵盖专业市场、办公楼、商铺、酒店、餐饮娱乐场所等。入股合作的优望长租公寓运营公司签约长租公寓1万间。

工程代建及旧村改造　2020年，天地集团有代建项目6个。其中安置房项目2个，学校项目4个。旧村改造项目：完成蔡塘片区忠仑社旧村改造收尾、古地石社征收签约和忠仑花园安置房提升改造任务，拆除古地石社38.78万平方米建筑物；承建兰江线缆化工程等配套工程27项；完成翔安刘五店和桂园村征收签约和拆除工作。

民生事业发展　天地教育名下有天地学校、天地幼儿园、天地禾缘幼儿园和3家托育中心（全日托托位200个）。年内，天地学校获评区优秀民办学校，天地幼儿园获评区示范性幼儿园。嘉宝托育中心通过“省级普惠托育服务试点”验收。与禾山街道合办的禾山街道居家社区养老服务照料中心，获得民政部颁发“失智老年人照护职业技能实训基地”资质，入选省级“五星级居家社区养老服务照料中心”名单。与山东青鸟软通公司合资设立的天地青鸟公司，承接江头街道居家社区养老服务照料中心、居家养老服务及智慧养老服务等多个项目。文体公司创新将蔡塘村庄文化传承融入旧村改造宣传，编制村庄拆迁纪念册。利用边角地块建设体育类场地，打造社区健身平台，是年，建成江头文体公园。

2020年11月底，天地集团代建项目——乌石浦花园二期安置房竣工　（天地集团　供图）

2020年8月28日，湖里区“村改居”社区“三资”管理突出问题专项治理专题会召开　　（李玲玲　摄）

物业及停车服务　天地集团下属物业公司管理服务保障房、安置房、学校、高端写字楼等约350万平方米。是年，实现营业收入1.69亿元，利润约1530万元，登上全国物业服务企业综合实力500强榜单。天地集团主动参与湖里区停车设施建设工作。专业化停车公司梳理规范运营管理车位近1万个，打造智慧停车管理平台，实现智能化进出、无人值守收费。

（巫灵青）

【集体资产管理】 2020年，湖里区制订并印发《2020年湖里区农村工作要点》，明确工作具体要求。完成22个“村改居”社区集体经济组织和125个小组农村集体资产2018年度、2019年度的清查、审核、上报。坂尚、金湖、湖边、五通社区进行社区发展用地项目受让主体的申报。按照市委农办《全国农村集体产权制度改革督查反馈问题整改方案》要求，变更集体经济组织登记赋码管理部门，启动“村改居”社区组级产权制度改革工作，草拟改革实施流程，殿前街道3个小组、江头街道8个小组完成股份合作制改革。成立以常务副区长为组长的区“村改居”社区集体资金资产资源管理突出问题专项治理工作领导小组，制订并下发《湖里区“村改居”社区集体资金资产资源管理突出问题专项治理方案》，建立健全集体经济组织各项管理制度。

（李玉玲）

统　计

【概况】 2020年，湖里区统计局立足提高统计数据质量，发挥统计服务职能，服务和保障全区经济发展。开展第七次全国人口普查工作，推动企业和项目入库纳统。转变统计服务方式，由事后统计向靠前服务转变。开展统计普法创新，发布第四次全国经济普查主要数据公报。

【第七次全国人口普查】 2020年，湖里区招聘人普办工作人员36名，协助区和各街道人普办开展第七次人口普查。人普办召开第七次全国人口普查培训分会32场，培训全区“两员”（普查员和普查指导员）5000余人次。建立挂钩联系机制，区人普办分5组挂钩5个街道，街道人普办每个人挂钩3～4个社区。9月27日，区人普办与市人普办在禾山街道五缘湾北社区联合举行第十一届“中国统计开放日”暨

2020年11月5日，湖里区第七次全国人口普查员在祥店社区开展入户人口普查　　（区统计局　供图）

第七次全国人口普查宣传月启动仪式。10月11日，湖里区启动第七次全国人口普查摸底工作。11月1日零时为普查标准时间。

【企业和项目入库纳统】2020年，湖里区统计局联合区发改局研究制订《湖里区新开工项目入库协调机制》，明确入库流程、责任分工、时间节点和协调机制。区统计局编印《湖里区企业纳统指南》。

【统计靠前服务】2020年，湖里区统计局开展“导师计划”，由区统计局业务骨干一对一地对街道事业编统计人员进行师徒结对传授统计业务知识和业务技能。提前介入招商项目洽谈、跟进落地项目，加强统计服务指导。融入平台经济协调服务机制，加强新经济统计研究，为促进新招商项目合理纳统提供建议和支持。加强与火炬统计中心、自贸委经发处联动，掌握园区新企业、新经济发展动态和趋势，确保应统尽统。帮助重点企业提高统计业务水平，确保统计数据真实客观反映湖里区经济社会发展趋势。

【湖里区第四次全国经济普查主要数据】2020年5月25日，湖里区发布第四次全国经济普查主要数据公报。

单位基本情况　2018年年底，全区有从事第二产业和第三产业活动的法人单位37818家，比2013年年底（第三次经济普查年份）上升103.1%。第二产业和第三产业法人单位从业人员82.15万人，比2013年年底上升29%，其中女性从业人员27.79万人。

主要经济指标　2018年年底，湖里区第二、第三产业法人单位资产11895.01亿元，法人单位负债7296.76亿元；实现营业收入7657.72亿元，比2013年上升61.1%。

部分新兴产业　2018年年底，湖里区从事战略性新兴产业生产的规模以上工业企业法人单位71家，占规模以上工业企业法人单位的30.1%，全年实现营业收入1402.27亿元；湖里区工业企业研究与试验发展活动的规模以上工业企业法人单位120家，全年经费支出24.14亿元，经费与主营业务收入比为1.4%；湖里区有文化及相关产业法人单位3941家，从业人员4.06万人，资产总计190.5亿元。

部分重点园区　2018年年底，厦门自贸片区两岸贸易中心核心区有从事第二、第三产业活动的法人单位5553家，从业人员12.36万人，法人单位资产总计3680.55亿元，全年企业法人营业收入2962.64亿元；火炬湖里园区有从事第二、第三产业活动的法人单位757家，从业人员6.74万人，法人单位资产总计1334.54亿元，全年法人营业收入1440.73亿元；湖里创新园有从事第二、第三产业活动的法人单位3122家，从业人员7.79万人，法人单位资产总计459.57亿元，全年企业法人营业收入358.94亿元。

【统计普法宣传】2020年12月2日，湖里区统计局在联发·欣悦里广场开展“12·4”国家宪法日暨“12·8”统计法颁布纪念日普法宣传活动。发放《中华人民共和国统计法》100本、宣传品300件。

（陈豪伟）

审　计

【概况】2020年，湖里区审计局完成审计项目53个。其中，经济责任审计项目41个，政策审计项目5个，财政审计项目5个，其他审计项目2个；查出违规金额323万元，管理不规范金额2.23亿元，非金额计量问题135个，移送处理事项3件，审计促进增收节支1400万元，完成交办配合事项8项。在福建省审计厅网站、人民网、今日头条、《福建日报》、《海西晨报》等新闻媒体发布16篇审计工作创新做法与审计成果文章。是年，在全区“改革创新奖”考评中，首次试点开展2019年“村改居”社区集体资产管理情况审计监督项目，获一等奖。

【领导干部经济责任审计】2020年，湖里区审计局对37个单位开展领导干部经济责任审计，发现个别单位存在财政投融资项目未竣工决算、采购管理不规范、违规处置资产、违规发放奖金和津补贴等问题，移送处理事项3件。推动被审计单位制定《服务中心采购管理暂行办法》。

【同级财政审计】2020年，经湖里区委审计委员会批准，区审计局依法审计2019年度湖里区本级预算执行和其他财政收支情况，包括区本级财政管理、决算草案编制、一级预算单位、重点专项资金、重大政策落实、自然资源资产等方面。审计发现应缴财政款未及时上缴、部分项目预算执行率低、部分盘活存量资金支出进度慢、部分项目年初预算与决算数差异较大、基建项目长期未决算、部分专项资金预算安排不合理等问题15个，完成问题整改14个。

【“村改居”集体资产专项审计】2020年，湖里区审计局试点开展“村改居”社区集体资产审计工作。抽查审计后埔社区、高殿社区、坂

2020 年 5 月 9 日，湖里区审计局首次试点召开 2019 年“村改居”社区集体资产管理情况审计监督进点会 （区审计局　供图）

尚社区、金湖社区、徐厝社区 5 个“村改居”社区 2019 年集体资产管理情况，发现“村改居”社区存在 5 类 14 项共性问题，涉及管理不规范金额 628.08 万元。推动区市政园林局规范“村改居”社区集体经济组织事项处置程序，区委办、区政府办联合出台《湖里区“村改居”社区集体资金资产资源管理办法》，区市政园林局制订《湖里区“村改居”社区集体资金资产资源管理突出问题专项治理方案》。

【禾山街道自然资源资产生态环境保护目标责任制落实情况审计】 2020 年，湖里区审计人员对禾山街道自然资源资产管理和生态环境保护目标责任制落实情况进行审计。审计发现镇街对古树名木的保护工作有待加强——辖区内存在古树后备资源普查挂牌保护机制不完善、古树资源档案不完整、已挂牌古树名木保护工作不到位、部分古树名木被违规悬挂广告牌、树池违规堆放杂物等问题。通过审计，督促街道领导干部切实担负起生态环境保护和生态文明建设的政治责任，建立健全长效监管机制、约束考核和责任追究制度，强化街道上下对古树名木的保护意识。

【审计建章立制】 2020 年，湖里区审计局牵头在国投集团、天地集团内部设立内部审计机构。联合区小区办、区民政局、区建设局、区财政局多部门制定《湖里区加强小区业委会规范化建设的十条措施》，巩固“审计进小区”治理工作。

【联动监督】 2020 年，湖里区审计局加强审计监督与纪检监察监督、巡察监督的联动协作，全年派出 4 人次参与区委巡察工作，2 人次参与市审计局审计项目，提高审计监督整体效能；区审计局联合区财政局、区人社局、区总工会，分别对区属事业单位编制内工作人员的各类津补贴、绩效工资和奖金，以及工会经费等发放情况进行专项检查；联合区财政局成立专项小组，梳理 2016 年至 2020 年 6 月湖里区公共资源配置情况。

【审计业务培训会】 2020 年 6 月 11 日，湖里区审计局在行政中心召开审计业务培训会，全体审计人员和参与审计项目中介人员参加培训会。会议传达省委审计委员会第四次会议精神，学习构建“两横两纵”和“1+2+N”审计新模式、如何看懂财政预算报告及审计项目质量考核评分标准，讲解《湖里区审计局经济责任审计流程指南（试行）》。12 月 25 日，区审计局组织召开审计人员业务学习会兼中共十九届五中全会精神宣讲会，全局审计人员、特约审计员及社会审计人员出席会议。会议传达学习中共十九届五中全会精神及总书记习近平关于审计工作的重要讲话和重要指示批示精神，总结区审计局

2020 年 12 月 25 日，湖里区审计局在区行政中心召开审计人员业务学习会 （区审计局　供图）

2020年的工作情况。

【特约审计员座谈会】 2020年6月17日，湖里区审计局召开特约审计员座谈会。审计局主要领导、区统战部工作人员和特约审计员出席会议。会议传达省委审计委员会第四次会议精神，研读《胡泽君：认真落实全面从严治党主体责任推动新时代审计机关党的建设新发展》，通报区审计局2019年工作情况及2020年工作思路，听取特约审计员的意见建议。

（蔡海平）

市场监督管理

【概况】 2020年，湖里区推出一系列注册登记便利化改革举措，优化营商环境，新增商事主体34963户，其中企业新增18536家，比上年下降14.64%，个体工商户新增21907户，比上年下降6.47%户。截至年底，湖里区市场监督管理局（简称湖里区市监局）属地管辖的商事主体224911户（含自贸区），其中注册登记的商事主体178954户，占全市的31.7%。加强食品、药品、特种设备和工业产品质量安全风险隐患的排查和管控。护航校园食品安全，推进“一品一码”建设。打好源头市场整治、年报公示、文明创建攻坚战。开展旅游市场、涉疫产品、水产称重、转供电收费、商办类房地产、商事登记中介机构、网络金融、冒用身份证登记等领域违法行为专项整治。全年查办违法案件501件，罚没382.67万元，其中查处食品案件211件，罚没款125.43万元；将13家企业及8个自然人列入严重失信“黑名单”，依法作出市场和行业禁入限制。查办涉疫案件36件，罚没43.7万元。

【注册审批服务优化】 2020年，湖里区市监局畅通办事渠道，推行“不见面”审批，实施“网上办”“寄递办”“预约办”，实现“最多跑一趟”“一趟不用跑”。压缩企业开办时限，实现企业开办0.5个工作日内完成，通过全流程电子化设立的企业占新设企业总数的90%以上。实行证照联办，将同一商事主体申请办理营业执照与食品、药品许可事项变更的20个登记审批事项纳入“一件事”办理套餐，平均办结时限压缩25%。为生产、供应防疫用品的企业开通绿色通道，通过实施“容缺受理”、告知承诺等举措，将办理时限由10个工作日压缩至1个工作日。有39家药械企业“承诺准营”的方式先行申领新证。对疫情期间申请增加网络经营的餐饮服务项目的企业实行“即来即办”，全年办理注册审批服务595件。

【企业信用体系建设】 2020年，湖里区市监局查找到失联企业3219家，并落实年报申报，年报率97.35%。吊销企业1267家，剔除企业1990家，撤销企业1088家，并将6951家载入异常名录，占全区登记户数的7.79%。对1539家企业手动发起“提供虚假材料骗取商事登记”住所核查。受理冒用他人身份证登记注册公司举报案件141件，撤销设立或变更登记提交虚假材料的企业110家，按规定对涉嫌冒用身份证登记的情况予以公示，将其中涉及虚假变更登记的21家企业列入严重违法失信企业名单。

【重点产品质量监管】 2020年，湖里区市监局协同湖里公安分局等职能部门及各街道排查涉油批发、零售、仓储、运输企业309家次，抽检成品油74批次，开展联合执法检查2次，检查企业内设加油点7家次。检查燃气器具生产、经营企业27家次。开展儿童及学生用品守护行动，检查生产企业和经营户86家次。

【计量监管】 2020年，湖里区市场监督管理局开展水产批发市场、商超及集贸市场计量器具专项检查，检查商户458家次，计量秤具2486台次，立案查处3家。开展眼镜配制企业计量专项检查，检查学校周边及大型商圈内配镜企业41家，强检计量器具123台。加大对计量建标单位和对用于安全防护压力仪表强制检定情况的监管力度，开展压力仪表计量专项监督检查13家（次）。

【特种设备安全监管】 2020年，湖里区市监局制订特种设备“四定”（定目标任务、定责任领导和责任人、定办结时限、定督促反馈）工作方案，监督检查280家特种设备使用单位“四定”完成情况。其中重点使用单位121家，其他使用单位159家。开展辖区特种设备分布情况风险研判，将锅炉、压力管道、压力容器、气瓶充装等重点领域，学校、医院、机场、车站、码头等重点场所，及注册在辖区的维保单位等作为重点目标，实施“挂图作战”，确保监管实效。采取自查自纠和现场检查2种形式，完成纳入大排查、大整治使用单位的自查自纠595家，现场检查275家，发现一般隐患106处，完成整改106处，整改闭环率100%，开具监察指令书13份。召集区应急局、区建设局等5个特种设备领域相关行业主管部门定期会商6次。开展停用锅炉专项检查，形

2020年9月2日，湖里区市监局在温德姆酒店检查自动扶梯安全情况

（区市监局　供图）

成《湖里区停用锅炉等设备清单》，涉及153台设备，未发现违法使用停用设备的行为。对辖区38家压力管道使用单位实施分类监管，将11家自行开展年度检查的单位纳入现场检查重点。全年查处特种设备案件4件，罚没款14万元，其中电梯维保单位短接电梯安全回路案件1件，罚款10万元。

【产品认证检测】 2020年，湖里区市监局以消防产品、儿童玩具及家用电器等强制性认证产品为重点，检查企业12家次，立案查处1家。开展口罩、防护服等防疫领域认证专项整治，摸排企业11家次，对检查中发现的轻微问题责令限期整改。配合市局对辖区9家认证检测机构和获证组织开展“双随机”监督检查，查验认证机构的认证质量和获证机构认证有效性。

【食品监管】 2020年，湖里区市监局梳理重点食品、重点区域、重点时段、重点对象、重点问题风险隐患清单11条。督促学校食堂经营者消除食品安全隐患。联合相关单位，在区属93所校园设立校园周边警示牌。依法完成各级抽检不合格食品核查处置及快检任务237件，开展原因排查、上下游溯源追查、产品召回、线索移送等工作。督促食品集中交易市场、商超推进“一品一码”建设。

2020年2月12日，湖里区市监局在鹭燕大药房检查发热咳嗽药品登记台账

（区市场监管局　供图）

【药品监管】 2020年，湖里区市监局检查城乡接合部药店8家次，抽检药品123批次、化妆品55批次、医疗器械8批次。现场检查区疾控中心、区妇幼保健院等疫苗接种单位、配送单位。开展个体诊所药械使用质量、零售环节中药饮片质量安全，较大规模美容美发机构经营使用化妆品、无菌植入医疗器械、医疗器械“清网”行动等专项整治。其中，核查市局下发涉及16家经营企业的23条互联网医疗器械销售违法线索，立案调查其中5家涉嫌违法的企业。在伍心、国宇2家门诊部开展示范点建设工作。印制药品采购、验收、养护、不良反应事件报告等记录文书，督促辖区385家医疗机构领用。

【各类市场监管领域违法行为查处】 2020年，湖里区市监局查办各类市场监管领域违法行为案件501件，罚没382.67万元。其中查处食品案件211件，罚没款125.43万元；将13家企业及8个自然人列入严重失信“黑名单”，依法作出市场和行业禁入限制。查办涉新冠肺炎疫情案件36件，罚没43.7万元。查处各类口罩销售违法行为29起，其中，3起哄抬物价口罩案的当事人被各处罚10万元；查处销售冒用厂名厂址酒精产品案1件，扣押违法酒精产品1944瓶，罚款7万元。查处“螃蟹绑大草”案件18件，罚没款2.29万元；查处使用不合格计量器具销售水产品案件6件。对商办类房地产涉嫌虚假宣传行为立案1件。办结“城里”楼盘虚假广告案，对开发商厦门市金吉泰房地产开发有限公司处罚款64.9万元，对广告发布者深圳市磊嘉地产顾问有限公司处罚款20万元。查处转供电违法案件2件，对多收的43万元电费责令退还业主，并处罚款13万元。开展商事登记中介机构专项整治，检查商事登记中介机构89家，查处涉嫌提供虚假登记材料的主体25家，处罚款4.7万元。联合湖里公安分局、区金融办、税务稽查局、街道，会计事务所、律师事务所等，在湖里高新园区、五缘湾片区等地开展打击非法集资、网络传销等违法行为的“扫楼”行动5次，联合检查32家投诉举报较多的企业。与区检察院协作，建立健全线索通报、案件移送、信息共享等行政执法与刑事司法衔接工作机制，双方开展是否涉刑移送、信息平台建设等方面研讨5次。在扫黑除恶专项斗争中，梳理行政处罚案件585件、信访件4650余件、投诉举报件1.5万件，摸排各类市场36个，向上级扫黑办上报摸排线索9条，被市扫黑办采纳2条，区扫黑办采纳3条，整改“三书一函”(纪律检查建议书、监察建议书、司法建议书和公安建议函)4件，核查湖里公安分局扫黑办移交线索5条。

【消费投诉调处】 2020年，湖里区市监局受理咨询消费问题686个，接收消费争议案件29892件，受理18118件。其中，投诉17042件，受理15167件；举报12850件，受理2951件。消费争议接收量比上年上升59.14%。办结率99.42%；调解成功率89.31%，群众满意率93.7%，涉案总金额8133.25万元，挽回经济损失4281.8万元，加倍赔偿7.31万元。

【消费维权新途径】 2020年，湖里区市监局引导13家条件成熟的消费维权网点开通在线解决消费纠纷功能（ODR）。涵盖辖区戴尔、厦航、长城宽带3个最大投诉主体，吉家家世界、红星美凯龙、江头建材城3个建材市场，国美、苏宁2个家电市场，中博、赛博2个电子卖场等。全年流转投诉案件1279件至ODR企业，办结1084件，办结率84.75%。消费者登记并选择绿色通道与ODR企业自行和解479件，办结466件，办结率97.29%。

（阮灵雨）

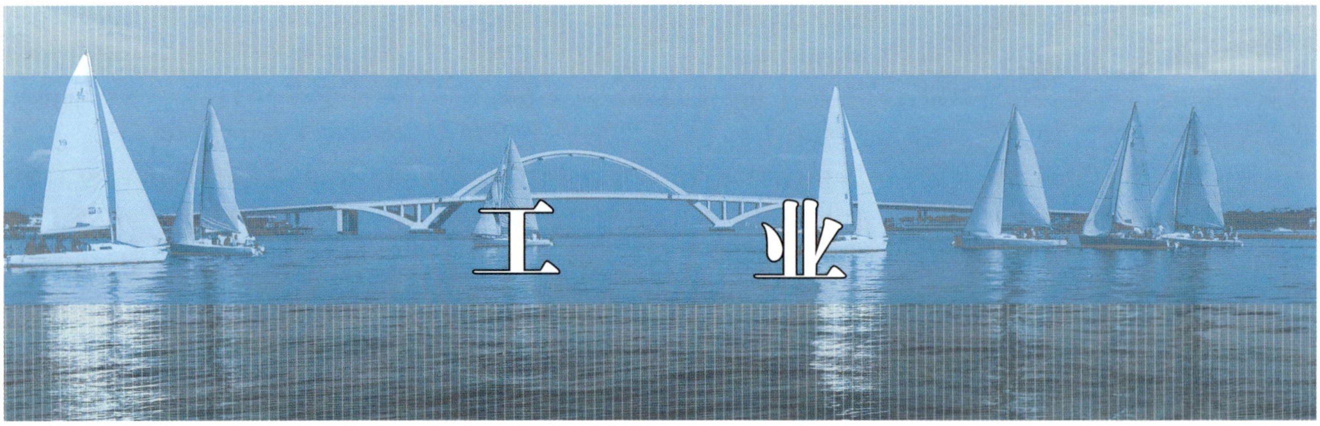

工　业

综　述

【概况】 2020年，湖里区出台《湖里区促进工业增资扩产提质增效十条措施》，工业经济逐步摆脱新冠肺炎疫情影响，下滑趋势得到抑制，总体呈现回升向好态势。全区有规模以上工业企业232家，完成规模以上工业总产值1724.92亿元，比上年下降4.3%。全年完成规模以上工业增加值414.37亿元，扣除价格因素后比上年增长1.3%。亿元以上企业86家，完成工业总产值1680.12亿元，比上年下降4.4%。其中10亿元以上企业20家，完成产值1482.91亿元，比上年下降5.7%，占全区规模以上工业比重达85.1%。前三大行业为计算机、通信和其他电子设备制造业，电气机械和器材制造业，航空航天器修理业。

【工业企业发展扶持兑现】 2020年，湖里区兑现“促进工业增资扩产提质增效十条措施”，从厂房租金补助、企业上规模奖励、贷款贴息补助、企业转型升级辅导补助、企业上云补助、鼓励企业节能降耗6个方面，给予符合条件企业扶持资金1117.69万元。

【上榜“中国工业百强区”】 2020年11月13日，在中国信息通信研究院主办的中国县域工业经济发展论坛上发布《中国县域工业竞争力地图》，揭晓2020年“中国工业百强县”“中国创新百强县”“中国工业百强区”榜单。湖里区上榜中国工业百强区，位列第65位。

（戴静静）

2020年湖里区主营业务收入2000万元以上工业行业情况一览表

表6

指标名称	企业单位数（个）	工业总产值（亿元）	资产总计（亿元）	主营业务收入（亿元）	利润总额（亿元）	平均用工人数（万人）
总　计	232	1724.92	1112.58	1274.41	76.36	9.25
一、按登记注册类型分组						
内资企业	136	192.85	304.98	175.61	24.99	1.85
港、澳、台商投资企业	35	159.49	183.83	147.73	13.52	2.36
外商投资企业	61	1372.58	623.77	951.07	37.85	5.04
二、在经济组织类型分组中						
独资企业	61	1000.27	544.90	789.63	35.11	4.43
股份有限公司	23	95.41	172.54	83.66	20.81	0.95
有限责任公司	147	627.18	393.92	399.13	20.44	3.87

注：根据《中华人民共和国统计法》规定，单家企业或能推断出单家企业的数据不能对外公布，因此上表部分数据为不完全统计。

主要工业行业

【计算机、通信和其他电子设备制造业】 2020年，湖里辖区内计算机、通信和其他电子设备制造业完成工业总产值1335.52亿元，占全区工业总产值77.4%；全行业拥有资产600.85亿元，完成主营业务收入914.87亿元，创造利润总额40.01亿元，创利税总额44.78亿元；年平均用工3.54万人，占规模以上工业平均用工人数的38.3%。该行业中，计算机制造企业9家，完成工业总产值576.12亿元；通信设备制造企业8家，完成工业总产值40.6亿元；电子器件制造企业20家，完成工业总产值683.7亿元；电子元件及电子专用材料制造企业7家，完成工业总产值17亿元。拥有规模以上工业企业48家，其中大型企业7家，中型企业8家；产值上亿元企业25家，完成工业总产值1324.29亿元，占全行业的99.2%，其中：产值1亿～10亿元的企业有16家，产值10亿～100亿元的企业有5家，产值超100亿元的企业有4家。该行业有外商投资及港澳台商投资企业20家，完成工业总产值1251.14亿元，占全行业的93.7%。

【电气机械及器材制造业】 2020年，湖里区电气机械及器材制造业完成工业总产值98.3亿元，位居年度分行业产值第二位。该行业拥有资产137.22亿元，完成主营业务收入91.01亿元，实现利润总额12.07亿元，创利税总额14.51亿元，年平均用工1.02万人。拥有规模以上工业企业27家，其中，输配电及控制设备制造企业12家，完成工业产值63.18亿元；照明器具制造企业6家，完成工业产值5.15亿元。有大中型企业9家，其中大型企业3家；产值上亿元企业12家，完成产值91.76亿元，占全行业的93.3%，其中产值超10亿元的企业有4家。该行业有外商投资及港澳台商投资企业12家，完成产值66.75亿元，占全行业的67.9%。

【金属制品、机械和设备修理业】 2020年，湖里区金属制品、机械和设备修理业产值位居规模以上工业分行业第三位，完成工业总产值61.13亿元。全行业拥有资产66.34亿元，完成主营业务收入60.98亿元，实现利润总额3.74亿元，创利税总额4.54亿元，年平均用工0.57万人。该行业有规模以上工业企业9家，均为航空航天器修理业，其中大中型企业3家。该行业产值上10亿元的企业有2家，外商投资及港澳台商投资企业8家。

【通用设备制造业】 2020年，湖里区通用设备制造业完成工业总产值54亿元。全行业资产总计60.22亿元；完成主营业务收入50.62亿元，实现利润总额7.68亿元，创利税总额8.02亿元，年平均用工1.39万人。该行业有规模以上工业企业14家，其中大中型企业2家；有外商投资及港澳台商投资企业4家，完成产值49.64亿元，占全行业的91.9%。

【纺织服装服饰业】 2020年，湖里区纺织服装、服饰业拥有规模以上工业企业21家。其中，机织服装制造企业16家，针织或钩针编织服装制造企业4家，服饰制造企业1家；从企业规模上看，该行业有3家大中型企业。该行业年末固定资产原价7.42亿元，全年平均用工8903人；全年完成工业总产值38.95亿元，实现主营业务收入28.29亿元，利润总额2.66亿元，创利税4.91亿元。外商投资及港澳台商投资企业有9家，拥有固定资产原价6.71亿元，完成工业总产值34.44亿元，实现主营业务收入23.71亿元，分别占该行业的90.4%、88.4%和83.8%。

【专用设备制造业】 2020年，湖里区专用设备制造业完成工业总产值35.29亿元，拥有资产50.69亿元，完成主营业务收入29.71亿元，实现利润总额2.86亿元，创利税总额3.69亿元，年平均用工约4900人。该行业有规模以上的工业企业19家，其中，大中型企业4家；有产值上亿元企业5家，完成产值27.26亿元，占该行业的77.2%。

【仪器仪表制造业】 2020年，湖里区仪器仪表制造业完成工业总产值12.36亿元，拥有资产总计13.75亿元，完成主营业务收入11.47亿元，实现利润总额1.78亿元，创利税总额2.11亿元。

【农副食品加工业】 2020年，湖里区农副食品加工业年末资产总计7.49亿元，完成工业总产值12.08亿元，实现主营业务收入11.93亿元，实现利润总额0.69亿元，创利税总额0.81亿元。

【非金属矿物制品业】 2020年，湖里区非金属矿物制品业完成工业总产值10.94亿元。全行业拥有资产14.72亿元，完成主营业务收入10.93亿元，实现利润总额1.02亿元，创利税总额1.40亿元。

【皮革、毛皮、羽毛及其制品和制鞋业】 2020年，湖里区皮革、毛皮、羽毛及其制品和制鞋业完成工业总产值7.91亿元。全行业拥有资产5.82亿元，完成主营业务收入7.47亿元，实现利润总额0.76亿元，创利税总额0.87亿元。

【金属制品业】 2020年，湖里区金属制品业完成工业总产值7.4亿元。全行业拥有资产9.25亿元，完成主营业务收入7.42亿元，实现利润总额1.02亿元，创利税总额1.40亿元。

（陈豪伟）

工业园区

【概况】 湖里工业园区管委会负责湖里创新园、安溪工业园、厦门两岸集成电路产业园3个在管园区的开发建设、管理服务和园区党建等工作。2020年，园区管委会一手抓疫情防控，一手抓经济建设，推动园区经济发展。园区获省级劳动和谐单位、示范性“青年之家”等称号，湖里创新园创新驿站被评为省级人才驿站示范站。

【园区改造提升】 2020年，湖里创新园“互联网＋平安园区”一期工程完成138路监控安装并完成初步验收，“停车场管理系统整合”项目完成48个地块的道闸安装和园区外围道闸系统整合；累计补植种树721平方米，清除杂草3.92万平方米，改造景观带7处，修缮路段7处。厦门两岸集成电路产业园完成双创芯火基地的提升项目建设，推动8号、12号、17号楼公共部分装修改造工程，扩大园区招商空间。安溪湖里工业园6条内部道路投入使用，横贯园区的206省道完成拓宽改造，园区供水供电设施完成改造。

【园区管理】 2020年，湖里工业园区管委会完善湖里创新园的工作推进会、政银企对接会等6项制度；实行“大物业”网格化管理。加强与厦门科技产业化集团有限公司、区国投集团沟通协调，促进厦门两岸集成电路产业园提升，综合服务管理中心对外服务。加强与天地公司沟通协调，推进安溪湖里工业园的转型发展。

【园区服务】 2020年，湖里工业园区管委会依托党群中心、创新驿站、创享天地、天地雅园四大平台，实施“大物业”管理。党群中心通过网格化管理，为园区基层党建提供服务。园区建成党建网格片6个、楼宇党员联络站76个、企业党员联络点420个，配备非公党建工作指导员12名、兼职党建联络员420名；创新驿站内设公共法律服务站、工商调解室等，为园区企业创新、创业提供硬件支撑；创享天地外围有400米标准跑道，内设羽毛球场、乒乓球场，每周一有免费瑜伽课为园区人舒心解压；天地雅园拥有800套高标准、拎包入住的白领公寓，其中100套公寓为人才公寓，专门为符合湖里区以及园区相关人才政策的员工解决住宿问题，每月可享受最高3000元的租金补贴。

开展“人到、心到、服务到”重点企业服务活动，服务“三高”企业53家。开展引才工作，举办“留学人才对接会”和“留厦青春创享未来·新鹭英才”座谈会，搭建留学人才直通车。推进园区33家基层单位2919名职工参加医疗互助保障，帮助参保生病员工申领全额补助款17.51万元。依托创新园共享职工之家开展法律咨询。厦门两岸集成电路产业园一站式服务中心，为创业初期企业解决企业注册登记问题；为园区企业举办市级“双百计划”申报宣讲会、芯讲堂培训会、科技金融政策宣讲会、银企对接会、产品路演等活动13场。

【湖里创新园】 湖里创新园位于厦门本岛东北部，总规划面积1.8平方千米，园区总体布局结构为商务配套中心、商务运营区、技术研发区、生活配套区。园区重点发展企业总部、营运中心、产品展示中心、结算中心、企业科技研发基地以及科技、创意服务业等。2020年，园区建成项目60个，入驻企业6122家，其中上市企业15家，国家高新技术企业53家，“三高”企业50家，从业人员6.2万人。研发结算产业、信息技术产业、创意设计产业三大主导产业稳步发展。

【厦门泉州（安溪）经济合作区湖里园】 厦门泉州（安溪）经济合作区湖里园由湖里区与安溪县共同开发建设。建成厂房总建筑面积30万平方米，其中，标准厂房13万平方米，企业自建厂房17万平方米。主次干道6千米、商业配套及宿舍楼3万平方米。2020年，该园入驻企业28家，总投资36亿元。

【厦门两岸集成电路自贸区产业园】 厦门两岸集成电路自贸区产业园坐落在自贸区机场北片区劲美源通仓储物流园内，毗邻机场，地理位置优越。园区内有24栋楼，总建筑面积7.8万平方米。园区拥有包括集成电路产品保税交易中心、集成电路研发设计试验中心、集成电路设计企业孵化器、集成电路众创空间、集成电路产业人才实训中心、两岸（厦门）微纳电子研究院等六大产业功能区。2020年，集成电路产业园完成注册企业218家，注册资金18.28亿元，实际入驻企业160家。完成集成电路孵化器、集成电路产品测试中心、集成电路保税交易中心、集成电路人才实训中心框架建设。集成电路保税交易公共服务平台达成交易610笔，金额7912万元；集成电路产品测试服务认证平台测试660家次，服务时长2355小时。

（王佳宁）

交　通

【概况】 2020年，湖里区形成以海运为重点，以沿海港口为枢纽，以国道干线公路为主骨架，空运、水运、公路、铁路相配套的交通网。辖区内有4个港口、4座大桥、1座海堤、1个隧道出口以及1个铁路货运站，形成一环、四横、六纵的市区主干道。为弥补公共交通的不足，辖区开通14条社区公交线路，2条地铁线路、1条快速公交线路经过辖区。位于湖里高崎的厦门空港为全国第四大口岸机场，是连接东南亚和日韩的重要航空枢纽。

【轨道交通】 2020年，厦门轨道交通有2条线路经过湖里区。轨道交通1号线起于思明区镇海路站，终于集美区岩内站，全长30.3千米，在辖区境内设置高崎、吕厝等6个站点；2号线起点自湖里区五缘湾站终至海沧区天竺山站，全长41.6千米，在辖区内设置五缘湾、吕厝等11个站点。

（张宪敏）

【425路社区公交开通】 2020年8月1日，425路社区公交开通。路线全长3.3千米，首站是嘉福社区，末站是中埔公交站，途径殿前街道的北站社区、高殿社区、高崎T3航站楼，上行4个站点，下行6个站点，投入车辆4辆。该条线路解决殿前街道区域内公交运力不足问题。

（王晓兰）

【海运码头】 2020年，湖里区有国际邮轮中心、东渡码头、海天码头、象屿码头以及五通海空联运码头5个主要客货运输码头。其中，海天码头、象屿码头、东渡码头为货运码头，东渡国际邮轮中心、五通海空联运码头为客运码头。

【高崎国际机场】 2020年，厦门高崎国际机场拥有1条3400米长跑道和2条平行滑行道及10条联络道；停机坪总面积77万平方米，停机位89个；T3候机楼建筑面积12.98万平方米，T4候机楼建筑面积10.8万平方米；开通境内外航线182条，其中，境内航线145条，国际及地区航线37条。

（张宪敏）

物 流 业

【概况】 2020年，湖里区有物流企业3089家、约占全市的56.35%。实现营业收入451.75亿元，比上年下降8.4%。年营业收入100亿元以上企业1家、10亿元以上企业3家、1亿元以上企业32家。东渡临港物流产业区由东渡港区、保税物流园区、象屿保税区一期、象屿保税区二期和航空港工业与物流园区5个片区组成，面积约7.8平方千米，其中象屿保税区一期的面积0.64平方千米、二期1.55平方千米，保税物流园区面积0.7平方千米，航空港工业与物流园区面积3平方千米，海天与象屿码头作业区1.9平方千米。受新冠肺炎疫情影响，以厦门航空为代表的航空物流业营业收入比上年下降40%以上，倒拉全区经济增长。湖里区跟踪厦门航空客货运业务开展情况，加强对火炬集团物流、泰达空运等118家多式联运、装卸仓储类物流龙头企业的跟踪对接，确保高增长的平稳性、持续性。

（戴静静）

【物流企业规模】 2020年，湖里区物流企业中，大型企业1家，中型企业6家，小型企业92家，微型企业2990家（按从业人数划分）。辖区物流企业以小微型企业为主，占全部物流企业的99.75%。物流从业人员按规定缴纳医社保超

2020 年湖里区物流企业常见业态一览表

表 7　　　　单位：家

国民经济分类	常见业态	企业数量	行业分类
交通运输业	铁路运输业	7	铁路货物运输
			铁路运输
	道路运输业	2481	道路运输业
			城市公共交通运输
			道路货物运输
			道路运输辅助活动
	水上运输业	58	水上货物运输
			水上运输辅助活动
	航空运输业	11	航空客货运输
			通用航空服务
			航空运输辅助活动
	管道运输业	4	海底管道运输
			陆地管道运输
仓储业	装卸搬运和仓储业	249	装卸搬运和仓储业
			危险品仓储
			农产品仓储
邮政业	邮政业	108	邮政业
			邮政基本服务
			快递服务
			其他寄递服务
货运代理业	货运代理业	171	代理服务

过 11.6 万人。

（张宪敏）

商贸服务业

【概况】 2020 年，湖里区出台《关于促进湖里区 2020 年商贸业稳定增长的指导意见》，鼓励培育龙头批发零售企业、社会消费品零售龙头企业、龙头餐饮住宿企业。开展消费提振行动，鼓励网上购物、直播带货、云逛街等消费新模式，推出消费福利，策划开展“2020 湖里夜间经济活动”。年内，实现限上批发零售总额 7808 亿元，比上年增加 1774 亿元，增幅 29.4%，高于厦门市增幅 1.3 个百分点。全年社会消费品零售总额 472.94 亿元，比上年增加 46 亿元，增幅 0.2%，高于福建省增幅 1.6 个百分点。其中，限额以上 277.86 亿元，增幅 2.2%；限额以下 195.08 亿元，比上年下降 2.5%。全年零售额超亿元的批发零售贸易企业 54 家，合计零售额 233.96 亿元，增加 16.88 亿元，比上年上升 7.8%；零售额超千万元的住宿餐饮企业 31 家，合计零售额 9.63 亿元，比上年下降 9.3%。

（黄灵玲）

【限额以上批发零售业】 2020，湖里区有限额以上批发零售企业 554 家，其中批发企业 406 家、零售企业 148 家。年底从业人员 24809 人，其中批发业 14640 人、零售业 10169 人；购进额 7628.33 亿元，其中批发业购进额 7420.42 亿元、零售业购进额 207.91 亿元；商品销售额 7894.55 亿元，其中批发销售额 7662.96 亿元、零售额 231.59 亿元；服务营业额 10.35 亿元，其中批发服务营业额 5.25 亿元、零售服务营业额 5.1 亿元。

【限额以上住宿餐饮业】 2020 年，湖里区限额以上住宿餐饮业有法人企业 107 个，其中住宿法人企业 50 个、餐饮法人企业 57 个。年底从业人员 9494 人，其中住宿业从业人员 5539 人、餐饮业从业人员 3955 人。全年营业额 18.98 亿元，其中住宿业营业额 11.39 亿元、餐饮业营业额 7.59 亿元。

【商贸企业安全管理】 2020 年，湖里区商务局出动检查人员 116 人次，复核排查大型商场、超市、专业市场 79 家次，加油站 26 家次；配合市商务局开展市区两级安全联合检查 8 次，配合区反恐办开展反恐怖安全工作督导检查 4 次，联合相关部门开展安全检查 5 次，累计发现各类安全生产隐患 13 处，年内全部整改完毕。

【农贸市场改造】 2020 年，湖里区商务局联合区市场监督管理局对辖区农产品交易场所产权和市场经营管理者情况进行梳理，制订农贸市场改造工作 3 年规划，高林市场、濠头市场、马垅市场、乌石浦市场、殿前市场、塘边市场等 6 个农贸市场纳入农贸市场改造项目，其中高林、濠头、乌石浦、塘边 4 家市场完成改造，投入营运。农贸

2020年8月21日，湖里魅力购第二期活动举行启动仪式　（区商务局　供图）

市场提升改造后，解决市场内部脏、乱、差问题，环境卫生改善，功能区划分规范合理。

【专项资金兑现】 2020年，湖里区兑现3家企业高质量发展扶持资金300万元；109家企业134个项目兑现2019年度商贸业扶持政策奖励金额约2200万元；市商务局完成商贸流通和生活服务业专项资金兑现工作，湖里区有20个项目获得奖励1352万元；市商务局完成电子商务发展资金申报初审，湖里区有14个项目申报该项奖励466.81万元；收集疫情期间需金融支持、贷款贴息的企业名单信息，上报市商务局资金需求，收集批发零售、餐饮、外贸企业信息58家。

【湖里魅力购】 2020年5月1日至6月30日、8月21日至10月31日，湖里区举办2期魅力购活动。活动串联政府补贴、支付宝平台优惠补助、银行专场活动、各活动商圈优惠活动等，各类消费补贴总金额超1200万元，商圈百货、零售、餐饮等行业领域的优质商家品牌参与。

（黄灵玲）

【粮食应急体系建设】 2020年，湖里区发改局制订《厦门市湖里区粮食应急预案》和《湖里区粮食应急演练方案》。完成全区36家粮食应急网点认定工作，开展粮食应急演练，落实粮食安全行政首长责任制。举行纪念世界粮食日四十周年文艺演出。

（黄汉杰）

厦门自贸区

【概况】 2020年，厦门自贸区新增注册企业2727家，注册资本157.34亿元。其中新设企业1779家，注册资本101.76亿元；迁入企业948家，注册资本55.58亿元，外资59家，注册资本11.73亿元，合同利用外资9.73亿元。

【基金小镇建设】 2020年，湖里区联合自贸委、市金融监管局在厦航古地石商务广场打造基金小镇首期试点，共同出台《厦门自贸区基金小镇股权投资类企业发展办法》，采取政府购买服务方式引入第三方运营机构。截至年底，基金小镇累计注册备案基金产品61只，基金规模92.65亿元；实际入驻基金管理人和其他投资机构14家。

【平台经济培育】 2020年，湖里区联合自贸委探索培育“灵活用工”等平台经济。成立平台经济协调服务小组，多次赴北京、上海、杭州等地专题考察，制订平台经济招商工作规范、制度和扶持政策。年内，筛选浙江省商务服务中心、越满数据科技（上海）有限公司、北京博纳德科技有限公司、一木兑（上海）科技有限公司等企业作为首批平台项目启动试点。

（黄灵玲）

古地石基金小镇（2020年摄）　（图片来源：湖里头条）

财政·税务

财　政

【概况】 2020年，湖里区公共财政总收入259.34亿元，比上年上升8.51%。其中，区级公共财政收入51.05亿元，比上年上升2.93%，完成调整后预算的104.03%。其中，税收收入45.36亿元，比上年下降0.6%，其中，个人所得税上升59.38%、企业所得税下降22.2%。区级一般公共预算支出86.32亿元，完成预算调整数的100.4%，上级专项及上年结余支出2.84亿元，合计全区一般公共预算支出89.16亿元。

【财政监管】 2020年，湖里区印发《中共湖里区委办公室　湖里区人民政府办公室关于贯彻落实过紧日子加强预算管理的通知》，加强支出“负面清单”管理，压减一般性支出，区直部门公用经费和业务费，在年初预算平均压减5%的基础上，再压减10%，精简公务活动费用，合计压减3530万元。推进零基预算管理，监管部门预算整体执行情况。推进预算绩效评价及绩效管理工作，落实“花钱必问效，无效必问责”绩效管理机制，将绩效评价结果与零基预算改革相结合，完善能增能减、有保有压的支出机制。

【财政支出】 2020年，湖里区财政支出89.16亿元。其中，支出位于前三的分别为：资源勘探信息等支出340774万元，教育支出146787万元，城乡社区支出141085万元。

疫情防控资金投入　湖里区疫情防控资金累计支出12819.73万元。其中，下达区工信局中央财政支持应急物资保障体系建设补助直达资金1776万元，与国药集团合作建立区应急物资保障体系；下达区疾控中心公共卫生体系建设和重大疫情防控救助体系建设补助直达资金170.5万元，用于提升疫情防控能力。

东部旧村改造资金投入　通过争取上级拨款、发行专项债券、压缩一般公共预算支出、清理盘活财政存量资金等渠道筹措东部旧村改造资金190.84亿元。每月依据项目推进实际情况，科学编制征收资金用款计划，集中支付系统将下达的征收资金直接拨付至被征收人账户，年内支出182.74亿元。

城区建设资金投入　湖里区城区建设支出14.25亿元。其中，下达老旧小区改造专项经费1598万元，完善小区管理机制和社会治理体系，提升老旧小区居住品质；下达区污水处理设施建设专项经费2.6亿元。

民生事业资金投入　湖里区用于民生保障的资金投入26.94亿元。其中，教育支出14.68亿元，新开办2所公办幼儿园、3所学校，回购2所幼儿园转为区公办幼儿园，累计新增学位5466个；社会保障和就业支出7.95亿元，推进社会福利中心、人力资源和法律服务中心建设，落实低保救助、临时救助、医疗救助、残疾人居家护理救助等各类救助政策，兑现促进就业优惠政策；文化旅游体育与传媒支出6120万元，推进马垅、濠头、南山、海天、后埔社区等第六批基层综合文化服务中心提升达标建设，推动湖里区文化馆、图书馆总分馆建设，开展“悦游·湖里”系列文化旅游活动，举办2020亚洲社会设计展、中国当代好设计展、红点概念设计展，组织厦门文化产业年度风云榜、厦门市文化和自然遗产日专场活动等，推广开展全民阅读、全民健身等活动；卫生健康支出4.13亿元，推进医疗卫生基础建设，夯实卫生人才引入、医疗机构建设提升等基础工作。

【国库集中支付】 2020年，湖

里区通过国库集中支付系统支出83953笔169.45亿元，其中：直接支付21262笔28.27亿元；授权支付62691笔141.18亿元。公务卡结算制度覆盖全区各行政事业单位，全区预算单位公务卡消费报销4824笔，消费金额406.51万元。全年国库集中支付中心代发工资57721人次7.91亿元。全年发放住房货币化补贴135人1379万元。

【工程项目预结算审核】 2020年，湖里区财政审核中心完成区财政性投融资建设工程预结算审核项目175个，送审值499511.82万元，审核值430458.45万元，核减值69053.37万元，核减率13.71%。其中：审核工程决算项目121个，送审值188247.43万元，审核值150107.39万元，核减值38140.04万元，核减率20.26%；审核工程控制价项目54个，送审值311264.39万元，审核值280351.06万元，核减值30913.33万元，核减率9.93%。

【专家会审机制建立】 2020年，湖里区财政局组建征地拆迁项目评估专家库，随机抽取3名专家进行评估项目现场会审。全年累计完成评估报告收件及评估报告审核131项，送审金额4.45亿元，审核金额4.01亿元，核减率9.77%。

【竣工财务决算】 2020年，湖里区财政局开展竣工财务决算工作，召开2次培训会，提前介入一对一指导各建设单位报送竣工财务决算材料，确保财政性投融资项目资产及时入账，核销建设资金，形成固定资产。全年审核项目16个，涉及金额4.45亿元。

【企业服务】 2020年，湖里区累计兑现各类企业优惠政策扶持资金7.7亿元，缓解辖区企业在疫情影响下的资金困境。推动企业上市2家，跟踪服务进入证监会受理阶段的上市后备企业3家；推动厦门市江平生物基质技术股份有限公司等6家企业通过审核入选“2020年度省重点上市后备企业”。设立中小企业融资增信基金，帮助企业降低融资成本，累计为299家小微企业提供总额3.98亿元的增信支持；鼓励辖区融资担保机构对中小微企业降低担保和再担保费率，全年兑现担保费补贴160.03万元；开展应急周转金放贷，全年为辖区38家企业申请使用应急还贷资金4.76亿元；落实贷款贴息政策，分6批次为256家困难行业小微企业贷款贴息1455.81万元。

【政府采购监管】 2020年，湖里区财政局改革代理机构选择机制，人工抽取代理机构方式变为系统随机抽取；简化政府采购控制价审核程序和投标保证金的缴退手续，取消区小额建设工程预选承包商制度，将100万～200万元小额工程及货物和服务招标统一纳入政府采购环节。年内，湖里区政府采购预算255873.38万元，实际采购236434.41万元，节约率8%。其中，工程类采购预算221648.29万元，实际采购204821.42万元，节约率8%；服务类采购预算23447.87万元，实际采购21612.12万元，节约率8%。

【金融产业培育】 2020年，湖里区财政局先后调研两岸金融中心湖里片区指挥部、自贸区、英蓝国际金融中心、万科产业招商部、中金公司等政府和社会金融管理招商部门，编写《湖里区金融业“十四五”发展规划》。出台《基金小镇扶持政策实施细则》，修订《两岸金融中心湖里片区扶持政策》；建立联合招商机制，策划和引进更多高能级金融项目。加快发展金融楼宇经济，推进古地石基金小镇和英蓝国际金融中心等高端楼宇金融招商。

【金融风险防范化解】 2020年，湖里区财政局出台《2020年湖里区涉众型经济金融风险专项排查整治工作方案》《厦门四方乾金融技术服务有限公司风险应急处置预案》《聚了呗（厦门）网络科技有限公司应急处置预案》《厦门懒人金服科技有限公司风险应急处置预案》等制度文件，建立联动工作机制，做好属地维稳。全年排查12378家类金融企业，并聘请会计师事务所和律师事务所等第三方机构排查检查企业211家。联合湖里公安分局、区市场监管局等单位检查重点金融风险企业50家；开展辖区“黑灰产”企业联合排查整治行动，检查相关风险企业27家。

【防范非法集资宣传】 2020年，湖里区财政局围绕“守住钱袋子，护好幸福家”的主题，制作宣传折页及宣传海报，拍摄“动漫小视频”和“微电影”，开展防范非法集资宣传月活动。为征地拆迁等群体提供金融保障服务，守住征地拆迁群众的钱袋子为重点，结合科学理财、扫黑除恶专项斗争等内容，全年开展集中宣讲活动58场，受众1.94万人次。

【建设项目竣工财务决算专项培训会】 2020年10月16日，湖里区财政审核中心组织召开全区建设项目竣工财务决算专项培训会。培训会邀请厦门市财政审核中心2位专家授课。全区各建设单位、代建单位、区属国有企业负责竣工财务决

2020 年 10 月 16 日，湖里区财政审核中心在区政府信访大楼举办湖里区财政性建设项目竣工财务决算培训　（区财政局　供图）

算的工作人员以及区财政局负责竣工财务决算审核、批复相关工作人员 100 人参加培训。

【政府采购系统操作培训】 2020 年 12 月 30 日，湖里区举办政府采购意向公开工作专题培训会，会议邀请博思数采科技发展有限公司专家林建露讲解政府采购意向公开的操作流程。全区各预算单位从事政府采购工作的负责人、业务经办人员及区财政局全体工作人员 160 人参加培训。

（苏丽缎）

税　务

【概况】 截至 2020 年年底，国家税务总局厦门市湖里区税务局（简称湖里区税务局）有管户 17.47 万户，其中，正常开业户 13.45 万户、一般纳税人 4.4 万户，分别占全市总户数的 25.26%、28.99%。是年，湖里区税务局组织各项收入 158.21 亿元，其中，税收直接收入 111.64 亿元，非税收入 46.57 亿元。

【税收征管】 2020 年，湖里区办理 2019 年度个税汇算清缴申报 22.37 万人；办理 2019 年度企业所得税汇算清缴企业 8.65 万户，19 户次居民企业享受税收协定待遇减免税 1829 万元，3 户次非居民企业以分配利润直接投资 4.99 亿元、享受递延纳税 4990 万元；85 户次享受增值税增量留抵退税 4.72 亿元；制发《土地增值税责任制管理办法》，规范地方性减免税管理。完成纳税评估 210 件，查补税款 3.18 亿元，调减企业所得税弥补亏损额 3.88 亿元；规范出口税收函调工作，处理函调复函 113 份。

【减税降费】 2020 年，湖里区税务局落实支持疫情防控和经济社会发展税费优惠政策，为 19789 户次纳税人减免增值税 2.42 亿元，为 20 户次纳税人减免房产税 6056.85 万元、城镇土地使用税 122.18 万元。3228 户次纳税人延期申报，76 户次纳税人延期缴纳税款 5947.61 万元，为 60099 户减免社保费 18.03 亿元，9630 户次延期缴纳社保费 2.61 亿元。是年，2257 户次纳税人申报出口退（免）税，办理出口退税 4.94 亿元，享受免抵税额 8.19 亿元。

【公职律师服务室设立】 2020 年 5 月 13 日，湖里区税务局设立公职律师服务室，配有公职律师 3 名、法律顾问 2 名，每月开放公职律师服务日。全年法制审核重大执法决定 60 件，审查重大合同及信息公

2020 年 8 月 3 日，湖里区税务局到商场开展政策宣讲。图为税务人员在 SM 商场餐饮店向小微企业负责人讲解小微企业相关税收政策　（陈海敏　摄）

开告知书合法性 40 份。

【税收治理】 2020 年 11 月 27 日，湖里区税务局上线新版行政执法信息公示平台和执法音像记录管理平台。在金税三期系统中嵌入重大执法决定法制审核，提升金税三期数据完整率、一致率、标准率，全年“三率”指标均为 100%。是年，清理网络发票，清理进度 96.46%。完成 112 批次 7021 户次风险任务，查补税款及滞纳金 4.35 亿元，中高风险命中率 98.48%。

【纳税信用体系完善】 2020 年，湖里区税务局推出“全面开展、完善修复、落实奖惩、跟踪服务”的“四层级”纳税信用评价模式。完成 2019 年度纳税信用评价，评定纳税人 104806 户，其中 A 级纳税人 6498 户，比上年上升 63.43%。加强涉税专业服务机构核实管理，纳入实名制监管 717 户。完成当年出口企业分类评定工作，评定一类企业 24 家、二类企业 195 家、三类企业 144 家、四类企业 4 家。

【非接触式办税】 2020 年，湖里区税务局推行预约办、网上办、自助办、邮寄办非接触式办税方式，实现全流程网上办理 218 项、线上线下融合办理 19 项，网上纳税申报占 98%，实现社保减免一键申报、无须审批。推行涉税文书网上送达，签约率 98.7%，送达文书 8.92 万份。发票网上申领超过 93%，发票网上代开占 84%。

【纳税服务】 2020 年，湖里区税务局落实纳税服务规范 3.0 版，“最多跑一次”事项超 90%，新增 20 项业务同城通办，推动企业开办涉税事项“五减”（减事项、减表单、减资料、减流程、减操作）办理。建立个税咨询专线小呼中心，开通防疫情“12366”绿色通道，接听纳税咨询 6.2 万个；推出直播课堂 16 场、覆盖用户 5600 户次；联合社区街道、园区商圈开展定制讲堂 14 场，覆盖 5080 人次。落实千户集团首席联络员制度，为 8 家企业编写“一户一策”个性化服务手册。针对企业重组、跨区域经营和股权转让等交易事项提供专项辅导，推荐 7 家企业入选市级列名企业。

2020 年 4 月 1 日，湖里区税务局成立“护航外贸　助力发展”党员突击队，服务“外向型”经济企业。图为税务部门到厦门金龙旅行车公司进行税收政策辅导

（钱晓筱　摄）

【税务助力经济发展】 2020 年 2 月，湖里区税务局组建税收分析工作团队，健全完善联合分析和数据保障机制，提取统计 48 张报表 50 万条数据，对重点行业、外贸企业、龙头企业开展调研分析，参与起草分析报告 12 篇。推出“双千亿”项目、“三高”企业及招商服务等团队，鼓励发展平台型经济新业态，76 家影视文化企业落户，营业收入 32701 万元，上缴税款 2576 万元。

【税收营商环境优化】 2020 年 7 月 1 日，湖里区税务局在湖里区行政服务中心开设企业开办专窗，线下企业开办实现与市场监督管理部门联动审批、一窗通办；畅通线上企业开办“一网通”平台，实现“一网提交、一次交互、数据共享、信息互认、零面审批”，累计接入新户 26232 户，为 2795 户纳税人邮寄“税务事项通知书”或增值税发票开票软件设备。建立健全办税服务“好差评”管理制度，指定专人进行差评核实、整改和回访工作，确保纳税人评价渠道畅通。筛选 50 家重点企业开展纳税人满意度测评走访，辅导辖区 141 户企业完成全国营商环境测评。在全市 2020 年纳税人满意度调查中，湖里区税务局获 98.36 分。

（陈海敏）

教　育

综　述

【概况】 2020年，湖里区新开办7所公办校（园），新增义务教育及学前教育学位5466个。截至年底，拥有各级学校216所。学校总占地面积180.38万平方米。学年初招生29046人，在校学生110405人。有教职工11350人，其中专任教师8220人。召开建区以来首次全区教育大会，推出教育“十大重点项目工程”；成立湖里实验小学教育集团；首创校园周边警示岗位牌机制，建立校园周边治理工作联席会议制度；完成湖里区落实全市教育大会的民生补短板“5+2”教育建设项目的年度开工目标。7所学校被认定为厦门市首批中小学劳动教育示范学校。全年教育支出14.68亿元。

【责任督导案例获奖】 2020年，在福建省中小学幼儿园责任督学挂牌督导工作优秀案例评选中，湖里区获奖案例5篇，其中二等奖3篇、三等奖2篇。在厦门市中小学幼儿园责任督学挂牌督导工作案例评比中，湖里区选送19篇案例全部获奖。其中，中小学督导案例获一等奖3篇、二等奖6篇；幼儿园督导案例获一等奖3篇、二等奖2篇、三等奖5篇。

【考试工作】 2020年，湖里区组织考区24310名考生参加普通中、高考，高职分类、扩招，外语口语等10场综合性考试。实现“考务组织零失误、试卷管理零泄密、考场考生零违纪”的平安目标。

【教育扶贫】 2020年，湖里区开展教育扶贫专业技术人才培训1917人次；先后派出5批教师到甘肃省临夏州东乡县支教。其中，为期1年支教2人次，为期1个月支教14人次，为期5天的普通话培训2人次，分2批25人次赴临夏州结对学校，开展为期7天线下交流活动；临夏州分别派出3批教师到湖里区开展线下交流，13所结对学校分2批13人次到湖里区跟岗学习，为期3天线下培训20人次。

【校舍安全隐患排查】 2020年4月1—30日，湖里区教育局联合5个街道，组织技术专家，对全区公、民办中小学校和青少年校外体育活动中心等53个单位，开展校舍安全隐患大排查。区房屋安全隐患排查专家组核查学校13所，形成专家组检查意见15份，截至年底，所有隐患全部完成整改。

【首次湖里区教育大会】 2020年6

2020年6月27日，湖里区首次全区教育大会在区行政中心召开

（区教育局　供图）

月 27 日，湖里区委、区政府组织召开建区以来首次全区教育大会。市委教育工委书记、市教育局局长郭献文，区委书记龚建阳出席会议并讲话。区各相关部门负责人，区属公、民办中小学以及幼儿园负责人等 140 人参加会议。该教育大会学习贯彻落实全国、全省、全市教育大会精神；分析研究全区教育工作面临的新形势、新任务；部署“教育大提升”工作；动员全区上下为加快建设现代化教育强区、办好人民满意教育而奋斗。

2020 年 11 月 3—7 日，湖里区部分中小学校长到深圳南山区考察集团化办学

（区教育局　供图）

【全市首创警示岗位牌机制】 2020 年 9 月 14 日，湖里区校园周边整治警示牌揭牌仪式在安兜社举行。副区长蒋晓民、区委文明办主任傅芳槐、区教育局局长吴雪慧等共同揭牌。湖里区在全市首创校园周边警示岗位牌机制，通过网格化管理，加强相关部门之间的信息沟通和相互协作，落实校园周边安全管理措施，确保学校周边安全稳定有序。

【校外培训机构年检】 2020 年 10 月，湖里区教育局安排 14 名责任督学、14 名机关中层领导、42 名机关干部挂钩辖区内批办的 42 所校外培训机构，实现全区培训机构网格化精准指导。责任督学和挂钩干部多次到培训机构检查并评分，发现问题限期整改。经评估，42 家培训机构年检评估均合格。

【高校引才】 2020 年 10 月 22 日，湖里区教育局教师招聘工作小组赴湖南师范大学等高校面向毕业生招聘教师 76 名，其中招聘中学教师 52 名、小学教师 24 名。研究生学历占 59.2%，本科学历占 40.8%；浙江大学、武汉大学、厦门大学、华中师范大学等教育部直属重点高校毕业生占 61.8%；南京师范大学、湖南师范大学等省外一本师范院校毕业生占 38.2%。

【中小学校长到深圳南山区考察】 2020 年 11 月 3—7 日，湖里区公办和民办中小学校长 50 人参加在深圳市南山区举行的教育考察。主要考察深圳蛇口育才教育集团育才二小、南山文理教育集团文理学校、南山实验教育集团南头小学和南海中学、南山外国语学校集团科华学校 5 所优质集团化学校。南山区教科院教师研训部部长银艳琳，南山区政协副主席、教育局局长刘根平，华东师范大学教授、教育部中学校长培训中心副主任刘莉莉分别分享集团化办学的管理经验。

【校园周边治理】 2020 年 12 月 9 日，湖里区教育行业领域专项整治工作现场推进会在教师进修学校第二附属小学召开。出台《湖里区学校管理及校园周边治理工作联席会议制度》，采取一校一策、一园一策、一策一案的方式，全市首创校园周边警示岗位牌机制，多部门联动开展校园周边 200 米范围内环境专项整治，涵盖治安情况、食品卫生、交通状况等七大类问题。截至 12 月底，开展 3 轮校园周边问题排查，查出问题隐患 128 处，处理 106 处。

【华东师范大学希平双语学校落户】 2020 年 12 月 27 日，华东师范大学希平双语学校举行开工仪式。该学校坐落于湖里区吕岭路与金尚路交叉口东南侧，毗邻忠仑公园，由华东师范大学与厦门恒兴集团联合创办，是一所含幼儿园、小学、初中和高中的十五年一贯制学校。华东师范大学副校长戴立益、恒兴集团董事长柯希平，市、区相关领导出席开工仪式。

【中小学法治副校长选聘】 2020 年 11 月 9 日，湖里区人民检察院联合湖里区教育局在金林湾实验学校举办湖里区中小学法治副校长聘任仪式。区检察院领导及未检干警 8 人受聘担任辖区金林湾实验学校、龙湫亭实验学校、安兜小学、蔡塘学校、外国语学校湖里分校、湖里中学、禾山中学、东渡第二小

2020 年 11 月 9 日，湖里区中小学法治副校长聘任仪式在金林湾实验学校举行

（湖里区人民检察院　供图）

学 8 所中小学的法治副校长。

（安　柯）

学前教育

【概况】 2020 年，湖里区新开办龙湫亭幼儿园、湖里第二实验幼儿园 2 所公办幼儿园，新增学前教育学位 900 个。截至年底，有幼儿园 164 所。学年初招生 18050 人，在园 37930 人。有教职工 5377 人，其中，专任教师 2805 人，占教职工总数的 52.17%。学校占地面积 34.42 万平方米，其中，绿化用地面积 4.61 万平方米，运动场面积 13.15 万平方米；校舍建筑面积 33.17 万平方米。截至年底，有省、市、区级示范园 58 所，普惠性幼儿园 150 所，普惠率 91.46%。

【小区配套幼儿园治理】 2020 年，湖里区治理 5 所小区配套幼儿园。春季，完成背包熊幼儿园、五缘湾大地幼儿园 2 所幼儿园转普惠性幼儿园工作，新增普惠性幼儿学位 640 个；秋季，完成水晶森林大地幼儿园、乌石浦嘉裕幼儿园、裕发康桥幼儿园 3 所小区配套园的回购、移交和补建工作，3 所小区配套园办成公办园，新增公办幼儿学位 1170 个。

【新开办公办幼儿园】 2020 年，湖里区新开办 4 所公办幼儿园。

龙湫亭幼儿园　9 月开园。该园位于上湖洪塘安置房附近，属该安置房的配套幼儿园。占地面积 4281 平方米，建筑面积 5728 平方米，12 个教学班，可提供学前教育学位 360 个。当年入园 116 人，在园 116 人。有教职工 18 人，其中专任教师 11 人。

湖里第二实验幼儿园　位于乌石浦路南侧、兴山路东侧，总用地面积 6482 平方米，建筑总面积 1.46 万平方米，办园规模 18 个班，提供学前教育学位 540 个。9 月开园，开办 27 个班，入园 388

表 8

2020 年湖里区幼儿园基本情况一览表

		合计	公办	民办
园数（所）		164	41	123
班数（个）		1308	412	896
当年离园人数（人）		10237	3632	7750
当年入园人数（人）		18050	5919	12131
在园幼儿（人）	合计	37930	13309	24621
	其中：女	17204	6094	11110
	其中：少数民族	906	628	278
教职工（人）	合计	5377	1604	3773
	其中：女	5110	1566	3544
	园长	162	30	132
	专任教师	2805	965	1840
	专任女教师	2764	949	1815
	卫生保健人员	196	52	144
学校占地面积（平方米）	合计	344184	132190	211994
	绿化用地面积	46107	25438	20669
	运动场地面积	131469	51793	79676
校舍建筑面积（平方米）		331720	119223	212497

续表 8

			合计	公办	民办
教学及辅助用房（平方米）	合计		227773	77831	149942
	其中	活动室	152275	51446	100829
		卫生间	21082	7386	13686
		睡眠室	44855	16594	28261
		保健室	3136	743	2393
		图书室	6425	1662	4763
行政办公用房（平方米）	合计		19524	6331	13193
	其中：教师办公室		9151	3510	9151
生活用房（平方米）			28476	8732	19744
其他用房（平方米）			55945	26328	73617
图书藏量（册）			276280	164995	111285

人，在园 388 人。有教职工 56 人，其中专任教师 34 人。湖里第二实验幼儿园乌石浦分园原为湖里区嘉裕双语幼儿园（民办园），该园经区政府回购、整改转为公办园。办学规模 9 个班，提供学前教育学位 270 个学位。

厦门市禾盛幼儿园　9 月开园，该园位于五缘湾西侧，是一所隶属于湖里区教育局的区属公办幼儿园（原水晶森林大地幼儿园收归公办）。占地面积 1204 平方米，建筑面积 3182 平方米，办园规模 12 个教学班。是年入园 266 人，在园 266 人。有教职工 33 人，其中专任教师 20 人。

【省级示范园】　截至 2020 年，湖里区有省级示范园 10 所。

厦门康乐新村幼儿园　创办于 1995 年 9 月，2003 年 4 月，通过“福建省优质幼儿园”的评估，成为湖里区第一所省示范性幼儿园，并于 2008 年再次通过“福建省示范性幼儿园”评估，是一所全日制公办幼儿园。2020 年，该园设有 9 个教学班（小班 3 个、中班 3 个、大班 3 个），在园幼儿 270 人，教职工 42 人，其中，有专任教师 22 人，一级教师 4 人，二级教师 6 人，本科学历占专任教师总数的 55%。

2020 年 9 月 1 日开园的湖里区龙湫亭幼儿园　（区教育局　供图）

厦门市湖边花园幼儿园　开办于 2012 年，设有 12 个班，有 400 个学前教育学位的全日制公办幼儿园。2016 年 6 月通过“厦门市示范性幼儿园”评估，同年 12 月通过“福建省示范性幼儿园”评估。2020 年，有教职工 50 人，其中专任教师 34 人，在职教师本科及以上学历占 75%，有市级学科带头人、骨干教师 3 人，区级教坛新秀 5 人。完成《幼儿自发游戏中支持幼儿深度学习的实践研究》等 2 个省科学规划办立项课题立项与结题；教师论文、案例、岗位练兵等获省市区级奖项 101 个，全国核心期刊、CN 刊物发表论文 5 篇，96 名幼儿在市区级各项比赛中获奖。是福建省首批保教改革建设基地园、教育部幼儿园园长培训中心实践教学基地，被授予厦门市文明校园、厦门市依法治校示范校、厦门市青年文明号等称号。

厦门市湖里实验幼儿园　2014 年 9 月开园。该园占地面积 3900 平方米，拥有一体机教室 15 个。办园规模 15 个班，有幼儿 450 人，2019 年 2 月，幼儿园通过“福建省示范性幼儿园”评估。2020 年，该园有教职工 60 人，专任教师 37 人，其中，本科 18 人、专科 19 人；高级教师 1 人，一级教师 5 人，二级教师 8 人；市级骨干教师 1 人、市级骨干教师培养对象 3 人，区教坛新秀 1 人。2 项省级课题、1 项市级课题结题。

厦门市都市港湾幼儿园　占地

面积 4021 平方米，建筑面积 2658 平方米，设有 9 个教学班。该园于 2011 年 10 月开园，2016 年 2 月被确认为“福建省示范性幼儿园”。2020 年，该园有 18 个教学班，在园幼儿 661 人。有教职工 72 人，其中专任教师 42 人，专任教师大专以上学历占 98%，其中本科学历 64%，有高级教师 1 人，一级教师 7 人，二级教师 17 人；市级学科带头人 1 人、市级骨干教师 2 人，市级骨干教师培养对象 3 人，教坛新秀 1 人，区级骨干教师 2 人。课题成果获市区奖励 3 项，论文在 CN 刊物上发表 20 篇，获省市区级奖励或汇编 25 篇；案例、课例、微课、视频等获省、市、区奖励 40 篇；获市、区创新赛、岗位练兵等奖 14 人次；幼儿参加国家及省、市、区各项比赛获奖 61 人次。

（安　柯）

小学教育

【概况】 2020 年，湖里区新开办金林湾实验学校（九年一贯制）、龙湫亭实验学校 2 所学校，新增教育学位 4470 个。截至年底，全区有小学 49 所（不含九年一贯制），其中公办小学 31 所，民办小学 18 所，学年初招生 10325 人，在校学生 60778 人。有教职工 3667 人，专任教师 3292 人，占教师总数的百分之 89.77%。学校占地面积 71.89 万平方米，其中，绿化用地面积 15.67 万平方米，运动场地面积 27.06 万平方米，校舍建筑面积 46.49 万平方米。教学及辅助用房面积 27.74 万平方米。

【湖里实验小学教育集团成立】 2020 年 8 月 29 日，湖里区首个教

2020 年湖里区小学基本情况一览表

表 9

			合计	公办	民办
校数（所）			49	31	18
班数（个）			1336	899	437
毕业生数（人）			9637	6629	3008
招生数（人）			10325	7037	3288
毕业班学生数（人）			9445	6703	2742
在校学生数（人）			60778	41531	19247
在校学生（人）	其中：女		27177	18728	8449
	其中：少数民族		2038	1440	598
教职工（人）	合计		3667	2331	1336
	专任教师		3292	2260	1032
学校占地面积（平方米）	合计		718949	598545	120404
	绿化用地面积		156711	140936	15775
	运动场地面积		270589	220374	50215
校舍建筑面积（平方米）			464913	339921	24992
教学及辅助用房（平方米）	合计		277425	206066	71359
	其中	普通教室	192968	129798	63170
		实验室	34034	30774	3260
		图书室	14470	12770	1700
		微机室	9294	7725	1569
		语音室	3654	3113	541
		体育馆	23002	21884	11118

2020 年 8 月 29 日，湖里实验小学教育集团成立。图为该集团教师进修学校附属小学校区揭牌仪式　（区教育局　供图）

育集团——厦门市湖里实验小学教育集团成立。该教育集团以湖里实验小学为龙头学校，成员校有区教师进修学校附属小学。湖里实验小学校长汤丽莹出任总校长，集人事、财权于一身，有调配集团学校老师人事的权力，只要报区教育局备案即可。

【金林湾实验学校】 2020 年 9 月，厦门市金林湾实验学校开办，是一所区属九年一贯制公办学校。总用地面积 2.7 万平方米，总建筑面积 6.2 万平方米。有“育见”学生成长中心、“闻道”教师发展中心、“智汇”创客活动中心、“极光”艺术活动中心和“梦飞”体育活动中心。定编规模 54 个班，可提供 2700 个学位。其中，小学部 36 个班，初中部 18 个班。是年，学校有 40 个班，其中，小学 28 个班，初中 12 个班，在校学生 1886 人。有专任教师 103 人，其中，研究生 17 人，本科 77 人，专科 9 人；高级教师 7 人，一级教师 45 人，二级教师 38 人；特级教师 1 人，市专家型教师培养对象 1 人，市学科带头人 4 人，市级骨干教师 18 人，区骨干教师 5 人，区教坛新秀 3 人。该校是市人工智能教育试点校、击剑市队办学基地校和戏剧教育基地学校。

【龙湫亭实验学校】 厦门市龙湫亭实验学校位于湖边水库东侧，总用地面积 1.8 万平方米，建筑面积 4 万平方米。是一所 42 班规模的九年一贯制学校，其中，小学班 30 个、中学班 12 个。2020 年 9 月，招收一年级 4 个班和七年级 4 个班，有学生 368 人，教职工 36 人。学校设有音乐教室、舞蹈教室、美术教室、电子书法室 8 间专用教室；设有理化生实验室各 1 间，科学实验室 2 间、综合实践室 1 间，学生电脑室 2 间，精品录播室 1 间，红领巾电视台、广播站 1 间；体育馆 1 座；教师阅览室、学生阅览室各 1 间；报告厅 1 间。

【湖里中心小学】 厦门市湖里中心小学的前身为私立“益群小学”，创办于 1946 年 6 月，三易其名后于 1988 年更名为“厦门市湖里中心小学”，是一所与特区同成长的区属城区小学，被称为“特区第一校”，占地面积 9666 平方米。2020 年，有 24 个教学班，1163 个学生。有教职工 99 人，其中专任教师 94 人。该校开发校本课程，成立管乐队、本草社、舞蹈及各种球类等社团近 30 个。

【康乐小学】 厦门市康乐小学于 1996 年 9 月开办，占地面积 9300 平方米。2020 年，设有 24 个教学班、1159 名学生，有教职工 69 人，其中专任教师 65 人。学校先后获全国特色学校、全国优秀雏鹰假日小队、全国创造教育先进单位、全国创新大赛优秀组织单位、国家校园足球特色学校；福建省中小学现代教育技术实验学校、省实施素质教育工作先进学校、省红旗大队、省先进教工之家、省创新大赛优秀组织单位、省诚信教育进校园活动先进单位、省文明单位、省义务教育标准化学校、省义务教育管理标准化学校、省足球特色示范校、省教改示范性建设学校称号；获市、区级荣誉 50 多项。

【湖里实验小学】 厦门市湖里实验小学于 2009 年 9 月开办，学校建设用地面积 2.23 万平方米，总建筑面积 1.48 万平方米。2020 年，该校有 36 个教学班、1740 名学生；教职工 104 人，其中，高级教师 7 人，特级教师、省学科带头人 1 人，市级学科带头人 3 人，市级学科带头人培养对象 4 人，区级学科带头人 2 人，省级骨干教师 1 人，市级骨干教师 12 人，市级骨干教师培养对象 11 人，区级骨干教师 3 人，区级教坛新秀 10 人。学校先后获“全国德育实验校”“中国名师研究基地”“全国青少年五好小公民示范学校”“福建省首批义务教育标准化学校”“福建省首批义务教育课改示范建设性学校”“福建省语言文字示范校”及厦门市首批“城市学校少年宫”等称号。

（安　柯）

中学教育

【概况】 2020 年，湖里区有中学 18 所，其中公办 11 所、民办学校 7 所。市属学校 4 所。有班级 465 个，其中初中 429 个、高中 36 个。年初招生 8423 人，在校学生 22867 人，其中初中 21251 人、高中 1616 人。有教职工 1629 人，其中，专任教师 1517 人，其中正高级 3 人、副高级 255 人、中级 496 人、助理级 481 人、员级 6 人、未定级 276 人。有初中毕业生 6487 人、高中毕业生 520 人。学校占地面积 50.91 万平方米，其中绿化用地面积 12.13 万平方米，运动场地面积 19.44 万平方米，校舍建筑面积 32.97 万平方米。教学及辅助用房面积 20.89 万平方米。

【厦门市湖里实验中学】 2009 年 9 月，厦门市湖里实验中学开办。校园面积 3.61 万平方米，校舍面积 2.34 万平方米。2020 年，学校有教学班 44 个，其中，初一年有 16 个班级，初二、初三年分别 14 个班级，在校学生 2276 人，其中

2020 年湖里区普通中学基本情况表

表 10

			合计	公办	民办
校数（所）	合计		18	11	7
	完全中学		1	1	—
	初级中学		5	5	—
	九年一贯制		12	5	7
班级（个）	合计		465	429	36
	初中		429	393	36
	高中		36	36	0
毕业生数（人）	合计		6651	6310	341
	初中		5674	5333	341
	高中		977	977	0
招生数（人）	合计		8423	7505	918
	初中		7865	6947	918
	高中		558	558	0
在校生数（人）	合计		22867	21195	1672
	初中		21251	19579	1672
	高中		1616	1616	0
毕业班学生数（人）	合计		7007	6678	329
	初中		6487	6158	329
	高中		520	520	0
教职工数（人）	合计		1629	1500	129
	其中：专任教师		1517	1400	117
学校占地面积（平方米）	合计		509091	439673	69418
	其中	绿化用地面积	121325	109786	11539
		运动场地面积	194432	165696	28735
校舍建筑面积（平方米）			329723	245032	84690
教学及辅助用房（平方米）	合计		208894	163037	45857
	其中	普通教室	131796	91382	40414
		实验室	28157	25613	2544
		图书室	10806	9710	109
		微机室	5899	5081	817
		语音室	2637	2326	311
		体育馆	29596	28924	672
行政办公用房（平方米）	合计		41717	30032	11685
	其中：教师办公室		17222	11960	5262

外来务工人员子女占 41.38%；教职员工 182 人，其中在职在编 151 人。该校获“全国中小学国防教育示范校”“福建省首批义务教育教改示范性建设学校”“福建省首批义务教育管理标准化学校”“厦门市文明校园”“厦门市义务教育均衡发展工作先进校”“厦门市首批依法治校示范校”等称号。

【蔡塘学校】 厦门市蔡塘学校是一所公办九年一贯制外来员工子女专门学校。学校总用地面积 5.33 万平方米，总建筑面积 2.4 万平方米。2020 年，学校有 86 个教学班，其中小学部 38 个班，中学部 48 个班；在校学生 4238 人，其中外来员工随迁子女占 95%，有教职工 282 人，其中专任教师 269 人。学校教师队伍以非编合同制教师为主。学校中考成绩连续多年位居全市前列，连续多年被评为教学优质学校，历届小学毕业班质量监控均名列湖里区前茅。

（安　柯）

【厦门双十中学】 2020 年，厦门双十中学有 108 个班级 5200 多名学生。有教职工 460 余名，其中，正高级教师 4 人、特级教师 5 人、高级教师 120 人、省市学科带头人 35 人、省市级骨干教师 104 人；1 人获评“福建省优秀教师”，1 人获福建省五一劳动奖章，1 人获评厦门市劳动模范，9 人获教育系统单项奖，20 人在市教师技能大赛中获奖。

教学教研　2020 年，双十中学选送 62 节课例参加“一师一优课，一课一名师”活动，其中，30 节课例获得市级优课，9 节课例获得省级优课，3 节课例获评省级重点推广课例。在 CN 类学术刊物发表论文 58 篇，6 篇论文在各级论文比赛中获奖，12 项省、市级课题结题，2 人获厦门市教育科研成果奖。

教学质量　2020 年，双十中学高考本科上线 999 人。其中被“985”“211”大学录取 598 人。双十中学进入高考全省理科前 100 名、文科前 50 名有 18 人；其中进入文科全省前 50 名的有 9 人。

素质教育　2020 年，双十中学在学科竞赛上，1 人在 2020 年全国信息学奥林匹克竞赛中获得金牌，入选国家集训队；2 人获全国化学奥林匹克竞赛银牌；28 人在数学、物理、化学、信息等学科奥林匹克竞赛中获省级赛区一等奖；106 人在五大学科奥林匹克竞赛中获省一、二、三等奖；293 人在五大学科奥林匹克竞赛中获市一、二、三等奖。在青少年科技创新大赛中,《高中数学文化节活动之“函数图像模型制作活动”》获市一等奖,《探究 2020 疫情背后的媒体导向与大众认可》等 3 个项目获市二等奖,《电动除尘黑板擦的设计》获市三等奖。

举办校园线上文化艺术节、四节同庆、班级全能大赛等主题活动；与台中双十中学、香港福建中学、澳门濠江中学共同举办“青葱岁月　多彩年华”线上文化艺术交流营；在 2020 年的各级各类艺体比赛中，学校艺术、体育团队取得好成绩：“红色家书”获市经典诵读比赛一等奖；舞蹈“大地”获第十四届福建省音乐舞蹈节舞蹈类比赛第一名，校舞蹈队蝉联省音舞节舞蹈类总冠军；舞蹈“振鹭于飞”受邀参加“2020 短视频大会年度盛典”。高中女子篮球队获中小学篮球锦标赛亚军；高中女子足球队夺得福建省青少年校园足球联赛冠军；田径队 1 人分获福建省 U 系田径冠军赛 1500 米和 800 米冠军，1 人分获市田径锦标赛跳远和三级跳远冠军；2 人在全国技巧锦标赛中夺冠；羽毛球队在市中小学羽毛球锦标赛中获女子单打第一名；网球队在福建省第二届网球展示活动中获二等奖。

（双十中学编写组供稿）

【福建省厦门第二中学】 2020 年，福建省厦门市第二中学有教学班 60 个，在校学生 2782 人；教职工 225 人，其中专任教师 207 人，硕士研究生 51 人，正高级教师 2 人，特级教师 1 人，省市级学科带头人 10 人、市专家型教师 1 人、市专家型教师培养对象 1 人、市学科带头人培养对象 6 人。2020 年，高考本科上线率 98%，理科 600 分以上 16 人，文科 600 分以上 4 人，580 分以上 27 人。年内，校足球队先后获得福建省校园足球联赛暨足球锦标赛高中组冠军，厦门市校园足球联赛男子超级组冠军、厦门市足球锦标赛 U15 组别冠军、U16 组别冠军，并代表福建省参加 2020 年中国校园足球联赛高中男子组总决赛。学校承办鹭岛少年合唱音乐会。合唱团献唱地铁宣传片及 MV 录制。在第 35 届福建省青少年科技创新大赛中获金牌 2 块、铜牌 2 块、卢嘉锡专项奖 2 个。高中队在 2020 全国中小学信息技术创新与实践大赛中获二等奖。1 项科技发明项目获全国发明展览赛金奖。

（二中编写组供稿）

中等职业教育和特殊教育

【概况】 2020 年，湖里区有职业学校 3 所，特殊教育学校 1 所。学校总占地面积 16.11 万平方米。其中职业学校占地面积 15.03 万平方米，校舍面积 9.73 万平方米，其

2020 年湖里区中等职业和特殊教育学校基本情况表

表 11　　单位：人

	合计			教职工数						
					其中：专任教师					
	毕业生数	招生数	在校学生数	合计	合计	正高级	副高级	中级	初级	未定职级
合　计	1278	1637	4829	727	606	3	102	211	264	26
一、中等职业教育	1278	1637	4764	698	606	3	102	211	264	26
厦门市音乐学校	61	76	195	328	306	0	40	107	145	14
中央音乐学院鼓浪屿钢琴学校	62	74	182	90	61	0	7	17	26	11
厦门信息学校	1155	1487	4387	280	239	3	55	87	93	1
二、特殊教育	—	—	65	29	—	—	—	—	—	—

中教学及辅助用房面积6.41万平方米。年初招生1637人，有在校学生4829人，教职工727人，其中专任教师606人。专任教师中，正高级3人，副高级102人。

【厦门信息学校】 厦门信息学校是市教育局直属的中等职业学校，属厦门市财政全额拨款的事业单位。2020年，该校有91个教学班，在校生4387人，教职工280人，开办信息技术类、交通运输类、加工制造类、土木水利类、财经商贸类和教育类六大类19个中职专业、9个（3+2）五年制大专专业。探索“3+4”本科办学模式，主要招收初中毕业生，开展中等职业教育和相关技能培训。

【中央音乐学院鼓浪屿钢琴学校】 中央音乐学院鼓浪屿钢琴学校以钢琴教育为主，同时开设音乐教育专业、录音专业、电子制作专业、电子作曲专业、乐器制作专业、弦乐、声乐专业、提琴制作专业。学校占地面积45308平方米，总建筑面积18953平方米，截至2020年12月31日，学校固定资产原值6639万元，其中年内新增资产360.96万元，年内资产处置17.38万元。学校有琴房84间、计算机教室1间、图书室1间。琴房内配备进口三角琴120台、国产立式琴22台、国产三角琴5台，进口电子钢琴27台。计算机教室配备电脑31台；图书室配备图书11124册。学年初招生94人，毕业62人，在校生395人。有教师90人，专业课教师占专任教师的65.5%，专业课教师中74.6%以上为研究生学历，文化课教师中级职称占45.2%，高级职称占22.6%，专任教师本科以上学历占99%、硕士以上学历占54.4%。2020年高考，学校钢琴专业毕业生考入国内外22所著名音乐学府26人，有6人通过中央音乐学院的院校考核并进入正取线，9人通过上海音乐学院的院校考核，1人专业成绩排全国第一。综合学科毕业生专业通过中央音乐学院、中国传媒大学等“双一流”院校18人，占该专业人数的65%。文化课平均分392分，超省控线43分。学校钢琴专业学生在15个国内国际重大比赛中，摘取28个奖项，教师在国际比赛取得2个奖项；在福建省职业院校技能大赛（键盘乐器）比赛中，学校选手包揽冠亚军。在新加坡国际钢琴比赛中，1人获得青少年艺术家组第四名；在第18届星海杯全国钢琴比赛总结赛中3人获专业少年组三等奖。在11月举行的厦门市职业院校技能大赛（中职组）键盘乐器演奏比赛中，4人分获第一名、第二名、第四名、第五名。

【厦门市音乐学校】 厦门市音乐学校（五通校区）2013年成立。学校开设键盘乐、弦乐、管乐、民乐、声乐、作曲、音乐教育、打击乐等特色专业课程。2020年，招生76人，在校学生195人。有教职工328人，其中专任教师306人，专任教师中，副高级职称40人。

【嘉禾学校】 厦门市嘉禾学校位于湖里区坂上社36号，2020年秋季开办，是一所集学前教育、义务教育和职业教育于一体的十五年一贯制特殊教育学校，同时承担湖里区特殊教育资源和指导中心的工作。学校占地面积1.08万平方米，建筑总面积1.65万平方米，建有5人制足球比赛场地、200米彩虹跑道。配备感统训练室、多感官训练室、运动康复训练室、律动室、语训室、家政室和资源教室等功能教室。该校有7个班，有学生65人，其中女生21人。学校有教职工29人，其中在编教职工19人。

（安　柯）

科技工作

【概况】 2020年，湖里区落实扶持科技资金6189.5万元。其中，科技项目34个，扶持资金1829.5万元；给予169家高新技术企业国高、市高奖励2540万元。专利申请7559件，专利授权5308件，其中发明专利440件、实用新型3259件、外观设计1609件，有效发明专利拥有3114件。有“三高”企业413家（含火炬）入选市“三高”企业库，22家“三高”企业进入全市重点上市后备企业库。全区规上高新技术产业实现增加值316.22亿元，比年上升1.1%。

【科技助推“三高”企业发展】 2020年，湖里区出台《湖里区推动科技创新高质量发展超越行动方案》《湖里区“三高”企业倍增计划实施方案》，成立“三高”企业倍增发展领导小组，年内，新增“三高”企业87家。召开“三高”重点企业倍增发展座谈会，亿联网络、台和电子等20家企业的科技型企业代表参会。通过座谈，了解“三高”企业发展状况，听取企业意见建议，破解企业发展难题。

【科技企业全周期梯次培育体系】 2020年，湖里区有市级高新技术企业428家，占全市的21.39%；国家级高新技术企业394家，占全市的12.53%；省小巨人企业145家，占全市的18.85%，市小巨人领军企业103家，占全市的18.17%。413家企业入选市“三高”企业库，占全市“三高”企业的16.5%。科技企业的全周期梯次培育体系初步形成。

2020年7月21日，“三高”重点企业倍增发展座谈会在区行政中心召开

（区工信局　供图）

【科技招商】 2020年，在第三届数字中国建设峰会上，湖里区与易华录厦门数据湖产业园、中商控股北斗数据厦门子中心、盛德新能源科技电池检测大数据及交易平台3个数字经济项目签约，总投资额116.5亿元；在厦门市电子信息产业发展大会上，湖里区与云净信息、京东数科等15个项目签约，总投资额99.7亿元。北京智联友道科技有限公司、新加坡创士锋科技园、微软厦门人工智能与混合虚拟技术公共平台中心、创科通用智能油砂设备研发制造等新兴产业项目入驻厦门火炬荟智空间。

【产学研合作】 2020年，湖里区企业依托科研院所建设企业技术研发机构。厦门江平生物科技股份有限公司依托福建农学院建设现代农业研究中心；三维码（厦门）网络科技有限公司依托中国人民公安大学企业技术开发中心，厦门芯阳科技股份有限公司、兴联集团有限公司、佰欧科技工程有限公司依托厦门大学建设企业技术中心建设技术研发机构。

【众创空间】 2020 年，湖里区有各级众创空间 97 家，其中，国家级 6 家、省级 8 家、市级 40 家、区级 43 家；有科技企业孵化器 12 家，其中国家级 2 个、市级 10 个。（戴静静）

2020 年 12 月 19 日，第二届中国内容科技创业大赛全国总决赛在湖里区举行（人民网　供图）

科技活动

【第二届中国内容科技创业大赛】 2020 年 12 月 19 日，第二届中国内容科技创业大赛全国总决赛暨颁奖盛典在湖里区举行。大赛由湖里区人民政府、市工信局、人民网创业投资有限公司主办。该赛事吸引 1017 个优质项目参赛，从项目的创新性、实用性，核心团队构成，市场分析及商业模式，技术能力，盈利模式等方面，通过项目路演、专家现场评分的方式进行评审。妙医佳健康科技“妙健康”获一等奖，MR 数字孪生城市空间信息引擎、松鼠人工智能“一对一”项目获二等奖。

【科技周活动】 2020 年 8 月 23—29 日，湖里区科技局举办以“科技战疫　创新强国”为主题的科技周活动。在禾缘、禾山、吕厝等 5 个社区开展抗疫科普宣传，举办普及抗疫知识、讲述抗疫故事、科技展板展示和抗疫宣传物品发放等活动。（戴静静）

科技项目与成果

【概况】 2020 年，湖里区下发扶持科技项目资金 1829.5 万元，其中立项企业科技项目 28 个，扶持资金 1030 万元；社会发展项目 3 个，扶持资金 416 万元；专项奖励 3 个，配套奖励资金 383.5 万元。

【社会发展项目】 2020 年，湖里

2020 年湖里区立项企业科技项目一览表

表 12　　单位：万元

项目编号	项目名称	主要承担单位	项目实施期	项目规模和预期效益			扶持资金
				总投入	产值	纳税	
20 企 01	主从式兼容型泊车雷达系统产品产业化项目	同致电子科技（厦门）有限公司	2019 年 1 月—2021 年 12 月	新增：1300 累计：3800	新增：40000 累计：100000	新增：1500 累计：3000	180
20 企 02	食品工业专用粉产业化项目	厦门海嘉面粉有限公司	2019 年 1 月—2021 年 12 月	新增：751 累计：1255	新增：105000 累计：106000	新增：700 累计：710	90
20 企 03	面向远程医疗的音视频融合通信协作系统产业化项目	厦门亿联网络技术股份有限公司	2019 年 1 月—2022 年 1 月	新增：1162 累计：1500	新增：15000 累计：17087	新增：600 累计：683	60
20 企 04	《金币大富翁》游戏产业化项目	厦门不妨游戏科技有限公司	2020 年 1 月—2021 年 12 月	新增：1400 累计：1400	新增：5000 累计：5000	新增：500 累计：500	60

续表 12

项目编号	项目名称	主要承担单位	项目实施期	项目规模和预期效益			扶持资金
				总投入	产值	纳税	
20 企 06	一种具有可在线调整冲制技术的模具产品产业化项目	厦门市特克模具工业有限公司	2019 年 1 月—2021 年 12 月	新增：250 累计：401	新增：3360 累计：4536	新增：252 累计：331	30
20 企 07	可移动监测空气净化器产业化项目	艾恩姆集团有限公司	2019 年 1 月—2022 年 1 月	新增：390 累计：505	新增：9000 累计：11682	新增：471 累计：590	30
20 企 08	注塑模内压紧拉伸二次成型工艺技术研发及产业化	宇科塑料（厦门）有限公司	2020 年 1 月—2021 年 12 月	新增：450 累计：450	新增：10000 累计：10000	新增：380 累计：380	30
20 企 09	高效农业集成型太阳能光伏产品产业化项目	厦门佰盛利太阳能科技有限公司	2019 年 1 月—2022 年 1 月	新增：265 累计：350	新增：22400 累计：26090	新增：368 累计：432	30
20 企 10	易拆装新型太阳镜及光学眼镜产品产业化	华茂光学工业（厦门）有限公司	2020 年 1 月—2021 年 12 月	新增：738 累计：738	新增：16830 累计：16830	新增：262 累计：262	30
20 企 11	激光刻印机产业化项目	厦门肯恩士智能科技有限公司	2019 年 1 月—2021 年 12 月	新增：219 累计：350	新增：2800 累计：4300	新增：252 累计：310	30
20 企 12	现代化节水高效喷灌系统设计技术产业化	厦门市国水水务咨询有限公司	2019 年 1 月—2022 年 1 月	新增：270 累计：325	新增：3480 累计：4784	新增：250 累计：272	30
产业化项目小计				新增：7695	新增：241870	新增：5818	630
20 企 13	一种用于大型钢卷的智能机器人喷码机	厦门德瑞雅喷码科技有限公司	2020 年 1 月—2021 年 12 月	—	—	—	30
20 企 14	多功能螺旋脉冲智能清洗机的研发及推项目	厦门日村环保科技有限公司	2020 年 1 月—2021 年 12 月	—	—	—	30
20 企 15	新型高渗透高性能汽车润滑剂的研发	欧德力（厦门）汽车环保科技有限公司	2020 年 1 月—2021 年 12 月	—	—	—	30
20 企 16	二次注塑成型模内组装模具研发与应用项目	宇科模具（厦门）有限公司	2020 年 1 月—2022 年 1 月	—	—	—	30
20 企 17	RLC 智能双核调光器的研发及推广项目	厦门高贤电子科技有限公司	2020 年 1 月—2021 年 12 月	—	—	—	30
20 企 18	政府第三方大数据评估平台建设项目	易事软件（厦门）股份有限公司	2020 年 1 月—2021 年 12 月	—	—	—	30
20 企 19	可实现排水量无级调节且维护方便的坐便器排水装置的研发	厦门维博工贸有限公司	2020 年 1 月—2021 年 12 月	—	—	—	30
20 企 20	天然驱蚊香粉研发及推广项目	厦门牡丹香化实业有限公司	2020 年 1 月—2021 年 12 月	—	—	—	30
20 企 22	石墨烯改性中空膜及其膜设备	联合环境技术（厦门）有限公司	2020 年 1 月—2021 年 12 月	—	—	—	20
20 企 23	快速高效型 LED 散热组件模具技术的开发及应用项目	厦门亿和信工业有限公司	2020 年 1 月—2021 年 12 月	—	—	—	20
20 企 24	高光效的智能 LED 路灯的研发及推广项目	厦门恒宇星光电科技有限公司	2020 年 1 月—2021 年 12 月	—	—	—	20
20 企 25	呼吸透气防水涂料的研发及推广项目	厦门东顺涂料有限公司	2020 年 1 月—2021 年 12 月	—	—	—	20
20 企 26	发光二极管系列产业研发与应用	厦门华晟电子有限公司	2020 年 1 月—2021 年 12 月	—	—	—	20

续表 12

项目编号	项目名称	主要承担单位	项目实施期	项目规模和预期效益			扶持资金
				总投入	产值	纳税	
20 企 27	智能焊接机器人高精度的自动送丝机	厦门市乐立润安科技有限公司	2020 年 1 月—2021 年 12 月	—	—	—	20
20 企 28	真空袋装物件在线无损泄露检测和交叠排序装盒设备的研发项目	厦门宏合自动化设备有限公司	2020 年 1 月—2021 年 12 月	—	—	—	20

区有社会发展项目 3 个，扶持资金 416 万元。

区社会综合管理视频监控系统升级建设项目　该项目租赁一期（5 年）租金 459.48 万元，监控指挥中心系统维护费 35 万元，累计 494.48 万元，经费由区级承担 346 万元，街道承担 148.48 万元。主要包括高清 IP 监控 1600 路（其中，枪机 1200 个、球机 400 个）及配套存储等；高清数字分量串行接口监控 10 路；治安交通高清卡口 5 个；智能分析平台 1 个。

湖里区青少年宫人工智能创客教育　该项目主要包括配套建设青少年宫“创客教室”1 间，需购买教育设备；组织“创客教育”相关专家活动 1～2 场；组织学生创客教育培训课程不低于 48 学时；组织学生竞技能力培养相关课程培训不低于 12 学时，组织区优秀选手参加国赛、省赛、市赛；组织区创客教育展示竞赛活动 1 次。区财政下拨扶持资金 40 万元。

湖里—连城科技成果落地转化项目　该项目使湖里区加强与连城县合作，把湖里辖区的企业、信息、人才优势与连城县资源、生态优势联结起来，协调发展，共同繁荣。重点围绕电子信息、光电子、新材料、新能源等重点领域，对科技成果的先进性、项目实施的必要性、对经济社会发展的影响，以及项目对产业发展的作用和影响，产业关联度及市场分析，项目实施工作方案，主要建设内容及规模、建设地点、建设工期和进度安排等方面，提供科学的综合评价，供有关部门作项目运作前的决策依据。通过连城与湖里两地的技术需求征集、成果对接、专家评审、现场调研及论证，完成年度科技成果落地转化项目 10 个，实现技术对接 20 项。区财政下拨扶持资金 40 万元。

【专项奖励项目】 2020 年，湖里区专项奖励项目有配套奖励省政府或国家科技部门，市政府或省科技、科协部门奖励；发明专利奖励；国家、省、市级企业技术中心奖励三大类。其中，省市政府和各级科技部门奖励有 5 项，奖金 70 万元；发明专利 66 项，其中，国内发明专利 25 项，每项奖励 0.5 万元，国外发明专利 41 项，每项奖励 1 万元；国家、省、市级企业技术中心奖励项目 5 个，其中，国家企业技术中心项目 1 个，奖金 80 万元，省级奖励 3 个、奖金 150 万元，市级奖励 1 个、奖金 30 万元。

【科技成果】 2020 年，湖里区科技项目获市级以上科学技术进步奖 7 项，其中，2 项获厦门市科技进步三等奖，2 项获厦门市科技进步一等奖；3 项获福建省科学技术进步二等奖。

（戴静静）

2020 年湖里区获市级以上科技进步奖项目情况表

表 13

项目名称	获奖等级	主要完成单位	主要完成人
面向城市综合管廊的供电系统智能健康管理关键技术攻关及应用	2020 年度厦门市科学技术进步三等奖	厦门市政管廊投资管理有限公司	唐燕妹
难降解有机废水处理工艺系统关键技术研发与应用	2020 年度厦门市科学技术进步三等奖	厦门和健卫生技术服务有限公司	陈志坤
城市轨道交通工程施工质量安全管控成套关键技术研究与应用	2020 年度厦门市科学技术进步一等奖	合诚工程咨询集团股份有限公司	程棋锋
生物质废弃物的炭转化成套技术研发与产业化应用	2020 年度厦门市科学技术进步一等奖	厦门市江平生物基质技术股份有限公司	文　笑
城市客车电动化关键技术研发与产业化	2019 年度福建省科技进步奖二等奖	厦门金龙旅行车有限公司	叶　瑾
汽车曲轴加工用高品质异形刀具	2019 年度福建省科学技术奖二等奖	厦门金鹭特种合金有限公司	王晓喻
智慧园社区泛在融合自组网设备关键技术研发	2019 年度福建省科技进步奖二等奖	中建四局建设发展有限公司	巫立宁

驻区科研单位

【福建省水产研究所】 2020 年，福建省水产研究所新增各级各类项目 47 项，其中，国家重点研发计划“蓝色粮仓”子项目 3 项，“科技助力经济 2020”专项 1 项，省公益类科研院所基本科研专项 15 项，省海洋经济发展专项 2 项，省海洋与渔业结构调整项目 8 项，省海洋发展及保护资金项目 15 项，厦门市青年创新基金 2 项，厦门市海洋与渔业发展专项资金项目 1 项，另有多项资源、环境、病害、水产品检测等专项任务，实现新增科研经费 3515.61 万元。承接科技服务项目 44 项，累计到位经费 1268.07 万元。全年全所发表科技论文 52 篇，其中科学引文索引（SCI）收入 9 篇。申请专利 21 项，其中发明专利 17 项；授权专利 10 项，其中发明专利 4 项。在第十八届中国·海峡项目成果交易会上，推荐 8 项对接项目参会。组织参加 2020 年厦门国际海洋周、厦门国际海鲜展暨厦门水产节，展示自主培育的金蛎 1 号和云龙石斑鱼新品种，以及与企业合作共同研发的水产加工系列产品。组织科技特派员投身农村创业创新和服务。开展海洋渔业科普宣传。

发明专利获省专利奖　9 月，福建省水产研究所发明专利“一种菲律宾蛤仔种苗规模化培育方法”获得 2019 年福建省专利奖三等奖。该发明专利的主要技术内容包括育苗垦区吹沙与消毒、亲体选择及催产、饵料生物培养和水质调控、浮游幼虫培育、附着稚贝培育、沙粒苗采收等步骤。采用上述技术方法，每亩可培育菲律宾蛤仔沙粒苗 5000～1.2 万粒（壳长 1.5～4 毫米）。

2020 年 7 月 6 日，钢骨架升降式湾外底层海域抗风浪流养殖网箱系统投用

（魏胜军　摄）

湾外底层海域抗风浪流养殖网箱系统下水　7 月 6 日，钢骨架升降式湾外底层海域抗风浪流养殖网箱系统在莆田南日岛建成下水。该网箱系统由福建省水产研究所联合集美大学、莆田市秀屿区水产技术推广站等单位共同研发，莆田海之鸿水产科技有限公司承建，国内首套拥有完全独立知识产权、满足小微企业或养殖户投资建设、布置于底层海域、可方便升降。该网箱系统设计年养鱼产量 15 吨，可养殖大黄鱼或石斑鱼等福建省主导名优水产品 3 万尾。该网箱系统的抗风浪流性能好，可在 15 级台风生存工作状况以及最大流速 1.5 米 / 秒以下的湾外底层海域实现安全、高效养殖。

与企业共建产学研合作基地　6 月 16 日，福建省水产研究所与厦门惠盈动保集团有限公司共建产学研合作基地，双方就海参饲用微生物菌种筛选、规模发酵和产品开发等方面开展合作，并建立年产 500 吨的海洋微生物制剂产业化生产线，为福建省海参健康养殖替抗产品的开发奠定基础。

国际鲎保育日福建省科普宣传活动　6 月 20 日，福建省水产研究所参与举办第一届国际鲎保育日福建省科普宣传活动。活动以“同心守鲎，共护家园”为主题。福建省水产研究所在环东海域采用悬挂横幅、张贴宣传海报、发放宣传资料等形式，向当地居民和游客宣传鲎的保护与利用知识；在福建海洋渔业科学馆向厦门实验中学师生代表 40 余人讲解鲎的保护现状等知识，并分发拒绝捕杀、食用中国鲎的宣传册，带领中小学生参观海洋渔业科学馆，宣传海洋科普文化知识。

省种业创新与产业化工程重点项目　福建省水产研究所推进种业创新与产业化工程项目建设。实施海带、对虾、河鲀种业工程重大专项。全年培育海带新品系苗种88780张苗片，全部达到一类苗种帘等级，推广养殖超5333万平方米；建立凡纳滨对虾种虾生态化培育系统，培育健康种虾34.6万对、虾苗282.6亿尾，推广养殖面积约5400万平方米；培育双斑东方鲀、菊黄东方鲀选育良种幼鱼1071万尾，完成东方鲀良种健康养殖技术示范推广约8万平方米。

（郭书悦）

2020年11月19日，厦门自贸区跨境电商知识产权基层服务站揭牌仪式举行

（区法院　供图）

【厦门海峡新岸数字经济创新中心】2020年，湖里区联合厦门大学信研院及翔业集团，在海峡旅游服务中心建设厦门海峡新岸数字经济创新中心，该中心包括新型研发机构集中区、大数据与智能计算产教融合创新社区、数字经济企业示范区、国际产业合作区4个部分。中心落地人民网内容科技平台、中英数字商业联合发展厦门中心等项目。

（戴静静）

知识产权保护

【概况】2020年，湖里区成立知识产权维权工作站。区科技局开展知识产权宣传培训3场，120家企业参与培训；知识产权宣传周期间开展6场线上知识产权系列直播讲座，听讲780余人；印发《知识产权手册》500册，《知识产权宣传册》1000册。建立知识产权维权工作交流群，发布知识产权相关保护政策和资助政策，接受辖区企业咨询；区科技局走访厦门日村环保科技有限公司、厦门钨业股份有限公司技术中心、厦门乔丹投资有限公司等12家企业，了解企业知识产权布局情况；为辖区企业提供法律状态检索、维权保护策略建议和答疑解惑服务。

2020年4月23日，湖里区市场监督管理局在湖里创新园举行知识产权维权工作站揭牌仪式

（区市场监督管理局　供图）

【知识产权维权工作站】2020年4月23日，湖里区知识产权维权工作站在湖里创新园揭牌。5家知识产权服务机构、50家企业知识产权负责人参加揭牌仪式。该站配有工作人员6人，其中专职2人。全年开展知识产权线下培训10场，印发知识产权手册460本和知识产权宣传单1260份；出具咨询意见105份，建立知识产权纠纷快速解决机制，处理知识产权纠纷3起。

【厦门自贸片区跨境电商知识产权基层服务站】2020年11月19日，厦门自贸片区跨境电商知识产权基层服务站揭牌仪式在跨境电商产业园举行。该服务站由湖里自贸法庭、北京必浩得知识产权代理有限公司、万晟佳音（厦门）知识产权事务有限公司、厦门市鹭江公证处、福建自晖律师事务所、湖里区法学会自贸区法学研究会、中国人民财产保险股份有限公司厦门市分公司7家协同单位，先行入驻提供服务，定期收集跨境电商产业面临的共性问题，再提交各部门研究解决；研究厦门跨境电商知识产权保护现状和相关问题，撰写分析报告，为政府决策提供智力支撑。

（阮灵雨）

软件信息业

【概况】 2020年，湖里区软件信息服务业总体呈复苏企稳、震荡上行趋势。实现营收23.47亿元，比上年下降0.6%，有规模以上软件信息企业27家（含火炬园），年营业收入20.69亿元，约占全市总营业收入的6%，产业增加值约占全区地区生产总值的4%。行业企业主要集聚在湖里创新园、火炬湖里园，其中动漫游戏业占50%，主要龙头企业有雷霆科技、趣游科技等。软件服务业占50%，主要龙头企业有美图之家、科技谷、熙重电子等。是年，湖里区出台《加快推进我区5G网络建设和产业发展的实施意见》，成立湖里区5G网络建设和产业发展领导小组。年内，辖区企业亿联网络技术股份有限公司入围全国“2020软件和信息技术服务综合竞争力百强企业”榜单，获得“重点高新技术企业”称号。

【5G通信网络建设】 2020年7月28日，湖里区出台《湖里区关于加快推进我区5G网络建设和产业发展的实施意见》，成立湖里区5G网络建设和产业发展领导小组，负责统筹协调全区5G网络建设和产业发展重大问题，研究制定5G网络建设和产业发展战略和重大政策。对接市通信管理局、各通信运营商，推进5G网络基站建设，协调解决相关问题。截至年底，湖里区开通5G基站点位838个，改造5G配套设施666个。第一批涉及公共资源5G基站及传输基站21个。对接科技谷“厦门健康医疗大数据5G智慧医疗系统”项目、人民网、玉晶光电等项目，丰富5G应用场景，拓展5G在政务、医疗、交通、协同制造等垂直行业的示范应用。

【浪潮厦门产业园开园】 2020年4月28日，浪潮厦门产业园开园投产。该园坐落于火炬湖里园，是一座按照自动化、智能化、柔性化、透明化标准打造的现代制造工厂。建成2条全球领先的智能化生产线，生产效率提升30%。浪潮集团作为“云＋数＋AI”新型互联网企业，坚持自主研发，互联网数据中心（IDC）数据显示，浪潮服务器蝉联全球市场前三、中国市场第一；浪潮AI服务器中国市场占有率超过50%；浪潮云为25个省、220个地市和百万家企业提供云服务；浪潮在工业互联网、政府数据运营、智慧城市和健康医疗大数据等领域位居中国前列。

（戴静静）

文 化

文化场馆

【概况】 2020年，湖里区有文化馆1个、图书馆1个、街道文化站5个、社区综合文化服务中心55个、24小时街区自助图书机53台。完成第六批基层综合文化服务中心达标建设。

【湖里区图书馆】 2020年2月底，湖里区图书馆迁至区文旅中心大楼。该馆面积3828平方米，集藏、借、阅、检、咨服务于一体。全年免费开放，每周开放72小时，图书馆馆藏文献资源总量62万册，全年借阅图书30万册次，接待读者17.6万人次，开展公益培训、讲座，举办展览等读者活动102场，参加读者7万人次。办理新增读者证1518本。推动图书馆总分馆制建设，建有殿前、湖里、江头、金山、禾山5个街道分馆，和通、禾山、嘉福3个社区分馆，仙岳书院、惠和书院、诺斯蒂、薛岭山百花厅、透明岛屿5个悦读体验馆以及社区、企业事业单位、社会组织内部借阅等图书流动点119个，建设小区书屋10个。

【湖里区文化馆】 2020年2月底，湖里区文化馆迁至区文旅中心大楼。该馆面积4305平方米，设置多功能报告厅、展览厅、排练厅、

2020年湖里区公共文化设施一览表

表14

	文化设施	建筑面积（平方米）	藏书（万册）	地 址
阅览类文化设施	区图书馆	3828	62	枋湖南路31号区文旅中心
	市图书馆殿前街道分馆	920	4.3	长浩路223号
	市图书馆五通分馆	450	2	店里社266号
	市图书馆市政服务中心分馆	300	2	云顶北路842号
	区图书馆禾山街道分馆	750	3.3	枋湖北二路889号
	区图书馆江头街道分馆	400	1.5	台湾街207号
	区图书馆金山街道分馆	630.7	2.6	云顶北路16号
	区图书馆湖里街道分馆	660	2	竹坑路湖里街道综合文化站
	区图书馆禾山社区分馆	400	0.6	金湖路66号禾山社区居委会
	区图书馆和通社区分馆	316	1.3	和通路98号
	区图书馆嘉福社区分馆	188	1.3	嘉福一里29号嘉福社区服务中心
群众活动类文化设施	区文化馆	4305	—	湖里区枋湖南路31号湖里区文旅中心
	湖里街道综合文化站	2280	—	湖里区竹坑路18号2、5、6楼
	殿前街道综合文化站	2384	—	长浩路223号
	江头街道综合文化站	2000	—	台湾街207号901室
	禾山街道综合文化站	3000	—	湖里区枋湖二路禾山街道办二楼
	金山街道综合文化站	2400	—	湖里区五缘湾五缘公寓6号1楼 云顶北路16号金山街道办事处办公楼副楼2、3层

培训教室、摄影工作室等场所，全部实行免费开放。该馆全年开展全区性文化活动423场。

【厦门经济特区纪念馆】 厦门经济特区纪念馆（简称特区馆）总占地面积5000平方米，建筑面积6000平方米，内设办公室、资料室、宣教部、陈列展览部。设有基本陈列“辉煌岁月——厦门经济特区建设历史陈列”和“厦门勇立潮头奋进新时代——庆祝改革开放四十周年专题图片展”。基本陈列分为开创阶段、发展阶段、增创新优势阶段、科学发展新跨越阶段四部分，展览以大量珍贵的历史图片和史料实物，展示厦门经济特区建设取得的成就。其内附设邓小平视察厦门陈列室和“鹭江”号游艇历史陈列2个特色展区。专题图片展面积约1000平方米，展出历史图片、新闻图片、航拍图片等800余张，配套视频短片13条。特区馆是市级爱国主义教育基地、福建省党史教育基地、市第二批社会科学普及教育基地、市中小学生社会实践基地、湖里区爱国主义教育基地、中国人民解放军东部战区陆军红色教育基地。2020年，特区馆接待机关、企事业单位、学校、部队、社会团体354场次，接待参展群众15465人次，其中，未成年人1547人次。

（翁　珏　谢典均）

群众文化

【概况】 2020年，湖里区举办第十二届社区文化艺术节、“悦游·湖里”系列文化旅游活动26场次、全民阅读等文化活动1178场，其中，全区性文化活动423场（公益文艺演出21场，培训387场（节），讲座1场，比赛2场，展览12场）。各街道、社区举办各类基层文体活动755场次。其中，湖里街道61场次，殿前街道287场次，江头街道66场次，禾山街道266场次，金山街道75场次。参加第十三届海峡文博会，辖区有74个文创产业参展。全年下达基层文化经费298.05万元。

【群众文化创作】 2020年，湖里区文化馆群文工作者创作《逆行的行囊》《白衣战士》《守望春天》《我在这里等你》《春暖》等原创音乐作品及舞蹈作品《逐光》；举办湖里区“凝心聚力，共抗疫情”书画展；区非遗文化传承人创作答嘴鼓《这场战役会胜利》、惠和影雕《国士无双》、闽南童谣《健康斗阵行》等防疫主题艺术作品，传递疫情防控中的爱心故事。创作以厦门山海健康步道为主题的歌曲《鹭岛有你更美丽》，作为广场舞快闪展演的背景音乐推广，并录制成音乐短片。

2020年3月8日，厦门市委网信办在特区馆举办“经济特区40年@治理现代化”网络主题宣传活动　（特区馆　供图）

【文化三下乡】 2020年1月6—10日，湖里区文旅局、区卫健局、区科技局共同举办“共圆中国梦　幸福千万家”——2020年湖里区文化科技卫生三下乡进社区惠民活动。由区文化馆从各艺术团队中选拔出歌舞、独唱、萨克斯独奏等文艺节目，在全区5个街道巡回展演。首次开设理论、法律、健康、平安、爱心专题小讲堂，在主舞台文艺巡演中穿插安排小讲堂。邀请书法家书写春联、民间艺人剪纸刻画，赠送参与活动的群众。

【社区文化艺术节】 2020年4月20日至11月23日，湖里区举办第十二届社区文化艺术节，举行17场文化活动。

书画摄影展　2020年，湖里区举办书画摄影展3次。4月20日至5月20日，举办“众志成城　抗击疫情”书画摄影展。征集书画、摄影作品300多件，精选其中80余件美术、书法、摄影作品展出。区文化馆首次运用“720云软件”制作网上展览，同步在线上展出。8月21日至9月21日，“爱心厦门　我们在行动”摄影作品展在湖里区文化馆六楼展厅举行。征集作品180余幅，展出摄影作品120幅。在湖里区政府、金山街道金海社区、薛岭山公园百花

2020 年 8 月 6 日，广场舞快闪展演在仙岳山公园山海健康步道举行

（陈芳其　摄）

厅巡展。9 月 28 日至 10 月 28 日，“爱心厦门　我们在行动”书画作品展在湖里区文旅中心六楼展厅开展。该展览征集作品 180 余幅，经主办单位遴选，选出书画作品 80 余幅参展。

广场舞快闪展演　7 月 29 日至 8 月 6 日湖里区举办“爱心厦门、先锋湖里”之“鹭岛有你更美丽”广场舞快闪展演。5 个街道 500 多名广场舞爱好者在山海健康步道不同入口参加该活动。

社区艺术团风采展演　2020 年，湖里区举办社区艺术风采展演 4 次。7 月 31 日，湖里区在惠和石文化园举办“同心同力促发展”优秀社区艺术团走进文创园风采展演，8 个社区艺术团带来音乐、答嘴鼓、诗歌等作品；8 月 13 日，在海丝艺术品中心举办民乐专场展演，阳光艺术团将原创及新排作品搬上舞台；8 月 28 日在联发东南天地举办管弦乐专场展演，仙岳山艺术团表演《红旗颂》《走进新时代》等作品；9 月 28 日，在湖里区凌云玉石博物馆上演“庆国庆迎中秋　同心协力促发展”创意时装秀风采展演，该时装秀由区融媒体中心和网易厦门同时线上云直播，仅节目演出期间就有 40 多万次点击量。

农民文化周　9 月 29 日，“爱心厦门 · 我们在行动”暨农民文化周文化惠民文艺展演在湖里区文旅中心举行，40 位文艺工作者表演 11 个文艺节目，其中，答嘴鼓《牵手》、音乐小品《一起幸福》、舞蹈《白鹭的天堂》等 7 个为原创节目。

宣传贯彻中共十九届五中全会精神文艺晚会　11 月 23 日，以“先锋湖里　小康抒怀”为主题的湖里区宣传贯彻中共十九届五中全会精神文艺晚会暨第十二届厦门（湖里）城市诵读节和第十二届湖里社区文化艺术节闭幕式，在禾山街道枋湖社区乐群广场举行。整场晚会有 13 个节目，分为湖里的速度、湖里的温度、湖里的高度三个乐章，通过朗诵、舞蹈、合唱等形式讲述“湖里故事”。

【文化遗产日活动】 2020 年 6 月 13 日，湖里区在仙岳山公园文化广场举行 2020 年湖里区纪念文化遗产日活动暨太极文化公益培训启动仪式，表演 10 种太极拳。太极文化大讲堂揭牌，启动为期 3 个月的太极文化公益培训。活动现场，国家级名中医张喜奎工作室、厦门中医名医、学科带头人等开展爱心义诊活动。开展“云上非遗”主题活动，吸引 2 万多人观看。

【金鸡百花电影节配套活动】 2020 年 11 月 24—28 日，第 33 届中国电影金鸡百花电影节在厦门举行，湖里区于 11—12 月组织配套活动 8 场。活动分 3 个版块：第一版块电影及电影图片展映，举办纪念“抗美援朝”70 周年、红色经典电影画页回眸图片展和多彩中华 · 民族电影展等 4 场活动；第二版块青年电影活动，举办第二届全国青年电影海报设计大赛、厦门艺术电影交流周和第 33 届中国电影金鸡奖学生影评大赛 3 场活动；第三版块华语国际编剧论坛系列活动。

（翁　珏）

文化表演团体

【五缘湾合唱团】 五缘湾合唱团成立于 2006 年，团员 50 人，为福建省合唱协会团体会员。团长、指挥为阙全安、黄小鹭。2020 年，该团参加第十四届福建省音乐舞蹈节（厦门赛区）复赛、庆祝中华人民共和国成立 71 周年合唱音乐会、湖里区宣传贯彻中共十九届五中全会精神文艺晚会等活动；参加大型交响诗篇《土楼回响》首演 20 周年新年音乐会，与厦门鹭岛爱乐合唱团、厦门女子合唱团共同演唱第五乐章——客家之歌。

【外来青年艺术团】 外来青年艺术团成立于 2000 年，是一支由进城务工人员组成的近百人的团队，包含歌唱、舞蹈、戏剧、曲艺等艺术人才。常年活跃在全省以及市、区的各大中型的舞台上。团队累计创作作品约100个。代表作有女声组合表演唱《咱的故乡》；现代舞《四色裙》、当代舞《绿叶对根的情意》等。2020年，陈美云编导的原创广场舞《筼筜渔火》参加福建省广场舞大赛，获银奖，舞蹈《逐光》入选中国舞蹈和腾讯网云展播。年内，参加第十二届厦门（湖里）城市诵读节、社区文化艺术节开幕式和闭幕式、湖里区第十二届社区文化艺术节各系列专场。

【芳草越剧团】 芳草越剧团是在原厦门越剧团基础上组建的一支业余越剧团队，有演员40人。2020年，排演《孔雀东南飞》之“喜庆”“一缕麻”“洞房”等折子戏，举办越剧公益培训，参加厦门卫视、宁德商会等演出。

（翁　珏）

文化产业

【概况】 2020年，湖里区推动影视文化产业发展，成立并充实影视文化招商组，编制多项影视产业服务指南，形成政府、协会、园区运营商共同协调服务机制。全年有影视文化招商项目211个，投资总额268.84亿元，其中落地项目111个，投资总额76.72亿元，落地率49.55%。在市、区政策框架内，通过简化认定流程、缩短兑现周期、引导企业联动复工等办法，助力文化企业抗疫情渡难关。举办2020亚洲社会设计展、中国当代好设计展、红点概念设计展等。推动联发华美空间及周边、海西工业设计中心及周边厂房改造，福建思凯文化传媒项目落户“特区·1980”创意产业园，西冷艺苑项目开工建设。海丝艺术品中心曦缘楼完成招商，佰艺里艺术街区开街。海西多频道网络（MCN）产业基地建成。

【影视文旅招商项目视频签约大会】 2020年3月11日，湖里区影视文旅招商项目视频签约仪式在厦门自贸区举行。影视、文化、旅游、会展、体育等5个领域20余个项目签约，其中湖里区与厦门自贸片区共同引进的项目有3个。

【亚洲社会设计展】 2020年5月18日至8月2日，2020亚洲社会设计展在红点设计博物馆开展。该设计展展出全球20个国家和地区的防疫防灾、循环经济、弱势群体关怀等超过100个真实案例，通过案例实物、文字故事及记录视频等方式，展示在全球多样的社会语境下，设计力量如何解决社会问题并创造更美好的社会。

【第四届厦门国际影视产业论坛】 2020年9月9日，第四届厦门国际影视产业论坛在红点设计博物馆举行。现场发布“湖光三色”推介片、湖里区影视拍摄指南和湖里文化地图影视协拍小程序。发布未来电影世界、中国电影资料馆2个影视项目。开展影视产业圆桌论坛、影视原创电影首映观影活动以及湖里投资考察暨采风活动等系列配套活动。

【非遗作品参展海峡两岸文博会】 2020年12月4日，第十三届海峡两岸（厦门）文化产业博览交易会（简称第十三届海峡两岸（厦门）文博会）在厦门国际会展中心举行。湖里区以“非遗保护，传承创新”主题布设展馆。湖里区馆从传统的古厝风转变为六面体花瓣的传统+科技风格，展出漆器、玉器、木偶及木制乐器、影雕作品及现场技艺展示。现场还有太极文化、答嘴鼓表演等文艺展示。

（翁　珏）

文化市场管理

【概况】 2020年，湖里区开展护苗、净网、秋风等专项行动，区文旅局联合市文旅市场综合执法支队二大队，检查网吧、电影院和出版物经营单位等场所。全年检查娱乐场所101家次、网吧76家次、电影院45家次、出版物经营单位79家次、印刷企业31家次和校园周边45家次。

【护苗行动】 2020年，湖里区“扫黄打非”领导小组办公室开展护苗宣传活动。通过湖里区融媒体中心、微信公众号、LED显示屏，结合世界读书日、儿童节等进行线上宣传。发动社会力量，参与“扫黄打非·护苗”行动。联合教育部门开展“护苗·网络安全课”活动。

文化遗产保护

【概况】 2020年，湖里区完善文物管理保护机制，公布第一批区级文物保护单位名单，开展文物修缮保护项目，探索文物活化利用模式，以“真保保好”为原则打造湖里区东部旧村改造片区文物保护示范区，统筹文物保护和经济社会发展。下达国家、省级非物质文化遗产保护资金，做好第五批省级非物质文化遗产代表性传承人申报推荐工作。利用文化与自然遗产日，举办湖里区纪念文化遗产日活动、太极文化公益培训、“云上非遗”主题展播等，助力非遗传承发展。

【第一批区级文物保护单位】 2020年8月21日，湖里区公布厦门经济特区管委会办公楼旧址和周文学宅2处为第一批区级文物保护单位。厦门经济特区管委会办公楼旧址，位于湖里街道兴隆路23号，为一栋6层的办公楼，建筑面积约

2020年8月21日，湖里区公布厦门经济特区管委会办公楼旧址和周文学宅为第一批区级文物保护单位。图为周文学宅　　（区文旅局　供图）

24.25万页，简化立卷1万余件5.5万页；公证档案、拆迁档案等专业档案1048卷8258页。接待群众和机关查档645人次，查阅档案资料3174件，复印1.65万页。接收政府信息公开文件603份。对中华人民共和国成立以来的党内规范性文件进行查档汇总、复印等工作，并参与清理规范性文件约800件。收集新冠肺炎疫情防控档案，开展档案宣传培训。

【档案中心投用】 2020年12月底，湖里区档案局迁至区档案中心。档案中心位于圆山南路999号，建设用地面积4500平方米，建筑面积4600余平方米，投入约1250万元建设经费。配套安装细

6000平方米，是厦门经济特区创立和厦门改革开放的见证物。该楼1981年动工，1983年落成，1984年厦门经济特区管委会开始在该楼办公。1984年2月9日，邓小平视察厦门并在该楼题写“把经济特区办得更快些更好些”。1987年开始，为湖里区政府办公楼。2008年12月，被改建成厦门经济特区纪念馆。周文学宅位于金山街道凤头社148号，该住宅总用地面积973.9平方米，总建筑面积658.51平方米。该楼建于1930年，为中西合璧洋楼式二层建筑。主体建筑墙体装饰有天使、鹰等西洋式图案。檐廊上下各有6根石柱支撑，楼冠上有西洋花卉装饰，上有魏碑体“汝南衍派”四字，突出楼主人周姓的宗支郡望。该楼群设计复杂多样，对研究中西建筑文化交流、融合具有一定的价值。

（翁　珏）

档案工作

【概况】 2020年，湖里区档案局接收文书档案传统组卷3059卷

2020年12月底，湖里区档案中心投入使用　　（陈婷　摄）

水雾消防灭火自动报警系统、安防监控报警系统、温湿度自控系统、门禁系统、真空充氮消毒柜等档案专业设施设备。

【新冠肺炎疫情防控档案收集】 2020 年，湖里区档案局选派 1 人到区疫情防控指挥部，负责防控资料的收集归档工作。成立防疫档案收集工作小组，建立联络人制度，每月定期汇总档案收集进展情况。全年收集新冠肺炎疫情相关文件档案 6600 多份、照片档案 1000 多张、视频档案时长 90 多分钟、实物档案 60 余件。

【档案宣传培训】 2020 年 6 月，湖里区档案局通过线上线下相结合的方式，开展国际档案日宣传。12 月 10—11 日，区档案局组织该局干部职工，各街道、区直机关单位档案员 200 余人，分 9 个分会场，参加“新修订档案法公益大讲堂”直播培训；全年组织约 20 名区直单位、街道、社区档案员参加国家、省档案局举办初任及档案专业继续教育线上培训。

（吴宗元）

史志工作

【概况】 2020 年，湖里区政府办完成《湖里年鉴（2020）》编辑、出版工作。完成《福建省年鉴（2020）》和《厦门年鉴（2020）》湖里区部分的撰稿任务。区委办完成《中共厦门市委执政实录（2019）》撰稿工作，向市委党史和地方志研究室报送《中共厦门市委党史研究室 2016—2020 年工作规划》主要任务的落实情况。接待山西党史研究院人员，与其交流党史工作开展情况。

【《湖里年鉴（2020）》出版】 2020 年 12 月，由湖里区政府主办，区政府办承编的《湖里年鉴（2020）》由方志出版社出版。该年鉴全面记述湖里区 2019 年政治、经济、文化和社会发展的基本情况。卷首设特载、大事记、区情综述，卷中设中共厦门市湖里区委员会、厦门市湖里区人民代表大会等 21 个类目，卷尾设附录和索引。全书有 52.8 万字，彩页照片 48 张，随文图片 162 张。

（张宪敏）

旅游业

【概况】 2020 年，湖里区开展旅游宣传促销活动，做好疫情防控与营销宣传，组织辖区优质旅游企业参加第十六届海峡旅游博览会、“诗意厦门·悦游湖里”国内推介会。举办厦门中秋旅游嘉年华系列活动，打造中秋文旅庙会，首次通过央级新媒体云直播，首次搭建直播间开展线上直播带货等，超 5 亿人次线上观看，拉动湖里文化旅游综合消费。推动“互联网＋旅游”，推出湖里区官方智慧旅游线上平台——“悦游湖里”微信小程序，发展智慧旅游。策划提升五缘湾旅游带，五缘湾游艇汇投入使用。加强旅游基础设施建设，新建旅游公厕 4 座，改建 1 座。联合市文旅市场综合执法支队二大队，督导星级饭店、A 级景区的旅游接待和安全保障工作，确保旅游市场安全有序。湖里区全年接待国内外游客 1760.78 万人次，旅游总收入 251.12 亿元。

【旅游市场综合执法检查】 2020 年，湖里区将旅游购物场所专项整治和扫黑除恶专项斗争相结合，摸排辖区不规范旅游购物场所。区文旅局联合区行政执法局、湖里公安分局、区市场监督管理局等部门开展多部门联合执法，引导 3 家旅游购物场所规范化经营，查封 5 家不规范经营旅游购物场所。开展 5 次统一行动，规范帆船体验市场。重点整治东渡邮轮母港厦鼓码头“黄牛”拉客行为。

【文化和旅游推介】 2020 年，湖里区以 2020“诗意厦门·悦游湖里”为主题，开展 2 次文化和旅游产品推介活动。9 月 6—11 日，在

2020 年 9 月 6—11 日，湖里区举办“诗意厦门·悦游湖里”（皖苏）文化和旅游推介活动。图为在江苏南通举办旅游推介活动 （厦旅国际旅行社 供图）

安徽合肥、安庆，江苏南通开展推介活动，主推湖里三大旅游区和两高主题线路，线下邀请双方文旅主管部门、旅游协会、媒体记者参与文旅座谈会。线上开设全网直播，邀请国内旅游达人同步直播，推广湖里文旅产品；在新浪微博发起话题有奖互动，截至9月21日，微博线上阅读量1980.8万人次。12月6—11日，湖里区赴湖南常德、长沙，贵州铜仁开展推介活动，通过线下文旅产品推介、交流座谈，线上微博话题互动、实时直播等方式，推介湖里旅游资源。与三地签订引客入厦合作协议，共促产品互推、客源互送和利益共享。

小资料

三大旅游区和两高主题线路： 三大旅游区指“五缘湾海洋风情高端度假旅游区、特区发祥地文创旅游区、仙岳山康养旅游区”；两高主题线路指“高素质、高颜值”线路：秘境湖里——帆海出海奇妙之旅、悦游湖里——纵情山海康养之旅、发现湖里——文创设计体验之旅、文化湖里——非遗艺术陶冶之旅、休闲湖里——高端品质轻奢之旅。

【中秋旅游嘉年华系列活动】 2020年9月17日至10月16日，由厦门市文化和旅游局、湖里区人民政府联合主办的“2020中国（厦门）中秋旅游嘉年华”活动在湖里区举行。该嘉年华将中秋文化与旅游元素相结合，以“欢乐中秋·福运厦门”为活动主题，以“中秋博饼”为核心内容，以“福运”为主线，推出“福运到”“福常满”“好福利”“游有福”等15项特色主题活动。打造中秋文旅庙会，庙会现场设置“旅市”“文市”“潮市”“食市”4大特色街区，将厦门及闽南传统元素与时尚年轻国潮风格结合。首次央级新媒体进行云直播，通过“悦游·湖里”智慧平台开发厦门湖里中秋民俗专题产品，上架厦门湖里文旅产品，首次搭建直播间开展线上直播带货形式，吸引境内外超过300家媒体的关注和报道，线上线下参与6000万人次，宣传覆盖超2.5亿人次，带动消费3500万元。

【旅游景点】 *湖里文化创意产业园* 位于湖里大道两侧的老工业区内，西至长岸路，南至宜宾路，东至华光路，北至悦华路，占地面积1.35平方千米。园区由厦门联发天地园区运营有限公司负责运营，以建设国家级文化产业示范园区为目标，重点创意设计、数字内容与新媒体、影视、动漫游戏、文化休闲旅游等行业进驻。对接台湾文化产业转移。

厦门惠和石文化园 是国家AAA级景区。园区设有中华石文化长廊、名人石雕艺术长廊、石雕博物馆、金砖影雕、闽南民俗表演等展示区域，是集石雕艺术展示、文化交流、艺术创作、旅游休闲与科普教育于一体的综合性园区。该园配套有磐雅苑生活美学空间、磨心咖啡厅、影雕传习中心，开设有惠和影雕、石与生活美学、玩石计划、石磨咖啡等系列休闲主题文化体验活动。2020年，接待游客3万余人，旅游收入200多万元。

凌云玉石博物馆 国家AA级景区，位于厦门湖里高新技术园，背靠五缘湾畔，毗邻厦门高崎国际机场。占地面积8074平方米，建筑面积3.5万平方米。该馆集玉石艺术展览、文创雅集、文化交流、旅游休闲与亲子研学于一体。设有茶艺空间、禅苑空间、亲子DIY空间、玉石文化长廊、玉石瑶池玉河等。2020年，接待游客28752人，旅游收入11.68万元。

【山海健康步道】 2020年1月1日，厦门山海健康步道向市民开放。该步道起于东渡邮轮广场，止于观音山沙滩，沿线串联狐尾山、仙岳山、圆山、薛岭山、虎头山、金山、虎仔山、观音山八座山体和筼筜湖、五缘湾、湖边水库三条水系，全线长约23千米，形成贯穿本岛东西方向的山海步行通廊。步道依地形采用桥梁与地面相结合的

2020年9月17日至10月16日，2020中国厦门中秋旅游嘉年华活动在湖里区闽南古镇举行

（厦旅国际旅行社 供图）

厦门山海健康步道　　（黄义平　2020年5月1日摄）

形式，跨越市政道路和山谷设置七座造型独特的大跨度桥梁，全线设置16个景观打卡点，12个特色景观园区，还有多个观景平台、节点公园、驿站等设施。

【“悦游·湖里”微信小程序上线】 2020年6月30日，湖里区智慧旅游线上平台“悦游·湖里”微信小程序上线，设有明信片、旅行日记、在线商城、在线票务、展览活动、自然健康、人文体验、游玩线路8个版块。截至年底，辖区主要景区景点、高端特色酒店、文创园区、健康地标、网红打卡点等30余家上线，累积用户2.89万人，页面访问24万余次。

（翁　珏）

体　育

群众体育

【概况】 2020年，湖里区全民健身活动受新冠肺炎疫情影响，以居民居家健身为主。做好线上运动会群众发动工作，街道、体育协会举办78场系列活动，1.48万人参与。推进湖里体育中心项目，下拨体彩公益金1315.23万元，提升公园体育功能，改善学生训练场地设施，完善15分钟健身圈。建设5个智能健身驿站。在天圆桥底配置一批特殊人群康复训练健身器械，将室内健身房搬到室外。完成2000人国民体质检测，选定禾山街道禾盛社区为湖里区“体医融合”示范社区。

【全民健身系列活动】 2020年，湖里区举行全民健身活动39场。其中开展健步行活动3场，举行棋牌类比赛5场（象棋赛2场，围棋赛2场，80分牌王争霸赛1场），球类群众赛事17场（足球7场，篮球8场，触球1场，乒乓球1场），游泳比赛3场，帆船、陆上赛艇3场（帆船赛2场、陆上赛艇1场），广场舞快闪展演、城市定向挑战赛、职工运动会等其他体育活动8场。

【老年健身活动】 2020年，湖里区开展老年健身活动32场。其中象棋、扑克牌八十分比赛等棋牌类活动8场，健步行活动3场，登山活动10场，门球、保龄球、柔力球培训等球类活动7场，趣味运动会4场。

【体医融合工作】 2020年，湖里区有智能健身驿站5个，分布在仙岳公园、五缘湾湿地公园感恩广场、薛岭山公园、翔鹭社区和嘉福社区。驿站为膜结构凉亭，中间区域为棋牌区，6根柱子对应2个智能健身设施，可统计运动数据、卡路里、心率等情况，通过扫码二维码可查看运动视频，根据视频指导科学运动，配套智能竞赛健身车。在薛岭山公园健身步道沿线配置5个太阳能智能心率柱，可为健身人群语音播报心率检测结果。在五缘湾湿地公园天圆桥底配置特殊人群康复健身训练器械、专业力量器械，满足不同锻炼需求。全区设有区级国民体质监测站1个及街道监测点5个，完成国民体质检测2000人，检测合格率90.5%，为检测者建立健康档案、测试评价报告和科学运动建议。选定禾山街道禾盛社区为湖里区“体医融合”示范社区，联合社区居委会和社区卫生服务中心提升体质监测能力、强化运动科学指导。截至年底，有110名高血压、糖尿病、高脂血症、高尿酸患者加入该项目。

体育赛事及展会

【概况】 2020年，湖里区先后举办2020年“体彩杯”第六届厦门时尚三人篮球挑战赛、第五届“禾山杯”社区足球赛、中国陆上赛艇百日创纪录赛、第十六届中国俱乐部杯帆船挑战赛等赛事活动。举办中国陆上赛艇百日创纪录赛。

2020 年 9 月 17—20 日，第十六届中国俱乐部帆船挑战赛在五缘湾外海域举行

（厦门市硕石航海运动有限公司　供图）

【第五届“禾山杯”社区足球赛】 2020 年 7 月 25 日至 9 月 19 日，超级波克 · 第五届禾山杯社区足球赛开赛，6 个行政区 28 支社区足球队、600 名球员参赛。该届赛事采用“分区赛 + 市级总决赛”的方式进行，分别在全市 5 个行政区开设赛点。经过 2 个月 62 场比赛，湖里社区获得冠军。

【陆上赛艇百日创纪录赛】 2020 年 9 月 12—13 日，中国国家队中国陆上赛艇百日创纪录赛（厦门站）在湖里万达广场举行。福建运动员打破 5 项滑雪测功仪世界纪录。陈悦溪打破 2 项全国纪录；潘越男创造半程马拉松的个人全国纪录；高艳华创造女子公开级 40～49 岁年龄组 1 万米的全国纪录；房培田创下陆上赛艇划船测功仪男子轻量级 80 岁以上年龄组全国纪录。厦门名将、中国国家队赛艇运动员段静莉以 39 分 13 秒 4 的成绩，创造女子公开级 30～39 岁年龄组 1 万米全国纪录。

【中国俱乐部杯帆船挑战赛】 2020 年 9 月 17—20 日，第 16 届中国俱乐部杯帆船挑战赛在厦门五缘湾海域举行。有 41 支船队 250 名选手参赛，其中社会组 23 支、竞技组 15 支、女子组 3 支。4 天时间进行 11 轮比赛，成绩排名前十的队伍依次为北京航海中心队、厦门海洋学院达仁帆船队、老男孩梦之队、青岛大学一队、Sailing Forward 队、武汉体育学院帆船队、广州云帆队、独角兽 Uniron 队、静想科技 OneSails 白浪帆船队和上海老水手队。

【五缘湾公开水域游泳赛】 2020 年 12 月 12 日，五缘湾公开水域游泳赛举行，13 支队伍 200 名游泳爱好者参赛。该比赛设置公开水域 8 × 300 米沙滩跑 + 海泳接力比赛。每队参赛队员 8 人，每棒沙滩跑 100 米，海上游泳 200 米。大赛特别设有畅游组，年龄最小的 23 岁、最大 70 多岁。南安官桥冬泳队、湖里泳协和小灯塔冬泳队分获前三名。

【国际游艇展览会】 2020 年 11 月 20—23 日，第十三届中国（厦门）国际游艇展览会在湖里区五缘湾举行。该展览会采取线上展示 + 线下体验的办展模式，通过“厦门国际游艇展”官网和微信小程序端进入线上展会，展示境内外船艇、设备配件为主，有 150 余家企业、超过 200 件展品上线展示，其中 100 多款国内外知名船艇、60 多款船艇设备配件及多元化游艇生活衍生产品，15 个国家和地区展商参展。线下展会重点打造开放式、体验型滨海生活体验展区，特别推出帆船体验嘉年华，策划限定主题游艇体验活动。

（翁　珏）

2020 年 11 月 20—23 日，第十三届中国（厦门）国际游艇展览会在湖里区五缘湾举行

（区文旅局　供图）

卫生健康

综　述

【概况】 2020年，湖里辖区内有医疗卫生机构412家，市管医疗卫生机构27家，其中市（属）管医院12家，社区卫生服务中心5家、分中心2家、服务站7家，区属医疗卫生机构1家；区管医疗卫生机构385家，其中民营二级综合医院1家，一级综合医院6家，门诊部106家，诊所187家，村卫生所18家，医务室、卫生站、护理站67家。床位5159张（5.16张/千人），医师3767人（3.77人/千人），护士4218人（4.57人/千人）。全年门诊319.31万人次，急诊5247人次，入院6472人次，出院6377人次，住院手术2241人次。是年，全区居民校正后期望寿命83岁，比上年提高0.06岁，其中男性80.81岁，女性85.33岁，女性比男性高4.52岁。

【医疗系统“放管服”改革】 2020年，由于新冠肺炎疫情防控需要，湖里区卫生健康局（简称湖里区卫健局）审批窗口推出“不见面审批”、全流程网上办理服务，梳理

2020年湖里区卫生机构基本情况表

表15

项目	总计	医院	区妇幼保健院	基层医疗卫生机构	门诊部	诊所	卫生所、医务室、护理站
机构数（个）	412	19	1	14	106	187	85
床位数（张）	5159	5092	67	0	0	0	0
工作人员（人）	11281	7313	375	1100	1778	523	192
卫生技术人员（人）	9540	6068	309	1016	1440	517	190
执业医师（含执业助理医师）（人）	3767	2183	120	276	801	314	73
注册护士（人）	4218	3002	134	358	453	160	111
药剂人员（人）	536	328	12	64	86	41	5
检验人员（人）	307	187	26	36	58	0	0
其他（人）	284	239	14	4	24	2	1
其他技术人员（人）	425	304	25	60	33	1	2
管理人员（人）	636	461	37	24	110	4	0
工勤人员（人）	680	480	4	0	195	1	0

并公布“不见面审批”事项清单，实现进驻事项“网上办”“邮寄办”率 100%，确保所有事项均可通过福建省网上办事大厅申报，办理结果一律邮寄送达。全年行政审批办件 4116 件，其中，即办件 3492 件，即办率 84.84%。区管医疗机构执业登记 49 家，注销 50 家。

【职业健康】 2020 年，湖里区卫健局完成企业职业病危害因素现状调查 2911 家，完成率 103.96%。完成辖区医疗卫生机构医用辐射防护监测 13 家、用人单位工作场所职业危害因素监测 17 家。完成辖区尘肺病患者随访与回顾性调查，辖区累计报告职业性尘肺病病例 52 例，其中存活 14 例，死亡 30 例，失访 8 例。实现 92 家申报企业日常监管全覆盖。开展职业健康、尘肺病防治、尘毒危害、防暑降温、粉尘危害治理和督导冶金工贸企业整改专项检查。

【中医药事业发展】 2020 年，湖里区卫健局开展第四次全国中药资源普查，成立区级中药资源普查工作领导小组，普查完成所有野外调查工作，并进行资料整理汇编。开展师承学习人员备案和医疗机构“三伏贴”技术培训、论证和备案工作，年内，完成师承人员备案 3 人，“三伏贴”备案 20 家。联合市中医院开展居民中医药健康文化素养工作，入户 306 户，完成问卷 252 份，调查工作通过国家、省级复核。区中医同业联合会定期开展线上学习交流会，并推出“四季中医养生”等直播公益讲座。

【医疗卫生监督执法检查】 2020 年，湖里区卫健局检查医疗机构 3669 家次。开展医疗废物处置、麻精药品管理、抗菌药物临床应用、实验室生物安全管理等专项检查。参加福建省组织的第一轮医疗机构依法执业情况专项监督和区内多部门联合检查等执法行动。推进医疗机构医疗废物“小箱进大箱”工作、首批医疗废物处置“小箱进大箱”及第三方转运机构签约，签订协议 52 份。有 323 家医疗机构纳入厦门市医疗废物环境监管平台。联合市医学会专家按照医疗机构评审标准，对 120 家区管医院和门诊部的执业活动、医疗安全、医疗质量等进行综合评价，督促 15 家评审不合格的医疗机构整改并复审合格。开展医疗领域行业乱象整治工作，查处超范围诊疗、违反诊疗规范、使用非卫生技术人员等医疗领域违法、违规案件 77 件，吊销医疗机构执业许可证 2 家，打掉无证诊所窝点 24 个，罚款 79.3 万元，没收违法所得 6.57 万元，移送公安机关追究涉嫌刑事责任 1 人，向其他部门移送案件 16 件。依法注销受刑事处罚的注册医师 5 人。

2020 年，湖里区开展医疗机构常态化疫情防控督导。图为 1 月 20 日，区卫健局法规科、区卫生计生监督所检查片仔癀宏仁中医门诊部常态化疫情防控情况

（陈小晴　摄）

【爱国卫生运动】 2020 年，湖里区贯穿“防疫有我，爱卫同行”主题，先后开展以农贸市场整治、公共场所消毒、爱国卫生月、除“四害”等为重点的全区性爱国卫生统一行动 10 轮，落实环境卫生整治和重点场所消毒消杀措施，尤其重点督促农贸市场、大型商超、酒店宾馆、医疗机构、学校等人流密集场所做好整治和消杀。开展室内公共场所和工作场所控烟专项行动，加强对法定禁烟场所执法检查。开展当年度无烟单位的申报及现场初评，经市级复核，区政府办、厦门鲁班源房屋营造有限公司、厦门五缘第二实验学校、厦门美丽华大酒店、厦门码头文化餐饮有限公司（老码头火锅厦门吕厝店）5 家单位达到无烟单位创建标准。年内，有塘边社区、翔鹭社区等 6 个社区申报创建省级卫生社区，8 月下旬，完成区级初审评分。

【国家慢性病综合防控示范区建设】 2020 年，湖里区投入约 20 万元专项经费，用于健康基础设施建设、健康环境建设、健康养老、健康活动开展、健康知识宣传等。全年建设健康社区26个，健康单位40家、学校26所、食堂17个、餐厅/酒店21个、健康家庭220个、健康主题公园3个、健康步道7条、健康街区1个；设健康小屋26个，“健康小屋”社区覆盖率47.27%；辖区5个街道社区卫生服务中心均设立自助式健康检测服务，覆盖率100%。区级户外公园、步道等公共体育场地全部免费开放；实行学校体育场地向社区免费开放或有偿租赁等多种方式，为市民提供更多活动空间。成立患者自我管理小组62个。结合各类健康主题日，开展健康宣教活动185场，受众6万人。

【家庭医生签约】 截至2020年12月31日，湖里区家庭医生签约户籍人口115401人，签约覆盖率31.54%。其中：65岁以上老年人签约17739人，签约覆盖率75.35%；高血压患者签约20578人，签约覆盖率66.6%；糖尿病患者签约9622人，签约覆盖率80.18%。

【百名专家进社区】 2020年，因受新冠肺炎疫情影响，湖里区百名专家进社区活动于10月启动，全年举办活动5场，由每个街道相关社区各负责1场，活动地点在各街道社区卫生服务中心。全年邀请专家44人次，服务群众877人次。

【干部保健】 2020年，湖里区有53位保健对象完成年度健康体检，体检率65%。组织开展医疗巡诊20场，为机关干部提供医疗卫生保健服务。全年为300余名处级干部订阅保健刊物，制作区机关及各街道食堂宣传展板72期。区行政中心健康小屋全年为700多名干部提供健康检测及应急药品领用服务。

（胡　琼）

疾病防控

【新冠肺炎防控】 2020年，湖里区疾病预防控制中心（简称湖里区疾控中心）成立7个专业小组，分工协作防控新冠肺炎。开展流行病学调查处置和密切接触者隔离医学观察，全年调查处置本土新冠肺炎疑似病例15例、发热或肺炎病例21例、省外输入无症状感染者2例和境外输入病例139例；开展确诊病例出院后随访追踪3例。处置涉疫食品、外环境、中高风险地区相关人员的疫情事件6起。累计调查处置涉疫人员约150人，采集食品、水及外环境等样本13485份，进行核酸检测。开展病例住家及污染环境疫点消毒面积18.32万平方米，对20家定点隔离酒店开展防疫消毒指导和防控知识宣传142次，消毒非一次性防护用品3798件，消毒车辆1116辆次。开展消毒效果评价监测，采集阳性病例居住房间环境标本348份，检出新冠病毒核酸阳性标本2份。开展核酸标本采集及转运工作，全年采集咽拭子标本20份，转运标本筛查新型冠状病毒或血清抗体14.21万份，标本类别主要为入境人员、复工复产人员、可疑发热病例或密切接触者。9月30日，区疾控中心新型冠状病毒检测实验室建成，10月12日开始试运行，满负荷检测量1800人份/日。截至12月31日，开展新冠病毒核酸检测1271份，检出新型冠状病毒核酸阳性8份。

【传染病防控】 2020年，湖里区各级医疗机构上报辖区法定传染病病例6047例，发病率589.38/10万，其中乙类传染病13种3404例，发病数前三位为乙肝、梅毒、肺结核；丙类传染病5种2643例，发病数前三位为流行性感冒、手足口病、其他感染性腹泻；无甲类传染病、重症急性呼吸综合征（SARS）、炭疽等及以上疑似病例报告。

艾滋病防治　湖里区新增艾

2020年11月24日，湖里区疾控中心人员在某公司冷冻库采集进口冷链食品外包装核酸样本　（区疾控中心　供图）

滋病（HIV）病例102例，截至年底，有艾滋病病例及感染者801例，全部进行随访管理。开展HIV自愿咨询检测2046人次，发现初筛阳性32例。开展国家流动人口哨点监测，问卷调查及抽血采样407人，发现2例阳性。开展男男同性恋人群哨点监测，问卷调查和采血153人，初筛阳性4例。开展各人群干预检测工作，暗娼干预24042人次，检测1026人次，未发现阳性病例；开展妇女面对面宣传教育936人次，流动人口宣教9998人次，社区宣传教育700多人次。

结核病防治　湖里区发现疑似肺结核患者979人，转诊率100%，总体到位率96%。发现活动性肺结核患者323例，均进行督导管理，完成疗程的活动性肺结核患者360人，治疗率95%，系统管理率96%。开展肺结核病防治工作季度督导4轮，随访结核病患者686人，举办结防规范培训2次，提高基层结防队伍能力。调查处置学校结核病疫情7起，追踪管理学生、教师疑似肺结核患者47人，开展学校结核病患者密切接触者筛查476人，未发现疑似患者。开展湖里区“十三五”结核病防治规划终期评估，在禾山社区开展居民结核病防治核心信息知晓率调查，调查结果显示，辖区公众结核病防治核心信息知晓率从2015年的74%提升至85%。

性病与麻风病防治　开展人群梅毒预防知识知晓率问卷调查，结果显示，男男同性恋（MSM）人群、流动人口、城市居民3种人群的知晓率分别为95.9%、93.6%和92.7%。湖里区疾控中心联合各街道社区卫生服务中心开展6场麻风病宣传，义诊咨询120余人次。对参与群众进行麻风病防治问卷调查，信息知晓率70%。

【卫生应急】　2020年，湖里区开展突发公共卫生事件风险评估12次，预测重点警惕的病种并提出相应的风险管理建议。调查处置传染病自动预警系统预警信息事件355起，及时率100%。规范处置辖区中小学/托幼机构发生的手足口病、流感、水痘、腮腺炎等传染病疫情和聚集性事件37起，其中未分级突发事件1起，为学校水痘病例聚集性疫情。调查处置疑似食物中毒事件6起，其中判定为食物中毒4起。

【免疫规划】　2020年，湖里区户籍人口和流动儿童疫苗接种率均在98%以上，受新冠肺炎疫情防控影响，接种率比上年略有下降。是年，湖里区报告麻疹监测病例24例，其中，确诊麻疹1例，风疹阳性4例，排除19例，麻疹发病率0，符合疑似麻疹病例监测指标。全区报告15岁以下儿童疑似乙肝病例2例（均排除），及时调查率100%。无新生儿破伤风病例。全区报告百日咳病例4例，15岁以下儿童急性弛缓性麻痹（AFP）5例（其中2例为外地病例），经调查和实验室检测排除脊髓灰质炎病例，采集率、及时率均达到监测指标要求；每旬搜寻辖区医院急性弛缓性麻痹、乙脑、新生儿破伤风、麻疹等病例，未发现漏报。全区报告预防接种疑似异常反应189例，其中，异常反应30例，偶合症3例，待定1例，一般反应155例。湖里区疫苗追溯系统全面对接上线，实现全区接种单位疫苗扫码出入库全覆盖，疫苗流通、接种信息的智能化采集和全程可追溯。

【慢性病综合防控】　2020年，湖里区推进国家级慢性病综合防控示范区建设，通过线上指导的方式，推进健康单元创建工作。以山海健康步道为载体，在狐尾山设置健康小屋1间，由厦门弘爱医院在山海健康步道沿线设置自动体外除颤器20台。通过健康步道小程序向市民推送健康资讯、提供健康指导、记录健康信息。提升慢性病患者管理水平，全区管理高血压患者29840人，任务完成率96.57%，管理糖尿病患者13357人，任务完成率111.31%。组织区机关、单位、社区的职业人群312人参加为期50天的第五届国家“万步有约”职业人群健走激励大赛，其中126名参赛队员健走满分，55名队员健走满分天数在45天以上。

【碘缺乏病防治】　2020年，湖里区继续开展碘缺乏病监测工作，监测结果显示：8～10岁儿童尿碘中位数为259.5微克/升，其中尿碘小于50微克/升尿样10份，占检测总数的4.76%；总体合格碘盐覆盖率95.87%，甲状腺肿大率2.86%，孕妇合格碘盐食用率99%，尿碘中位数176.5微克/升，上述指标均达到消除碘缺乏病技术标准。通过“十三五”全国地方病防治规划终期评估、地方病防治专项三年攻坚行动终期评估和重点地方病控制和消除评价。

【居民死亡信息报告及死因统计分析】　2020年，湖里区报告死亡病例1515例，其中，户籍人口死亡1126例，死亡率3.02‰，标化死亡率4.58‰，标化校正死亡率4.71‰。前五位死因为恶性肿瘤、脑血管病、心脏病、内分泌营养代谢疾病、呼吸系统疾病。

【心脑血管事件报告登记】　2020年，湖里区相关医疗机构累计报告急性心脑血管事件2156例次，报告户籍病例539例次，均完成报告信息审核。

2020 年 11 月 9 日，湖里区疾控中心在闽南古镇开展联合国糖尿病日宣传活动

（区疾控中心　供图）

【肿瘤病例登记随访】 2020 年，湖里区 5 家监测医院累计报告有效肿瘤新发病例 3431 例，户籍新增肿瘤确诊病例 1341 例。开展肿瘤发病及死亡分析（周期 2016—2020 年），结果显示：2016 年，湖里区户籍新发恶性肿瘤 803 例，死亡 511 例，发病死亡率 0.64%，报告发病率 272.13/10 万，报告死亡率 173.18/10 万。恶性肿瘤发病率处于前五位为乳腺癌、肺癌、肝癌、结直肠癌、胃癌，占恶性肿瘤发病数的 55.3%。

【产品伤害监测】 2020 年，湖里区累计报告产品伤害病例 57769 例。其中，中医院报告 43258 例，儿童医院报告 14511 例，报告典型案例 89 例。受新冠肺炎疫情影响，监测哨点医院年初门诊数明显减少，下半年逐步回升，伤害病例比上年下降 11.87%。新增厦门弘爱医院为湖里区第三家哨点医院，从 12 月开始监测数据采集。

【精神卫生工作】 2020 年，湖里区有登记在册严重精神障碍患者 2687 例，患者报告率 2.61‰，年在管患者规范管理率 85.56%、面访率 84.33%、居家稳定率 99.81%，在册患者服药率 83.66%、规律服药率 71.49%，精神分裂症服药率 83.43%、规律服药率 71.27%，体检率 13.88%。既往及当前评级 3～5 级 173 人。是年，新发现并纳入规范管理的严重精神障碍患者 37 名，处理疑似精神障碍患者警情 45 起，入户排查疑似线索 34 条，开展应急处置 48 人次，减少肇事肇祸风险。

【卫生监测与检验检测】 2020 年，湖里区疾控中心开展食品类、公共场所类、生活饮用水、病原微生物等检测，出具检测报告 796 份。完成“双随机”监测任务，公共场所 37 家、泳池水质 54 家次、生活饮用水监测 264 份、学校教学环境监测 11 家。开展病原微生物实验室检测工作，霍乱监测外环境水样 183 份、海产品 245 份（从牛蛙中检出 3 例稻叶型霍乱弧菌，非产毒株），艾滋病检测 1247 人份，梅毒检测 1249 人份，丙肝检测 1153 人份，麻疹 / 风疹检测 23 例。开展生活饮用水监测，全年检测生活饮用水 326 份，合格率 90.18%。审核哨点医院食源性疾患监测病例 499 例。完成食物中毒相关样品检测 143 份。开展职业病信息管理工作，是年新发职业病 2 例，职业性噪声聋和中暑各 1 例，均为男性。湖里区累计尘肺病例 52 例，全年随访 44 例（存活 14 例），失访 8 例，随访率 84.6%。开展职业病危害现状调查，湖里区存在职业病危害因素的企业 326 家。开展中国居民食物消费量调查，年内完成 2 轮典型人群调查，收回有效问卷 326 份。

【健康教育】 2020 年，湖里区疾控中心坚持健康教育与疾病预防控制并举，以线上活动为主，线下活动为辅，组织开展世界结核病日、“5·31”世界无烟日等宣传活动 13 场。通过参加科技、文化、卫生三下乡、科普“超市”进社区 3 场活动扩大宣传覆盖面。总计发放宣传折页 10 万份，宣传品 5000 多份，覆盖上万人，义诊咨询 1200 多人。通过“湖里疾控”微信公众号制作推送以新冠肺炎防控为主的科普文章 367 篇，相关活动报道 19 篇。

（李锦阳　柯素容）

妇幼保健

【概况】 2020 年，湖里区妇幼保健院全面抓好“两纲”各项指标，落实重大公共卫生服务，强化保健质量控制考核，做好基层医疗机构督导、培训与考核。增设周末全天门诊和儿保科夜间门诊，开展

2020 年 6 月 5 日，湖里区妇幼保健院在院内开展“爱眼日”义诊活动

（区妇幼保健院　供图）

新冠核酸检测一站式服务，开设妇科病普查和入园体检等一站式服务，开通网上免费义诊咨询平台。完成妇女“两癌”筛查 4084 例，妇科病普查 10978 例。通过福建省产前筛查机构集中评审，获产前筛查技术服务机构资质。全年区妇幼保健院门（急）诊 73.76 万人次（含集体保健），其中，门急诊人次比上年减少 9.66 万人次，集体保健比上年减少 10.33 万人次、下降 21.33%。住院 4600 人次，比上年减少 950 人次，住院率下降 17.12%，病床平均使用率 77.7%，业务收入 14700 万元、比上年下降 10.9%。

【孕产妇保健】 2020 年，湖里区有产妇 4224 人，活产 4268 人。孕产妇系统管理率 96.49%，早孕检查率 96.67%，早孕建卡率 97.61%，产前检查率 98.97%，产后访视率 98.88%，住院分娩率 100%，高危孕妇检出率 89.91%，高危管理率 100%。低出生体重儿发生率 4.48%，孕产期中重度贫血发生率 0.92%，孕产妇剖宫产率 34.93%，无孕产妇死亡。

【儿童保健】 2020 年，湖里区 7 岁以下儿童有 35927 人，5 岁以下儿童 27946 人，3 岁以下儿童 15527 人。3 岁以下儿童系统管理率 95.95%，5 岁以下低体重患病率 1%，6 个月母乳喂养率 93.09%，6 个月纯母乳喂养率 61.95%，新生儿访视率 99.25%，5 岁以下儿童死亡率 1.64‰，婴儿死亡率 1.17‰，新生儿死亡率 0.47‰。耳及听力保健 13505 人次，发现异常 1215 人次，发病率 9%。眼保健 13520 人次，发现屈光不正等异常 2170 人次，发病率 16%。入园体检 23215 人次。

【妇幼健康教育】 2020 年 2 月 20 日，湖里区妇幼保健院开启线上健康教育直播课，全年举办线上直播课堂 240 多场。建立孕妇学校云平台，观看直播或观看回播约 10 万人次。录制各种健康知识短片，全年录制健康短视频 53 个。开展院外线下讲座及义诊活动 91 场。

（朱春雷）

卫生监督

【概况】 2020 年 12 月底，湖里区卫生和计划生育监督所（简称湖里区卫监所）监管公共场所 1376 家、生活饮用水单位 432 家、中小学校 48 所、医疗机构 369 家、放射诊疗机构 52 家、传染病防治 370 家、

2020 年 7 月 15 日，湖里区卫监所卫生监督员检测中央湾区中骏天誉泳池水质情况

（谢玉霞　摄）

计划生育（母婴保健）机构9家、餐饮具集中消毒单位1家、职业病危害企业92家。全年查处各类违法案件102件，受理群众投诉220件，受理行政许可4116件。

【行政许可】 2020年，湖里区卫监所受理卫生行政许可4116件。其中，医疗机构许可835件、公共场所卫生许可925件、供水单位卫生许可1件，医师注册1244件、护士注册1022件、工作场所职业病危害申报备案68件、除四害机构备案21家。

【卫监部门"放管服"改革】 2020年，湖里区卫监所71%的许可事项提升为即办事项，受理后2小时出结果，100%事项均可通过福建省网上办事大厅进行申报，所有事项办理结果一律邮寄送达；将86个行政审批事项承诺时限压缩至法定时限的12%以内、申报材料平均数4.5个以内、跑趟次数0.05次以内，即办事项占比55%以上；引导医疗机构、医师、护士申领电子证照，医护人员"全程网办"事项的办理结果将全部以电子证照形式送达。

【行政处罚】 2020年，湖里区卫监所查处各类违法案件102件（一般程序70件，简易程序32件），其中医疗监督类66件（其中无证行医24件），传染病防治监督类9件，公共场所类监督24件，职业卫生监督类1件，放射卫生监督类2件，罚款80.88万元，没收违法所得6.57万元，吊销医疗机构执业许可证2家。对8件逾期不履行行政处罚决定的案件申请法院强制执行。向湖里公安分局、区市场监督管理局、区生态环境局、区卫健部门移送、通报涉及非法行医、消毒产品、医疗废物、医疗器械、医疗广告、非法制售药品等各类案件线索16条，接收有关部门移交案件线索12条，向公安机关移送1名非法行医涉嫌犯罪人员。

【投诉处理】 2020年，湖里区卫监所受理群众举报、政务热线、交办件、信访件等各类投诉件220件，其中涉及公共场所41件、医疗机构109件、无证行医44件、二次供水2件、传染病防治2件、职业卫生1件、求助类及其他21件，做到及时受理及时反馈。投诉受理率、调查处理率、反馈率均达到100%，全年做出行政处罚31件。

（谢玉霞）

计生服务

【概况】 截至2020年12月31日，湖里区总人口1036974人，其中户籍人口378797人、流动人口658177人；新出生人口11755人，其中常住人口出生4358人、流动人口出生7397人；常住出生人口政策符合率94.36%，出生人口性别比111.14；人口信息统计准确率98.64%；计划生育奖励兑现率100%。

【计生家庭奖励扶助政策落实】 截至2020年12月31日，湖里区全年发放福建省城镇部分计划生育家庭奖励扶助、特殊家庭扶助、困难女孩家庭帮扶等各类奖励扶助项目资金3847.62万元。其中：计划生育特殊家庭有372户775人，失独家庭132户192人、伤残家庭240户583人（伤残独生子女205人），发放扶助金939.82万元；福建省城镇部分计划生育家庭奖励扶助15276人，发放奖扶金2754.48万元；湖里区独生子女家庭奖励扶持307人，发放奖扶金95.79万元；元旦春节期间慰问计生困难家庭，发放慰问金24.5万元；发放办理独生子女证奖励金9.91万元、计划生育低保户增加低保金17.22万元、困难女孩家庭帮扶资金5.9万元。

（胡　琼）

【计生家庭帮扶】 2020年，湖里区计生协会以"增进民生福祉"为目标，启动第十五批幸福工程项目，投入专项资金80万元，帮助辖区27户（其中流动人口5户）计生母亲发展生产。全年投入慰问经费63.35万元，慰问计生特殊家庭270户、计生困难家庭365户；母亲节，安排慰问资金12万元，慰问全区计生困难母亲240名。投入4.2万元资助计生家庭中、高考录取生12名。推动计生家庭意外伤害保险工作的完善和落实，全年理赔314件，赔付金额114.88万元，赔付率69.54%。

【暖心家园示范项目】 2020年12月31日，湖里区有失独家庭132户192人，其中江头街道有38户61人。区计生协会投入17万元在江头街道吕岭社区建设"暖心家园"示范项目，为计生特殊家庭打造温馨、联谊家园，该项目点获批中国计生协"暖心家园"项目点。

【流动人口计生服务】 2020年，湖里区有流动人口计生协会185个，形成悦华酒店、吉家家等12家市、区流动人口计生工作项目点，下拨项目经费5万元。按照流动人口均等化服务的要求，开展流动人口送政策、送健康、送知识、送服务、送温暖"五送服务"，推广湖里街道做好流动人口计生协会工作有组织架构、有授牌挂牌、有服务药柜、有宣传阵地、有内页资料“五有机制”。以“把健康带回家”为主题，开展新市民健康促进行动，关怀关爱流动人口中的计生困难家庭、孕期女工等人群。

【计生宣传】 2020年，湖里区计生协与市计生协、禾山街道计生协共同举办“壮阔四十年，奋斗新时代”为主题、以计生协会相关知识、健康知识、疫情防控知识为主要内容的线上答题活动；开通“湖里计生协”微信公众号，每周定期刊登协会动态信息和上级宣传工作重点。年内，全区各级计生协会新闻被报刊、网络等各类媒体刊用172条，其中，省级以上报刊媒体刊用22条，市级以上刊用150条。

【计划生育协会】 2020年，湖里区有各级各类计生协会247个，计生协会小组985个，会员27756人。全年有工作经费和专项经费367.2万元，小组活动经费每年500元。9月，区计生协会被中国计生协幸福工程组委会授予“最美公益伙伴”称号。

（姚杨成）

社区卫生服务中心

【厦门市湖里街道社区卫生服务中心】 厦门市湖里街道社区卫生服务中心（简称湖里社区卫生服务中心）设有海天中心、东渡分中心、康乐社区卫生服务站、兴华社区卫生服务站4个服务点，中心设有15个临床和医技科室。截至2020年12月31日，有在岗编制内人员103人，编制外人员4名（其中2名退休返聘人员）。其中，卫技97人，包括执业（助理）医师46人，注册护士37人，医技5人，药学9人；有高级职称14人，中级职称73人，初级职称20人。

基本医疗服务　2020年，湖里社区卫生服务中心完成门诊26.24万人次，受新冠肺炎疫情影响，比上年略有下降。厦门大学附属中山医院、厦门儿童医院、仙岳医院向其派驻专家30余人，下社区坐诊，其中有6位专家在中心长期坐诊并设立专科医师工作室，累计出诊50次，门诊565人次，讲座19次。利用多种媒介手段宣传家庭医生签约服务，下社区现场宣传18场，为80岁以上老年人入户服务572人次，累计服务2万多人次。截至12月31日，家庭医生签约31441人。开展社区居民大肠癌筛查3383例，冠心病筛查1847例，肺功能筛查54人次。

居民健康档案管理　2020年，湖里社区卫生服务中心新建居民健康档案3701份，累计管理辖区基本档案12.61万份，建档率76.01%；完成辖区65岁以上常住老年人体检2767人，体检率38.23%；在管高血压患者6663人，随访72896人次；在管糖尿病患者2994人，随访37531人次。

免疫规划　2020年，辖区内常住户口0～6岁儿童12665人，常规接种56471人次。一类疫苗接种10种33805人次，二类疫苗接种21种22666人次。

妇幼保健　2020年，辖区户籍人口产妇973人，活产983人，建卡945人，孕产妇系统管理率96.03%，孕妇建卡1538人。产前检查率98.98%，产后访视率98.68%，住院分娩率100%。7岁以下儿童8854人，5岁以下儿童6880人，3岁以下儿童3830人。3岁以下儿童系统管理率96.03%，无新生儿死亡。

中医药管理　2020年，开展中药饮片、针灸、拔罐、推拿、刮痧、整脊、刺络放血、中医定向透药治疗等多项中医药适宜技术，有中成药基药114种，中成药非基药81种，草药300余种。完成65岁以上老年人中医药健康管理服务中

2020年9月14日，湖里社区卫生服务中心医生张林在甘肃省临夏县振华村为村民义诊
（湖里社区卫生服务中心供图）

医体质辨识 5085 人，0～36 月龄儿童中医药健康保健指导 5085 人。

传染病防治　2020 年，辖区内新增肺结核病例 38 例，其中，本地病例 18 例，外地病例 20 例，完成首次入户随访 38 例，入户随访率 100%，累计督导管理肺结核病例 68 例。治疗满一年活动性肺结核病例 38 例，系统管理 36 例，系统管理率 94.74%。是年，新登记艾滋病病毒感染者 / 病人 10 例，累计管理艾滋病病人 146 例，转出 18 例，死亡 4 例。艾滋病病毒感染者 / 病人随访检测比例 100%，结核筛查率 100%，配偶 / 固定性伴 HIV 抗体检测率 100%，抗病毒治疗比例 95.4%。年内，报告传染病病例 5 例，其中，乙型肝炎 3 例，水痘 1 例，肺结核 1 例。

重症精神病人管理　2020 年，辖区严重精神障碍疾病线索调查 36 人，录入国家严重精神障碍疾病管理网络 657 人，检出率 3.03%，重性精神病规范管理 475 人，规范管理率 82%。

健康教育　2020 年，湖里社区卫生服务中心更新制作健康教育宣传栏 42 版，新制作健康教育宣传单、折页、读本等 12 种 3.65 万册（张），发放自制及上级下发材料 22 种 6.39 万份，播放健康教育音像视频 12 种 792 小时，内容涵盖卫生日主题宣传、慢性病健康知识、中医保健、无烟日宣传、儿童预防接种知识、儿童保健知识及孕妇及产后保健知识、妇女保健知识以及常见病、多发病、传染病的健康知识等。为辖区 18 个居委会提供健康教育宣传栏 6 期 108 版。8 月至 9 月，开展健康素养监测，完成居民健康素养调查 120 份、国家居民健康素养调查 80 份。

对口帮扶临夏县卫生院　2020 年，湖里社区卫生服务中心对口帮扶甘肃省临夏县北塬镇卫生院和黄泥湾镇卫生院 2 家医院，派遣 1 名医生，参加帮扶保障，开展业务培训 4 次，赠送慢性病药品 630 盒，入户巡诊 70 户。利用远程信息化手段为 2 家卫生院开展 9 次远程业务培训。

【厦门市湖里区殿前街道社区卫生服务中心】 2020 年，厦门市湖里区殿前街道社区卫生服务中心（简称殿前社区卫生服务中心）完成整体搬迁。截至年底，有编制 112 个，在编在岗 101 人，劳务派遣 2 人，到编率 90.18%。其中，研究生 8 人，本科生 85 人；高级职称 6 人，中级职称 84 人，初级职称 11 人；医生 49 人（含公卫医生 9 人），护士 38 人，检验师 4 人，药师 5 人（含中药师 2 人）；财务收费 6 人，信息工程师 1 人。开设 22 个临床和医技科室。全年门诊 20.28 万人次，比上年下降 13.47%，门诊收入 3598.07 万元，比上年上升 14.13%。配备西药 312 种，中成药 156 种，中药 338 种；开出总处方量 18.64 万张，其中，中药处方 1.04 万张，中医非药物处方 5975 张，中医处方占 44.84%。向上转诊病人 768 人，收到下转病人 87 人，协同总院完成远程心电图 1721 人次及动态心电图 59 人次。完成大肠癌筛查 2097 人次，肺功能筛查 25 人次。

殿前社区卫生服务中心搬新址　2020 年 3 月 30 日，殿前社区卫生服务中心搬至湖里区高殿路 9 号。项目总用地面积 5902 平方米，总建筑面积 14229 平方米。其中，地上 5 层建筑面积 5800 平方米，地下 2 层建筑面积 8429 平方米。配套停车场，有 200 个停车位。

基本公共卫生服务　2020 年，殿前社区卫生服务中心建立辖区居民健康档案 16.78 万份，电子建档率 100%，居民建档率 85.59%。接种免疫规划苗 3.21 万针次，非免疫规划苗 3.59 万针次。孕产妇建卡 1115 人，早孕建册率 90.69%，产后访视 2098 人；开展 0～6 岁儿童体检 15274 人次，儿童健康管理服务率 94.32%；0～36 个月儿童中医药健康管理 5924 人次；为 60 岁以上老年人免费体检 2217 人次，老年人中医药健康管理 2217 人；

2020 年 3 月 30 日，殿前社区卫生服务中心搬至高殿路 9 号新址

（殿前社区卫生服务中心　供图）

2020 年 5 月 19 日，殿前社区卫生服务中心工作人员在启泰分流中心为入境人员测量体温　（殿前社区卫生服务中心　供图）

管理高血压患者 5541 人，规范管理率 82.1%；管理 2 型糖尿病患者 2368 人，规范管理率 79.2%。举办健康教育活动 12 次，健康讲座 21 次，参加健康宣传活动及接受健康教育咨询约 1200 人次。严重精神障碍患者规范管理 374 人，规范管理率 81.63%。管理肺结核患者 74 人，患者管理率 100%。填报传染病报告卡 25 例，报告及时率 100%。

家庭医生签约服务　2020 年，殿前社区卫生服务中心家庭医生签约 1.44 万人，签约率 32.07%，续签率 72.96%；65 岁以上人群签约 2061 人，签约率 77.83%，续签率 86.28%；高血压签约 3017 人，签约率 56.42%，续签率 87.68%；糖尿病签约 1386 人，签约率 66.73%，续签率 89.49%。

疫情防控　2020 年，殿前社区卫生服务中心承担空港花园酒店和翔鹭酒店医学观察保障工作。高峰期每日派驻 40 名医护人员。截至 12 月 31 日，2 家酒店累计观察 9586 人，社区医护人员采集咽拭子 1.29 万人，血清抗体 1.03 万人，累计医学救治 558 人，累计测体温 26.8 万人次。承担启泰市级分流中心体温监测及旅客医疗保障工作。每天驻点 8 人，分流境外人员 16.42 万人次，境内人员 4.84 万人次，合计分流 21.26 万人次。负责殿前辖区居民居家医学观察工作，入户随访监测体温及询问健康情况，累计建立健康信息档案 5114 人。参与密接管理，累计转运密接患者 67 人，完成密接患者流行病学调查 120 人。确诊患者康复后随访 5 人。

医疗对口帮扶　2020 年，殿前社区卫生服务中心派遣 2 批医护人员到东乡对口帮扶卫生院。累计开展讲座 8 次，义诊 850 人次，门诊看诊 460 人次，住院查房 65 人次，抢救病人 14 人次，下乡入户 44 人次。派遣 1 名高级信息工程师到对口卫生院，检修维护电脑 14 台、打印机 6 台、8 台路由器及全卫生院的网络梳理。

（朱萍萍）

【厦门市湖里区江头街道社区卫生服务中心】 厦门市湖里区江头街道社区卫生服务中心（简称江头社区卫生服务中心）建筑面积 4997 平方米，设有全科、妇科、预防保健科、儿童保健科、慢病管理科等 17 个临床和医技科室，承担辖区人口的居民健康档案建立、预防接种、0～6 岁儿童健康管理、孕产妇健康管理、健康教育、老年人以及慢性病患者健康管理、严重精神障碍患者管理、传染病和突发公共卫生事件报告和处理、中医药健康管理、卫生监督协助。2020 年，江头街道社区卫生服务中心有编制 131 个，在编在岗 108 人，其中卫生技术人员 100 人，研究生 16 人，副主任以上职称 5 人。配备基本药物 778 种，中草药 324 种，中成药 147 种，西药 307 种，糖尿病药品 53 种，高血压药品 57 种。开展血常规、尿常规、粪便常规、白带常规、尿妊娠试验检测、尿微量蛋白检查、生化全套等系列常规项目检测服务。全年医疗门诊量 23.24 万人次，比上年下降 3.13%。分别为江头点 22.3 万人次，园山点 815 人次，蔡塘点 8578 人次。

计划免疫　2020 年，江头社区卫生服务中心服务区内一类疫苗应种 40953 人次，实种 40134 人次，接种率为 98%。接种二类疫苗 24 种 36017 人次。

居民健康档案管理　2020 年，江头社区卫生服务中心采集居民健康信息，新增、完善档案 4271 份，在管档案 17.92 万份，档案管理率 90.09%，档案使用率 56%。

妇幼保健　2020 年，江头社区卫生服务中心按照 4-2-1 体检程序（1 岁内 4 次，1～3 岁每半年一次）免费为 0～3 岁儿童提供健康体检。是年，江头辖区 3 岁以下儿童系统管理 3045 人，系统管理率 96.1%，6 个月内母乳喂养率 92.15%，体重低下儿童 373 人，筛查出高危儿童 851 人。辖区产妇在社区建卡 1826 人，建卡率 99.82%，早孕建卡率 94.80%，系统管理率 96.77%。全年辖区孕产妇住院分娩率 100%。全年辖区孕产妇产后访视 2208 人次，孕产妇保健覆盖率 100%。孕妇接受艾滋病（HIV）咨询 1757 人，接受 HIV 检测 1757 人，HIV 检测阳性 0 人，接受梅毒检测 1759 人，梅毒检测阳性 0 人。接受乙肝检测 1753 人，乙肝检测表抗阳性 152 人。开展预防艾滋病、梅毒和乙肝母婴传播健康教育活动，普及孕期相关知识。是年，发放相关宣传材料 1940 份，举办孕妇班 5 期。

慢性病管理 2020 年，江头社区卫生服务中心对已管理的高血压患者定期随访并进行饮食、运动等健康指导及生活方式干预。落实 35 岁以上首诊病人测血压制度，首诊测血压执行率 100%。是年，筛查新发现并纳入管理高血压患者 1593 人，累计管理 6047 人，健康管理率 100.22%；规范管理 5837 人，规范管理率 96.52%；体检 5687 人，体检率 94.05%；血压达标 5827 人，管理人群血压控制率 96.36%，高血压随访 56895 人次。是年，筛查新发现并纳入管理糖尿病患者 513 人，累计管理糖尿病患者 2547 人，健康管理率 108.8%；规范管理 2507 人，规范管理率 98.43%；体检 2256 人，体检率 88.57%；年内血糖达标 1995 人，管理人群血糖控制率 78.33%，糖尿病随访 31752 人次。

老年人健康管理 2020 年，江头社区卫生服务中心服务范围 65 岁及以上常住老年人有 6528 人，完成健康管理 2896 人，完整体检 2465 人，中医体质辨识 4626 人次，健康管理率 44.36%，体检完整率 37.76%，中医体质辨识率

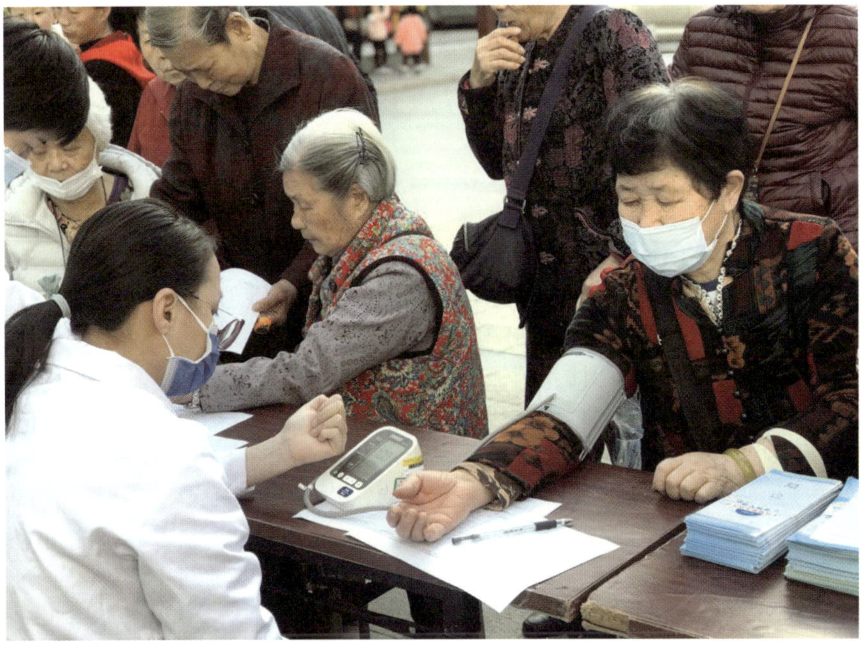

2020 年 12 月 22 日，江头社区卫生服务中心医生在江头和美文化园为老年人免费测血压 （江头社区卫生服务中心 供图）

70.8%。

健康教育 2020 年，江头社区卫生服务中心在候诊区、诊室、咨询台等处放置健康教育折页、健康教育处方等，更新 24 期健康教育宣传栏，新增播放视频材料 16 种，制作宣传海报 28 种 28 份，制作宣传材料 12 种 3.15 万份，发放宣传资料 87 种 4.58 万份。举办健康知识讲座 21 场、健康咨询活动 22 场次，受益 6919 人次。配合市疾控中心、区疾控中心完成居民健康素养调查问卷 122 份，居民健康素养水平 36.9%。利用视频、宣传栏、宣传折页、讲座、活动等多种形式进行控烟教育宣传，并做好无烟医院控烟工作。

传染病管理 2020 年，江头社区卫生服务中心未发现甲类传染病，报告乙类、丙类及其他传染病 18 例，其中，隐性梅毒 8 例，乙肝 10 例，报告率 100%。是年，纳入本辖区的艾滋病患者 190 人，转出 28 人，实际管理 161 人，死亡 1 人，转介到厦门第一医院服药 161 人。接受免疫细胞（CD4）检测 161 人，无未接受 CD4 检测人员。跟踪疑似结核病病人 201 人，到位 194 人，到位率 96.5%。是年，新登记结核病患者 77 人，管理患者 77 人，管理率 100%。新增涂阳患者 30 人。涂阳患者治疗满一年 29 人，治愈人数 24 人，非结核死亡 1 人，失管 4 人。登记管理患者 82 人，规则服药 74 人，规则服药率 90%。

中医服务 2020 年，江头社区卫生服务中心拥有中医师 14 人，其中中医全科医师 11 人。建设中医馆，设立独立的中医诊室，运用中药、针灸、推拿、火罐、敷贴、中药熏洗等中医药方法辨证治疗社区常见病、多发病。推广多种中医药方法和手段，开展雷火久、督灸等特色中医服务。65 岁以上老年人中医药健康管理服务 6528 人，0～36 个月儿童中医药健康管理服务 4257 人，中医非药物处方 3906 个，中医药处方 80675 个，占总处方的 36.7%。

分级诊疗 2020 年，江头社区卫生服务中心通过协同平台的双

向转诊及诊间预约功能，进行双向转诊1889人次，其中上转1762人次，下转127人次。开展专家下社区活动，全年有10名专家下社区，专家下社区门诊量3128人次。对接上级医院，做好慢阻肺防治、慢性胃肠病防治工作；大肠癌免费筛查1411例，达到家庭签约服务人数的5.76%，粪便隐血阳性20例，评估阳性102例，双阳性4例，阳性总例数114例，阴性1274例，粪便隐血阳性患者进行肠镜检查1例；冠心病筛查2160人，其中家庭签约1892人，占家庭签约重点人群（老高糖）的27.7%，筛查的家庭签约重点人群中高危及极高危1083人，转诊及拒绝转诊411人，转诊率为37.9%；对慢性肾脏病高危人群进行尿常规和肾功能筛查，全年筛查2160人，对可疑患病患者，建议上级医院进一步诊治。

家庭医生签约　2020年，江头社区卫生服务中心完成家庭医生签2.46万人，签约覆盖率33.72%；65岁以上老年人签约4072人，签约率68.01%，续签率78%，高血压患者签约4660人，签约率77.01%，续签率92.94%；糖尿病患者签约2168人，签约率92.26%，续签率92.29%。签约居民全部纳入APP管理，“厦门i健康”绑定率36.1%。家庭医生可通过“厦门i健康”为签约居民提供咨询、预约、线上续方等服务，全年咨询3554人次，代预约1517人次，完成线上长处方订单679笔。

新冠肺炎疫情防控　2020年，江头社区卫生服务中心驻点晶珑酒店和湖里颐豪酒店，支援厦门市中医院八山酒店驻点工作，累计观察8045人，采集咽拭子13455人，血清抗体10236人。医学救治累计178人次。为隔离人员送药上门29次。

（周　凌）

【厦门市湖里区禾山街道社区卫生服务中心】 2020年，厦门市湖里区禾山街道社区卫生服务中心（简称禾山社区卫生服务中心）以新冠肺炎疫情防控、基本医疗服务、基本公共卫生服务及家庭医生签约作为重点工作。截至12月31日，门诊24.35万人次，比上年下降23.66%，门诊收入4574.41万元，比上年下降11.65%。中药饮片459种，总处方19.07万人次，其中中医药处方85345人次（其中包括中药饮片19553人次，中成药47586人次，中医非药物疗法18206人次），占总处方量的44.74%。

疫情防控　2020年，禾山社区卫生服务中心负责6家隔离酒店入驻监测工作，医学观察1.78万人，其中境外人员1.01万人。采集咽拭子1.98万人次，其中境外人员1.66万人次，血清抗体检测1.49万人次，全部为境外人员，医学救治491人次。安排医务人员驻点枋湖客运站，负责车站入厦旅客健康监测并记录，对体温及行程异常的客人进行处置，同时录入溯源系统。截至7月4日撤点为止，检查车辆2.54万辆次（其中湖北籍17辆），检查旅客8.14万人次，移交分流中心349人，体温异常送医1人。配合区疾控中心对居民密切接触者首次健康监测。截至11月30日，观察密切接触者232人。到10个居委会驻点。截至11月30日，完成上门随访并监测体温，居家观察1998人，为其建立健康信息卡，做到一人一卡。

基本公共卫生服务　截至2020年12月31日，禾山社区卫生服务中心为服务区居民建立健康档案22.13万份，电子建档率75.25%。全年举办健康教育活动31次，更换宣传栏22期。常规免疫接种11.59万人次，建卡接种率100%；应管理的0～6岁儿童2.37万人，纳入规范管理2.23万人，开展0～6岁儿童体检4.34万人次，规范管理率94.03%；孕产妇3671人，系统管理率98.67%；产前管理1.84万人次，产后访视4034人次；管理65岁以上老年人5810人，为老年人体检3687人次，规范管理率63.46%；管理高血压患者6335人，随访4.79万人次；管理糖尿病患者3055人，随访2.68万人次；规范管理重性精神疾病患者494人，规范管理率89.88%。管理肺结核患者110人，患者规则服药率98.2%。报告传染病22例，报告及时率100%。

家庭医生签约　2020年，禾山社区卫生服务中心组建家庭医生签约团队10支，实现责任医生分片网格化管理。完成家庭医生签约2.69万人，签约覆盖率32.07%，续签率61.12%。重点人群中65岁以上老年人签约2801人，覆盖率76.18%，高血压、糖尿病患者续签率均超过80%。

分级诊疗服务　2020年，禾山社区卫生服务中心有10名专家到社区坐诊。截至12月31日，专家下社区门诊412人次。该中心转诊3237人次。

医疗扶贫　2020年，禾山社区卫生服务中心与肃省临夏州东乡县春台乡卫生院、锁南镇社区卫生服务中心、河滩中心卫生院重新签署帮扶合作协议书。选派全科副主任医师陈伯雄到东乡开展为期1个月的医疗帮扶工作。分别为3家帮扶对象坐诊、举办培训，赠送价值2720元血压计3台、听诊器5个、医用外科口罩100个。捐赠常用药品20余种，价值5951.58元。

体医融合项目开展　2020年，禾山街道被厦门市确定为“体医融合示范区”试点单位。厦门市社会体育指导中心、禾山社区卫生服务中心和禾盛居委会签署2020

年“体医融合示范社区”试点建设三方协议。组建以主任江文海为组长，副主任陈立新、邱清华为副组长，涵盖各个职能科室负责人的11人“体医融合”项目医疗专家组。10月1—15日，该中心进行“高血压”“高血糖”“高脂血症”“高尿酸症”病人筛查以及“体医融合”工作宣传。经筛选，符合条件的80名“四高”病人分3组进行为期3个月的运动干预。安排28课时（每个课时1小时）线下抗阻力运动，中心安排医生14人次全程保障，并解答受试人员医疗方面问题。安排医务人员4人参加厦门市举办的“运动处方师”学习培训。

（刘颖莎）

【厦门市湖里区金山街道社区卫生服务中心】 2020年，厦门市湖里区金山街道社区卫生服务中心（简称金山社区卫生服务中心）有编制102个，在编员工87人，在岗80人。全年门诊16.01万人次，完成专病冠心病筛查1388例，大肠癌筛查1693例。家庭医生签约18206人，签约率31.66%。“厦门i健康”小程序绑定率40.29%，线上咨询669例，代预约253人次，健康教育2512人次，综合满意率93.97%。

疫苗接种 2020年，金山社区卫生服务中心完成预防接种7.22万例，其中：应种一类疫苗12种3.14万人次，实种3.08万人次，接种率98%；二类疫苗接种19种23855人次。

妇女儿童保健 2020年，湖里社区卫生服务中心为孕产妇建卡1169人，其中早孕建卡1120人，本市户籍孕产妇系统管理追踪503人，产后访视1782人次，社区产后42天检查754人。户籍产妇513人，住院分娩率100%，出生活产517人。孕产妇保健覆盖率100%，孕产妇系统管理率97.29%。为儿童体检，每年查1次血色素。3岁以下儿童2678人，筛出高危儿151人。5岁以下儿童低体重14人，患病率0.37%；生长迟缓26人，患病率0.68%；超重299人，患病率7.8%，肥胖64人，患病率1.7%；贫血73人，其中中重度贫血1人，贫血患病率1.92%。

慢性病、传染病、重症精神病管理 2020年，湖里社区卫生服务中心管理糖尿病患者2387人，规范管理率47.83%；管理高血压患者5321人，规范管理率55.08%。接受孕妇HIV抗体检测咨询1102人；接受梅毒检测孕妇1102人，无阳性；乙肝表面抗原监测孕妇1102人，阳性86人。艾滋病、梅毒、乙肝孕妇检测率均达到98%以上。管理肺结核患者87人，其中耐药患者1人。当地初治涂阳患者5人，初治涂阴28人，复治患者2人（复治涂阳病人2个），外来初治涂阳患者16人，初治涂阴患者34人，复治患者1人。在册严重精神病障碍患者461人，发现率2.93‰。

健康档案管理及健康教育 2020年，湖里社区卫生服务中心管理电子健康档案12.21万份，电子档案建档率70%，新建档案合格率100%。编印健康教育宣传折页、传单、小册子等健康资料13种2.45万份。定期更新健康教育宣传栏6期。开展各类健康知识讲座18场，受益1452人次，任务完成率150%。

健康扶贫 2020年，金山社区卫生服务中心对接甘肃省临夏洲东乡县东塬乡和那勒寺卫生院。先后选派3名医师到临夏州开展对口帮扶，组织5场讲座，培训80人次，义诊75人次。先后2次捐赠总价值8313元的药品给对口帮扶的卫生院。

（孙明标）

2020年11月26日，甘肃省东乡县东塬乡和那勒寺卫生院领导到金山社区卫生服务中心考察（蔡阿娇 摄）

驻区市属医疗机构

【厦门市中医院】 2020年，厦门市中医院占地面积7.3万平方米，建筑面积9.6万平方米；有职工1844名，其中享受国务院政府特殊津贴专家3名，全国名老中医药专家学术继承指导老师5名，省级名老中医药专家学术继承指导老

2020年11月28日，陈应龙针灸学术思想研讨会在厦门市中医院举行

（厦门市中医院　供图）

师8名，博士生导师4名，硕士生导师49名，博士29人，硕士390人，高级专业技术人员322人。固定资产总值8.8亿元，其中医疗设备总值5.01亿元，配置数字减影血管造影、64排螺旋CT、1.5T核磁共振、直接数字化X射线摄影、三维彩超等大型精密设备。编制床位1200张，开放床位1200张。全年门（急）诊169.2万人次；出院3.47万人次。

（李　沫）

【厦门医学院附属口腔医院】 2020年，厦门医学院附属口腔医院建筑面积5500平方米。医院有综合治疗椅239张，编制床位60张。有在职职工500人，其中正、副高职称84人，医师中有博士、硕士研究生学历人数占总人数的75%。拥有18位中华口腔专业委员会委员，65位福建省口腔医学专业委员会委员。医院设有科室20多个，全年诊疗40余万人次，接诊人次比上年增长1.45%。1月，被评为2019年“十大公益医院”。

（厦门口腔医院　供稿）

【厦门弘爱医院】 厦门弘爱医院是三级非营利性综合医院，位于湖里五缘湾片区。2020年，该院门诊42.77万人次，住院手术6213人次，出院22584人次，急诊66186人次。医院开放床位800张。新增全科医学科、老年医学科、睡眠中心、营养科，累计有临床医技科室43个。完成院内新项目新技术申报审批项目21个，完成国家和省级限制类医疗技术临床应用备案1个。

【厦门市儿童医院】 复旦大学附属儿科医院厦门医院（厦门市儿童医院）位于厦门市湖里区宜宾路92～98号，建筑面积7.39万平方米。2014年6月1日开业，编制床位500张，开设24小时急诊、新生儿医学、儿童重症医学、儿童保健、康复医学、心血管中心、内镜中心等临床医技科室41个，完成内外科二级分科（内科有呼吸、消化等13个二级专业，外科有新生儿外科、神经外科、心血管外科等7个二级专业）。获批厦门市新生儿质量控制中心、厦门市新生儿疾病重点实验室、厦门市新生儿先天性心脏病筛查管理单位、厦门市早产儿救治优势亚专科建设单位、厦门市委市政府为民办实事——新生儿及儿童疑难病诊治中心建设单位、国家卫健委出生缺陷定点救治单位、全国儿童恶性肿

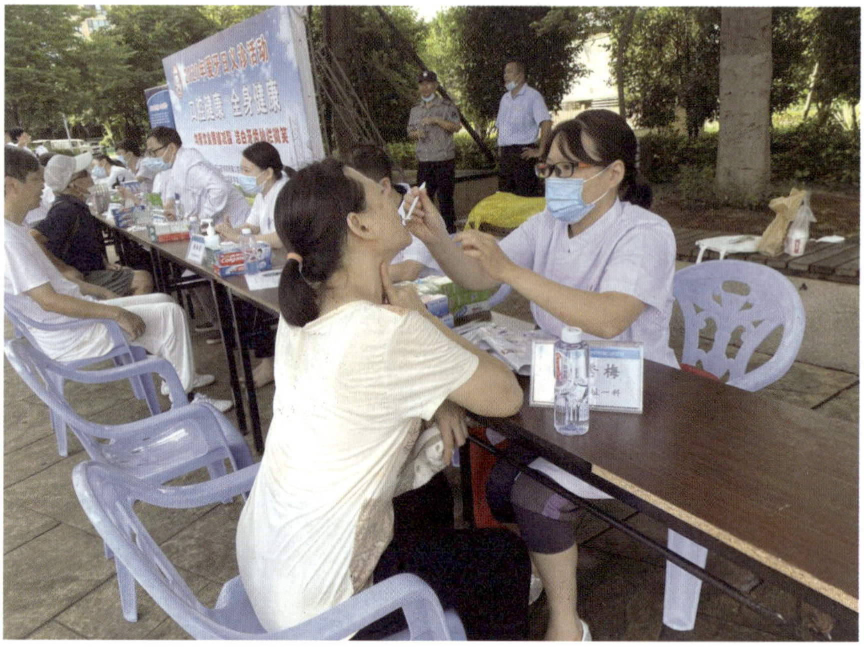

2020年9月20日，厦门医学院附属口腔医院在五一广场举办“全国爱牙日”义诊活动

（厦门口腔医院　供图）

瘤（实体肿瘤）诊疗协作组牵头单位、罕见病诊疗协作网医院、新生儿神经重症医学专项技术教学培训基地。艾力彼医院管理研究中心发布《2020年中国医院竞争力报告》中，儿童医院进入“2020年全国儿童医院50强”并位居福建儿科类首位。医院设复旦大学附属儿科医院黄国英名医工作室、周文浩名医工作室、郑珊名医工作室，有曹云、董岗然、黄瑛3位特聘主任，以及33位相关专业学科带头人担任学术主任。医院利用远程医学平台共享复旦大学附属儿科医院优质资源，开展新生儿、心血管外科等各学科会诊（MDT）。医院配有西门子静音磁共振、64排飞利浦微平板CT、高端彩色多普勒超声诊断系统等先进诊疗设备。先天性食道闭锁的腔镜手术、胆道手术、早产儿救治都达到国内一流水平。心血管外科开展新生儿、小婴儿先天性心脏病手术。新生儿医学中心、儿童重症医学科开通24小时院前转运，接受厦门市及周边地区46家医院（包括三级医院）转诊危重症患儿1万余名。医院累计提供300余万人次的门急诊服务和10余万人次的住院服务；服务儿童50%来自周边地市，其中14%来自省外。

【复旦中山厦门医院】 复旦大学附属中山医院厦门医院（简称复旦中山厦门医院）是复旦大学和厦门市合作建设的重大民生项目，是首批国家区域医疗中心单位。医院位于湖里区五缘湾畔，占地面积6.22万平方米，总建筑面积17.5万平方米，编制床位800张，是一所由复旦大学附属中山医院按同质化模式全面运营管理的现代化综合性三级医院。该医院以心脏、血管、肝、肺、肾和胃肠疾病为特色，与厦门市其他医疗机构错位发展。开放44个临床及医技科室，拥有包括樊嘉院士、葛均波院士等冠名的名医工作室12个。医院设立综合内镜手术治疗平台、综合介入手术治疗平台、危急重症平台三大技术平台；消化疾病专科平台、泛血管专科平台两大专科平台；开展多学科综合诊疗服务（MDT），并借助远程视频平台开通沪厦两地MDT诊疗服务。截至2020年年底，医院科研立项184项，其中国家自然科学基金1项；发表论文160余篇，其中SCI论文50余篇；举办各级继续医学教育项目37个，其中国家级项目1个。该院拥有机器人血管造影机联合滑轨CT的一站式复合手术室以及一批业界先进医疗仪器设备。

【厦门大学附属心血管病医院】 2019年6月，厦门大学附属心血管病医院整体迁至湖里区五缘湾新址，新医院建筑面积8.6万平方米，规划床位600张，是公立三级心血管病专科医院。设有13个科室、中心，其中，心血管内科是国家临床重点专科，心血管外科是省级临床重点专科。全院有医生173人，其中博士49人。医院拥有国家博士后科研工作站、厦门大学医学院心血管病研究所、省市院士专家工作站等平台，该院与德国、美国、意大利、加拿大等地的多家世界顶尖心血管医疗机构建立技术指导合作关系。2020年1月获评第三届“中国最美医院”，9月，完成省内首例全皮下心律转复除颤器（S-ICD）植入手术，12月获科技部“国家重点研发计划重点专项——政府间/港澳台科技创新合作重点专项”立项。

（张宪敏）

社会民生

劳动就业

【概况】 2020年，湖里区完成失业人员再就业22209人，城镇困难对象再就业2756人；完成职业技能培训1580人，其中本地失业人员培训1580人；开发公益性岗位172个。

【就业服务】 2020年，湖里区督促落实“112”就业服务，各社区走访服务20901人次，进行精准人岗匹配并推荐就业2779人次，就业312人。是年，接收2020届未就业高校毕业生460人，开展精准就业服务603人次，促进毕业生尽早就业。

小资料

“112”就业服务：对湖里区失业人员、高校毕业生每年上门走访1次以上，对有培训意愿的人员每年安排1种以上技能培训，对有就业创业意愿的人员进行2次以上岗位推荐及创业扶持。

【促进就业优惠政策兑现】 2020年，湖里区兑现各项促进就业政策优惠4477.67万元，其中审核办理惠企政策补贴2543.48万元，涉及9567家次用人单位46498人次；惠民政策补贴795.6万元，涉及1188家次13385人次；支付甘肃省临夏州东乡县扶贫政策优惠资金933.48万元；兑现职业技能培训补贴81.26万元，发放高技能人才政府津贴261人次29.28万元，兑现技能等级提升奖励37人次7.6万元；兑现就业困难对象就业工资性补贴966人次86.97万元。新增认定灵活就业人员2195人，是年发放灵活就业人员社保补贴25899人次5009.59万元，由市失业保险基金支付。

【企业用工服务】 2020年，湖里区人社局要求辖区500人以上重点用工企业每月上报用工情况，掌握人力资源市场动态。全年举办37场招聘会，服务企业273家次，促成对接1683人。区各人力资源市场按需、灵活举办小型招聘活动7场，服务企业57家次，促成对接370人。组织52家企业携727个岗位参加华侨大学校企对接活动。

【劳动力技能培训】 2020年，湖里区依市场需求开发保健刮痧师、美甲师等结业培训工种，并整理可

2020年9月3日，湖里区人社局在湖里街道村里社区举办烘焙技能培训

（区人社局　供图）

供开展的鉴定、结业培训工种清单发放给基层，供学员选择。贴近学员实际和市场需求，开设电子商务、化妆师、烘焙等培训班43期，培训本区失业人员1580人。

【东乡人员就业创业帮扶】 2020年，湖里区分6批组织131家次企业赴甘肃省临夏自治州东乡县开展招聘活动，引进东乡籍务工人员527人。联合东乡县人社局开展技能培训2期，培训建档立卡贫困户学员628人；开展创业致富带头人培训86人，创业成功35人，带动贫困人口105人。兑现到湖里区务工东乡籍员工的食宿补贴、生活补助等政策，兑现各类补贴933.48万元。介入协调东乡籍员工在湖里区企业务工期间遇到的餐饮、住宿保障和开工红包纠纷等问题。

（潘大全）

劳动关系

【概况】 2020年，湖里区加强用工巡查，查处用工违法案件，全年主动监察用人单位602家次，其中，双随机抽查354家，书面审查52家；接待来电、来信、来访咨询9798人次；办结行政调解件1372件，其中协调工资类纠纷1233件，涉及员工1999人，工资总金额804.74万元；查处欠薪逃匿移送公安机关案件1件，行政处罚7件，罚款4.61万元，没收违法所得8140.22元，案件办结率100%。在办结的各类劳动纠纷中，“12345”政务服务便民热线转办件3796件。处置“110”联动警情249件，比上年上升81.75%，其中建筑工地109件，约占43.78%，比上年上升5.82%。创新建立简易劳资纠纷立接即处机制，接待申请快速处理纠纷766件，当场调处成功399件，调处成功率52.1%。开展劳动保障守法诚信和工资支付信用等级评价，评出2019年度A级守信红名单企业108家、B级一般失信企业1家、C级严重失信黑名单企业7家，并报送市人社局向社会公布，同时推送到信用中国平台实施联合激励和惩戒。年内，立案受理劳动争议案件1001件，其中10人以上集体案件58件，结案926件，其中调解及撤回仲裁申请结案614件，调撤率66.36%。认定工伤875件。准予行政许可215件。

【和谐劳动关系创建】 2020年，湖里区开展和谐劳动关系综合试验区创建。落实“112”就业服务模式，开展精准就业服务；自主研发“劳动关系调节数字云”决策辅助系统，以科技支撑研判预警；建立工程项目常态化监管机制，抓日常保障工资支付；试点行业协会“1+3”工作模式；构建立体调解体系；建立派驻街道劳动保障监察工作室+仲裁庭+巡回仲裁庭机制，自主研发“智慧调解仲裁”系统，将劳动争议预防、调解、仲裁融合开发，实现服务事项“全在线”、调解仲裁全过程智能辅助，建成智能仲裁院，为巡回仲裁庭配置移动科技仲裁系统设备。是年，湖里创新园区管理委员会、金山街道办、厦门太古可口可乐饮料有限公司、厦门火炬集团有限公司、中绿食品集团分别被评为2018—2019年省级劳动关系和谐工业园区、街道、企业；森舟茶业厦门有限公司等14家单位被评为2019年厦门市劳动关系和谐企业。

小资料

“1+3”工作模式：指导集装箱运输行业协会成立1个行业调解组织，落实行业共性问题标准化解决、业内企业按规模分类指导、纠纷隐患快速响应化解等3项工作机制。

【用工整治】 2020年，湖里区人社局联合区建设局、区市政园林局、街道开展区属在建项目落实工资支付制度排查和迎“国考”冲刺阶段专项巡查，检查在建工地146家次，发出执法建议书29份，开

2020年12月11日，湖里区劳动保障监察大队在该大队组织当事人进行现场行政调解

（区人社局 供图）

2020 年 12 月 20 日，湖里区人社局联合区总工会到工地开展工资支付执法检查
（区人社局　供图）

展“无欠薪项目部”创建，创建率 100%，将创建工作纳入劳动保障监察日常监管，定期上门巡查，重点对实名制管理、农民工工资专户设立、按月足额支付工资等情况跟踪指导，并建立台账，做好动态更新。联合街道开展夏季高温天气劳动保护专项执法检查，检查各类用工单位 227 家次，在建工地 57 家次。联合市场监管局、街道开展疫情期间助力企业复工复产、清理整顿人力资源市场秩序专项行动，检查企业（含劳务派遣）79 户次，清理马路招工摊点 3 个，处罚无证从事职业介绍企业 1 家。联合区市场监管局、区教育局整治校外培训机构，查处擅自举办民办职业培训学校 1 家，罚款 0.48 万元。开展整治非法用工、打击违法犯罪专项检查，依法查处超时加班案件 2 件，罚款 0.63 万元；查处无证从事职业中介活动案件 1 件，罚款 1 万元，没收违法所得 8140.22 元；查处违法使用童工案件 3 件，罚款 2.5 万元；查处涉嫌拒不支付劳动报酬犯罪案件 1 件，涉及 23 人工资 16.08 万元。

【基层劳资纠纷调处机制建设】 2020 年，湖里区加强多元劳资纠纷基层快速化解机制建设。通过完善立体调解体系、一线工作模式，开展基层调解员培训等，实现集体涉薪案件仲裁阶段零信访，基层组织调解成功率 73.4%。在江头驻街庭配置全省首套集成化庭审演示设备，实现驻街庭设备升级。建立调解员培训线上平台，实行线上线下培训相结合的培训机制，实现调解员培训平台升级。推动集装箱运输行业劳动争议调解委员会挂牌，落地行业调解室，实现调解组织建设升级。

【基层劳动法律宣传】 2020 年，湖里区开展每季一主题的劳动保障法律法规专场宣传活动，将《保障农民工工资支付条例》宣传纳入年度宣传重点。根据新冠肺炎疫情实际，通过网络培训、设点咨询、上门走访、现场讲座等形式，加强线上线下多样化宣传，提高用人单位和农民工对劳动法律法规的知晓度。全年开展劳动法律宣传 27 场，发放宣传资料 4.75 万份，开展劳动保障专兼职监察员和在建工程项目《保障农民工工资支付条例》网络培训和现场专题讲座培训 6 场，以会代训 9 场。

（潘大全）

社会保障

【概况】 2020 年，湖里区被征地人员基本养老保险新增参保 1900 人，城乡居民养老保险新增参保 2341 人。截至年底，湖里区经办

2020 年 12 月 22 日，湖里区人社局在枋湖社区召开被征地人员基本养老保险政策宣传会
（区人社局　供图）

的“五险”人数均突破51万人。其中，养老保险51.6万人、失业保险51.51万人、工伤保险51.91万人。是年，社保待遇审核支付办结率100%。全区社会化管理退休人员46801人，比上年上升16.33%，社会化管理率99.99%。

【社保待遇办理】 2020年，湖里区企业职工正常退休手续办理、工伤保险待遇核定支付等9个事项可调用电子证照，提交材料减少10份，“一趟不用跑”事项占区人社局总办理事项比例上升至90.74%。推行“不见面审批”，通过网上办、掌上办、寄件办等多种形式，变“面对面”审批为“键对键”审批。54个办理事项均可通过福建省网办事大厅递交申请，全年网上办理7.05万件。简化社保待遇办事流程，提升待遇兑现效率，全年审核支付养老、工伤、失业保险18317.42万元，各项待遇的审核支付办结率100%。其中办结各类养老退休、退养2807人，继承、退保492人次；办理社保关系转入、转出1万人次；审核企业申报稳岗补贴63547家，补贴金额5264.74万元；审核企业参保职工申领提升职业技能补贴8172人次，补贴金额1182.56万元；全年办理工伤、失业保险14459件。

【企业离退休人员服务】 2020年，湖里区坚持“两节有慰问、住院有探望、困难有帮扶”等退休人员管理服务举措，推进简政便民服务，落实各项惠民政策。投入慰问费、活动费等1520.2万元，慰问退休人员9.32万人次。为5415名退休人员免除管理活动费342.9万元。接收退休人员档案2185卷，受理查档132人次。开展人脸识别领取养老金资格认证工作，全年认证退休人员4万余人、遗属抚恤人员263人，认证率100%。开通退休人员网上档案查询服务，指导街道完成所有退休服务事项全程网办升级及合并，实现一趟不用跑，不见面服务。

（潘大全）

社会救助与社会福利

【概况】 2020年，湖里区健全完善社会救助体系，提高低保对象和特困人员救助供养标准，城市低保实现应保尽保。健全困难群众基本生活保障标准动态调整机制，启动发放价格临时补贴，调整保障标准、重大节日慰问补助，保障困难群众基本生活。落实各级惠民政策，按照“兜底线、织密网、建机制”的要求，加大对困难人群的帮扶力度，做到精准施策、精准帮扶，确保困难群众共享改革发展成果。全年开展低保救助、特困人员供养、临时救助、关爱救助等多项专门救助，发放各类社会救助金2750.8万元，帮扶困难群众2.4万人（户）次。

【精准救助】 2020年，湖里区推进精准帮扶工作，实现帮扶对象“应保尽保、应救尽救”。加强社会救助兜底保障工作，采取“家庭收入豁免、刚性支出扣除、重病重残单人保、延保渐退”等举措，强化对老弱病残等特殊困难群体的兜底保障。对家庭经济状况难以认定且有特殊困难的边缘群体，适当从宽把握，扩大低保覆盖面。湖里区扩大救助范围，将家庭收入、财产分别符合第三档的重残人员、重病患者和低收入家庭中非义务阶段学生参照“单人户”纳入低保，实施特困人员救助供养1105人次，发放供养金203.78万元，实施低保救助6593户次9885人次，发放低保金908.59万元，切实做到“应保尽保”；对遭遇突发事件、意外伤害、重大疾病或其他特殊原因导致基本生活陷入困境的家庭或个人给予临时救助，全年实施困难人员临时救助528人次发放救助金224.09万元；先后为特困人员、低保对象、精简职工、低收入家庭等民政救济对象2092人次，发放节日慰问金151.72万元。帮助困难群众在“i厦门”上申请口罩104人次，为困难群众筹措口罩3870个，惠及困难群众879人。

【慈善救助】 2020年，湖里区开展“雨露育青苗”等慈善帮扶活动，做好济困、救病、助学、帮残、安老、扶孤工作，全年募集慈善款物1569万元，支出1473万元，帮扶各类困难群众逾20万人次。

【社会福利】 2020年，湖里区落实儿童福利政策，组织开展“儿童关爱保护政策进社区”和未成年人保护法宣讲活动，落实事实无人抚养儿童保障，多次开展事实无人抚养儿童摸排工作，将31名事实无人抚养儿童纳入保障，发放补贴66万元。落实孤儿供养政策，为7名孤儿发放孤儿助养金16.8万元。做好困难残疾人和重点残疾人困难救助，按时发放残疾人2项补贴，其中，困难残疾人生活补贴321.88万元，重度残疾人护理补贴921.35万元。

（陈　琴）

社区治理与服务

【概况】 2020年，湖里区加强和

创新社会治理，完善社区民主协商机制，培育社区工作者队伍，拓展政府购买社会工作服务领域，开展对台交流，提高基层社会治理和服务水平。培育打造社区治理典型，深化“小区治理”，召开深化小区治理现场推进会。组建5个小区新冠疫情防控检查组，对全区159个无物业小区和自管小区开展巡查。

【小区治理】 2020年，湖里区培育小区典型，培育打造12个社区新典型和40个重点小区，形成一批可复制、可推广的标杆典型，产生十佳小区业委会、十佳小区物业和100名最美人物。打造“爱心小区”和智慧小区，组建小区治理爱心联盟，为居民提供免费服务；实现小区重大事项公示、物业在线缴费及报修等。增设智能门禁、自助体检、社区预约和周边商户配送等便民服务模块，在12个小区试点推广使用。对小区业委会建设事前介入、事中监管、事后救济，推动小区业委会规范化建设。无党支部、无业委会、无物业的“失管小区”合并成立联合业委会；将小区治理延伸到“城中村”自然社，推广金山街道后坑社区后坑前社“自然村管理小区化”；摸排小区问题，集中整治小区乱象，抓好乱象整改。11月13日，湖里区召开深化小区治理工作推进会，总结小区治理3年成果，表彰在小区治理中表现突出的最美人物和爱心企业。

【社区工作者队伍建设】 2020年，湖里区制订《湖里区社区工作者管理实施细则（试行）》，规范社区工作者队伍的选任招聘、管理培养、考核激励。新招聘服务岗社区工作者137人。截至年底，全区有社区工作者1836人，其中，管理岗524人，服务岗1312人。全年开展社区工作者培训9期，参加培训460人次。制订《湖里区关于全面落实疫情防控一线社区工作者关心关爱具体措施的通知》，从发放工作补助、切实减负减压、保障身心健康、加强关爱慰问、开展表彰褒扬等方面，关心关爱奋战在疫情防控一线的社区工作者。全年为1540人发放一级响应期间临时性工作补贴587.4万元。

【社区治理】 2020年，湖里区推动社区改制，推行社区工作人员“六统一”，对社区人员进行重新编组、定岗，下派339名社区工作者担任小区秘书。在90%的社区设立民主议事厅。建立社区工作者选（招）、用、管、育、评、养、退等各项制度及实操细则，举办社区主官赴宁德、古田学习培训2期。编印《湖里区优秀社区工作法案例集》，收录兴隆社区两岸融合对台工作法、禾山社区幸福禾立方等30种优秀社区工作法。组织社区参与省优秀村（居）规民约和第三批优秀社区工作法评选活动，上报5个居规民约和8个优秀社区工作法，其中，禾缘社区“五缘”工作法入选福建省第三批优秀社区工作法。开展社区治理领域专项整治，梳理专项整治任务、问题44个并落实整改，开展社区“两委”联审和重点社区筛查，把存在受到刑事处罚、有前科劣迹、涉黑涉恶等问题的人员清理出社区班子。

2020年11月13日，湖里区在区行政中心召开深化小区治理工作推进会，表彰小区治理最美人物 （叶颖 摄）

【社会工作服务】 2020年，湖里区完成政府购买社会工作（简称社工）服务项目63个，投入经费1503.81万元，服务人群覆盖老年人、妇女、残疾人、企业职工、流动儿童及其家庭以及台胞台属等特殊群体。社工机构到社区、小区服务特殊困难群体，提供送餐上门、协助口罩预约、用药指导、居家健康与护理咨询等线下服务超1500人次。开展“社工＋心理咨询师”的跨界线上咨询，开通24小时疫情咨询热线和心理帮扶微信群，开展线上疫情咨询、心理辅导等超4000人次。年内，2人获评市专业社会工作领军人才，4人获评区领军型社会工作人才。区社会组织服务园和湖里区开心社工服务中心获评福建省第二批社会工作专业人才基地。

（陈　琴）

社会组织建设管理

【社会组织建设】 2020年，湖里区新增登记成立社会组织13家。截至年底，全区有社会组织378家，其中，社会团体67家、民办非企业311家。

【社会组织管理】 2020年，湖里区加强社会组织管理服务，完成299家社会组织年检，完成35家社会组织等级评估。完成70家区级社会组织财务审计抽查、12家社会组织双随机抽查。强化社会组织党建工作，规范社会组织党建服务中心工作，成立社会组织党支部120家，党建工作100%全覆盖。组织开展社会组织党组织党建活动和学习教育，以党建促社会组织健康发展。

【社会组织社会服务】 2020年，湖里区社会组织参与疫情防控、复工复产、东西部扶贫协作和山海扶贫协作。组织下辖支部参加中组部组织的党员捐款活动，捐款7830元。参与市慈善会组织的“爱心厦门”行动捐款13276元，联合区慈善会募集“携手扶贫·爱助东乡”扶贫善款20万元，完成东乡县2个村的扶贫援助任务。

（陈　琴）

社会事务管理

【婚姻登记】 2020年，湖里区规范开展婚姻登记服务，全年办理国内公民结婚登记3376对、离婚登记1414对，登记合格率100%。补领结婚证书216对、离婚证书81人。

【收养、殡葬及流浪救助】 2020年，湖里区依法开展收养登记工作，做好收养政策宣传解读；为5名困难群众办理火化费减免，累计减免1.1万元；劝导流浪人员19人次，护送5名流浪人员到市救助站接受救助。

【地名管理】 2020年，湖里区规范开展地名路牌工作，梯位牌下单1912块，新增下单967块，补牌下单945块；室牌下单25406块，新增下单16645块，补牌下单8761块；道路命名20条，路名牌新增62块。

（陈　琴）

老龄事业

【概况】 2020年12月底，湖里区60周岁以上户籍老年人有45318人，老龄化率11.96%，常住60周岁老年人75047人，老龄化率7.23%。全区有专业养老机构8家，总床位3772张，入住老人1174人；有街道养老服务照料中心5家，床位178张，每千名老年人养老床位85张；建成社区居家养老服务站55个。湖里区成为全国养老服务业综合改革试点城市、第一批国家级医养结合试点单位、全国第四批居家和社区养老服务改革试点单位。

【养老基础设施建设】 2020年11月27日，象屿慈爱老年养护中心开业。该项目位于湖里区金山社区，由厦门市慈善总会筹办、象屿集团捐资3.16亿元运营，建筑面积4.2万平方米，有自理型和护理型老年公寓2栋，床位850个，满足自理、半自理、失能、失智长者的持续照料需求。12月18日，殿前街道（北站）养老服务照料中心投用，该项目位于湖里区高殿路9号，由厦门市老来俏养老服务有限公司承接运营。该照料中心有养老床位35张，依照不同老年人的需求，配有单人间、双人夫妻房（双人间）、三人间，以及多人休息室。设有餐厅、医疗服务、心理疏导、

2020年12月1日，金山街道养老服务照料中心投入使用　（郭丁铭　摄）

2020 年 6 月 16 日，厦门市委常委、统战部部长张毅恭（前排中）带队到仙岳山土地公庙检查新冠肺炎疫情防控工作　　（区民宗局　供图）

阅览室、棋牌室、健康评估室、休闲吧。12 月 1 日，金山街道养老服务照料中心开业，该中心位于金安社区高林三里，总面积 1500 平方米，建有 22 间功能室，配套 28 张休息床位（含躺椅）、医疗护理站、老年人能力评估室和长者餐厅等养老设施。

【居家社区养老服务】 2020 年，湖里区深化居家社区养老服务，全年投入 737 万元，购买居家社区助老员服务项目 5 个；加强社区居家养老服务站规范化建设，55 个社区下拨居家养老工作经费 550 万元。对社区购买的服务项目开展评估。

（陈　琴）

民族与宗教事务管理

【概况】 2020 年，湖里区民族宗教事务局（简称湖里区民宗局）工作围绕区委、区政府的中心任务，推进宗教领域专项治理，佛教协会举办端午节主题活动，执法检查宗教活动场所。举办第十三个民族团结进步宣传月活动。促进湖里区民族团结、宗教和顺、社会和谐。江头街道吕厝社区获评全市民族团结进步示范单位。

【领导检查调研】 2020 年 5 月 25 日，厦门市民宗局领导到湖里区基督教寨上堂、钟宅活动点检查宗教场所“四进”（国旗国歌进场所、宣传标识进场所、法制教育进场所、道德典范进场所）工作及教堂的基础设施情况，对其存在问题提出整改意见建议。6 月 16 日，厦门市委常委、统战部部长张毅恭率队等到仙岳山土地公庙检查常态化疫情防控工作。7 月 29 日，湖里区委常委、统战部部长刘云标，副部长、区民宗局局长叶毓青等到漳州龙海市隆教畲族乡调研挂钩帮扶工作。11 月 20 日，厦门市人大常委会副主任黄延强带队到湖里区调研宗教事务管理和民间信仰场所相关工作。

【佛教协会端午节主题公益活动】 2020 年 6 月 27 日，湖里区佛教协会“星星点灯”公益项目以“爱心厦门　星星点灯”为主题，在仙岳山天竺岩寺仙岳书院开展帮扶自闭症家庭端午节主题公益活动。活动现场，自闭症孩子体验端午节民俗、开展爱心义卖，让自闭症家庭感受社会的温暖。

2020 年 6 月 27 日，湖里区佛教协会在天竺岩寺开展帮扶自闭症家庭端午节主题公益活动　　（区民宗局　供图）

2020 年 9 月 27 日，湖里区第十三个民族团结进步宣传月文艺会演在高殿社区举行
（湖里区民宗局　供图）

【宗教人员到华侨博物院参观】 2020 年 8 月 13 日，湖里区委统战部组织辖区 8 家宗教场所教职人员 20 余人到厦门华侨博物院开展“缅怀伟人事迹　弘扬爱国精神”活动，参观人民总理周恩来展览。

【宗教活动场所执法检查】 2020 年 8 月 26—27 日，湖里区委统战部组织开展宗教及民间信仰场所专项安全联合执法检查。区委常委、统战部部长刘云标带领区民宗局、区建设局、区城市管理局、湖里公安分局、湖里消防救援大队等单位领导、各街道分管领导及相关负责人参加检查。检查组围绕宗教场所消防安全，电、火、气使用安全，治安（防恐）安全，场所房屋安全，建筑工地施工安全，食品安全，场所非法出版物情况，防台、防汛、防地质灾害情况，疫情防控情况 9 个方面，先后检查仙岳山土地公庙、天竺岩寺、基督教南山活动点、观音寺、基督教新区福音堂、龙湫亭寺、万福寺、基督教寨上堂、觉性院、基督教钟宅活动点。查看场所安全工作台账，排查安全隐患，现场指出存在的问题，要求落实整改。

【第十三个民族团结进步宣传月会演】 2020 年 9 月 27 日，湖里区民宗局、殿前街道在高殿社区东山岩广场举行第十三个民族团结进步宣传月文艺会演。活动现场，民族宗教法律法规宣传展位提供民族宗教政策咨询，开展法律法规宣传，赠送宣传手册、宣传用品。

【宗教和民间信仰场所消防培训演练】 2020 年 11 月 16 日，湖里区在高殿社区静修寺开展宗教和民间信仰场所消防培训演练。区委统战部副部长、区民宗局局长叶毓青，各街道分管领导，辖区宗教场所负责人，殿前街道辖区民间信仰场所负责人及安全管理人员等 60 余人参加培训演练。高殿社区党委副书记、高殿社区义务消防队队长张俊强围绕“发现危险、规避危险、处置危险、报告危险”四个环节，通过场景式教学，讲解消防知识和消防应急处置要点。

【民族宗教界人士学习中共十九届五中全会精神】 2020 年 12 月 4 日，湖里区组织民族宗教界人士学习中共十九届五中全会会议精神。区委常委、统战部部长刘云标，区民族宗教工作领导小组成员单位及辖区各宗教场所负责人 30 余人参加学习。

（吴伊宁）

街 道

湖里街道

【概况】 2020年，湖里街道辖区面积12平方千米，下辖18个社区。辖区常住人口23.6万人。其中，户籍人口10.9万人，外来人口12.7万人。街道财政总收入27.8亿元，本级收入1.82亿元。固定资产投资27.88亿元，规上工业产值76.91亿元，限上批零销售额1397.54亿元，限上社会消费品零售总额29.88亿元，限上住宿业营收2.46亿元，限上餐饮营收0.57亿元，建筑业产值165.5亿元，房地产销售面积1.6万平方米。全年引进内资（500万以上）企业730家、引资208.3亿元；引进合同外资企业40家，引进外资3122.5万美元，实际利用外资人民币3.1亿元。新增欣贺股份、圣元环保股份2家上市企业。

【街区建设】 2020年，湖里街道先后梳理出重点项目43个，邮轮母港片区市政配套道路二期完成交地；6月轨道3号线华荣站配套项目开工；完成南山学校项目集体土地征收面积9304.38平方米，借地面积4780平方米，签订房屋征收补偿面积271.3平方米。组织健康步道沿线康晖、和通、东荣片区立面改造提升，涉及11个小区、房屋83幢，完成改造面积10.9万平方米，拆除违建面积1.5万平方米。完成双狮南里小区、金鼎商检宿舍等老旧小区改造。在湖里社区推进摊规点建设，厦门市城管办把摊规点建设作为样板上报省、市委办公厅。街道辖区的垃圾分类知晓率100%，参与率95%，准确率80%。

【平安创建】 2020年，湖里街道成立以党支部为核心的防控新冠肺炎疫情工作组183个，投身疫情防控第一线党员2000余人。设置关卡266个，24小时对进出人员测量体温，其中湖里、塘边、后浦3个城中村设置检测点14个，封闭出入口38个，登记体温异常人员，督促其隔离或进一步观测。向18个社区下拨资金485万元，支持社区储备充足防控物资。成立街道和18个社区的新冠肺炎病毒核酸采样小组，制订工作方案、工作手册，设置52个核酸采样点，组织社区开展新冠病毒应急核酸检测采样演练。

加大平安创建、禁毒、反诈骗和“七五”普法等宣传。完成18个社区“雪亮工程”建设。开展扫黑除恶专项斗争工作。配合相关职能部门做好“三无”渔船的取缔、整治工作。完成福建省信访信息系统信访件办理工作，街道全年接收“12345”便民服务平台信息2672条，群众满意率99.77%。

实现安全生产“双下降”、食品安全考评取得全区第一、交通亡人事故人数比上年下降50%，实现市、区交通安全挂牌督办摘牌。组织食品安全宣传87场次，受众1.35万人次，制作宣传栏112块，悬挂张贴宣传标语挂图365张。结合安全生产“四进”（进企业、进学校、进社区、进家庭）、安全生产月等活动，开展安全应急演练70次。建设电动自行车集中充电场所80个、充电口665个，完成134个住宅小区消防车通道标线标志施划。制订完善《森林防火应急预案》《森林防火护林员管理办法》等文件，在主要进山道路沿线醒目点设置防火警示牌，在进山路口新修森林防火宣传检查站活动板房执勤点1个和防火物资仓库2个。启动防汛抗灾应急响应7次，组织疏散隐患点人员832人，演练100人次，排查地质灾害点、挡土墙150处，发现并排除重大安全隐患3处。

开展房屋安全隐患排查百日攻坚行动，排查房屋3762栋，鉴定疑似危房8.6万平方米，发现并

2020年5月17日，湖里社区爱心屋在湖里街道开业。图为湖里街道干部群众在爱心屋购买商品
（湖里街道　供图）

鉴定D级危房9栋，其中拆除8栋，修缮加固处理属于古民居文物1栋。

【基层党建和精神文明建设】 2020年，湖里街道有党组织24个（包含兼合式），升格党组织1个，撤销党支部11个。平台接转党员456人。确定入党积极分子45人，吸收预备党员38人，预备党员转正36人。开展“深化大学习，提振精气神”专项活动和“铭记初心、创先争优，奋力超越再出发”主题活动。结合纪念中国共产党成立99周年，开展举办一堂“初心课堂”、感受一次“抗疫风采”、表彰一批“湖里先锋”、重走一回“特区之路”、学习一批“先进典型”“五个一”系列活动，开展主题党日活动。在“特区·1980”湖里创意产业园设置“华美·初心课堂”，举办党建引领企业发展专题讲座、人才政策解读、影视文化政策解读等活动。开设“湖里街道·华美云播”党建直播间，街道主要领导担任主播，宣讲政策、推介园区、网上招商，助力企业复工、复产、复商。将华美空间打造为“三高”企业和“三高”企业党建的孵化园区。制订落实2020年全面从严治党主体责任清单，开展“月巡查”。完成区委第一检查组2019年度全面从严治党主体责任反馈的4个方面14个问题的整改落实。加强纪律监督，党纪立案1人，效能问责5人，效能谈话4人，谈话函询9人。

在湖里社区建成爱心屋，辖区共建单位的党组织把主题党日搬进爱心屋，开展各类志愿服务。11月20日，湖里街道被中央精神文明建设指导委员会授予“全国文明单位”称号。

【社区建设】 2020年，湖里街道规范“村改居”社区集体经济组织重大决策、重大事项、重大项目安排和大额资金使用事项处置程序，1月完成股权证的发放。在康乐社区开展深化社区管理体制改革试点，推进城市网格化管理。坚持党建引领小区治理，实现党支部书记、业委会主任“一肩挑”的小区有27个，成立小区事务听评会、小区共建理事会等各类小区协商议事机构40个，建立“小区党员志愿服务队”92支，组建小区调委会61个。投入“以奖代补”项目资金156万元，支持居民开展小区小额工程，惠及小区16个。

【民生建设】 2020年，湖里街道开展政府购买服务项目8个，安排经费171.8万元。建成街道级图书馆及和通社区图书馆并对居民开放。建成街道级文化站，总建筑面积约2280平方米，馆内藏书

2020年12月27日，湖里街道与厦门日报社联合举办“党报进小区”暨第十二届仙岳山歌会
（湖里街道　供图）

2020 年 9 月 12 日，湖里街道在“特区 · 1980”湖里创意产业园举办“提振夜间经济、激发消费活力”系列活动启动仪式　　（湖里街道　供图）

2 万册，期刊 100 余种，7 月免费对外开放。街道全年举办“迎新春联欢会”活动 1 场、“迎新春 · 写对联 · 送祝福”活动 3 场、疫情防控宣传教育活动 7 场、“喜迎中秋 · 庆祝国庆”文艺活动 4 场。举办 2020“悦游湖里”沙发音乐节。街道本级和 6 个社区向湖里区申请 2019 年体彩公益金项目资金 123.71 万元。做好辖区 7 处不可移动文物集中保护修缮工作，其中，市级文物保护单位 2 处，未定级文物保护单位 5 处。在 10 个社区新设立小区医生工作室 11 个，与鹭燕集团合作，签约 5 名医生作为全街道 29 个小区医生工作室的驻点医生。与家庭医生签约 28901 人。全年累计发放各类民政对象补助款 3196 户次、4406 人次、256.44 万元，其中低保金发放 1112 户次、1589 人次、123.99 万元。办理老年人优待证 505 本，累计发放 80 周岁及以上老年人高龄补贴 19048 人次、214.6 万元。组织重点群体项目就业培训 11 场，受训 413 人次，发放灵活就业补贴 16403 人次、1087.5 万元。发放优抚对象定期抚恤补助金 1476 人次、254.28 万元；发放义务兵家属优待金 121.58 万元。

【创意产业园区发展】 2020 年，湖里街道形成以联发东南天地、华美空间文创园、联发文创口岸、海峡设计文创园、海西工业设计中心为主的创意产业园区，实现营业收入约 31 亿元，税收 1.3 亿元。截至 12 月 31 日，“特区 · 1980”湖里创意产业园入驻企业 625 家，其中文创企业 307 家；以影视为主题的联发东南天地入驻企业 60 家，其中文创企业 40 家。联发 18 号、19 号厂房建设完成，并于 5 月底开业，思凯文化传媒签约入驻 18 号厂房。5 月 29 日，在“特区 · 1980 西泠印象”文创园举办第七届厦门文化产业年度风云榜颁奖活动，由湖里街道和区文旅局联合举办的 2019 厦门斗鱼手游联赛被评为年度创意品牌活动。

【主题文化季】 2020 年 9 月至 11 月，湖里街道与厦门报业传媒集团主办，厦门日报社《文创周刊》、厦门日报书画院承办的“四十风华 · 乐享湖里”主题文化季在联发东南天地、华美空间文创园、联发文创口岸、海峡设计文创园等园区举办。该文化季开展“食全酒美”狂欢夜、“乘风破浪”活力夜、“绿色能量”低碳夜、“光影魅力”时尚夜等系列活动，营造以“特区 · 1980”湖里创意产业园为核心的市级商业中心环境，打造湖里夜间经济地标商圈。

（刘爱军）

殿前街道

【概况】 2020 年，殿前街道有常住人口 21.11 万人，其中户籍人口 4.67 万人。辖区内有 3 座跨海大桥，1 个机场，1 个码头，1 个船舶避风坞，轨道交通 1 号线、3 号线，第二西通道、第二东通道等。辖区涵盖厦门航空港、象屿保税区（自贸区）、火炬高新区、两岸集成电路产业园及航空工业等市级重点园区。是年，街道主要经济指标中有 8 项超过全省增速。其中街道财政总收入和区级财政收入分别为 64.32 亿元和 12.24 亿元，比上年上升 6% 和 1.36%；限上批零占全区 44%，全年完成 3638.23 亿元，比上年上升 33.8%；建筑业产值 64.79 亿元，比上年上升 43.3%；限上餐饮产值全年完成 3.32 亿元，比上年上升 7%。是年，殿前街道新策划生成招商项目 498 个，总投资 995.24 亿元。落地项目 277 个，落地投资 447.41 亿元。引进高能级招商项目 56 个，总投资 424.9 亿元。其中落地 24 个，投资 185.95 亿元。重点推进世界 500 强企业高能级项目 17 个落地，投资 171.9 亿元。

【街区建设】 2020 年，殿前街道完成交地面积29.74万平方米，征地面积2.22万平方米，拆除建筑面积1.01万平方米，搬迁企业45家，支付各项拆迁资金8339万元。推动环岛路、海堤路、滨海路等路网提升改造工作。轨道平衡用地、港中路、第二东通道项目完成交地面积29.74万平米。拆除入岛铁路沿线违章帐篷2个，排查解危隐患点3处，完成阳台和地面重要节点景观绿化的整治提升，种植花卉2000盆，清理站台、铁路沿线9000平方米杂草杂物，粉刷围墙300平方米；推进机场北片区环境整治，累计完成立面改造民房13栋，改造面积7300平方米，改造围墙300米，面积1200平方米，电线规整300米，修复破损道路200米；开展洁净家园行动1000场，自查整改小区、道路、校园、工地周边问题2000个，整改区督查发现问题900个，清运垃圾300车，修缮破旧公益广告牌343块，整治黄土裸露小区17个6000平方米；出动4万人次，清理小区、城中村、机场南片区、铁道路口、中埔批发市场周边卫生死角等1500处。

拆除违章建筑物3.73万平方米，完成年度拆违任务目标的124.46%。拆除广告店招374块、1553.38平方米，查处占道经营1.6万件。

打造18条“门前三包”标准街，完成率100%，承诺书、责任书签订率100%，责任牌悬挂率100%，完成责任主体信息采集2090家。建立商家联盟3个。长乐路被打造成市容标准路和“爱心街”。

打造垃圾分类示范社区4个，兴园社区引入“人脸识别”智能监控系统，监控居民分类投放情况。撤销沿街垃圾分类投放点，打造沿街店面垃圾不落地示范街7条。

【平安创建】 2020年，殿前街道封闭式管理31个小区、18个小组，封堵出入口188个，设置出入口检测点62个，号召近万名党员和群众24小时轮流值守。累计排查村改居房屋5582栋、纯社区家庭18768户，建立健康信息卡5348人，居家观察4715人。完成消毒2800万平方米，进口冻库摸排123个，对其货品实行批批检测，件件消毒。

开展安全隐患大排查大整治工作，对辖区出现回潮的752处“三合一”隐患场所，开展联合执法行动31次，不放心“三合一”场所实现全部整改。年内，累计建设电动车集中停放点196个、车位1536个，在全市率先在各小区、小组实现电动车集中停放点全覆盖。推进消防设施技术改造提升工程，在雪梨星光等3个小区试点，破解老旧小区无消防水等问题。

街道各级调委会排查化解矛盾纠纷960件，调处成功959件，其中重特大纠纷14件，调处成功率99.89%，达成书面协议75件，口头协议884件。街道关爱之家提前一年完成帮教对象“清零”攻坚任务。全年受理信访件2091件，及时受理率100%，按时办结率100%，群众满意率100%。街道本级及所辖9个社区全部设置信访评理室并开展信访评理工作，全年开展信访评理26件。化解夏商国际商城与商户租赁纠纷等信访积案10件。

是年，社区矫正对象入矫42名，解矫63名，截至年底，殿前司法所在册社区矫正对象85名，新增安置帮教对象10人，期满解矫21人，安置率100%，无重新犯罪者。

排查房屋7575栋，在全区率先实现9月底前完成90%以上危房处置，D级危房开展“一房一策”危房长效解危处置，处置率100%。

推动涉海领域乱象整治，聘请海岸线巡逻员33人，拆解“三无”船舶23艘，提前完成减量20%的目标任务。推进智慧海防建设工作，在各重要地段安装视频监控高清摄像机28台，在高崎码头和盐业码头安装人脸识别门禁和人脸抓拍系统；运用创新科技手段，审核登记进出海域的人员，绑定其对应的船舶识别牌、船主姓名、联系方式、身份证号等信息，在人员进出时进行验证。

【社区建设】 2020年，殿前街道完成社区办公服务用房提升1个，投入使用社区办公用房2个。建成小区（组）党群服务站15个，完成小区治理小额“以奖代补”项目16个。街道投入购置社区文体设施建设及体育器材资金142.88万元。

率先全区完成小区治理3年工作目标，实现小区党支部、业委会（自管小组）、典型点打造、党群之家、“七小”人员、志愿服务队、文化队伍等软硬件100%全覆盖的小区有31个。推动117个驻区单位、69个市直单位与各小区共建，筹集共建资金2500万元。发动居民捐款、捐物价值1500万元完成小区重难点项目170个，解决邻里纠纷400个、增加停车位514个。1个小区入选全市首批最干净的20个小区，4个小区入选全省近邻党建示范点。

【民生建设】 2020年，殿前街道建成养老服务中心4个，引进专业化团队，为辖区52位低偿老人、138位无偿老人提供爱心服务。发放高龄津贴5873人次、77.66万元。为60岁及以上的老人3079人提供免费体检。关爱特殊岗位人员，梳理“民生补短板”项目106个，打造爱心小区9个、爱心街3

2020 年 12 月 18 日，殿前街道养老服务照料中心及殿前街道残疾人职业援助中心在高殿路 9 号投入使用 （郝长帆 摄）

条、爱心驿站 3 个。

3 月 30 日，殿前街道社区卫生服务中心完成整体搬迁，在新址重新开诊；“知心姐姐”谈心室项目全年投入工作经费 10.27 万元，为 282 个家庭 1128 人次提供正面管教理论指导，定期举办“知心姐姐”进校园公益讲座，400 人次参与学习。开展“圆梦殿前 以文化人”街道级文化品牌活动方案，组织文艺会演 8 场。开设瑜伽、民族舞 2 类课程。开展少儿活动及读者活动 6 场。打造“一居一品”社区文化品牌，结合各社区实际开展各类活动 200 场次。举办殿前街道“胜元杯”篮球赛，16 支队伍、240 人参赛。

街道兑现台青创业各类补贴 90.29 万元，组织线上线下招聘会 9 场，举办技能培训班 5 期，221 人参加培训。办理灵活就业社保补贴 3579 人、693.35 万元。是年，新增 16～60 周岁城乡养老保险参保 149 人，其中 46～60 周岁城乡居民养老保险参保 96 人，参保率 100%。

【基层党建及精神文明建设】 2020 年，殿前街各党组织召开党员大会 2293 场，上党课 528 堂，主办主题党日活动 1584 场，党建 e 家积分优良率超 83%。新成立党支部 8 个，整顿软弱涣散党组织 1 个，发展党员 19 人，转正 25 人。召开非公党建联席会 15 场，打造“三高”企业党建典型 2 个。

殿前街道拍摄微电影、制作公益广告、印制应知应会宣传扇等宣传文明创建。街道获评省级文明单位。新时代文明实践点投用 12 个。街道机关有注册志愿者 52 人，9 个社区志愿服务工作站有志愿者队伍 70 支，有注册志愿者 4656 人。开展关心关爱困难老人、儿童，帮助困难家庭和残疾人志愿服务活动 100 场。制作宣传栏、公益广告提示牌 66 块。高殿社区义务消防队获省“2020 年全省学雷锋志愿服务‘四个最美’先进典型暨疫情防控最美志愿者——最佳志愿服务组织”称号，翔鹭社区“绿翔妈妈低碳环保项目”获“2020 年福建省志愿服务项目大赛”铜奖。

【新阶联产业联合会成立】 2020 年 6 月 12 日，殿前街道成立新阶联产业联合会。下设汽车销售协会、集成电路协会、服装产业协会、酒店行业协会、餐饮行业协会、电商产业协会、影视文化协会、冰鲜商贸协会 8 个产业协会，惠及辖区企业 1 万多家。

【殿前街道基层党组织书记培训班】 2020 年 11 月 4 日，殿前街道党工

2020 年 6 月 20 日，殿前街道高殿社区志愿者清理高殿文化广场 （殿前街道 供图）

2020年6月12日，殿前街道新阶联产业联合会在街道成立（殿前街道　供图）

委在厦门海关培训中心举办基层党组织书记培训班，街道机关各办党支部书记、社区党委（总支）书记、部分小区（小组）党支部书记参加培训。邀请思明区委组织部郑腾川讲授基层党建工作实务。

（林思徽）

江头街道

【概况】 2020年，江头街道辖区面积10.41平方千米，下辖9个社区，有常住人口26.5万人，其中，户籍人口7.4万人，非户籍人口19.1万人。是年，街道财政总收入26.09亿元，比上年上升1.08%；本级财政收入1.65亿元，比上年下降16.64%；招商引进内资103.68亿元；规上工业产值完成8.14亿元，比上年上升1%；固定资产投资完成85.6亿元，比上年上升18.8%；限上批零销售额127.18亿元，比上年下降4%；房地产销售面积41.4万平方米，比上年上升208%。

【街区建设】 2020年，江头街道牵头组织拆除历史违建100处1万平方米。组织修缮老禾山镇办公大楼；拆除存在重大安全隐患的建邦大厦屋顶景观钢架；完成江头文体公园建设，改造提升老旧小区3个；设置台湾街周边停车位200个，缓解老城区停车难。蔡塘片区完成征收签约面积143万平方米，旧村拆除面积58万平方米，提交用地面积43.2万平方米。创下“1个月完成100%丈量、2个月完成100%签约、22天完成整村100%拆除”的古地石社新速度。

【经济发展】 2020年，江头街道7个主要经济指标超省均增速。策划生成一批招商项目，跟踪推动落地项目207个，合计注册资金103亿元；注册并落地高能级投资项目17个，累计到资54亿元。抓好辖区8700多家金库税源企业，重点跟踪服务“三高”企业32家，加强与39家区级纳税大户互动，跟进解决企业疑难问题。

【平安建设】 2020年，江头街道立足社区、小区新冠肺炎疫情防控，对境外人员、中高风险地区来（返）厦人员、重点人员排查登记、健康监测和分类管理。制订全员核酸检测组织工作手册及实施方案，设置60个核酸检测采样点，开展全员核酸检测演练。逐一排查辖区冷冻库商家126家，完成全部冷冻食品核酸检测采样和消毒。

推进“平安江头”“法治江头”建设，在江头南路北侧建成社会治理综合服务站。全年接报刑事类警情459件，比上年下降27.6%，其中诈骗案下降23.35%。调解劳资纠纷255件，为600名员工讨回薪

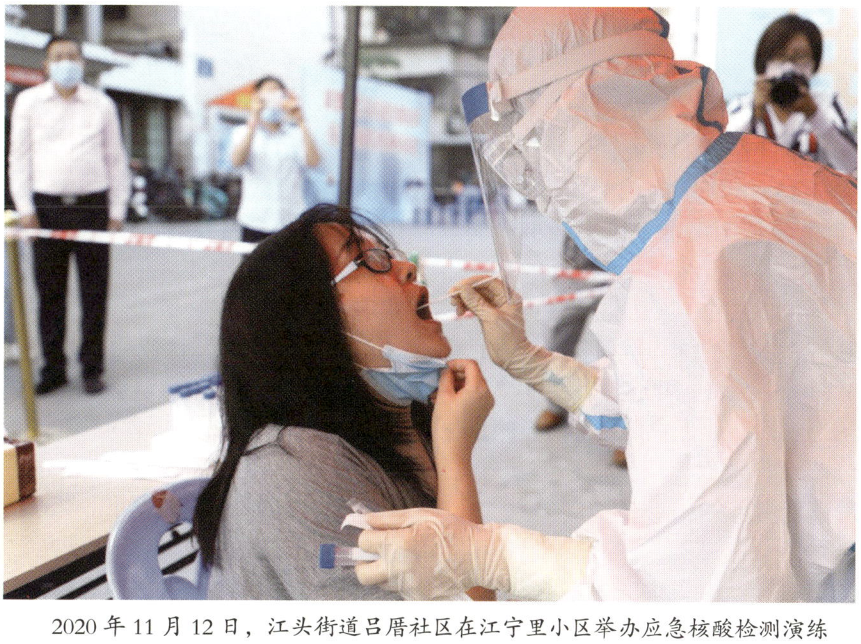

2020年11月12日，江头街道吕厝社区在江宁里小区举办应急核酸检测演练

（江头街道　供图）

2020 年 12 月 27 日，江头街道举行江头文体公园启用仪式暨首届庆元旦趣味运动会

（江头街道　供图）

资 810 万元。

开展常态化安全隐患排查与整治，全年检查企业 18015 家次，发放整改通知书 3036 份；排查辖区 D 级危房 21 栋，长效处置 19 栋，整改率 90.48%。开展防汛抗台、森林防火、消防等安全工作，推进老旧小区及城中村隐患排查、整治等专项工作，对前期排查整治的 131 处“三合一”场所和 D 级危房组织“回头看”。

【小区治理】 2020 年，江头街道配备小区秘书 117 人，建立小区调委会 42 个、理事会 19 个、监委会 14 个，聘用律师、医生等小区能人 335 人。有 86 个小区与 23 家驻区单位签约共建，成立党建联盟，驻区单位认领小区居民服务项目 39 个。投入约 1000 万元对 3 个小区外立面、地下管网、消防设施进行改造，采取“以奖代补”方式，局部修缮 12 个小区。

【民生建设】 2020 年，江头卫生服务中心蔡塘分中心投用。推进辖区 5 个教育建设项目工程建设，乌石浦嘉裕幼儿园转为公办幼儿园。组织发动辖区老年人参加市体育局开展的厦门市居家健身线上运动会、居家健身视频展示和健身感言征集活动，其中有 150 余人获奖。组织 200 名老年人参加在薛岭山公园举办的厦门市万名老年人重阳节登山活动。8 月和 11 月，街道本级先后举办 2 次中老年人扑克牌八十分、中国象棋、乒乓球等比赛。针对空巢、独居和行动不便老年人的就餐问题，开办吕岭社区敬老餐厅，引进专业社会组织入驻，实现社区搭台、机构运作、居民参与的服务模式；完成江头街道（园山）养老服务照料中心建设，完善辖区 60 岁以上老年人信息数据库，实现建档率 100%。

完善“112”就业服务体系，帮助居民实现就业 3474 人，其中，高校毕业生 882 人，就业困难人员 406 人。落实社保政策，发放低保、临时救助、节日慰问等救助金 793.78 万元。帮助 289 名失业登记人员领取失业补助金及推荐就业、提高技能培训，实现再就业 3474 人，落实社保补贴 1360 万元。

【基层党建和精神文明建设】 2020 年，江头街道纯住宅小区实现党支部全覆盖 106 个，6 个小区完成党支部换届，17 个小区业委会完成换届备案，17 个小区实现支部书记、业委会主任“一肩挑”。新组建 5 个非公企业党支部。开展谈心谈话、提醒谈话 48 人次，党纪立案 1 人。节假日期间，开展监督检查 15 次，发现疑似问题 8 个。开展文明交通、文明旅游、文明餐桌、垃圾分类、移风易俗等文明实践活动。创建“爱心诚信文明示范街”。街道获评福建省第十四届文明单位，所辖 9 个社区全部进入文明社区行列，其中金尚社区获评全国文明单位。久久爱心志愿服务协会的负责人赵亚娟当选“全国巾帼志愿服务十大感动人物”，祥店社区居民游文晃被推荐为“全国第八届道德模范”候选人。

【创建爱心美发公益商家活动启动】 2020 年 4 月 25 日，由江头街道、久久爱心志愿服务队、江华社区新时代文明实践站联合发起的创建爱心公益美发商家活动启动仪式在科丝曼美发艺术沙龙举办，为厦门援鄂医护人员及其家属、道德模范以及城市道路环卫工人等特殊岗位工人发放爱心卡。凭借该卡，医护人员及其家属可在挂有“爱心公益美发商家”标识的美发店享受一年 6 次免费剪发服务。特殊岗位的工人可以在每个月第三周的星期三上午八点至十点，在“爱心公益美发商家”享受免费剪发服务。

（白堋鑫）

禾山街道

【概况】 2020 年，禾山街道辖区

总面积16.04平方千米（含五缘湾水域），常住人口37万人，其中户籍人口8.8万人。下辖4个“村改居”社区，5个城市社区及2个社区筹备组。全年引进内资268.2亿元；引进合同外资2.08亿美元；实际利用外资8968万美元，完成年度计划的172%；实现财政总收入33.73亿元，比上年上升1.3%；本级财政收入20817.24万元，比上年下降6.61%；完成固定资产投资191.58亿元，比上年上升219.3%。

2020年3月14日，禾山街道下忠社拆迁工地用喷雾车抑制扬尘

（禾山街道　供图）

【街区建设】 2020年，禾山街道拆除玉晶光电公司、铁路沿线各类违法建筑面积13.5万平方米，完成区下达指标任务的112.48%。征收国际学校西侧道路，完成欣金湖充电站征迁，完成下忠旧村改造项目、山海健康步道、轨道平衡用地林后与金尚路西侧地块征地、拆除及交地任务。是年，钟宅旧村改造征收房屋60.5万平方米，完成项目征收序时进度的49%，拆除98.86万平方米。钟宅新家园安置房交付902套。改造围里空中缆线，分离捆扎强弱电线路，拆除旧线路4.2千米，敷设新线路1.8千米，入户1.2千米，清除“空中蜘蛛网”。

开展“守护蓝天碧海，洁净沙滩海域”宣传活动，发放各类环保宣传资料。每月巡查五缘湾大桥北侧至五缘湾内湾海岸线各排污口，上报智信平台，建立工作台账。配合湖里生态环境局，巡查工地扬尘情况，并将巡查图片上报数字湖里公共管理集成平台。推进餐饮项目环保备案，规范餐饮业经营行为。强化大气污染防治调度，提升辖区环境质量。利用污水溯源系统，排查出问题排水户60家，年内全部完成整改。

实行“智慧+”环卫保洁新机制，投入清洗和转运环卫车辆107辆，清洗村改居道路、背街小巷等，实现道路清扫“零死角”。实施区环卫处北侧用地景观提升与雨污治理工程，全年组织30人对5个“村改居”社区进行考评，发现问题50个，发出整改通报20份。出动245人次、农用车65辆、挖掘机2台，清理“三不管”地段26个，疏通堵塞管道32处。出台《禾山街道垃圾分类投放点改造提升小额“以奖代补”项目实施办法》，全年投入其他垃圾车3辆、厨余垃圾车5辆，在5个“村改居”社区转运垃圾4.38万吨。全年开展“门前三包”联合执法14次、攻坚行动10场，劝导占道经营632起，处罚店面50多家。

1月15日，“数字禾山”运行中心成立，协调处理环卫保洁、垃圾分类等事件967件。开展文明督导专项检查44次，纠正劝导跨店经营超3600家次，占道经营3000家次，夜间烧烤30家次，纠正“门前三包”不规范行为200余种，清除不规范张贴海报宣传4226处，完善消防检查记录2300条，清理摆放共享单车5.6万辆。整改城市管理各类问题8223个，整改率98%。

【平安创建】 2020年，禾山街道召开扫黑除恶宣讲会20场，开展校园防诈骗、防校园欺凌等安全教育讲座22场次，微信公众号发布文章60篇，制作横幅150条，张贴海报2万张、发放宣传单3万份、发送短信40万条、LED屏200个滚动播放，宣传防诈反诈知识。群众安全感、满意率和扫黑除恶满意率测评均达100%。推进5个专项领域治理，整理上报除恶治乱线索11条，对学校周边200米范围内环境开展专项整治，排查消除各类安全隐患17处；收回被非法占用的已征地块2万多平方米，拆除违法搭盖40处，清退商户78家，查获涉黄涉赌治安案件15件，处罚36人。

1月30日，禾山街道成立应对疫情工作指挥部及“一办八组”，制定应急防疫物资管理办法，构建三级防控联动体系，做好“大数据+网格化”管控。支出610万元，租用1辆皮卡车，购买口罩6万余个、额温枪585台、护目镜3109副。设置检测点75个，排查登记存量人员 36 万人，核实溯源系统信息 2.12 万条，登记境外入厦人员 1472 人，其中 723 人落实“14+7”居家隔离，登记国内中高风险地区到厦人员 6036 人，对国内外疫区到厦人员实施居家医学观察 7470 人。105 个小区和城中村全部组建小区防控工作组，辖区小区党员参与疫情防控率 100%，有 442 名党员到小区防控组报到，认领门岗值守、后勤保障、信息排查等志愿服务岗位 362 个，5000 名专兼职志愿者参与小区和村庄防控。组建涉疫情信访问题处置专班，妥善处置各类涉疫情信访问题 586 件，指导协调各卡点化解各类矛盾问题超 1000 个。制订疫情防控监督检查方案，开展疫情防控监督检查，先后围绕疫情防控措施落实情况、物资管理使用情况、复产复工等开展监督检查 32 次，针对发现问题督促落实整改，快查快办有关居民投诉 11 件，约谈社区“两委”6 人。

开展“平安来敲门”专项行动，深化领导干部大走访，落实开门接访、进门约访、登门走访、上门回访工作机制，推进“最多投一次”阳光信访试点，化解群众矛盾。按期办结信访件 3721 件，办结率 100%，调处化解各类矛盾纠纷 915 起，调处成功率 100%。

制订《安全生产专项整治三年行动专题（专项）实施方案》《安全生产隐患大排查大整治方案》。采取责任主体自查、行业属地检查等方式，开展 11 个领域安全隐患排查整治工作，排查出租房屋 6125 栋、加油加气站 7 座、燃气供应站 4 处、特种设备 2624 台，检查辖区民俗场所、医院诊所等 1182 处，整治“三合一”场所 139 家。走访沿街店面及企业 555 家，签订安全生产承诺书 955 份。设置电动自行车集中停放点 119 处，安

2020 年 11 月 2 日，禾山街道举办应急处突巡防大队授旗仪式 （蔡灿贤 摄）

装充电桩 1656 个，建设简易充电场所 210 处，集中充电场所 1565 处，保命墙 92 处。在 3 个“村改居”社区施划消防通道，解决突发火灾时消防车无法进村救援的问题。开展修船企业和“三无”船舶专项整治行动，更新“三无”船舶识别牌 43 块，整改大马力船舶 13 艘。禾山街道派出 10 个工作小组进驻社区，累计出动 777 组 1615 人次开展“危房排查整治百日攻坚”，排查危房 8259 栋，其中，扣除不可移动文物后，98 栋 D 级危房解危 75 栋，处置率 91%。11 月 2 日，禾山街道撤销城中村护村队，通过笔面试、体能测试，筛选 70 名队员，组建街道应急处突巡防大队。成立应急大队党组织，出台《禾山街道应急处突巡防大队管理规定》，组织岗前集训，开展常态化训练，健全人员保障机制，变兼职为专职，变散兵游勇为专业队伍。

【民生建设】 2020 年，禾山街道加强对各类特殊群体的救助帮扶，发放各类民生资金 896 万元。建成并运营爱心屋，吸纳残疾人就业 2 人；推进居家养老服务，购买驻点社区助老员服务，投入资金约 150 万元，引进居家养老服务机构 4 家，街道被选定为市级医养结合试点单位；全年救助困难群众 3042 人次，协助在册低保户、特困户做好保障性租赁房预登记；投入 289 万元，补助参加城乡居民基本医疗保险及未成年人医疗保险 19250 人；申报妇女创业基金小额贴息贷款 340 万元；开办康桥红橡树幼儿园、嘉禾学校，分别新增幼儿园教育学位 330 个、特殊教育学位 120 个；建设五缘湾北社区城管驿站、禾缘社区爱心驿站，解决环卫工人与路巡员饮水、就餐等问题。

【社区治理】 2020 年 8 月 25 日，禾山街道组建社区治理专项整治工作领导小组，建立街道、社区两级调度会机制。组建党支部小区 56 个，进入小区业委会党员 119 人。完成小区治理“以奖代补”项目 11 个，获评省级“近邻党建”示范点小区 3 个，2 个小区获厦门城市党建实训基地称号。查找并整治社区治理领域突出问题 89 个。金尚嘉园（富贵门）小区成立业委会，完成联发欣悦园小区居民活动场所、双鲤新城小区地下给水管

网系统改造。处置小区信访投诉件 74 件。检查小区物业 55 个。强化“村改居”社区“三资”管理专项整治，涉及重大问题决策、重要干部任免、重大项目投资决策、大额资金使用事项民主决策执行和集体资产管理不到位的社区均整改完毕。

【基层党建及移风易俗教育】 2020 年，禾山街道党工委下属党组织 179 个，其中，党委 9 个、党总支 8 个，党支部 162 个，党员 2513 人。街道党工委举办决胜小康生活主题宣讲，组织非公企业、社会组织、小区支部书记 80 人参加基层党支部书记培训。街道领导上党课 28 堂，开展专题研讨 16 场次。开展各类主题党日、社会实践等活动 163 场次。选取太古可口可乐公司作为“三高”企业党建示范点。党工委理论学习中心组全年开展集中学习 24 次，组织开展集中研讨 5 次、调研式学习 2 次，收集心得体会 35 篇。

禾山街道以宣传栏、横幅标语，发放《致居民一封信》等形式宣传移风易俗，发放倡议书 1.55 万份，制作微信 40 期、宣传栏 35 版，开展移风易俗主题活动 9 场、相关活动 26 场。移风易俗劝导队 63 支和红白理事会 7 个，劝导丧事简办 21 起。街道和社区党员干部带头落实移风易俗工作，签订《移风易俗承诺书》1126 份。

【融媒体站建设】 2020 年，禾山街道融媒体站管理维护团队成立。开设“共同战疫”“疫线先锋”“爱心战疫”“复商复市”“亲邻党建”等专题专栏。围绕全面决胜小康社会、疫情防控、小区治理、征地拆迁等重点工作，开展正面宣传。全年街道微信公众平台发布信息 313 条，阅读总量超 21 万次。在主流媒体发布宣传报道 50 余篇，其中 3 篇登上“学习强国”学习平台。重视公共卫生宣传，推出原创说唱《请记得戴口罩》，刊发重点报道 13 篇、电视新闻报道 7 条，其中央视新闻采用 4 条。

【三级网络视频系统】 2020 年，禾山街道投入 72 万元，试点建成覆盖街道、社区、小区的三级网络视频系统，下辖 9 个社区、2 个筹备组、禾山派出所、执法中队、乐群广场楼群党总支及 18 个小区。疫情期间，采取“线上部署、网络开会”的形式，与禾山派出所、执法中队及各社区快速联动，解决“抗疫”疑难杂症，全年召开疫情防控、文明创建、月例会等各类视频会议 312 场。

【政务便民服务】 2020 年，禾山街道推进政务服务“移动办”“掌上办”。街道便民服务中心 59 项及各社区 66 项依申请事项 100% 实现“最多跑一趟”和“一趟不用跑”，其中“一趟不用跑”事项占 73.2%，全程网办事项占 45.6%，实现新冠肺炎疫情防控期间各项审批服务不断档、质量不降低。

（陈月华）

金山街道

【概况】 2020 年，金山街道辖区面积 13.8 平方千米，下辖 9 个社区，人口 13.3 万人，其中户籍人口 5.7 万人。全年财政总收入 39 亿元、本级财政收入 2.2 亿元，14 项区对街考核经济指标中有 8 项超过全省平均增速；累计引进企业 2102 家，总注册资金 313.96 亿元，内外资到资 110.34 亿元，引

2020 年，金山街道 5 个旧村改造项目完成拆除。左图为拆除前，右图为拆除后　　（金山街道　供图）

进落地高能级项目53个。固定投资项目建设32个、投资额71.9亿元，促进479个项目落地，总投资额941.71亿元。

【街区建设】 2020年，金山街道拆除违建116万平方米，完成年度任务的641%。成立市容环境整治专班组6个，解决安全隐患、占道经营、脏乱差等问题20余件，其中，万禹广场综合整治专班组在规定的时间内取缔塑胶制品加工厂1家、清理“三合一”场所8家、清空仓库72家、清出人员209人，清理乱停放车辆超过1400辆，其中僵尸车312辆。完成房屋签约面积208万平方米、拆除面积416万平方米、交地面积173.8万平方米。30个自然社中涉及东部旧村改造28个，其中21个完成整村签约，20个整村拆平，提交净地面积2.58平方千米，提供可出让地块37幅，出让4幅，收入土地款61.64亿元。规划安置房项目20个，其中在建3个。安置房总用地面积67万平方米，计容建筑面积243万平方米、总建筑面积357万平方米，安置房2.7万套，安置房总投资125亿元。

投入经费1500多万元，建成新型垃圾厢房26座、改造垃圾转运站3个、创建“门前三包”示范路线18条，金安小区高林一里引进厨余垃圾微生物气化处理技术。

推行“污水零直排”，河（湖）长制巡查超40次，溯源排查整治污水排放40户，下达整改通知书25份，定期跟踪整改进度。

【平安创建】 2020年，金山街道建立“街道+社区+小区+社会组织”四级联防网络，创新“大数据+网格化”立体联动摸排管控模式，建立“智慧社区”平台，累计排查50万人次，建立健康信息卡3.3万人。制作全员核酸检测手册，组织9个社区开展核酸检测采样实战演练。摸排冷链食品经营企业76家，完成21家经营进口产品的冷链企业的核酸检测和闭环消杀。成立小区（小组）疫情防控工作组62个，组建防控志愿服务队84支。

开展联合执法整治行动超50次，整治各类隐患企业1350家，依法查封“三合一”店面和企业13家。推进危房解危，累计排查房屋5194栋，其中D级危房112栋、解危率80%。

引入“公证+”多元调解体系，调解矛盾纠纷案件800余件，成功率98%；推行“最多投一次”阳光信访，探索“信访评理室”试点，受理各类信访事项超4000件，办结率100%。

【民生建设】 2020年，金山街道对辖区新增的失业人员、未就业高校毕业生继续推行“112”精准化就业服务模式，建立健全就业服务工作档案，做到“一人一档”。是年，促进失业人员再就业3275人。居民参加社会保险29347人，合同签订率和社保缴交率分别达到96%和91%。9月，3个校园投用，新增学位4160个。截至年底，街道有校（园）29所，其中公办校（园）13所、集体园1所、民办校（园）15所。关停20所无证幼儿园和1所民办小学。街道建设文化活动广场、健身路径超100处，每个社区均有400平方米以上的文化服务活动中心，街道综合文化站有2400平方米，提供服务功能20多项，藏书2万册左右。以“爱尚金山”为主题，全年开展文体活动70余场。12月2日，金山街道养老服务照料中心开业，为辖区7505名老年人提供8项进站服务与8项进家服务。家庭医生签约18339人，街道累计发放各类帮扶资金1500万元，比上年上升13.5%；建设“爱心屋”2个，实现年营业额44.3万元，解决辖区部分残疾人就业。

【社区建设】 2020年，金山街道

2020年9月1日，厦门市金林湾实验学校投入使用　（金山街道　供图）

开展社区治理领域突出问题专项整治，完成金湖社区、琴岛花园小区整治，群众满意率94.7%；打造智慧安防小区，完成特房山水、新景缘等小区标准化建设。

提升党建引领小区治理，推动小区党支部和业委会深度融合，有小区党支部50个，其中社区工作人员5人、处级以上领导干部12人、离退休人员23人担任小区党支部书记（含第一书记），党支部书记和业委会主任一肩挑7人，13名业委会主任是党员，48名党员担任业委会委员。采取“选、挂、派”等多种方式，选派60名社区工作人员、16名小区警察、10名小区城管、34名小区律师、37名小区教师、219名小区调解员和55名小区医生到小区报到，协助小区支部日常工作。探索实现小区服务“精细化”认领模式，有180个市直、区直单位党组织、1155名在职党员到小区报到，认领为民服务项目938个，解决民生难题101个。

2020年4月21日，社区微型消防车交车仪式在金山街道举行（金山街道供图）

【和谐劳动关系创建】 2020年，金山街道促进辖区5460家企业，职工3.23万人参与创建和谐劳动关系，3.09万人签订劳动合同，2.94万人参加社会保险，合同签订率和社保缴交率分别为96%和91%，劳动用工备案率91%。组建工会企业5133家，2.72万人参加工会，工会组建率和员工入会率分别为94%和84.47%；签订集体合同并开展工资协商企业4919家，集体合同覆盖率90.1%。是年，金山街道被评为“全省和谐劳动关系街道”。

【精神文明建设】 2020年，金山街道建立街道文明创建领导机构，组建“七位一体”（街道＋社区＋城管执法中队＋征迁指挥部＋小区物业＋企业＋志愿服务队）上下联通机制，通过全国文明城市总评、全省文明城区测评。选树先进典型，开展道德模范、“最美人物”“身边好人”等评选，推荐10名最美人物、身边好人，14名迎国检先进人物。打造1个市级、3个区级新时代文明实践中心示范点。新时代文明实践站与社区书院融合，举办各类课程2000余节，受众约6万人次。

【社区微型消防车交车仪式】 2020年4月21日，金山街道举办社区微型消防车交车仪式。金山街道共为社区配备新型消防车12辆，代替年限过久、设备老化、动力不足、载水量偏少的老旧消防车。新型消防车的投入使用，提升街道消防救援能力。

（李榕梅）

人物 · 荣誉

先进人物

【张水利】 全国劳动模范。1965年出生，男，厦门象屿集团有限公司党委副书记、总裁，厦门象屿股份有限公司董事长。张水利从普通基层员工做起，曾任厦门银城企业总公司财务经理、厦门象屿保税区贸易有限公司财务经理、厦门象屿宝发有限公司副总经理、厦门象屿国际贸易有限公司总经理、厦门象屿集团有限公司贸易中心总经理、厦门象屿集团有限公司副总裁，2015年成为集团掌舵人。他坚持以党建引领企业高质量发展，形成具有象屿特色的党建体系，塑造国有企业的根和魂。他在长期实践中归纳形成“风险第一、利润第二、规模第三”的经营理念，带领象屿集团稳健发展，使其连续三年跻身世界五百强企业。他坚持以文化赋能，让象屿文化成为滋养全体象屿人的精神沃土，筑牢共同奋斗的思想基石，锻造出一支“担当作为、务实高效、客户导向、开放包容、阳光简单”的五星人才队伍，为象屿集团高质量发展提供不竭的动力。他发扬“计利天下，相与有成”的使命感和博大情怀，将公司改革与服务国家战略、繁荣区域经济、推动行业进步、增进社会福祉相结合，倾力支持厦门“两高两化”建设，在厦门城市片区改造提升、自贸片区公共服务平台建设、乡村振兴、爱心厦门、脱贫攻坚等领域，彰显国有企业的责任担当。他深化国资国企改革，在建立现代企业制度、市场化经营、混合所有制改革等方面不断探索与实践，推动象屿集团入选“国企改革双百行动”综合性改革企业，并成为厦门市国有资本投资公司试点企业。他推动象屿集团产业转型升级，构建“四流合一”的供应链综合服务平台；推动东北现代化农业全产业链服务体系、象道铁路物流、印尼不锈钢一体化冶炼项目等取得战略性突破。2004年和2008年分别被评为“厦门市劳动模范”“福建省劳动模范”，2010年获评“厦门市拔尖人才”，2016年被授予“福建省优秀企业家”称号。2020年被评为“全国劳动模范”。

【朱文霞】 全国劳动模范。1972年5月出生，女，厦门航空有限公司空中乘务部党委书记、经理。1991年，她进入厦门航空有限公司工作。29年来，她始终坚守在一线运行岗位，安全飞行超过2万小时，创造连续29年无投诉、无差错的好成绩。她从一名普通乘务员成长为客舱经理，再到管理近5000人的乘务团队“大家长”，她将“地面为空中服务，全员为顾客服务”视为信条。她以专业的服务技能和高度负责的态度承担各项要客保障、洲际首航、专包机任务，先后保障瑞典、立陶宛、马来西亚、越南、塔吉克斯坦等国家领导人和中共十九大、“两会”、“金砖国家领导人厦门会晤”代表团等要客航班。她多次带队赴新加坡、卡塔尔、阿联酋、日航、大韩等航企学习先进经验。牵头编制厦航《客舱乘务员手册》《空中乘务部管理手册》和《乘务工作案例选编》，推动厦航乘务团队特色制服、特编广播、特效活动、特别花艺、特制礼品等服务项目落地，助力厦航连续32个季度获评民航旅客评测“最佳航空公司”。她带领厦航乘务团队打造沉浸体验的“文化客舱”，升级惊喜定制的“感动客舱”。针对厦航乘务团队90%以上都是年轻人的特点，提出“心本管理”理念——唤醒乘务员内在心理的动力和潜力凸显“趣味化”；正视乘务员内在心理的自然性规律，突出“内驱化”；尊重乘务员内在心理的需要和要求，突出“社群化”。她投身脱贫事业，参与厦航同寿宁县政府、古田县政府开展的营销合作，与当地政府合作，用最流行的

“直播带货”形式进行品牌营销，推介当地特色农副产品，至2020年收获近200万元的营销额。她与同事们常态化走入八闽大地的田间地头，还以“公益课堂进校园”的形式，为厦门、南平、宁德等地的山区小学带去公益课程，将“扶贫”与“扶智”“扶志”结合起来。她是乘务部“台海两岸人才发展项目”的牵头人，带领团队引进行业首批台湾籍乘务员，推动成立厦航“台湾青年就业创业基地”，创造性地提出台籍乘务员“101保障计划”及“专管机构、专项审查、专门监控、专属计划、专款保障”的“五专管理体系”，为两岸人才交流提供全新的范本和运营模式。她为台籍乘务员设立专属台鹭班，帮助台籍乘务青年凝聚团队归属感、提升工作幸福感、增强自我认同感、明确职业方向感，激发队伍的发展潜力和管理能力。2020年新冠肺炎疫情突如其来，她率先报名请缨执飞高风险航班，她把人民群众生命安全和身体健康放在第一位，在万米高空和客舱乘务组一起把牢疫情防控关。组织编写团队编写《突发公共卫生事件应急反应手册》和《乘务员疫情个人防护手册》，为实现“全员零感染”打下基础，跑出“乘务效率”“厦航速度”。2018年，她被授予“全国五一劳动奖章”，2020年被评为“全国劳动模范”。

2020年湖里区获市级以上（含市级）表彰人员一览表

表16

姓名	性别	荣誉称号	工作单位	授予单位	授予时间
张水利	男	全国劳动模范	厦门象屿集团	中共中央国务院	2020年11月
朱文霞	女	全国劳动模范	厦门航空有限公司	中共中央国务院	2020年11月
陈丽珠	女	全国主题教育读书活动先进个人	湖里实验中学	教育部	2020年11月
巫桂花	女	全国主题教育读书活动先进个人	湖里区吕岭小学	教育部	2020年11月
李敬华	女	全国主题教育读书活动先进个人	湖里区华昌小学	教育部	2020年11月
陈清云	女	全国主题教育读书活动先进个人	湖里区康乐二小	教育部	2020年11月
庄丽贞	女	全国主题教育读书活动先进个人	湖里区金尚小学	教育部	2020年11月
吴丽敏	女	全国抗击新冠肺炎疫情优秀城乡社区工作者	湖里区金山街道金安社区	民政部	2020年12月
孙明宏	男	“大排查、早调解、护稳定、迎国庆”专项活动表现突出个人	湖里区司法局	司法部	2020年1月
杨煌达	男	全国法治政府建设工作先进个人	湖里区司法局	司法部	2020年1月
陈再雄	男	第五届全国“119”消防先进个人	湖里区寨上消防救援站	应急管理部消防救援局	2020年11月
白　胜	男	2018—2019年度全国消协组织消费维权先进个人	湖里区市场监督管理局	中国消费者协会	2020年2月
马　俊	男	全国青年岗位能手	湖里区消防救援大队	共青团中央 人力资源社会保障部	2020年7月
林荣芊	男	福建省优秀教师	厦门市康乐第二小学	福建省教育厅 福建省人力资源和社会保障厅	2020年9月
吴丽敏	女	福建省抗击新冠肺炎疫情先进个人	湖里区金山街道金安社区	福建省委 福建省人民政府	2020年11月
张陈大添	男	福建省抗击新冠肺炎疫情先进个人	湖里区禾山街道社区卫生服务中心	福建省委 福建省人民政府	2020年11月
高　杨	女	福建省抗击新冠肺炎疫情先进个人	湖里区城市管理局	福建省委 福建省人民政府	2020年11月
吴丽敏	女	福建省优秀共产党员	湖里金山街道金安社区	福建省委	2020年11月

续表 16

姓名	性别	荣誉称号	工作单位	授予单位	授予时间
洪小冰	女	福建省最美医师	湖里区疾病预防控制中心	福建省委宣传部 福建省卫生健康委员会 福建省总工会	2020 年 11 月
张雪花	女	省级道德模范——“福建好人榜”2020 年 8 月榜	湖里区禾山街道坂尚社区	福建省委文明办	2020 年 8 月
简韦华琦	女	福建省优秀教师	厦门六中	福建省人力资源和社会保障厅 福建省教育厅	2020 年 8 月
沈汝丑	男	福建省优秀教师	厦门市第三中学	福建省人力资源和社会保障厅 福建省教育厅	2020 年 9 月
郑丹妮	女	福建省优秀少先队辅导员	厦门市高崎小学	共青团福建省委 福建省教育厅 福建省少工委	2020 年 12 月
廖丽青	女	福建省优秀教师	厦门市湖里中学	福建省人力资源和社会保障厅 福建省教育厅	2020 年 9 月
胡先锋	男	福建省优秀教师	厦门市禾山中学	福建省人力资源和社会保障厅 福建省教育厅	2020 年 9 月
庄晓莉	女	福建省优秀教师	厦门市湖里实验小学	福建省人力资源和社会保障厅 福建省教育厅	2020 年 9 月
陈衍财	男	福建省优秀教师	厦门市寨上小学	福建省人力资源和社会保障厅 福建省教育厅	2020 年 9 月
陈冉冉	女	福建省优秀教育工作者	厦门市五缘第二实验幼儿园	福建省人力资源和社会保障厅 福建省教育厅	2020 年 9 月
施天来	男	福建省人防系统优秀个人	湖里区建设局	福建省人民防空办公室	2020 年
陈　婷	女	福建省五一劳动奖章	厦门市湖里中学	福建省总工会	2020 年 8 月
王碧云	女	福建省五一劳动奖章	厦门象屿兴泓超细材料有限公司	福建省总工会	2020 年 8 月
王春南	男	福建省五一劳动奖章	厦门现代码头有限公司	福建省总工会	2020 年 8 月
潘桂红	女	福建省五一劳动奖章	厦门航空酒店管理有限公司	福建省总工会	2020 年 8 月
黄仕诚	男	福建省五一劳动奖章	厦门航空有限公司	福建省总工会	2020 年 8 月
郑荣跃	男	第十七届福建青年“五四”奖章	湖里区土地房屋征收事务中心	共青团福建省委	2020 年 4 月
林东波	男	2019 年度“福建省优秀共青团干部”	湖里区殿前街道	共青团福建省委	2020 年 4 月
黄佩琰	女	2019 年度“福建省优秀共青团员”	湖里区建设局	共青团福建省委	2020 年 4 月
奚志龙	男	个人二等功	湖里公安分局	福建省公安厅	2020 年 10 月
麻章新	男	厦门市应对新型冠状病毒感染肺炎疫情防控阻击战先进个人	湖里区湖里街道东荣社区	厦门市委 厦门市人民政府	2020 年 2 月
陈顺利	男	2019 年度厦门市劳动模范	湖里区禾山街道	厦门市委 厦门市人民政府	2020 年 4 月
孙先建	男	2019 年度厦门市劳动模范	湖里区金山街道高林社区	厦门市委 厦门市人民政府	2020 年 4 月
戴瑞仁	女	2019 年度厦门市劳动模范	湖里街道怡景社区居委会	厦门市委 厦门市人民政府	2020 年 4 月

续表 16

姓名	性别	荣誉称号	工作单位	授予单位	授予时间
陈联发	男	2019 年度厦门市杰出人才	厦门市中医院	厦门市委 厦门市人民政府	2020 年 9 月
訾长海	男	2019 年度“厦门党建 e 家”优秀管理员	湖里区纪委监委	厦门市委组织部	2020 年 4 月
罗晓梅	女	“厦门党建 e 家”十佳管理员	金山街道金林社区	厦门市委组织部	2020 年 7 月
杜淑惠	女	第八届厦门市道德模范	湖里区殿前街道高殿社区	厦门市委宣传部 市委文明办	2020 年 12 月
徐　姣	女	2020 年度厦门市理论宣讲轻骑兵“优秀宣讲员”	湖里区金山街道金安社区	厦门市委宣传部	2020 年 11 月
李玉荣	男	2020 年度厦门市学岗位学雷锋标兵	湖里区社科联	厦门市委宣传部	2020 年 4 月
姚　君	男	厦门市文明市民标兵	湖里区金山街道金海社区	厦门市委文明办	2020 年 2 月
刘　斯	女	2020 年度厦门市践行社会主义核心价值观基层“最美教师”	厦门信息学校	厦门市委宣传部	2020 年 11 月
陈惠萍	女	厦门市专业社会工作领军人才	湖里区金山街道金安社区	厦门市委人才工作领导小组办公室 市民政局	2020 年 12 月
林华强	男	2019 年度学校综治安全目标管理先进个人	厦门市金安小学	厦门市教育局	2020 年 3 月
汤丽莹	女	2019 年度学校综治安全目标管理先进个人	厦门市湖里实验小学	厦门市教育局	2020 年 3 月
杨　军	男	2019 年度学校综治安全目标管理先进个人	厦门市湖里区育青学校	厦门市教育局	2020 年 3 月
陈鸿芬	女	2019 年度学校综治安全目标管理先进个人	厦门市江头中心小学	厦门市教育局	2020 年 3 月
苏丽娜	女	2019 年度学校综治安全目标管理先进个人	厦门市高林南区幼儿园	厦门市教育局	2020 年 3 月
张小燕	女	2019 年度学校综治安全目标管理先进个人	马垅阳光幼儿园	厦门市教育局	2020 年 3 月
曾淑娥	女	2019 年度学校综治安全目标管理先进个人	湖里实验幼儿园	厦门市教育局	2020 年 3 月
李银岚	女	2019 年度学校综治安全目标管理先进个人	厦门市湖里区教师进修学校第二附属小学	厦门市教育局	2020 年 3 月
曾莉娜	女	2019 年度学校综治安全目标管理先进个人	湖里区教育局	厦门市教育局	2020 年 3 月
林明福	男	2019 年度学校综治安全目标管理先进个人	湖里区教育局	厦门市教育局	2020 年 3 月
谢　桦	女	2019 年度学校综治安全目标管理先进个人	湖里区教育局	厦门市教育局	2020 年 3 月
贾新辉	女	2019 年度学校综治安全目标管理先进个人	湖里区教育局	厦门市教育局	2020 年 3 月
杨国强	男	2019 年度学校综治安全目标管理优秀保安	湖里保安公司	厦门市教育局	2020 年 3 月
段凤治	男	2019 年度学校综治安全目标管理优秀保安	厦门市湖里中学	厦门市教育局	2020 年 3 月
周永平	男	2019 年度学校综治安全目标管理优秀保安	厦门市金山小学	厦门市教育局	2020 年 3 月
许增炎	男	2019 年度学校综治安全目标管理优秀保安	厦门市乌石浦小学	厦门市教育局	2020 年 3 月
苏子复	男	2019 年度学校综治安全目标管理优秀保安	厦门外国语学校湖里分校	厦门市教育局	2020 年 3 月
王冬梅	女	2019 年度学校综治安全目标管理优秀保安	厦门市安兜小学	厦门市教育局	2020 年 3 月
马方伟	男	2019 年度学校综治安全目标管理优秀保安	厦门市金尚中学	厦门市教育局	2020 年 3 月
赵丽娟	女	2019 年度学校综治安全目标管理优秀保安	厦门市东渡二小	厦门市教育局	2020 年 3 月
苏伟宏	男	2019 年度学校综治安全目标管理优秀保安	厦门市火炬幼儿园	厦门市教育局	2020 年 3 月

续表 16

姓名	性别	荣誉称号	工作单位	授予单位	授予时间
丁国明	男	2019 年度学校综治安全目标管理优秀保安	厦门市湖里区蔡塘幼儿园	厦门市教育局	2020 年 3 月
高士斌	男	2019 年度学校综治安全目标管理优秀保安	厦门市江头三小	厦门市教育局	2020 年 3 月
刘天恩	男	2019 年度学校综治安全目标管理优秀保安	厦门市蔡塘学校	厦门市教育局	2020 年 3 月
刘　斯	女	2020 年度厦门教育系统支教奖	厦门信息学校	厦门市教育局	2020 年 8 月
白春雷	男	厦门市教育系统管理奖	厦门市第三中学	厦门市教育局	2020 年 8 月
史立群	女	厦门市教育系统管理奖	厦门市乌石浦小学	厦门市教育局	2020 年 8 月
郑毅萍	女	厦门市教育系统管理奖	厦门市祥店幼儿园	厦门市教育局	2020 年 8 月
何玮萍	女	厦门市教育系统创优奖	厦门市金安小学	厦门市教育局	2020 年 8 月
温海英	女	厦门市教育系统创优奖	厦门市湖里区教师进修学校	厦门市教育局	2020 年 8 月
陈昭军	女	厦门市教育系统创优奖	厦门市第三中学	厦门市教育局	2020 年 8 月
谢　燕	女	厦门市教育系统创优奖	厦门市江头中心小学	厦门市教育局	2020 年 8 月
连宝发	男	厦门市教育系统安保奖	厦门市第三中学	厦门市教育局	2020 年 8 月
周振兴	男	厦门市教育系统安保奖	厦门市翔鹭小学	厦门市教育局	2020 年 8 月
张　超	男	厦门市教育系统服务奖	厦门市湖里区教师进修学校	厦门市教育局	2020 年 8 月
陈霞梅	女	厦门市教育系统服务奖	厦门市湖里区教育局	厦门市教育局	2020 年 8 月
张阿华	女	厦门市教育系统服务奖	厦门市湖里区教育局	厦门市教育局	2020 年 8 月
毛莉贞	女	厦门市教育系统服务奖	厦门市湖里区教育局	厦门市教育局	2020 年 8 月
吕贤明	男	厦门市教育系统服务奖	厦门市湖里第二实验小学	厦门市教育局	2020 年 8 月
黄丽英	女	厦门市教育系统服务奖	厦门市江头中心小学	厦门市教育局	2020 年 8 月
俞晟锦	女	厦门市教育系统服务奖	厦门市湖里区教育局	厦门市教育局	2020 年 8 月
陈自力	男	厦门市教育系统抗疫先进个人	厦门市湖里区教育局	厦门市教育局	2020 年 8 月
胡万友	男	厦门市教育系统抗疫先进个人	厦门市湖里区教育局	厦门市教育局	2020 年 8 月
郝延峰	男	厦门市教育系统抗疫先进个人	厦门市湖里区教育局	厦门市教育局	2020 年 8 月
朱　谦	男	厦门市教育系统抗疫先进个人	厦门市金安小学	厦门市教育局	2020 年 8 月
陈　振	男	厦门市教育系统支教奖	厦门市湖里中学	厦门市教育局	2020 年 8 月
赵　影	女	厦门市教育系统支教奖	厦门市金安小学	厦门市教育局	2020 年 8 月
郑林清	女	厦门市教育系统支教奖	厦门市江头第三小学	厦门市教育局	2020 年 8 月
廖玉立	女	厦门市教育系统新秀奖	厦门市金尚中学	厦门市教育局	2020 年 8 月
苏　静	女	厦门市教育系统新秀奖	厦门市湖里实验中学	厦门市教育局	2020 年 8 月
刘夏丹	女	厦门市教育系统新秀奖	厦门市第三中学	厦门市教育局	2020 年 8 月
黄延萍	女	厦门市教育系统新秀奖	厦门市禾山中学	厦门市教育局	2020 年 8 月
揭　华	男	厦门市教育系统新秀奖	厦门市外国语学校湖里分校	厦门市教育局	2020 年 8 月
卢伟平	男	厦门市教育系统新秀奖	厦门市湖里区教师进修学校第二附属小学	厦门市教育局	2020 年 8 月
陈巧珠	女	厦门市教育系统新秀奖	厦门市金山小学	厦门市教育局	2020 年 8 月

续表 16

姓名	性别	荣誉称号	工作单位	授予单位	授予时间
周群力	男	厦门市教育系统新秀奖	厦门市湖里中心小学	厦门市教育局	2020 年 8 月
方洋洋	女	厦门市教育系统新秀奖	厦门市湖里实验小学	厦门市教育局	2020 年 8 月
彭秋媛	女	厦门市教育系统新秀奖	厦门市江头第三小学	厦门市教育局	2020 年 8 月
刘冬玥	女	厦门市教育系统新秀奖	厦门市翔鹭小学	厦门市教育局	2020 年 8 月
林鹭鹭	女	厦门市教育系统新秀奖	厦门市江浦南里幼儿园	厦门市教育局	2020 年 8 月
章小华	女	厦门市教育系统新秀奖	厦门市湖里实验幼儿园	厦门市教育局	2020 年 8 月
陈　媛	女	厦门市教育系统老骥奖	厦门市湖里区教育局	厦门市教育局	2020 年 8 月
冉述珍	女	厦门市教育系统老骥奖	厦门市湖里区教育局	厦门市教育局	2020 年 8 月
王红梅	女	厦门市中小学优秀班主任	厦门市蔡塘学校	厦门市教育局	2020 年 8 月
廖祥凤	女	厦门市中小学优秀班主任	厦门市乐安小学	厦门市教育局	2020 年 8 月
陈淑惠	女	厦门市中小学优秀班主任	厦门市安兜小学	厦门市教育局	2020 年 8 月
黄海英	女	厦门市中小学优秀班主任	厦门市金尚中学	厦门市教育局	2020 年 8 月
黄伟琳	女	厦门市中小学优秀班主任	厦门市第三中学	厦门市教育局	2020 年 8 月
郑秀敏	女	厦门市中小学优秀班主任	厦门市湖里中学	厦门市教育局	2020 年 8 月
柯毓鑫	女	厦门市中小学优秀班主任	厦门外国语学校湖里分校	厦门市教育局	2020 年 8 月
粘雪英	女	厦门市优秀德育工作者	厦门市天安小学	厦门市教育局	2020 年 8 月
罗小玲	女	厦门市优秀德育工作者	厦门市乌石浦小学	厦门市教育局	2020 年 8 月
胡德智	男	厦门市优秀德育工作者	厦门市康乐第二小学	厦门市教育局	2020 年 8 月
庄丽贞	女	厦门市优秀德育工作者	厦门市金尚小学	厦门市教育局	2020 年 8 月
陈丽珠	女	厦门市优秀德育工作者	厦门市湖里实验中学	厦门市教育局	2020 年 8 月
陈　婧	女	厦门市优秀德育工作者	厦门市禾山中学	厦门市教育局	2020 年 8 月
尧勇琦	男	厦门市支教奖	厦门市金山小学	厦门市教育局	2020 年 8 月
田雪荆	女	厦门市中小学优秀班主任	厦门六中	厦门市教育局	2020 年 8 月
王嘉欣	女	厦门市优秀德育工作者	厦门六中	厦门市教育局	2020 年 8 月
郑伟志	男	厦门市创优工作业绩突出奖	厦门六中	厦门市教育局	2020 年 8 月
黄爱梅	女	厦门市教育系统抗疫先进个人	厦门六中	厦门市教育局	2020 年 8 月
杨　凡	男	厦门市教育系统新秀奖	厦门六中	厦门市教育局	2020 年 8 月
江建亮	男	厦门市安保工作业绩突出奖	厦门六中	厦门市教育局	2020 年 8 月
林珍妮	女	厦门市首届“桃李杯”消防安全大比拼活动优秀领队	湖里区教育局	厦门市教育局 厦门市消防救援支队	2020 年 11 月
马岩岩	女	厦门市首届“桃李杯”消防安全大比拼活动优秀教师	厦门市禾山中学	厦门市教育局 厦门市消防救援支队	2020 年 11 月
罗子菱（学生）	女	厦门市首届“桃李杯”消防安全大比拼活动消防之星	厦门市禾山中学	厦门市教育局 厦门市消防救援支队	2020 年 11 月
余新飞	男	厦门市首届“桃李杯”消防安全大比拼活动先进个人	厦门市蔡塘学校	厦门市教育局 厦门市消防救援支队	2020 年 11 月

续表 16

姓名	性别	荣誉称号	工作单位	授予单位	授予时间
傅坤炜	男	厦门市首届“桃李杯”消防安全大比拼活动先进个人	厦门市蔡塘学校	厦门市教育局 厦门市消防救援支队	2020 年 11 月
钟一鸣	男	厦门市首届“桃李杯”消防安全大比拼活动先进个人	厦门市蔡塘学校	厦门市教育局 厦门市消防救援支队	2020 年 11 月
高　峰	男	厦门市首届“桃李杯”消防安全大比拼活动先进个人	厦门市蔡塘学校	厦门市教育局 厦门市消防救援支队	2020 年 11 月
林恩情	男	厦门市首届“桃李杯”消防安全大比拼活动先进个人	厦门市蔡塘学校	厦门市教育局 厦门市消防救援支队	2020 年 11 月
陈奕夫	男	厦门市首届“桃李杯”消防安全大比拼活动先进个人	厦门市蔡塘学校	厦门市教育局 厦门市消防救援支队	2020 年 11 月
陈志明	男	厦门市首届“桃李杯”消防安全大比拼活动先进个人	厦门市湖里实验中学	厦门市教育局 厦门市消防救援支队	2020 年 11 月
杨浚彬	男	厦门市首届“桃李杯”消防安全大比拼活动先进个人	厦门市湖里实验中学	厦门市教育局 厦门市消防救援支队	2020 年 11 月
罗晓平	女	厦门市首届“桃李杯”消防安全大比拼活动先进个人	厦门市湖里实验中学	厦门市教育局 厦门市消防救援支队	2020 年 11 月
黄凤妹	女	2019 年度主动创稳工作突出个人	湖里区劳动争议仲裁院	厦门市人力资源和社会保障局	2020 年 5 月
赵海生	男	2019 年度主动创稳工作突出个人	湖里区劳动保障监察大队	厦门市人力资源和社会保障局	2020 年 5 月
黄前春	男	2019 年度产业企业服务专项工作突出个人	湖里区就业中心	厦门市人力资源和社会保障局	2020 年 5 月
刘金荣	男	2019 年度综合业务工作方面专项工作突出个人	湖里区就业中心	厦门市人力资源和社会保障局	2020 年 5 月
蓝丽曦	女	2019 年度综合业务工作方面专项工作突出个人	湖里区社会保险中心	厦门市人力资源和社会保障局	2020 年 5 月
杨文峰	男	2019 年度综合业务工作方面专项工作突出个人	湖里区企业离退休人员社会化服务中心	厦门市人力资源和社会保障局	2020 年 5 月
黄玲玲	女	2019 年度综合业务工作方面专项工作突出个人	湖里区就业中心	厦门市人力资源和社会保障局	2020 年 5 月
许加全	男	2019 年度综合业务工作方面专项工作突出个人	湖里区劳动保障监察大队	厦门市人力资源和社会保障局	2020 年 5 月
翁春华	男	厦门市“十佳城市美容师”	湖里区禾山街道	厦门市市政园林局	2020 年 10 月
傅建成	男	环卫管理先进工作者	湖里区金山街道城管办	厦门市市政园林局	2020 年 10 月
荣小红	女	优秀环卫职工	厦门吉巧家政服务有限公司	厦门市市政园林局	2020 年 10 月
王　强	男	环卫管理先进工作者	湖里区环卫中心	厦门市市政园林局	2020 年 10 月
黄丹敏	女	优秀环卫职工	湖里区环卫中心	厦门市市政园林局	2020 年 10 月
吴龙秋	女	优秀环卫职工	湖里区环卫中心	厦门市市政园林局	2020 年 10 月
徐莉莉	女	优秀环卫职工	湖里区环卫中心	厦门市市政园林局	2020 年 10 月
林建龙	男	连续环卫工龄 30 周年环卫在职职工	湖里区环卫中心	厦门市市政园林局	2020 年 10 月
杨和成	男	连续环卫工龄 30 周年环卫在职职工	湖里区环卫中心	厦门市市政园林局	2020 年 10 月
万志辉	男	连续环卫工龄 25 周年环卫在职职工	湖里区环卫中心	厦门市市政园林局	2020 年 10 月

续表 16

姓名	性别	荣誉称号	工作单位	授予单位	授予时间
叶文海	男	连续环卫工龄 25 周年环卫在职职工	湖里区环卫中心	厦门市市政园林局	2020 年 10 月
蒋意达	女	厦门市劳动模范	厦门太古飞机工程有限公司	厦门市委 市人民政府	2020 年 4 月
洪晓东	男	厦门市劳动模范	厦门自贸片区管委会政策法规局	厦门市委 市人民政府	2020 年 4 月
钱清漪	女	2019 年度厦门市优秀工会专干	湖里区总工会	厦门市总工会	2020 年 5 月
陈朝阳	男	厦门市第一届审判业务专家	湖里法院	厦门市中级人民法院	2020 年 1 月
姚　亮	男	厦门市第一届审判业务专家	湖里法院	厦门市中级人民法院	2020 年 1 月
李艳斐	女	厦门市第一届审判业务专家	湖里法院	厦门市中级人民法院	2020 年 1 月
刘晓洪	男	2018—2019 年度全市法院系统办案标兵	湖里法院	厦门市中级人民法院	2020 年 1 月
王　蕊	女	2018—2019 年度全市法院系统办案标兵	湖里法院	厦门市中级人民法院	2020 年 1 月
张晓毅	女	2018—2019 年度全市法院系统办案标兵	湖里法院	厦门市中级人民法院	2020 年 1 月
曾莉侠	女	2018—2019 年度全市法院系统办案标兵	湖里法院	厦门市中级人民法院	2020 年 1 月
谢源成	男	2018—2019 年度全市法院审判辅助能手	湖里法院	厦门市中级人民法院	2020 年 1 月
吴晓莹	女	2018—2019 年度全市法院审判辅助能手	湖里法院	厦门市中级人民法院	2020 年 1 月
林超特	男	2018—2019 年度全市法院审判辅助能手	湖里法院	厦门市中级人民法院	2020 年 1 月
陈巧珊	女	2018—2019 年度全市法院审判辅助能手	湖里法院	厦门市中级人民法院	2020 年 1 月
孙琳凤	女	2018—2019 年度全市法院审判辅助能手	湖里法院	厦门市中级人民法院	2020 年 1 月
陈幼美	女	2018—2019 年度全市法院审判辅助能手	湖里法院	厦门市中级人民法院	2020 年 1 月
王光煜	男	2018—2019 年度全市法院审判辅助能手	湖里法院	厦门市中级人民法院	2020 年 1 月
沈晓琪	女	2018—2019 年度全市法院审判辅助能手	湖里法院	厦门市中级人民法院	2020 年 1 月
郭顺强	男	2018—2019 年度全市法院调研工作先进个人	湖里法院	厦门市中级人民法院	2020 年 1 月
肖安定	男	2018—2019 年度全市法院调研工作先进个人	湖里法院	厦门市中级人民法院	2020 年 1 月
林　姗	女	2018—2019 年度全市法院宣传工作先进个人	湖里法院	厦门市中级人民法院	2020 年 1 月
刘惠斌	男	2018—2019 年度全市法院宣传工作先进个人	湖里法院	厦门市中级人民法院	2020 年 1 月
杨莉苹	女	2018—2019 年度全市法院信息工作先进个人	湖里法院	厦门市中级人民法院	2020 年 1 月
姚　亮	男	2018—2019 年度全市法院信息工作先进个人	湖里法院	厦门市中级人民法院	2020 年 1 月
谢源成	男	全市“基本解决执行难”工作中成绩突出的个人	湖里法院	厦门市中级人民法院	2020 年 3 月
黄华杰	男	全市“基本解决执行难”工作中成绩突出的个人	湖里法院	厦门市中级人民法院	2020 年 3 月
郭顺强	男	全市法院第三十一届学术讨论会中作出突出贡献的个人	湖里法院	厦门市中级人民法院	2020 年 3 月
肖安定	男	全市法院第三十一届学术讨论会中作出突出贡献的个人	湖里法院	厦门市中级人民法院	2020 年 3 月
施恭林	男	厦门市税务局 2019 年“岗位大练兵　业务大比武”专业骨干	湖里区税务局	厦门市税务局	2020 年 1 月

续表 16

姓名	性别	荣誉称号	工作单位	授予单位	授予时间
黄橙凝	女	厦门市税务局 2019 年“岗位大练兵 业务大比武”专业骨干	湖里区税务局	厦门市税务局	2020 年 1 月
王玉环	女	厦门市税务局 2019 年“岗位大练兵 业务大比武”专业骨干	湖里区税务局	厦门市税务局	2020 年 1 月

2020 年湖里区获市级以上（含市级）表彰先进集体

表 17

单位名称	荣誉称号	授予单位	授予时间
湖里街道办事处	全国文明单位	中央精神文明建设指导委员会	2020 年 11 月
厦门市湖里第二实验小学	全国优秀少先队集体	共青团中央 教育部 全国少工委	2020 年 12 月
湖里区教育局	全国主题教育读书活动先进集体	教育部关工委	2020 年 11 月
湖里区东渡小学	全国主题教育读书活动先进集体	教育部关工委	2020 年 11 月
湖里实验小学	全国主题教育读书活动先进集体	教育部关工委	2020 年 11 月
湖里区火炬学校	全国主题教育读书活动先进集体	教育部关工委	2020 年 11 月
湖里区金安社区人民调解委员会	全国模范调解委员会	司法部	2020 年 12 月
福建省厦门市五缘实验学校	全国家庭教育创新实践基地	全国妇联办公厅 教育部办公厅	2020 年 5 月
金山街道金安社区	全国三八红旗集体	全国妇联	2020 年 11 月
湖里区工商联	2020 年调查点工作先进基层工商联	中华全国工商业联合会	2020 年 11 月
湖里区科协	2020 年全国科普日活动优秀组织单位	中国科协办公厅	2020 年 12 月
湖里区疾病预防控制中心	全国优秀健走组织单位奖	中国疾病预防控制中心慢性非传染性疾病预防控制中心	2020 年
湖里区疾病预防控制中心	厦门市“赤脚医生”打造健康服务闭环三等奖	中国疾病预防控制中心慢性非传染性疾病预防控制中心	2020 年 10 月
湖里区妇幼保健院	儿童哮喘标准化门诊	中华医学会	2020 年 11 月
湖里区妇幼保健院	全国第四批妇幼保健中医药适宜技术培训基地	中国妇幼保健协会	2020 年 12 月
湖里区委区直机关工作委员会	全省机关工委系统先进集体	福建省委 省直机关工委 省人社厅	2020 年 11 月
禾山街道鑫海湾小区党支部	福建省抗击新冠肺炎疫情先进集体	福建省委 省人民政府	2020 年 11 月
湖里区卫生健康局	福建省抗击新冠肺炎疫情先进集体	福建省委 省人民政府	2020 年 11 月
湖里区市场监督管理局殿前市场监督管理所党支部	福建省抗击新冠肺炎疫情先进集体	福建省委 省人民政府	2020 年 11 月

续表 17

单位名称	荣誉称号	授予单位	授予时间
厦门机场分流专班临时党支部	福建省抗击新冠肺炎疫情先进集体	福建省委 省人民政府	2020 年 11 月
湖里区兴隆社区	2018—2020 年度福建省文明社区	福建省委 省人民政府	2020 年 12 月
湖里区翔鹭社区	2020 年福建省志愿服务项目大赛铜奖	福建省委文明办	2020 年 12 月
湖里区高殿社区老体协	2020 年度福建省“老年人健身康乐家园”	福建省体育局 省委文明办 省卫生健康委员会 省民政厅 省老年人体育协会	2020 年 12 月
湖里区金安社区	省级离退休老干部“示范党支部”	福建省委离退休老干部工作委员会 老干部局	2020 年 7 月
湖里区金山街道办事处	2018—2019 年省级劳动关系和谐街道	福建省人力资源和社会保障厅 省总工会 省企业与企业家联合会 省工商业联合会	2020 年 4 月
湖里区翔鹭社区	福建省卫生社区	福建省卫健委	2020 年 12 月
湖里区金山社区	老年人心理关爱项目试点单位	福建省卫健委	2020 年 11 月
厦门六中	福建省五一劳动奖状	福建省总工会	2020 年 8 月
禾山社区居委会	福建省五一劳动奖状	福建省总工会	2020 年 8 月
厦门象屿工程咨询管理有限公司	福建省五一劳动奖状	福建省总工会	2020 年 8 月
曹文钧家庭	2020 年度福建省最美抗疫家庭	福建省妇联 省卫生健康委员会	2020 年 5 月
朱觉家庭	第十二届福建省五好家庭	福建省妇联	2021 年 1 月
官阳家庭	福建省抗击新冠疫情最美家庭	福建省妇联 省卫健委	2020 年 5 月
湖里区怡景社区	福建省家庭教育进社区示范社区	福建省妇联	2020 年 7 月
湖里区人社局团支部	2019 年度福建省“五四”红旗团（总）支部	共青团福建省委	2020 年 4 月
湖里法院自贸区法庭	第十七届福建青年五四奖章集体	共青团福建省委 省青年联合会	2020 年 5 月
湖里分局国保大队	集体二等功	福建省公安厅	2020 年 10 月
湖里消防救援大队党委	基层先进党组织	福建消防救援总队党委	2020 年
湖里区市场监督管理局食品监管科	第 33 届中国电影金鸡奖活动筹办工作先进集体	厦门市委 市人民政府	2021 年 1 月
湖里区金安社区	2019 年度厦门市劳动工作先进集体	厦门市委 市人民政府	2020 年 4 月
湖里区工业园区管委会	2019 年度厦门市人才工作先进集体	厦门市委 市人民政府	2020 年 9 月

续表 17

单位名称	荣誉称号	授予单位	授予时间
厦门市中医院援鄂医疗队	通报表扬	厦门市人民政府	2020 年 4 月
湖里区殿前街道办事处	新中国成立 70 周年庆祝活动厦门市信访保障工作成绩突出集体	厦门市委办公厅 市人民政府办公厅	2020 年 1 月
厦门市湖里区税务局	厦门城市党建学院实训基地	厦门市委组织部 市委党校	2020 年 5 月
湖里区市场监督管理局	创建第六届全国文明城市突出贡献单位	厦门市委文明办	2021 年 3 月
湖里区教育局	2019 年学校综治安全目标管理先进单位	厦门市教育局	2020 年 3 月
湖里区妇幼保健院	2020 年医院感染横断面调查优秀单位	厦门市卫健委	2021 年 1 月
湖里区金山街道办事处	人口监测一级达标单位	厦门市卫健委	2020 年 12 月
湖里法院工会	厦门市五星职工之家	厦门市总工会	2020 年 5 月
美丽华大酒店工会委员会	厦门市工人先锋号	厦门市总工会	2020 年 11 月
厦门新特汽车销售服务有限公司工会委员会	厦门市工人先锋号	厦门市总工会	2020 年 11 月
厦门中泰鑫保安服务有限公司工会委员会	厦门市工人先锋号	厦门市总工会	2020 年 11 月
厦门市湖里区村里社区工会联合会	厦门市工人先锋号	厦门市总工会	2020 年 11 月
鼎台旅游运动用品（厦门）有限公司	厦门市工人先锋号	厦门市总工会	2020 年 11 月
厦门市湖里区南山社区工会联合会	厦门市工人先锋号	厦门市总工会	2020 年 11 月
厦门市湖里区康晖社区工会联合会	厦门市工人先锋号	厦门市总工会	2020 年 11 月
和庆（厦门）皮件制品有限公司工会委员会	厦门市工人先锋号	厦门市总工会	2020 年 11 月
厦门迅捷诚电子商务有限公司工会委员会	厦门市工人先锋号	厦门市总工会	2020 年 11 月
湖里区康乐社区居民委员会工会联合会	厦门市工人先锋号	厦门市总工会	2020 年 11 月
湖里区殿前街道职工服务站	2019 年度厦门市先进职工服务站	厦门市总工会	2020 年 5 月
湖里区兴园社区联合基层工会委员会	2019 年厦门市五星职工之家	厦门市总工会	2020 年 5 月
叶影、林毓辉家庭	厦门市最美家庭	厦门市妇联 市委文明办	2020 年 7 月
林丽珠、潘忠祥家庭	厦门市最美家庭	厦门市妇联 市委文明办	2020 年 7 月
唐怀昆、张丽丹家庭	厦门市最美家庭	厦门市妇联 市委文明办	2020 年 7 月
徐满萍、黄小平家庭	厦门市最美家庭	厦门市妇联 市委文明办	2020 年 7 月
苏华玲、黄永喜家庭	厦门市最美家庭	厦门市妇联 市委文明办	2020 年 7 月
郭邦川、张志菊家庭	厦门市最美家庭	厦门市妇联 市委文明办	2020 年 7 月

续表 17

单位名称	荣誉称号	授予单位	授予时间
吴高岚、骆丽婷家庭	厦门市最美家庭	厦门市妇联 市委文明办	2020 年 7 月
庄展兴、张晓瑜家庭	厦门市最美家庭	厦门市妇联 市委文明办	2020 年 7 月
谢宗翰、李巧玲家庭	厦门市最美家庭	厦门市妇联 市委文明办	2020 年 7 月
郑新荣、曾秋梅家庭	厦门市最美家庭	厦门市妇联 市委文明办	2020 年 7 月
杜振峰、陈芳莲家庭	厦门市最美家庭	厦门市妇联 市委文明办	2020 年 7 月
蔡丽清、许志锋家庭	厦门市最美家庭	厦门市妇联 市委文明办	2020 年 7 月
孙维榕、林蓉家庭	厦门市最美家庭	厦门市妇联 市委文明办	2020 年 7 月
张继广、舒姗姗家庭	厦门市最美家庭	厦门市妇联 市委文明办	2020 年 7 月
张惠荣、黄翼飞家庭	厦门市最美家庭	厦门市妇联 市委文明办	2020 年 7 月
苏华玲、黄永喜家庭	厦门市最美家庭	厦门市妇联 市委文明办	2020 年 7 月

新闻人物

【游文晃】 1955 年 12 月出生，男，厦门市湖里区祥店社区居民。他曾是一名军人，担任过空军歼击飞机机械师，在部队被评为“学雷锋”标兵。转业后，在大型企业任专职消防队队长，义务为社会救过 51 起火灾，后负伤致残。2020 年新冠肺炎疫情突如其来，他捐款 1 万元，用于为医护人员购买防护用品。向北京全国学雷锋基金会捐赠 6 幅油画作品，价值 6 万元。9 月 15 日，游文晃向福建省妇联妇女儿童发展基金会捐款 15 万元，作为贫困生助学金。其中，他在宁夏、甘肃临夏、厦门、仙游等地增加资助贫困生 68 人，资助资金达 70 万元。1995—2020 年，他跟踪资助 683 位孤儿贫困生和孤寡老人，救助白血病患者、癌症患者等 104 位弱势群体，资助金额 610 多万元，他平时还会创作油画义拍义卖，并将拍卖款项全部捐给慈善事业。游文晃先后被评为中国“好人”榜好人、全国“春蕾计划”三十年先进个人、全国学雷锋微电影典型先进人物，其家庭被评为全国文明家庭。2020 年，被评为全国学雷锋先进人物。

【李世勇】 1988 年 1 月出生，男，福建省厦门人，中共党员，硕士研究生学历，厦门中医院脑病科主治医师。2020 年新冠肺炎疫情袭击武汉，1 月 25 日大年初一，李世勇接到取消休假的通知，他坚守在岗位上。2 月 1 日，他在申请加入救治医疗队的请战书上签字。9 日，他加入厦门援鄂医疗队，担任厦门中医院援鄂医疗队临时党支部书记。在武汉同济医院光谷分院重症监护区，李世勇负责新冠肺炎重症病人的收治工作。即使是零下的温度，防护服里只穿短衣裤，工作三四个小时出来，衣裤也被汗水浸湿。但他却说看着病人不断恢复出院，特别有成就感。他工作表现出色，交接班记录被医疗队当作模版要求医疗队全体队员学习借鉴。救治工作之余，由于害怕交叉感染，队员之间不能相互来往，他通过微信关心每一位队员，把自己的羽绒服让给衣服不够保暖的队员。他说只有把自己照顾好，才能给患者生的希望与信心。2020 年，李世勇登上中国好人榜之爱岗敬业好人榜。

组织机构及干部名录

中共湖里区委员会

书　记　林　建（至4月）
　　　　龚建阳（4月任）
副书记　林重阳
　　　　钟伟东（至4月）
　　　　丁红斌（6月任）
常　委　胡鹏程　吴旗荣　黄绿青
　　　　林天德　陈晓东
　　　　戴乐生（6月任）
　　　　刘云标（6月任）

区委工作部门

区委办公室
主　任　朱绍峰（5月任）
副主任　林剑锋（至9月）
　　　　卢景锋　林长发（9月任）

区委组织部
部　长　胡鹏程
副部长　彭芳兰（至9月）
　　　　曹荣宝（至6月）
　　　　林秀瑜　林　佳（6月任）

区委宣传部
部　长　丁红斌（至6月）
　　　　陈晓东（6月任）
副部长　周福民

区委统战部
部　长　陈晓东（至6月）
　　　　刘云标（6月任）
副部长　吴丽英　叶毓青

区委政法委
书　记　林天德
副书记　肖德良　陈健成

区委机构编制委员会办公室
主　任　陈志勇

区委区直机关工作委员会
书　记　戴乐生（7月任）
副书记　雷爱和（至5月）
　　　　许艺艺（5月任）

区委精神文明建设办公室
主　任　傅芳槐

区委老干局
局　长　林秀瑜

区委党校
校　长　胡鹏程
副校长　谢笑英

湖里区人民代表大会

主　任　黄　炜
副主任　林充贺　戴宗垒　曾国建
　　　　梁国富　曾文生

人大常委会办公室及工作委员会

办公室
主　任　唐　娟

法制内司工作委员会
主　任　林　颖

财经工作委员会
主　任　吴智明

城市建设环境资源工作委员会
主　任　林志荣

科教文卫侨工作委员会
主　任　李　东（至11月）
　　　　黄年生（11月任）

社会建设委员会
主任委员　向延琼

湖里区人民政府

区　长　林重阳
副区长　吴旗荣　刘云标（至6月）
　　　　洪耀同　陈仲谋
　　　　戚乐健　陈　滨
　　　　蒋晓民（6月任）
　　　　陈颢颖（至4月）

区政府工作部门

区人民政府办公室
主　任　洪志伟（至5月）
　　　　曹荣宝（6月任）
副主任　洪奕文　胡振强

区发展和改革局
局　长　黄　涛
副局长　许铭松（至5月）
　　　　高　翔　孙　琦（5月任）

区教育局
局　长　吴雪慧
副局长　李可可　王　玮

区工业和信息化局
局　长　林筱丽（至9月）
　　　　王小帅（9月任）
副局长　马竞生（至6月）
　　　　陈惠旋（6月任）

区民政局
局　长　章再耕（至9月）
　　　　彭芳兰（9月任）
副局长　林德才

区司法局
局　长　郑高良（至8月）
　　　　庄　伟（8月任）
副局长　余孙升　林俊芳

区财政局
局　长　张金坪（至4月）
　　　　方文江（4月任）
副局长　林　进　曾晓雯

区人力资源和社会保障局
局　长　李建军（至9月）

杨　盛（10月任）
副局长　翁国华
杨　盛（9月任，至10月）

区建设局

局　长　郭晓平
副局长　姜海军　许铭松（5月任）
孙　琦（至5月）

区商务局

局　长　林　文
副局长　陈开发（至5月）
方　圆（6月任）

区文化和出版旅游局

局　长　朱　觉
副局长　赵　斌

区卫生健康局

局　长　王　萍（至1月）
白贤龙（9月任）
副局长　向常海（至9月）
王建平　林国平（3月任）

区退役军人事务局

局　长　郑朝东

区应急管理局

局　长　黄木清
副局长　许剑南　张志远

区审计局

局　长　辜琦皇
副局长　陈正清

区统计局

局　长　柯友升

区市政园林局

局　长　周泽勇（6月任）
副局长　刘新生（主持工作至5月）
王军情　邱凌蓝

区城市管理局

局　长　周泽勇（至6月）
副局长　刘新生（主持工作5月任）
商建坤　陈玉艺

区行政审批管理局

局　长　张慧勤

区信访局

局　长　刘梓良

政协湖里区委员会

主　席　林　凡
副主席　黄向阳
林世裕（至2019年12月）
陈雄辉　谢国勇　张金坪
秘书长　阙占彪

工作部门

办公室

主　任　阙占彪

提案委员会办公室

主　任　吴周新（至12月）

专门委员会办公室

主　任　王萍萍

研究室

主　任　魏　炜

湖里区纪律检查委员会、监察委员会

区纪律检查委员会

书　记　黄绿青
副书记　高志伟　曾　斌
常　委　李文龙　许付志　洪建利
陈仕荣（2020年9月任）

区监察委员会

主　任　黄绿青
副主任　高志伟　曾　斌
委　员　洪建利　许付志　李文龙
徐祥敏（2020年12月任）

法检机关

区人民法院

院长、党组书记　高碧青
副院长　蔡守业　陈朝阳
刘凯娟
纪检组组长　蔡志红
政治部主任　刘凯娟（至4月）
郭顺强（9月任）
执行局局长　宋晋勇

区人民检察院

检察长、党组书记　吴华峰
副检察长　侯春盛（至2月）
叶　斌　林雪峰
郑新宇（9月任）
纪检组组长　郑　沁
政治部主任　苏水明

群众团体

总工会

主　席　钟伟东（至4月）
丁红斌（6月任）
常务副主席　黄双凤

团区委

书　记　林　佳（至6月）
秦　璐（7月任）

妇女联合会

主　席　洪珠琴

归国华侨联合会

主　席　严志和

工商联（商会）

常务副会长　胡金滕

海外联谊会

荣誉会长　钟伟东（至4月）
丁红斌（6月任）
会　长　陈晓东（至6月）
刘云标（6月任）

科学技术协会
主　席　吴淑真

残疾人联合会
理事长　陈文其（至4月）
　　　　郑高良（7月任）

计划生育协会
会　长　钟伟东（至4月）
　　　　丁红斌（6月任）
常务副会长　陈春吉

红十字会
会　长　丁红斌（至8月）
　　　　洪耀同（8月任）
常务副会长　傅伯伟（至9月）
　　　　　　蔡卫国（9月任）

文学艺术界联合会
主　席　郭漳楚

社会科学界联合会
主　席　文国清（至3月）
　　　　李玉荣（7月任）

街　道

湖里街道
党工委书记　陈　枫
党工委副书记　朱碧蓉（至3月）
　　　　　　林剑锋（9月任）
　　　　　　林　虹
党工委委员　黄年生（至11月）
　　　　　　马竞生（11月任）
　　　　　　王小帅（至3月）
　　　　　　邓美雄　宋　伟
　　　　　　丁学洲（10月任）
　　　　　　陈美珍（8月任）
　　　　　　陈永东
人大工委主任　黄年生（至11月）
　　　　　　马竞生（11月任）
办事处主任　朱碧蓉（至3月）
　　　　　　林剑锋（9月任）
办事处副主任　邓美雄　宋　伟
　　　　　　王小帅（3月任至9月）

殿前街道
党工委书记　颜莉莉
党工委副书记　洪志彬（至3月）
　　　　　　李建军（3月任）
人大工委主任　苏春生
党工委委员　苏春生　徐山泉
　　　　　　欧阳平　刘　兆
　　　　　　黄保洲
　　　　　　陈思成（5月任）
　　　　　　张　易　陈仁忠
办事处主任　洪志彬（至3月）
　　　　　　李建军（3月任）
办事处副主任　刘　兆

江头街道
党工委书记　蒋晓民（至3月）
　　　　　　洪志彬（3月任）
党工委副书记　曾以勤　周天明
党工委委员　陈天友　徐保之
　　　　　　杨　盛（至9月）
　　　　　　桂德智（至9月）
　　　　　　辛向东　汪益华
　　　　　　黄诗和（5月任）
　　　　　　魏学寨（6月任）
　　　　　　蔡继东
人大工委主任　陈天友
办事处主任　曾以勤
办事处副主任　辛向东　汪益华
　　　　　　魏学寨（6月任）

禾山街道
党工委书记　朱绍峰（至3月）
　　　　　　魏　峰（3月任）
党工委副书记　魏　峰（至3月）
　　　　　　张国平（3月任）
　　　　　　邱舒艺
党工委委员　文晓鸣　吴首钢
　　　　　　吴志杰
　　　　　　涂进杉（至7月）
　　　　　　王　瑛　刘毅鹏
　　　　　　陈梅兰
　　　　　　庄木坤（8月任）
　　　　　　陈则勇
人大工委主任　文晓鸣（11月任）
办事处主任　魏　峰（至3月）
　　　　　　张国平（3月任）
办事处副主任　刘毅鹏　陈梅兰

金山街道
党工委书记　陈　滨（至3月）
　　　　　　朱碧蓉（3月任）
党工委副书记　林长发（至9月）
　　　　　　李　斌
党工委委员　聂保太
　　　　　　张聪敏（至9月）
　　　　　　周富强　顾关贤
　　　　　　施育德　庄　伟
　　　　　　梁秀芳　吴圣彬
　　　　　　陈秀忠
　　　　　　蔡耀明（至3月）
人大工委主任　聂保太
办事处主任　林长发（至9月）
办事处副主任　蔡耀明（至3月）
　　　　　　吴圣彬　陈秀忠

工业园区管委会
主　任　黄　伟
副主任　杨东捷

区属国有企业

厦门天地开发建设集团有限公司
董事长　蔡寿飞
副董事长　陈佳庆（至9月）
　　　　　王韶锋（9月任）
　　　　　杨队赴
监事会主席　陈新生
总经理　陈佳庆（至9月）
　　　　王韶锋（9月任）
副总经理　陈安东　林智鹍
　　　　　王占忠

湖里区国有资产投资集团
董事长　张卫兵
副董事长　王韶锋（至9月）
　　　　　陈佳庆（9月任）
监事会主席　封光裕
总经理　王韶锋（至9月）
　　　　陈佳庆（9月任）
副总经理　许毅军　廖德康　李淑敏

文献辑存

在区委八届十三次全体会议上关于区委常委会工作的报告（节选）

区委八届十一次全会以来，面对严峻复杂的外部形势、艰巨繁重的改革发展稳定任务特别是新冠肺炎疫情的严重冲击，在党中央和省委、市委坚强领导下，区委常委会坚持以习近平新时代中国特色社会主义思想为指导，深入学习贯彻党的十九大和十九届二中、三中、四中、五中全会精神，全面贯彻落实总书记习近平对福建、厦门工作的重要讲话重要指示批示精神，紧紧围绕统筹推进“五位一体”总体布局和协调推进“四个全面”战略布局，坚持稳中求进工作总基调，坚持新发展理念，全方位推动高质量发展超越，统筹推进疫情防控和经济社会发展工作，全力推进岛内大提升，纵深推进全面从严治党，团结带领全区广大干部群众拼搏进取、攻坚克难，“十三五”规划主要目标全面完成，高素质高颜值现代化国际化中心城区建设迈出了新步伐。

一、深入学习贯彻习近平新时代中国特色社会主义思想

区委常委会始终把学习贯彻习近平新时代中国特色社会主义思想作为首要政治任务，持续在学懂弄通做实上下功夫，以实际行动、实际成效增强“四个意识”、坚定“四个自信”、做到“两个维护”。

一是强化理论武装。把深入学习贯彻新思想作为区委常委会会议的第一议题、区委理论学习中心组学习的重中之重，坚持原原本本学、全面系统学、联系实际学，及时跟进学习总书记习近平重要讲话重要指示批示精神，深入学习研讨《习近平谈治国理政》第三卷和《习近平在厦门》《习近平在宁德》《习近平在福州》《习近平在福建》系列采访实录，开展区委中心组集中学习 20 次，班子成员带头讲党课，推动学习贯彻不断走深走心走实。按照市委统一部署深入开展“深化大学习、提振精气神”专项活动，在全区机关企事业单位党组织和党员干部中开展“铭记初心、创先争优，奋力超越再出发”主题活动和“推动岛内大提升，实现湖里大跨越”大讨论，组织干部线上线下培训 2.5 万余人次，我区“学习强国”学习运用情况在全市各区排名首位，推动全区上下形成浓厚学习氛围。

二是强化宣传宣讲。依托区委讲师团、“特区建设者宣讲团”“新青年宣讲团”等各级宣讲队伍开展宣讲宣传活动近 3000 场，开展“闽南曲艺说唱新思想斗阵行”活动，创新“湖里文化地图”微信小程序置顶推荐、线上知识问答等宣传形式，推动新思想“飞入寻常百姓家”。党的十九届五中全会召开后，我们及时召开区委常委会（扩大）会议传达学习全会精神，研究部署具体贯彻措施，制订学习宣传贯彻“通知”。班

子成员带头到基层调研宣讲，区委宣讲团分片区、分领域开展集中宣讲6场，带动全区开展宣讲120余场、受众近万人，推动全会精神进企业、进机关、进校园、进社区、进网络，在全区迅速兴起学习宣传贯彻热潮。

三是强化贯彻落实。认真落实省委“三四八”机制，把抓紧、抓实、抓细、抓到位作为最根本的政治责任和最关键的工作方法，不折不扣、创造性地贯彻落实习近平重要讲话、重要指示批示精神和党中央决策部署。全面贯彻赶超发展重要指示，按照省委、市委部署，组织召开区委八届十二次全会，研究勇当率先实现全方位高质量发展超越排头兵的目标举措，制定“1+9”行动方案和行动计划。迅速贯彻总书记习近平关于在厦门建立金砖国家新工业革命伙伴关系创新基地的重要讲话精神，专门成立工作专班，主动开展规划研究。围绕贯彻落实总书记习近平关于谋划“十四五”时期我国改革发展的重要思想和党的十九届五中全会精神，认真筹备召开区委八届十三次全会，深入研究、开门问策、集思广益，精心编制“十四五”规划和面向2035年“两高两化”发展规划，努力把总书记习近平为我们擘画的美好蓝图变为现实。

二、全力抗击新冠肺炎疫情

面对突如其来的新冠肺炎疫情，区委常委会坚决听从总书记习近平和党中央号令，按照省委、市委部署要求，坚持人民至上、生命至上，坚持把人民群众生命安全和身体健康放在第一位，坚决打赢疫情防控的人民战争、总体战、阻击战。辖区未出现扩散性病例，累计报告确诊病例3例、无症状感染者1例，均为输入性病例且已治愈，3月28日起再无新增，4月13日起全部清零，疫情防控工作取得重大成效。

一是全面组织动员。全面落实坚定信心、同舟共济、科学防治、精准施策的总要求，第一时间成立区应对新冠肺炎疫情工作指挥部及“一办十三组”，第一时间启动突发公共卫生事件一级响应，先后召开47次指挥部会议研究部署防控工作，建立联防联控、群防群控工作机制，以超常规举措全面做好流调处置、市场监管、教育防控、文旅防控、小区防控、企业防控、境外防控、物资保障、环境整治、宣传与舆情管控、社会稳控、社会捐赠、冷链监管等工作。坚持领导带头、党员带头、干部带头，班子成员全部深入街道、社区靠前指挥，带领指挥部成员单位、街道、社区干部从除夕开始就连续奋战。充分发挥我区党支部建在小区、党建引领小区治理优势，深入开展“爱心厦门、防控疫情，小区在行动”工作，全区530个小区、城中村全部成立疫情防控组，1.9万名党员下沉小区，筑牢了疫情防控的第一道防线和最有效防线，让党旗在疫情防控斗争第一线高高飘扬。

二是严密精准防控。迅速开展地毯式人员大排查，通过打电话、发短信、发微信等方式紧急通知辖区全部10.1万家企业、2.25万个房东和221所学校，依法劝导每一个有重点地区旅居史的人员暂缓返厦，分阶段有效应对机关返岗、企业复工、学校开学，建立重点地区人员健康信息卡2.6万份，筑起外防输入的坚实防线。境外疫情暴发后，承担我市境外疫情输入防控最重任务，设立启泰分流中心及驻枋湖客运中心、驻邮轮码头等工作专班，安排19个定点酒店，先后抽调850名干部到一线，严格做好入境人员和高中风险地区人员的分流转运、隔离观察工作，累计分流航班3897班次、旅客17.4万人，查验长途客车6.4万辆次、旅客19万人，实现“零差错”。及时启动岛内进口冷链食品万翔集中监管仓，严格落实“全面检测、全面追溯、全面消毒”要求，完成货物入库、核酸检测、消毒3097吨，出库货物1438吨。完成各类人员核酸、抗体检测29.3万份。我区社区联防联控的做法得到国务院联防联控机制工作指导组的高度肯定，在全省新闻发布会上得到省委组织部充分肯定；入厦人员分类管理、小区疫情防控全过程信息公开等5项经验被市指挥部发文推广；社区、小区防控的感人事迹被中央电视台报道。

三是有效复工复产。第一时间成立企业防控暨复工服务组以及工业、服务业、建设工程项目3个开复工工作小组，及早部署开展“千名干部深入万家企业”活动，建立“服务企业特派员”制度，打造企业复工人员住宿信息平台和企业复工招募平台，出台“应对新冠肺炎支持企业复工复产八条措施”，今年以来减免税收近60亿元，发放助企援企资金1.7亿元，班子成员带头帮助协调解决企业复工复产困难问题，推动辖区重点企业在3月中旬实现100%复工复产。我区相关做法得到市委书记胡昌升批示肯定，在全市统筹推进新冠肺炎疫情防控和经济社会发展工作视频会上作经验介绍。

三、扎实做好“六稳”“六保”工作

区委常委会坚定不移贯彻新发展理念，紧扣高质量发展要求，努力克服疫情影响，坚持立体施策、精准施策，竭尽全力抓经济、抓产业、抓企业、抓民生，大力开展“百日冲刺行动”，保持了经济持续健康发展和社会大局稳定。

一是经济运行持续企稳向好。制订出台我区促产业稳经济、加快新型基础设施建设等五大实施方案以及促进工业增资扩产提质增效和促进建筑业、会展业、电商直播产业发展等政策措施，成立11个经济工作专班，发扬“拾稻穗”精神，强化精准调度，大力开展固定资产投资攻坚行动，开展两期“湖里魅力购”消费促进活动，促进全区经济企稳回升、逆势增长。1—9月，全区国内地区生产总值比上年同期增长3.9%，在市对区考核10项指标中有9项指标增速高于全省平均水平。1—11月，限上批零销售额总量、其他营利性服务业营收增速、固定资产投资增速、商品房销售面积增速居全市首位。预计全年实现GDP1360亿元，增长5%左右，财政总收入226.9亿元，增长4.75%，服务业增加值增长6.5%，限上批零业销售额增长27%，固定资产投资增长25%，实际利用外资增长15%，城镇居民人均可支配收入增长7%，主要经济指标基本完成既定目标。我区抓经济工作的相关做法得到市委胡昌升书记批示肯定。

二是产业结构持续转型升级。加快构建现代产业体系，加强与自贸试验区和火炬高新区联动发展，坚持优存量和扩增量并举，着力推动强链补链延链，新增“三高”企业87家，高技术产业增加值占规上工业增加值达到76.9%，浪潮产业园正式开园投产，获评中国工业百强区。金融业加快集聚发展，五通金融商务区累计引进企业784家、总注册资本158亿元，古地石基金小镇初步成型。文旅影视产业持续发展，借势中国电影金鸡奖促成永青乐竺影视文创园等93个总投资额45.6亿元的影视文化项目落地，推进五缘湾度假旅游带建设，建成五缘湾游艇汇。率先全市开展平台经济试点工作，试点企业邦芒集团华南区域总部发展迅猛。商贸业持续升级，砂之船奥莱商业中心开业，成为全国10个进口贸易促进创新示范区之一，厦门跨境电商产业园获评国家电子商务示范基地。加快产业园区建设，忠仑科创园得到市级批准，策划建设人工智能、智慧交通等系列科创园区，湖里创新园人气商气日益浓厚，两岸集成电路产业园进一步发展。

三是营商环境持续优化提升。设立区级产业引导基金，制订出台我区推进企业上市实施意见，新增圣元环保、欣贺股份2家上市企业，多想互动过会待发行，37家企业成为省市重点上市后备企业。认真落实“六必访”要求，坚持领导干部挂钩联系重点企业制度。深化“放管服”改革，加快推进“一窗受理、集成服务”、工程建设项目“清单制＋告知承诺制”、政策兑现综合窗口、“一件事”集成套餐服务、审批服务提速增效等改革，全区“一趟不用跑”事项占比提升至79.2%，办理承诺时限压缩至法定时限的17.1%，企业开办时限压缩至1个工作日以内。市场主体活力迸发，今年以来新设商事主体3.4万户，数量居全市各区首位。深入实施“智汇湖里”人才强区战略，新引进和培育高层次人才132名，柔性引才1540名，兑现人才扶持资金8500多万元。

四是民生底线持续兜牢筑实。扎实推进“三个六”招聘引才工作，实施“十个一批”扩岗行动，接收专科以上学历院校毕业生1.6万名，促进失业人员再就业2.1万人，兑现稳岗、就业等补贴8400多万元。加强兜底保障，发放各类救助金9432万元，投入1500多万元购买社工服务项目61个。认真办好民生实事，投入2365万元实施园山小区、百果山小区等6个老旧小区改造；投入1799万元提升市政设施；建成12个公共停车设施，新增停车泊位1350个。扎实推进“爱心厦门”建设，大力开展爱心助残、爱心敬老、爱心济困、爱心扶幼和关爱特殊岗位工人行动，机关干部结对帮扶1072名困难户，募集爱心捐款1474万元，率先全市建成8个证照齐全“爱心屋”，做到弱有所扶、困有所助。

四、全力推进岛内大提升

区委常委会始终牢记总书记习近平对厦门“提升本岛、跨岛发展”的殷殷嘱托，深入贯彻市委、市政府“岛内大提升”决策部署，举全区之力、集各方之智推进岛内大提升，推动城区品质和能级再上一个新台阶。

一是思路机制更加清晰。创新构建“1+3+8”工作机制，制订1个总体方案，形成《湖里区推进岛内大提升建设高颜值城区行动方案（2020—2022年）》白皮书；建立3个推进协调机制，针对项目招商、前期、建设三个阶段，分别成立区招商落地办、前期办、重点办，配套制订促进招商引资项目落地、推进落地项目前期工作、加快落地项目建设进度的实施办法，建立全流程、全链条统筹协调机制；实施8个专项行动，即片区规划深化、东部改造攻坚、产业升级、城市更新、城区品质提升、文化旅游繁荣、非核功能疏解、民生福祉增进行动。梳理2020—2022年支撑项目354个、总投资额超过4000亿元，逐一明确完成时限、责任单位和责任人，目标导向更加清晰，机制牵引更加高效，载体支撑更加有力。市委书记胡昌升高度肯定我区做法并要求在全市推广。

二是征地拆迁攻坚克难。召开全区征地拆迁及项目落地推进大会，完善“指挥部＋街道＋国企＋社区”工作机制，全面推行“先商谈、预签约、再公告、后选房”征收模式，创新推行“指挥部、街道吹哨，部门报到”机制，坚持区委、区政府“一月一调度”，建立考评晾晒、挂点考察、挂牌督办等机制，在东部旧村改造七大片区营造比学赶超、大干快上的浓厚氛围。今年以来完成签约400万平方米，提前13天完成年度600万平方米的拆除任务，拆除22个自然社，提交用地1.95平方千米，创造了单日签约12.6万平方米、单日交房19.4万平方米、单日拆除9.4万平方米的征拆纪录，高林—金林、湖边水库东、体育公园等3个片区实现全片区拆平，我区在全市省市重点项目土地房屋征收完成情况排名中4次位列各区第一。推行“净地后60天开工”和“建设工期提速10%”工作法，全面加快安置房和社区发展用地建设，钟宅南苑、仓后等7个安置房开工，薛岭等4个安置房竣工，后埔二期、高林—金林等社区发展用地项目加快推进。

三是招商引资硕果满枝。认真落实市委、市政府“招商引资与项目建设攻坚年”工作要求，召开湖里区招商大会，深入开展重点招商项目“促落地、促到资”行动，梳理出128万平方米存量楼宇招商空间和东部1.4平方千米产业用地，深化“一把手”招商、外出招商、联动招商、以商引商，开展“线上+线下”平台招商活动22场次。1—11月，新策划生成招商项目2182个、总投资3627亿元，落地项目数1561个、投资额2073亿元，招商落地率达66.6%，是2019年的四倍，新引进京东数科、中信科、春秋航空、新石器、宁德时代电池检测等高能级项目284个、总投资额1395亿元，比上年增长均超过100%，连续8次在全市招商引资实绩竞赛中排名各区第一，我区做法成效得到市委书记胡昌升批示肯定。

四是项目建设提速快跑。全方位强化要素保障，成立项目服务专班，全面加快项目前期和建设进度，有力推动项目策划生成落地，全年完成98.7万平方米区级土地储备，出让土地5幅、土地出让收入99亿元；亿联网络总部大楼、阳光龙净“一带一路”总部等21个项目开工，欣贺研发设计中心等15个项目竣工，英蓝国际金融中心、西海湾邮轮城等47个重大项目加快建设；1—11月，63个省市重点项目完成投资209亿元、完成年度计划134%，42个区重点项目完成投资244亿元、完成年度计划108%。我区在全省第三季度“五个一批”综合考评中进入前十，在全市省市重点项目完成情况综合排名中6次蝉联第一。

五、决战决胜三大攻坚战

区委常委会坚持把打好三大攻坚战作为决胜全面建成小康社会的重大战略任务，抓重点、补短板、强弱项，确保全面建成小康社会得到人民认可、经得起历史检验。

一是全力助推精准脱贫。扎实做好与甘肃东乡县的东西部扶贫协作和省内浦城县的对口帮扶工作，党政主要领导带队与东乡互访3次、浦城互访4次，紧扣“两不愁三保障”，今年拨付财政帮扶资金超过1亿元，筹集社会帮扶资金726万元，采购东乡农副产品1359万元，均超额完成年度任务；帮助东乡县新设立13个扶贫车间，组织建档立卡贫困人口来厦就业、就近就业和第三地就业5963人。今年东乡县脱贫10.9万人、贫困村退出159个，如期实现整县脱贫摘帽。

二是坚决落实污染防治。深入学习贯彻习近平生态文明思想，牢固树立绿水青山就是金山银山理念，扎实抓好第二轮中央生态环保督察反馈问题整改，全力落实污水设施建设、入海排污口整治、信访件办理等任务，建立专班运作、现场办公、定期调度、督察督办等机制，制定“一口一案”整改方案，中央交办的40件信访件全部完成验收销号，19个污水管网项目和28个排海口整治加速推进，基本实现排海口晴天污水“零排放”。积极创建国家生态文明建设示范区，全力打好蓝天、碧水、净土保卫战，完善落实河湖长制，空气质量优良率100%，地表水100%达到水环境功能区标准，五缘湾片区生态修复与综合开发成为自然资源部推荐的生态产品价值实现典型案例。

三是着力防范化解重大风险。加强政府投资项目管理，硬化预算约束，依法依规举债融资，定期开展债务风险预警评估，政府债务风险被省、市评定为低风险的绿色等级，无政府隐性债务。强化国企债务和对外投资风险防范，国企债务水平维持在合理区间。持续开展涉众型经济金融风险专项排查整治和网络借贷中介机构清理整顿，累计排查企业1.2万家，有序推进6家网贷机构清退和转型。强力推动电信网络领域反诈骗工作，开展“黑灰产”企业联合排查整治行动，1—11月辖区电信诈骗类警情比上年同期下降31.7%。

六、加力推进社会事业补短板

区委常委会深入践行以人民为中心的发展思想，尽力而为、量力而行，加快社会事业补短板、锻长板，不断满足人民群众日益增长的美好生活需要。

一是教育事业扩容提质。召开建区以来的首次全区教育大会，部署实施“家门口的优质学校”“随迁子女学位供给保障”等十大教育发展工程，加快推进教育“补短扩容”行动，新开办金林湾实验学校、龙湫亭实验学校、湖里第二实验幼儿园等 5 所公办校（园），新增义务教育及学前教育学位 5466 个；开办特殊教育学校嘉禾学校；新开工湖里实验学校（原车管所地块）、穆厝幼儿园等 7 所校（园）。中考学业评估值连续五年居全市各区第一。探索集团化办学模式，成立湖里实验小学教育集团。全面实施“清凉校园”“课后延时特色服务”和“优质放心午餐”等校园民生工程。

二是健康事业提档升级。扩大优质医疗资源供给，全国首家国家区域医疗中心落户复旦中山厦门医院，弘爱妇产医院即将竣工。深化分级诊疗，新建禾山街道社区卫生中心和市行政服务中心卫生服务站，家庭医生签约 11.2 万人。推进“一老一小”照护服务，建成区社会福利服务中心和殿前、金山街道居家养老服务照料中心，率先全市启动“智慧养老”工作；开展省级婴幼儿照护服务和普惠托育服务试点，天地·华永托育中心成为省级为民办实事项目。

三是文体事业焕发活力。完善公共文体设施，建成投用区文旅中心，推进文化馆图书馆总分馆制建设。加强文化遗产保护，对东部旧改片区 38 处不可移动文物实施分类保护。深入推进文化惠民，精心开展亚洲社会设计展、文化科技卫生“三下乡”进社区等“悦游湖里”系列文化旅游活动，举办城市诵读节等各类基层文体活动 600 多场次，举办第十六届中国俱乐部杯帆船挑战赛等全民健身活动 30 场，吸引市民群众热情参与。

七、加快推进城区治理现代化

区委常委会深入贯彻中共十九届四中全会精神，坚持改革赋能、重心下移，健全党组织领导的自治、法治、德治相结合的城区治理体系，推动制度优势更好转化为治理效能。

一是改革效能进一步扩增。召开 7 次区委深改委会议，制定推进市域社会治理现代化、区残联改革、区计生协会改革等改革举措，深化拓展强区放权、财税金融、国资国企、生态文明等重点领域和关键环节改革，推动改革系统集成、协同高效。组织开展中共十八届三中全会以来全面深化改革任务落实情况总结评估。率先全市完成街道机构改革，省委编办在我区召开调研现场会。加大对改革成果的总结宣传推广力度，评选“金点子”60 个、“改革创新奖”120 个，城市管理、社区治理、垃圾分类等改革经验得到《人民日报》、中央电视台、《经济日报》、《中国改革报》等媒体报道。

二是“大城管”体系进一步优化。召开加快建设高颜值湖里深化提升城市综合管理工作会议，全方位优化“大城管”体系，试点实施市场化管养、“第三方”考评等机制并将全面推广，我区在第二、三季度全市城市综合管理考评中均位列第一，在市对区背街小巷卫生保洁月考评中 4 次位居第一。高效运行“数字湖里”公共管理集成平台和“城管指挥中心”，日均受理处置城市管理事件 3226 件、结案率 99.95%。打造垃圾分类升级版，建成 111 座垃圾箱房，厨余垃圾直运率达到 100%，在全市生活垃圾分类考评中 7 次位列第一。扎实开展“两违”综合治理，拆除“两违”831 处、8.7 万平方米，实现新增“两违”“零形成”。深入开展停车秩序、农贸市场、共享单车、油烟扰民、店招广告等市容环境专项整治，纠正劝导各类违章行为 9.7 万件。

三是小区治理进一步做实。召开深化小区治理推进大会，率先全省出台《湖里区城市居民小区党支部管理办法（试行）》和《关于加强小区业委会规范化建设的十条措施》，组建小区治理专家顾问团、业委会主任联谊会、物业企业诚信自律联盟、小区爱心联盟，试点运用“智慧小区”平台，实施物业服务日常监督检查和小区审计，推广小区管委会、微型小区联片管理等无物业小区管理模式，开展小区乱象集中整治，培育打造 12 个社区新典型和 40 个重点小区，举办第二届小区治理“双十佳”评选和首届小区治理最美人物评选，进一步提升小区治理实效。

四是文明创建进一步提升。聚力争创全国文明城市“六连冠”，发动 2.6 万名志愿者开展创建活动，深入开展专项整治，顺利通过全省文明城区总评测评，在第二、第三季度全市文明城区测评中均位列第一。深化拓展新时代文明实践中心建设试点工作，新增注册志愿者 8474 人，我区妇女儿童维权服务项目和绿翔妈妈低碳环保项目获 2020 年福建志愿服务项目大赛铜奖。深入开展“拒绝舌尖上的浪费”倡议行动。积极培育文明风尚，先进典型竞相涌现，张雪花获评“福建好人”，王丽华等 3 人入选第八届全市道德模范。

五是两岸融合进一步密切。落细落实各级惠台政策，持续在“新、实、通、融”上下功夫，修订我区鼓励和支持台湾青年创业就业实施办法，柔性引进 30 名台湾人才。克服疫情影响举办第十三届海峡两岸福德文化节等系列活动，持续深化两岸民间交流。积极推进海峡两岸交流基地建设，惠和石文化园获评首批省政协港澳台侨交流基地。创新台胞参与基层治理方式，率先全市成立涉台检察联络室，共聘请 11 名台胞担任社区主任助理、20 名台胞进入社区发展理事会、

12名台胞担任小区业委会主任或顾问、7名台胞担任陪审员。

六是平安建设进一步加强。全面贯彻总体国家安全观，扎实抓好政治、经济、国土、社会、网络等各方面安全工作。纵深推进扫黑除恶专项斗争，扎实开展“六清”行动，认真落实省扫黑办特派督导整改，开展线索“大起底”“大复核”，查办恶势力集团或团伙8个，立案查处涉黑涉恶腐败和“保护伞”案件24件24人，处置涉恶资产8.7亿元、案均6380万元，案均额位列全市第一，上半年扫黑除恶好评率全省排名上升24位。全面推进主动创稳，深化“五安”创建，强化治安打防管控，1—11月辖区110刑事警情比上年同期下降21.8%，上半年群众安全感率排名进入全省前十。深化“四门四访”“最多投一次”阳光信访、多元纠纷化解等机制，调处矛盾纠纷4968件，23件疑难信访问题和“四重攻坚”件全部办结化解。开展“飓风肃毒2020”专项攻坚。严格落实安全生产和食品安全责任制，扎实推进安全生产专项整治三年行动，深入开展安全生产、森林火灾和房屋安全隐患大排查大整治，累计排查企业、单位、场所27007个，整改隐患6640处；排查房屋28321栋，265栋D级危房解危率91%，辖区安全生产事故起数同比下降39.5%。

七是依法治区进一步深入。认真学习贯彻习近平法治思想，积极推动《中华人民共和国民法典》学习宣传和贯彻落实。深入开展法治政府建设示范创建活动。深化司法体制综合配套改革，“全在线”诉讼平台入选最高法院第九批司法改革案例，被授予2020年“微政府”“微法院”“微服务”卓越奖，员额法官人均结案数持续位列全省基层法院首位。全面落实“捕诉一体”办案机制，强化刑事立案监督和侦查活动监督，积极推进公益诉讼。完善公共法律服务体系，开展法治宣传活动239场，营造尊法学法守法用法的良好氛围。

八是民主政治进一步发展。支持区人大及其常委会履行监督、决定、任免等职责，依法成立监察和司法委员会、社会建设委员会，持续推进代表履职平台高效化特色化建设，相关做法被《人民日报》、新华社等中央媒体报道。充分发挥区政协专门协商机构作用，开展政协“大走访、大联络”活动，深入开展民主协商、调研视察、建言资政，高质量完成调研课题31个。完善大统战格局，注重加强与各民主党派的政党协商，持续开展“同心”系列活动；强化同新的社会阶层人士的联络联系，积极打造新阶实践创新基地；深化民族团结进步创建和宗教场所规范管理；加强民营经济统战工作，举办中国（厦门）商人节湖里分会场活动；持续深化为侨服务。工青妇等群团工作亮点纷呈，全省“八大群体”入会暨共享职工之家建设推进活动在我区举行，获评2个省级示范性“青年之家”，金安社区获评全国三八红旗集体，区关工委获评全国关心下一代工作先进集体。深化双拥共建，持续深入开展国防教育进党校、进社区、进学校活动，推动军民融合深度发展。

八、纵深推进全面从严治党

区委常委会全面贯彻新时代党的建设总要求，以党的政治建设为统领全面推进党的各方面建设，推动全面从严治党不断向纵深发展，以坚强有力的党组织确保工作任务落实。

一是坚定不移扛稳主体责任。认真落实《党委（党组）落实全面从严治党主体责任规定》，深入落实省委“五抓五看”“八个坚定不移”要求，坚持区委常委会会议常态化研究全面从严治党工作和区委书记、区纪委书记“半月谈”制度，细化实化区委落实全面从严治党主体责任清单，认真抓好市委全面从严治党主体责任检查反馈问题整改，组织对区属党（工）委开展全面从严治党主体责任落实情况检查。创新廉情专报制度，将日常监督、审查调查、巡察和主体责任检查中发现的突出问题直报分管区领导，压紧压实“一岗双责”。强化精准问责、有效问责，开展全区首例对党组织的问责，形成有力震慑。

二是守正创新抓牢意识形态。成立区委宣传思想工作领导小组（意识形态工作领导小组），专题研究意识形态工作9次，制订媒体采编合作管理办法和正负面清单，严格落实报告会、讲座、论坛等活动的报备审批，建立网络舆情分类处置机制，有效处置网络舆情，牢牢守住意识形态主阵地。扎实推进区级融媒体中心建设，进一步优化“中央厨房”指挥调度、舆情预警、大数据分析等功能，创办《先锋湖里》报中报和“先锋湖里点映频道”，开发“先锋湖里”APP，实现“报、屏、网、端、微”一体化，浓墨重彩开展决胜全面小康、岛内大提升、全方位推动高质量发展超越等重大主题宣传，在各类主流媒体发表报道1万余篇，是去年的3倍，其中省级以上媒体1350篇，总点击量超过2亿次。

三是导向鲜明践行组织路线。坚持大抓基层、大抓支部，开展“战疫”“攻坚”“爱心”等“党建领航十项行动”，统筹推进城市基层党建和机关、国企、学校、非公党建，深化“1+X”联建片党建工作法，打造江平生物、恒安商贸等10个“三高”企业党建典型。树立实干担当的用人导向，深入实施常态化机动式考核、一线蹲点调研考核、项目审批专项考核，对高林—金林片区指挥部等表现突出的3个集体、33人记三等功，表扬、嘉奖224人，机场分流专班临时党支部等4个单位、3人获评全省抗击新冠肺炎疫情先进集体或个人，有力提振干部队伍精气神。坚持容纠并举，大胆启用处分期满干部9人，对不担当不作为、工作成效不佳的4名干部进行约谈或调整。

四是驰而不息正风肃纪反腐。把“严”的主基调长期坚持下去，一体推进不敢腐、不能腐、不想腐，贯通运用“四种形态”，健全完善“1+X”监督机制，强化抓早抓小、防微杜渐，深化拓展“第一种形态”教育，全区开展谈话函询331件、比上年上升32.4%。持之以恒落实中央八项规定精神，深入开展“四风”问题排查整治，查处违反中央八项规定精神问题8个8人、形式主义官僚主义问题6个11人、群众身边的不正之风和腐败问题6个6人。加强机关效能建设，开展效能问责20人次。扎实推进基层减负，年度督查检查考核计划比上年下降48%，区委发文数同比下降26%。持续深化分领域整治，加大审查调查力度，立案52件52人，党纪政务处分51人。深化政治巡察，开展2轮4批次常规巡察，覆盖8个区直部门，持续优化净化政治生态。

区委常委会高度重视加强自身建设，带头深入学习贯彻习近平新时代中国特色社会主义思想，增强“四个意识”、坚定“四个自信”、做到“两个维护”；带头贯彻落实《关于新形势下党内政治生活的若干准则》等党内法规，坚决贯彻执行民主集中制，严格落实区委工作规则、区委常委会议事规则，着力提高把方向、谋大局、定政策、促改革的能力；带头贯彻落实中央八项规定及其实施细则精神，自觉遵守廉洁自律准则，持之以恒加强作风建设，树立了为民务实清廉的良好形象，营造了风清气正、干事创业的浓厚氛围。

（该文选自湖里区委书记龚建阳在区委八届十三次全体会议上的工作报告）

湖里区人民代表大会常务委员会工作报告（节选）

2020年主要工作

2020年，湖里区人大常委会在区委的坚强领导下，高举习近平新时代中国特色社会主义思想伟大旗帜，发挥制度优势，勇于担当作为，为我区统筹推进常态化疫情防控和经济社会发展，全力做好“六稳”“六保”工作提供坚实助力。全年召开常委会会议9次，主任会议10次，听取审议专项工作报告14项，开展专题询问1项、专项工作评议1项、调查研究31场次，组织市、区人大代表视察19场次，依法作出决议、决定9项，任免国家机关工作人员71人次，补选市人大代表1名、区人大代表7名，督办代表议案、建议74件，较好地完成区八届人大四次会议确定的各项任务。

一、加强党的全面领导，坚定正确政治方向

常委会始终坚持旗帜鲜明讲政治，增强“四个意识”，坚定“四个自信”，做到“两个维护”，切实抓好政治机关建设。

着力强化政治引领。深入学习贯彻习近平新时代中国特色社会主义思想、中共十九大和十九届五中全会精神，统一思想认识，激发奋进力量。坚持党的领导、人民当家作主、依法治国有机统一，坚持和完善人民代表大会制度，常态化开展党组理论中心组学习，持续巩固和深化“不忘初心、牢记使命”主题教育和“深化大学习、提振精气神”专项活动，强化理论武装，增强为人民服务、为实现党的历史使命不懈奋斗的责任感和使命感。坚持举办常委会履职培训班，学习和领会省委关于加强新时代人大工作和建设决定精神，以理论清醒保证政治坚定，以思想自觉引领行动自觉。

主动融入中心工作。积极响应“招商引资和项目建设攻坚年”的号召，落实“企业特派员”制度，人大常委会领导亲自担任信息产业、优质教育等招商专业小组组长，全年多种形式走访企业800余家（次），重点走访“三高”企业、重点企业，推动解决困难和问题102个，不断激发抓招商促发展、抓项目增后劲的新动力。面对突如其来的新冠肺炎疫情，常委会反应迅速，倾情助力复工复产。领导带头挂点疫情防控机场分流、定点酒店工作专班，机关干部奔赴企业、社区、学校等抗疫一线，检查指导防疫工作，共同筑

牢抗疫防线，彰显人大精气神。同时，常委会在第一时间倡议辖区各级人大代表积极发挥优势，主动宣传防控知识，值守防控点位，踊跃捐款捐物，聚力抗击疫情。积极贯彻岛内大提升战略部署，常委会领导担任片区总指挥、副总指挥，深入一线破解拆迁难题；辖区人大代表主动靠前，积极发挥桥梁纽带作用，做好政策解读和拆迁户思想工作，共同促进征拆任务提前完成，助力夺取疫情防控和经济社会发展双胜利。

持续夯实履职根基。以省级文明单位总评为契机，以“爱心厦门”为抓手，大力培育和践行社会主义核心价值观，严格落实全面从严治党主体责任和意识形态责任制，全力配合区委巡察，机关党建有序推进。监察和司法委员会、社会建设委员会坚实起步开局，从建章立制入手，不断强化组织建设和业务培训，各项工作规范有序。严格遵守中央“八项规定”及其实施细则精神，坚决反对形式主义、官僚主义，坚持深入基层、深入一线开展调查研究。注重探索创新，调研工作取得新成效，连续3年在省、市人大系统课题评审中获奖。金山街道人大工委课题获省人大评审三等奖，这是我市镇街唯一在省里获奖的单位。认真办好“湖里人大”门户网站和微信公众号，全年在新华社、《人民日报》《人民代表报》等各级媒体宣传报道70余篇，促进人民代表大会制度宣传接地气、有生气、聚人气。

二、贯彻新发展理念，加强重点领域监督

常委会聚焦城市高质量发展，准确把握区域经济社会发展方向，重视生态文明建设，坚持正确监督和有效监督。

促进经济优化升级。加强全口径预决算审查监督，加速预算联网监督查询系统建设，优化财政支出结构，统筹做好“六稳”“六保”工作，督促管好全区人民的“钱袋子”。听取和审议区政府关于我区“十四五”规划编制和二〇三五年远景目标，高起点、高标准谋划湖里发展。聚焦国家重大经济政策贯彻落实，开展减税降费政策专题调研，让政策“红利”激活企业发展动力；借鉴先进城区的经验做法，提出我区夜间经济集中区建设的发展思路；组织市区人大代表视察厦门两岸集成电路产业园、西海湾邮轮城等重点项目，促进经济结构进一步优化，助力高质量发展新动能、发展新超越。

推进高颜值城市治理。以城市更新发展为着力点，大力推进“百日冲刺”旧村改造行动，汇聚全国、省、市、区四级人大代表力量，围绕旧村改造后的空间规划、产业布局、安置房返迁和市政公共配套等问题，先后7次组织各级人大代表视察我区东部旧村整村改造，提出秉持土地节约集约高效利用理念，精准布局产业发展等意见建议，为高颜值湖里的未来献计出力。常委会高度关注人居环境整治，组织代表对全区161个公厕进行全方位的检查，督促政府进一步优化城区市政设施布局，提升管理水平。江头街道人大工委为东部旧村整村改造再“加码”，亲临征拆一线，发动代表走家入户，解读征拆政策，助力跑出了片区征拆新速度。助力打造东兴、三航、南山新村等一批小区治理典范。禾山街道人大工委组织辖区省、市、区三级人大代表视察村改居社区小巷空中管缆“清网”工作，督促空中缆线整改，打造“围里示范区”，助推老旧小区旧貌换新颜。

助力生态环境整治攻坚。继续对区政府年度环境保护目标完成情况进行专题审议，坚持一督到底，久久为功，助力构建和谐优美生态环境。听取和审议油烟扰民工作情况报告，提出严格餐饮规划和项目审批，严格巡查执法和宣传教育等要求，督促政府健全联动机制、提升环保综合治理效能。主动参与中央生态环保督察反馈问题的整改落实，街道人大工委组织和发动辖区各级人大代表连续两个月对辖区28个排海口污水排放情况实行全天候监督，促进我区污水溯源排查、管网改造、箱涵清淤、排污泵站建设提速，为实现2020年年底排海口污水“零排放”目标共同发力。

三、积极回应群众关切，推进改善民生保障

常委会深入贯彻以人民为中心的发展思想，关注民生保障项目，重视依法治理，提升治理能力和治理水平。

关注群众生命生产安全。常委会出台专项工作评议、专题询问监督暂行办法，拓宽监督方式，规范监督工作。首次开展专项工作评议，对区应急管理局2018年以来安全生产工作情况进行现场测评，推动政府及其部门加强全民安全生产教育，健全监管责任体系。为全方位全周期保障群众生命健康，推进疫情防控常态化，首次开展专题询问，听取和审议我区公共卫生工作情况报告，围绕进一步加强突发公共卫生事件处置能力、进一步开展好传染病防控宣传工作等10个问题提出询问，督促政府相关部门织密织牢公共卫生安全防护网。殿前街道人大工委结合辖区特点，发挥人大代表作用，精准发力，积极有为，确保我市最大“城中村”高殿社区疫情防控工作的落实。金山街道人大工委组织人大代表视察弘爱医院、华厦医疗健康园创新管理机制、开设特色科室等工作，倾力保障辖区各类群体对医疗卫生需求。常委会“跟踪监督基层医疗卫生服务体系建设的经验总结”获评年度区委“金点子”评审一等奖。

提升群众幸福感获得感。持续关注老有所养、学有所教等民生问题。听取和审议我区养老服务体系建设工作报告，促进政府完善养老服务发展规划，助力养老要素保障，强化养老政策扶持。持续跟踪监督教育领域热点难点问题，听取和审议区政府关于公办校（园）建设情况报告，优化教学资源配置，落实好公办校园“清凉工程”，促进我区教育均衡化、优质化。听取我区退役军人服务保障体系建设情况报告，推进退役军人精细化、现代化保障工作。听取和审议文化产业发展情况报告，丰富文化产品，进一步助推满足人民美好生活的向往。

营造良法善治环境。听取和审议我区法治政府建设和道路交通安全执法工作情况报告，提出深化法治思维、优化秩序治理、提升执法效能等审议意见，助推政府简政放权，转变职能，营造良好的法治营商环境。听取和审议区人民法院关于民事诉讼程序繁简分流改革试点工作情况报告，支持人民法院出台制度规范，提升审判质效，适应新时代人民群众对司法诉求的新变化新要求。加强市区人大联动，开展食品安全法、慈善法、养犬管理办法等法律法规执法检查，以及消防“一法一规定”执法检查“回头看”。配合市人大做好制定厦门经济特区志愿服务条例等立法调研。组织开展宪法、民法典、组织法等法律知识专项答题，提高公民法治意识和法治素养。坚持开展国家公职人员法律考试和宪法宣誓，全年组织任前法律考试 26 人次、宪法宣誓 29 人次，不断增强国家机关工作人员法律意识、公仆意识。备案审查各类规范性文件 9 件，维护国家法制统一。受理并办结群众信访 28 件，有力促进社会和谐稳定。

四、汇聚民心民力民智，提升代表履职水平

常委会坚持“尊重代表、依靠代表、服务代表”理念，支持和保障代表依法履职尽责，推动新时代代表工作不断发展。

密切同代表和人民群众的联系。持续拓展常委会组成人员联系代表、代表联系人民群众“双联系”的深度和广度，实现联系工作常态化、联系内容多样化。全年组织代表 580 余人次参加执法检查、专题调研、集中视察、建议督办等，邀请 52 名代表列席常委会会议，召开 7 场代表工作座谈会议。总结推广吕岭、金山、兴园代表活动站等试点经验，全年各活动室（站）开展活动 306 次，参与代表 695 人次，接待群众 824 人次，收集到问题建议 549 件，推动解决 490 件。兴华、禾盛代表活动站等典型做法获《人民日报》、新华社、《中国人大》杂志等 6 家央媒深度报道。

促进代表议案建议办理取得实效。重视“老旧小区消防设施改造意见”议案办理，推动政府制订出台老旧小区消防安全专项整治工作方案。在坚持常委会领导领衔重点建议督办机制的基础上，组织人大代表对议案和重点建议办理情况进行专项视察，督促承办单位落实“办前、办中、办后”与代表沟通联系制度，努力破解代表“被公关”“被满意”等问题。将代表建议办理工作情况纳入绩效考核，并对重点建议办理情况进行满意度测评。至此，区八届人大四次会议交办的代表建议均已全部办结。

优化代表履职服务管理。坚持重大情况通报制度，通过召开政情通报会、寄送政情资料、订阅报刊等形式，拓宽代表知情知政渠道。结合常委会履职培训班，同步开展小型化代表培训，持续提升代表履职能力。优化三级代表联动视察方式，代表服务保障更加到位，区人大代表联动履职工作实践课题获评我区“改革创新奖”一等奖，并被编入《新时代福建省县乡人大工作创新案例》。建立统一规范的代表履职档案数据库，代表履职管理更加高效。坚持开展代表履职情况工作报告制度，全年共组织 16 名市人大代表、53 名区人大代表以口头和书面相结合方式向原选举单位、选区报告履职情况，促进代表履职使命感和责任感的进一步提升。

（该文选自人大常委会主任黄炜在湖里区第八届人民代表大会第五次会议上的工作报告）

湖里区人民政府工作报告（节选）

一、2020年和“十三五”工作回顾

2020年，面对突如其来且仍在全球肆虐的新冠肺炎疫情，我们坚持以习近平新时代中国特色社会主义思想为指导，坚持把人民生命安全和身体健康放在第一位，全面落实市委、市政府和区委决策部署，统筹推进疫情防控和经济社会发展，扎实做好“六稳”工作、全面落实“六保”任务，全力推进“岛内大提升”，顺利实现经济全面企稳回升、持续向好发展。

全年预计实现地区生产总值1360亿元、比上年上升5%左右，财政总收入259.34亿元。比上年上升4.75%，其中区级财政总收入49.1亿元、下降1%，服务业增加值增长6.5%，限上批零业销售额增长27%，固定资产投资增长25%，实际利用外资增长15%，城镇居民人均可支配收入增长7%，主要经济指标基本完成年初既定目标。入选全国进口贸易促进创新示范区。顺利通过国家和省市文明城区测评。第三季度“五个一批”项目综合考评排名进入全省前十。涌现一批全省抗击新冠肺炎疫情先进集体、先进个人。

（一）疫情防控工作取得显著成效

硬核举措“防扩散”。第一时间启动突发公共卫生事件一级响应，在530个小区（自然村）设置970个卡口，对进出人员实行有效管理。全区共发现3例确诊病例和1例无症状感染病例（均为输入性），于4月13日实现本地疫情全面清零。联防联控工作机制得到国务院联防联控机制工作指导组充分肯定，5项经验做法被市防控指挥部发文推广。先后3批51人次医护人员驰援湖北武汉。

关口前移“防输入”。我区地处全市交通枢纽，是外防输入的最前沿。我们组建23个工作专班到机场、酒店、长途客运站以及港口等一线驻点管理。截至12月20日（下同），共分流登记管理境外航班1312架次、旅客14.9万人次，境内航班2579架次、旅客2.5万人次，客车6.4万辆次、旅客19万人次，核查进出港船舶2.3万艘（次）、人员3.7万人次。组织实施“点对点”转运3万人次，19家定点酒店共接待隔离旅客6.8万人次，实现“零差错、零感染、零事故”。

精细管控“防反弹”。坚持人物同防，设立万翔集中监管仓，增设进口冷链食品防控组，对11月20日后入仓的834批19万件货物实行批批检测、件件消毒。对辖区内238个冷库存量食品全部采样、消杀，实现批发市场和冷链食品监管监测“全覆盖”。完成各类人员核酸及血清抗体检测共29.3万份（含血样7.2万份）。以“抗疫一线、直接接触”为优先对象，完成1582人新冠疫苗接种工作。制定各类工作预案，建立285人组成的流行病学调查储备队伍，建成区疾控中心核酸检测PCR实验室，设置267个社区应急检测采样点。投入1776万元落实防疫物资应急储备。

（二）六稳六保工作得到高效落实

生产生活秩序快速恢复。及时出台支持企业复工复产八条措施，制订落实“服务企业特派员”制度，开展“千名干部深入万家企业”活动，“一对一”协调解决企业复工复产实际问题。提前兑现惠企政策资金1.7亿元，减免企业税费近60亿元，推动辖区重点企业实现100%复工复产、复商复市。接待游客1843.6万人次，实现旅游总收入248.4亿元。51所中小学、168所幼儿园分批复学复课。“菜篮子”“米袋子”供应充足，粮油价格保持稳定。

产业转型发展提速增效。新增“三高”企业87家，22家“三高”企业进入全市重点上市后备企业库。平板显示产业增长13%，浪潮、宸鸿等龙头企业增产102.5亿元。设立区级产业引导基金，建成古地石基金小镇，吸引京东数科等行业龙头拓展新设金融业务。批发零售业销售总额跃居全市首位。

招商引资引智再创佳绩。深入开展“招商引资和项目建设攻坚年”活动，建立招商项目“双促”机制，开展“线上+线下”活动22场次，狠抓招商项目落地率，京东数科、百雀羚等105个高能级项目签约落户。“两地一区”协同引进象屿中能国裕、微软厦门人工智能等优质项目。合同利用外资34.2亿元，实际利用外资20.6亿元。招商引资实绩竞赛连续8次领跑全市各区。引进和培育“双百人才”等高层次人才132名。

公共服务体系优化升级。召开全区教育大会，实施“十大教育发展工程”；新开办5所公办校（园），新增5466个学位；成立湖里实验小学教育集团，探索集团化办学模式；开办特殊教育学校（嘉禾学校）。

全国首批国家区域医疗中心落户复旦中山厦门医院；“5+3+8”基层医疗卫生机构体系完成全面布局；区社会福利服务中心建成投用。首家省级普惠托育中心开办运营。区文化馆、图书馆新馆等建成开馆。公布实施首批 2 个区级文物保护单位，制订东部旧改片区范围内未定级文物保护方案。

社会保障工作扎实到位。促进 2.1 万失业人员再就业，接收高校毕业生 1.6 万人。开展各类社会救助 6.2 万人次，发放救助金 9432 万元；建成 8 个“爱心屋”。辖区 60 周岁以上贫困人口全部享受基本养老保险。街道、社区居家养老服务照料机构实现全覆盖。各类养老机构总床位数 3444 张，每千名老年人养老床位数 78 张，均居全市各区第一。

（三）岛内大提升实现质效齐升

东部旧改全面提速。东部旧改需拆迁总量约 900 万平方米，累计完成房屋征收签约 812.5 万平方米、完成率 89.0%，拆除 674 万平方米、完成率 73.5%，其中 2020 年完成签约 400 万平方米，拆除 601 万平方米。23 个自然社完成整村拆除，提交净地 194.53 万平方米，推出 6 幅地块挂牌出让。出台安置房建设标准和管理办法，优先保障安置房和社区发展用地项目供地。全区 4 个安置房项目竣工，14 个安置房项目和高林—金林社区发展中心项目正紧锣密鼓加快建设。

项目建设有序有力。构建“1+3+8”工作体系，实行并联式审批提升重点项目服务效率，制订推进落地项目前期工作实施办法，开创项目提供净地后 60 天开工建设工作机制。118 个落地项目进入前期储备库，63 个省市重点项目、42 个区重点项目完成年度投资计划 114.4%，其中 22 个项目如期开工，15 个项目全面竣工，在省、市重点项目完成情况综合排名中连续六个月位居全市各区第一。

城区管理科学精细。引入第三方机构采集城市管理问题，“数字湖里”公共管理集成平台日均受理城市管理事件 3000 多件，结案率达 99.9%。完成违建别墅整治任务。拆除违建 8.7 万平方米，实现新增“两违”零形成。制订湖里区绿地建设导则，健康步道沿线景观全面升级。创新建立共享单车常态长效管理机制。新增公共停车泊位 1350 个，打通 4 条断头路，改造 17 座公厕。在 2 次市对区城市综合管理考评、文明城区测评中均名列榜首，8 次垃圾分类考评中 7 次位居第一。

（四）三大攻坚战夺取丰硕成果

对口帮扶精准有效。拨付省内外 6 个对口帮扶地区各项帮扶资金突破 1 亿元。帮助东乡县新设立 13 个扶贫车间，输转建档立卡贫困户 735 人到厦就业，采购东乡县消费扶贫产品 1359 万元，助力东乡县于 11 月 21 日实现脱贫。落实“四个不摘”政策，助力去年脱贫摘帽的浦城县经济社会持续健康发展。

污染治理成果显著。全力推进第二轮中央生态环保督察反馈问题整改，在全市率先办结销号中央督察组交办的 40 件信访件。完成管网溯源排查 2887 公里，新建污水管网 13.7 公里、雨污分流改造 78.7 公里；完成 289 个排水单元和 127 条市政道路雨污混接改造，基本实现 68 个排海口晴天污水“零排放”。空气质量优良率达 100%。地表水实现 100% 达标。涉疫医废实现 100% 日产日清、100% 安全处置。

重大风险可防可控。加强政府投资项目管理，依法依规融资举债，无政府隐性债务，政府债务风险被省、市评定为绿色等级，属于低风险可控范围。加强国企债务和隐性债务监管，国企债务水平维持在合理区间。持续开展涉众型金融风险隐患排查整治，累计排查 1.2 万多家企业，引导 4 家网贷机构线上存量清零。严厉打击金融领域电信网络新型违法行为，有效遏制黑灰产业链犯罪。

（五）安全稳定形势持续向好

纵深推进扫黑除恶。建立定期调度和“六个一”工作机制，扎实开展“六清行动”，涉恶团伙查办数、打财断血金额等扫黑除恶主要工作成效指标位居全市前列。创新“10+2+5”重点行业领域突出乱象问题整治工作模式，“城中村”黄赌警情同比减少 189 起、下降 20.1%，4 个重点小区完成乱象整治，在全市首创设立校园周边警示岗位牌，批发市场乱象得到有效整治，区—街—居“三资”管理制度更加规范。

牢牢守住安全底线。全面启动安全生产三年行动，生产安全事故起数和死亡人数同比分别下降 39.5% 和 9.1%，未发生较大及以上事故。开展房屋安全隐患排查，累计排查房屋 2.8 万栋，对鉴定为 D 级的 265 栋危房开展“一房一策”危房长效解危处置，解危率达 91.1%。扎实创建平安湖里，警情同比下降 21.8%，在上半年群众安全感率排名中首次进入全省各区县前十。

不断深化社会治理。坚持党建引领，出台加强小区业委会规范化建设措施，进一步完善小区治理体系。扎实开展“四门四访”，全面普及“最多投一次”阳光信访，1048 件信访件 100% 及时受理、100% 按时办结。探索建立和完善多元化纠纷解决机制，深化访调对接、诉非联动和驻公安派出所调解室建设，全区各级调解组织共调处矛盾纠纷 4968 件。完成湖里区第七次全国人口普查登记与比对复查工作。

同时，妇女儿童、民族宗教、外事侨务、人事、统计、方志、档案等工作取得了新进展，国防动员、双拥优抚、老龄老干、残疾人、红十字、慈善等各项事业取得了新成效，社会保持安定和谐有序。

（六）政府自身建设全面加强

依法行政扎实推进。全面推行行政执法三项制度，全面清理和确认行政执法主体资格，主动公开政务信息1262件，依法受理行政复议案件44件，清理行政规范性文件54件，大力开展《中华人民共和国民法典》宣传，顺利通过“七五”普法市级总结验收。自觉接受人大法律监督、工作监督和政协民主监督，积极办理关于老旧小区消防设施改造的人大议案，认真办理区人大代表建议69件、政协提案77件，满意或基本满意率达100%。

服务效能持续提升。巩固拓展“不忘初心 牢记使命”主题教育活动成果，开展“深化大学习，提振精气神”专项活动。深入推进机关效能建设，实行“六定”责任落实机制。从严治庸治懒，给予效能问责20人次。率先在全市实施“一窗受理、集成服务”改革，探索围绕项目落地实施“审批服务提速增效”改革，“一趟不用跑”事项占比达79.2%，办理承诺时限压缩至法定时限的17%。深入推进营商环境市场化、法治化和国际化建设，年初市对区营商环境考核中位列全市各区第一。

廉政建设不断深化。严格落实中央八项规定及其实施细则精神，扎实推进党风廉政建设和反腐败斗争，锲而不舍纠治“四风”，文风会风持续改善，带头过“紧日子”，“三公”经费同比下降12%。加强领导干部经济责任审计和财政资金、国资国企、公共资源管理，扎实推进审计全覆盖，试点开展“村改居”社区集体资产管理情况专项审计调查。

各位代表！2020年，我们真抓实干、砥砺前行，完成了“十三五”规划确定的主要目标任务，为“十三五”画上了圆满句号。

过去五年，我们积极应对复杂严峻的外部发展环境，经济发展稳中有进。2015—2020年，地区生产总值从778.1亿元增长至约1360亿元，年均上升8.1%；规上工业增加值从322.9亿元增长至约415亿元，年均上升7.1%；财政总收入从154.5亿元增长至约226.9亿元，年均上升8%，其中区级财政收入从42.3亿元增长至约49.1亿元，年均增长3%；限上批发零售贸易业销售总额从2166.7亿元增长至约7500亿元，年均增长28%；社会消费品零售总额从350.5亿元增长至约470亿元，年均上升6%；固定资产投资年均上升14.3%。

过去五年，我们坚持创新驱动，加大精准扶持力度，产业升级成效明显。全社会研发投入达41.5亿元，每万人发明专利拥有量24.2件，达到国内创新型城市水平。计算机和通信设备制造业产值实现千亿元规模。上市企业13家，占全市22.4%。建成国家级众创空间6家、科技孵化器2个，高新技术企业达286家。高新技术产业增加值占全区规上工业增加值比重达77.1%。

过去五年，我们坚定不移推进改革，继续扩大开放，营商环境持续优化。完成新一轮政府机构改革，全面推行“一窗受理、集成服务”政务服务改革。积极融入海上丝绸之路建设，深化与“一带一路”沿线国家和地区的投资合作和经贸交流，累计实际利用外资95.7亿元，引进内资5932.7亿元，同比“十二五”分别增长59.3%、54.3%。对台交流更加深入。

过去五年，我们牢固树立绿水青山就是金山银山理念，城区品质持续提升。圆满完成金砖厦门会晤服务保障，城区面貌焕然一新。旧村改造提升全面推进，累计完成征地501.6万平方米，房屋征收1022万平方米。建成“数字湖里”平台，“大城管”工作机制有序运行。保持非法占地违法建设零形成。保障建成山海健康步道，新增绿地面积70万平方米，建成区绿化覆盖率达41.2%，人均公共绿地面积达10.9平方米。五缘湾片区生态修复与综合开发成为自然资源部推荐的生态产品价值实现典型案例。空气质量优良率保持在97.5%以上。

过去五年，我们始终坚持以人民为中心的发展思想，民生福祉持续增进。中考学业评估值连续五年居全市各区第一。全面完成无证园整治，新批办56所普惠性幼儿园，公益普惠率达93%。新建、改扩建17所公办校（园），新增学位12755个。新增城镇就业11.9万人，城镇居民人均可支配收入年均增长8.2%。社会保险基本实现应保尽保，低保标准从2015年的550元增加到800元，增长45.5%，特困供养基本生活标准从2015年的770元增加到1200元，上升55.8%。老龄事业不断加强，2019年人均期望寿命达82.96岁，超过全市平均水平。成功抗御超强台风“莫兰蒂”正面袭击，实现“零伤亡”。建成区文旅中心、老年活动中心。获评国家级健康促进区、全国社会治理创新优秀城区、全国中小学校责任督学挂牌督导创新区、全国流动人口基本公共卫生计生服务均等化示范区等荣誉称号，小区治理经验被评为全国创新社会治理典型案例、全国“十大社区发展治理创新案例”。累计投入财政帮扶资金3亿元，帮助东乡县、浦城县顺利脱贫摘帽。

各位代表！过去的五年，成绩有目共睹，经验弥足珍贵。成绩的取得，是以习近平同志为核心的党中央坚强领导的结果，是省、市、区委正确领导的结果，是区人大、区政协和社会各界监督支持的结果，是全区人民团结奋斗的结果。在此，我谨代表湖里区人民政府，向全区人民，向区人大代表、政协委员，向各民主党派、工商联、人民团体、离退休老同志，向辖区省部属、市属单位以及部队和武警官兵，向关心支持湖里发展的社会各界人士，表示衷心的感谢和崇高的敬意！

各位代表，在2020年这个特别的年份，许多抗疫中令人感动的瞬间将铭记在我们心中，并转化为继续前进的力量：那些挺身而出的前行，那些默默无闻的坚守，那些守望相助的陪伴……在这里，我谨代表区人民政府，特别要向为抗疫做出突出贡献的广大医护人员，向奋战在社区、机场、车站、港口、酒店以及冷链监管仓等防控一线的所有工作人员和志愿者，致以最崇高的敬意！

各位代表，一代代湖里人的艰苦奋斗，为我区在更高起点上推进改革开放、全方位推动高质量发展超越奠定了坚实的基础，创造了有利条件。站在新的发展阶段，我们要保持清醒头脑，客观认识影响发展的制约因素和短板不足。一是疫情防控任务依然艰巨。国外疫情持续蔓延扩散，国内疫情多地出现反弹，我区作为百万人口的人员密集城区和重要口岸城区，“外防输入、内防反弹、人物同防”的任务十分艰巨，压力持续加大。二是区域竞争日趋激烈。随着全市跨岛发展战略的深入推进，我区与兄弟区之间的产业、区位、空间、政策以及环境等方面的比较优势进一步缩小。与对标的发达先进地区相比，经济规模、质量效益、城区环境等方面的差距进一步拉大。三是产业转型升级动能不足。经济发展处于工业化向工业化后期过渡阶段，传统动能仍占主导地位，总体呈现粗放型增长模式，且下滑趋势明显。工业整体竞争力和抗风险能力较弱，产值主要依赖火炬（占比超过80%），区属工业中除航空维修业（占全区工业的7%）外，整体附加值不高；“三产”大而不强，现代服务业尚难支撑增长；研发与创新载体偏少，人才关切的住房、教育等实际问题仍然突出，创新创造创业动能还有待进一步激发释放。四是财政收支“紧平衡”更加突出。税源结构有待优化，房地产、股权转让等一次性税源占比偏高，财政收入增长可持续性不强、动能有限；防疫抗疫、企业扶持、基础设施建设、经常性财政保障等刚性支出持续增加，财政收支矛盾凸显。五是城区功能品位还不够优质均衡。市民群众对美好生活需求日益增长，城区治理体系和治理能力离“两高两化”标准还有差距。教育、卫生、文化、体育等资源配置还不能满足实际需求。“大城管”体系还不够成熟，智能化水平还有待提升；老旧城区及“城中村”基础设施不完善、安全隐患多，危房整治任务重；城区非核心功能疏解和低效用地清理有待加强。六是干部队伍能力素质还有待进一步提升。有的干部还无法适应新形势、新要求和新挑战，解放思想、担当作为、拼搏进取、抢抓机遇的精气神不足，着眼全局发现问题、分析问题、解决问题的专业能力不强，违反廉洁纪律、工作纪律的情况还偶有发生……针对这些问题，我们要采取有力措施，积极推动解决。

二、“十四五”总体规划和二〇三五年远景目标

我区“十四五”发展的总体思路是：高举中国特色社会主义伟大旗帜，深入贯彻中共十九大和十九届二中、三中、四中、五中全会精神，坚持以马克思列宁主义、毛泽东思想、邓小平理论、“三个代表”重要思想、科学发展观、习近平新时代中国特色社会主义思想为指导，深入学习贯彻习近平总书记重要讲话重要指示批示精神，全面贯彻党的基本理论、基本路线、基本方略，统筹推进经济建设、政治建设、文化建设、社会建设、生态文明建设的总体布局，协调推进全面建设社会主义现代化国家、全面深化改革、全面依法治国、全面从严治党的战略布局，坚定不移贯彻创新、协调、绿色、开放、共享的新发展理念，坚持稳中求进工作总基调，以全方位推动高质量发展超越为主题，以深化供给侧结构性改革为主线，以改革创新为根本动力，以满足人民日益增长的美好生活需要为根本目的，统筹发展和安全，加快建设现代化经济体系，率先探索构建以国内大循环为主体、国内国际双循环相互促进的新发展格局，积极探索海峡两岸融合发展新路，加快推进城区治理体系和治理能力现代化，全面推进岛内大提升，实现经济行稳致远、社会安定和谐，更高水平建设高素质高颜值现代化国际化中心城区，为谱写全面建设社会主义现代化国家的湖里篇章开好局、起好步。

“规划纲要”按照这一总体思路，强调要坚持新发展理念，构建新发展格局，明确了今后五年经济社会发展的主要目标任务，提出了一系列工作举措和项目支撑，主要包括以下八个方面内容。

（一）进一步优化空间布局

围绕“岛内大提升”战略，加快东部新城建设和西部旧城更新，加快非核心功能疏解，推动空间合理有效释放。加快西北门户提升改造，提前谋划机场片区空间开发，推进港区、老工业区等功能区完善和城区整体提升协调发展，建设功能完备、规划科学、宜居宜业、产城融合的新湖里。

（二）进一步促进产业升级

紧抓金砖创新基地和进口贸易促进创新示范区等国家政策战略机遇，联动火炬、自贸，综合考虑机场与港口因素，强化创新驱动，坚持“优二进三”“二三产融合发展”的发展方向，继续抓好先进制造业、现代服务业等现有优势产业，加快布局新一代信息技术等新兴产业，在全市产业布局中形成既错位又协同的发展模式，为实现高质量发展超越提供产业支撑。

（三）进一步推动创新创业

大力推进以科技创新为核心、创新生态为基础的全面创新，在全区践行创新理念，在全域布局创新产业。强化企业作为技术创新主体的地位，探索优化科技成果转化机制，鼓励企业、高校和科研机构开展原始创新以及共性技术研发，弥补产业发展支撑短板。搭建创新应用平台，鼓励应用场景创新，推动创新供给侧改革，加快服务型制造业快速发展。

（四）进一步优化城区品质

科学编制城区规划。分批推进老旧小区、旧工业区、城中村等改造，着力构建设施齐全、功能完备、运行稳定、维护及时的市政基础设施体系。增强城市精细化与系统化治理能力，全方位提升城市综合管理水平，打造品质城区、颜值城区、智慧城区，构筑宜居的价值高地。

（五）进一步扩大对外开放

积极参与、全面服务自贸区、火炬高新区等国家级重大片区，主动融入“一带一路”建设支点城市建设、金砖创新基地建设等战略部署，打造自由贸易前沿，提升双向投资水平。不断深化“放管服”改革，构筑国际一流营商环境。打造两岸关系新格局，建设两岸融合“第一家园”。

（六）进一步打造绿色家园

深化国家生态文明试验区建设，不断健全生态文明体制机制，建成高颜值生态文明典范城区。持续优化生态空间，坚决打赢水、大气、土壤污染防治攻坚战，推动形成人与自然和谐发展新格局。深入开展美化家园行动，持续推进垃圾分类工作，加强山体林相改造和生态修复，推动可持续发展。

（七）进一步增进民生福祉

进一步优化资源配置，提升服务质量，健全基本公共服务标准体系，确保基本公共服务覆盖全民、兜住底线、均等享有。大力实施“十大教育发展工程”，一般公共预算教育支出只增不减，加快建设现代化教育强区。深入实施文化惠民工程，促进文体事业繁荣发展。加快建设“健康湖里”“爱心湖里”，推动健康服务触手可及，民生保障充分提升。

（八）进一步创建平安湖里

深化社会治理创新，推动社会治理体系和治理能力现代化水平显著提高。完善群众参与基层社会治理的制度化渠道，打造共建共治共享社会治理格局。推进多层次多领域依法治理，大力营造公平正义的法治环境。坚持“主动创稳”，健全应急管理体制机制，全力维护社会安定稳定，打造最具安全感城区。

二〇三五年远景目标：建成更高水平的高素质高颜值现代化国际化中心城区，率先实现全方位高质量发展超越，基本建成社会主义现代化强国的样板城区。力争建成科技创新成效卓著、开放创新与全国影响力一流的区域性创新中心；构建经济结构全面优化，产业蓬勃发展的现代化经济体系；成为国际化服务能力一流、国际影响力与辐射力凸显的“双循环”枢纽节点；社会发展的平衡性与协调性得到大幅提升，共建共治共享、科技支撑的社会治理体系全面建成；成为现代化都市气息与优美自然风光交相辉映，中华文化传承与现代化、国际化理念相生相融，宜居宜商宜业的幸福城区。三次产业结构调整为 0：30：70，地区生产总值实现 5200 亿元，GDP 总量进入全国市辖区前 30 名。

（该文选自湖里区人民政府区长林重阳在湖里区第八届人民代表大会第五次会议上的工作报告）

中国人民政治协商会议第八届厦门市湖里区委员会常务委员会工作报告（节选）

2020年工作回顾

2020年，面对突如其来的新冠肺炎疫情，在中共湖里区委的坚强领导下，区政协常委会以习近平新时代中国特色社会主义思想为指引，紧紧依靠和团结带领全体政协委员，坚持发扬民主和增进团结相互贯通、建言资政和凝聚共识双向发力，为我区夺取疫情防控和经济社会发展“双胜利”、全方位推动高质量发展超越作出了积极贡献。

一、凝聚共识，团结包容，把牢正确政治方向

突出学习引领。坚持把加强政治学习作为思想政治引领的有效途径，深入学习贯彻中共十九届四中、五中全会和总书记习近平重要讲话重要批示指示精神，党组成员带头撰写学习心得，推动理论学习常态化制度化，进一步增强“四个意识”、坚定“四个自信”、做到“两个维护”。坚持区情通报会制度，邀请区委区政府领导就本区经济社会发展、新冠肺炎疫情防控、东部旧村改造以及扫黑除恶等工作进行通报，帮助委员知情明政。坚持举办政协暑期研习班，组织政协委员、机关干部参加全国政协培训，开展“推动岛内大提升、实现湖里大跨越”专题大讨论活动，开设“委员讲堂”，邀请委员、专家做讲座，引导委员自我学习、相互学习，以理论学习深化思想认同。

增进团结协作。不断扩大政协“朋友圈”，健全主席会议成员分工联系、专委会对口联系制度，组织“大走访、大联络”活动，走访委员单位，慰问台港澳侨和民族宗教界委员，广泛反映不同阶层利益诉求。不断拓展参政议政平台，积极推荐非中共委员参加党委、政府部门的监督评议活动，专门召开座谈会征求对党委、政府和政协工作的意见建议。不断密切合作共事，常态化邀请各专委、界别委员和特邀研究员列席常委会，参加政协履职工作，做到重要议题共同协商、重大活动共同组织、重点调研共同开展。一年来，民主党派、工商联、无党派委员提案立案66件、大会发言4个、社情民意信息报送114条，分别占到总数的84%、80%和95%，作用更加显著。区多个民主党派受到党派中央的表彰，民革湖里基层委第一支部被民革中央评为“民革示范支部”，民盟湖里基层委被民盟中央评为“盟务工作先进基层组织”，农工党湖里基层委被农工党中央授予“优秀基层组织”称号，台盟湖里基层委荣获台盟中央颁发的“先进基层组织”奖。

强化党的建设。持续推进政协党的各项建设，完善政协党组议事决策、党员委员联系党外委员等机制，在政协全会期间召开党员委员全体会议，党组成员经常深入委员企业指导党建工作，功能型党支部与厦门鲁班源集团联手打造“党建+履职”品牌，党员委员牵头履职，把广大政协委员和社会各界人士更加紧密地团结在党的周围，人民网专题报道了区政协党建赋能强化履职的工作做法。持续推动全面从严治党向纵深发展，主动配合区委巡察工作，对标对表抓好巡察组反馈意见整改落实，全力支持派驻纪检组监督执纪，坚定不移推进党风廉政建设和反腐败斗争。持续严格落实意识形态工作责任制，认真开展工作分析研判，着力《湖里政协》、政协门户网站、微信公众号等意识形态阵地建设，牢牢把握区政协系统意识形态工作领导权、管理权和话语权。

二、迎战疫情，服务发展，献计出力彰显担当

紧扣夺取新冠肺炎疫情防控胜利发声出力。面对新中国成立以来在我国发生的传播速度最快、感染范围最广、防控难度最大的新冠肺炎疫情，闻令而动，第一时间发出“致全体政协委员的倡议书”，动员政协各参加单位和广大委员投身疫情防控“阻击战”。常委会把“提升突发公共卫生事件应急处置能力”列为年度重点协商议题，组织委员和专家广泛协商建言，为区委区政府决策提供参考。政协领导分头挂点，干部主动报名，下沉道路卡口、街道社区、企业一线参与疫情防控、宣传政策法规。政协机关编发专刊12期，加强人民政协参与抗疫斗争报道，传递必胜信心，汇聚共克时艰强大合力。政协各参加单位紧紧围绕“战疫情、促发展”，为推进复工复产复学献计献策，其中“当前疫情下如何避免影响合法养殖业的建议”被市政协采用，并专报全国政协。广大委员自觉行动，踊跃

捐款捐物，张水根委员外租场所办公确保自营酒店及时腾空作为我区疫情防控隔离点，王国珍委员带领企业为700余家商户减免租金3000多万元。许多委员冲锋在前，积极参与联防联控，特别是医卫界委员坚守一线、日夜奋战、无私奉献，生动诠释了责任担当。

致力推动全方位高质量发展超越议政建言。聚焦勇当率先实现全方位高质量发展超越排头兵目标任务，紧紧围绕区委中心大局谋划和推进政协工作，全年开展各类协商项目23个，组织专题视察考察70次，完成调研课题30个，区本级立案提案79件。着眼我区长远发展，深入学习贯彻落实中央“关于制定‘十四五’规划和2035远景目标的建议”精神，立足新发展格局，开门问策、汇聚众智形成“围绕岛内大提升，科学精准布局产业空间”“以新思路新模式推进西部旧村更新提升”等一系列建议，共同描绘我区“十四五”和未来15年发展蓝图。接续跟进“双千亿”项目东部旧村整村改造工作，以安置房建设为切入口，积极为征地拆迁提速加力谋思路、出实招。落实抓招商促发展重大部署，成立4个专业招商小组，发动企业家委员“以商引商”，于晓峰委员以企业为载体招引关联企业意向落户项目19个。围绕“三高”企业培育发展壮大，完成《改善管理服务模式，推动“三高”企业倍增》调研报告，在市专题协商会上作《优化“三高”考评体系，提高企业服务水平》重点发言，有关建议均转化为市服务“三高”企业发展考评具体措施，并助推区政府出台《湖里区“三高”企业倍增计划实施方案》，为集聚经济发展新动能增添助力。

围绕建设蓝天碧水生态花园之城献策支招。牢固树立绿色发展理念，主动参与创建国家生态文明建设示范区。为推进落实中央生态环保督察反馈问题整改，加快入海排污口整治，经科建委牵头成立专项视察调研小组，在对辖区问题排海口开展实地考察基础上，找准问题、理清原因、提实建议，形成《关于我区问题入海排放口整治情况的调研报告》。区委书记龚建阳专门批示肯定“政协调研深入，分析问题全面，建议很有针对性”。为深化推进垃圾分类工作，向市委、市政协专报呈阅件，建议推进景观地埋式智能垃圾分类收储设备运用，打造我市“升级版”垃圾分类处理模式。为不断改善空气环境质量，《关于进一步提升我区空气质量的建议》《建设湖里区空气质量网格化监测平台的建议》等提案提供了诸多靶向对策，推动了海天码头三期油改电改造、港区设置粉尘监测系统等工作，促进辖区空气质量综合指数向好，人居环境更加美好。

三、关注民生，为民履职，务实推进共享发展

及时反映社情民意。不断拓展社情民意信息收集渠道，全年收到社情民意信息120件，比上年增长26%。信息反映内容更为多元，所提建议更为务实，张跃平委员《关于推进现代化海洋牧场建设的建议》被全国政协刊用，还有多件信息获得市政府领导的重视和批示，实现了数量和质量的新提升。注重加强社情民意归纳梳理，积极推动问题解决。一年来，社情民意信息经分类处理后，有78件上报市政协，42件直接转送市、区职能部门办理。其中，《增加市场供应，平抑市场物价》《加强售卖、发放环节管理，实现人人有口罩》快速传递疫情非常时期民生呼吁，相关问题及时获得解决。《推进湖里社会信用体系建设》《完善我区编外教师管理机制》受到区发改、教育等部门的重视，并着手建立长效机制加以解决。

坚持聚焦民生关切。紧扣人民群众普遍关心的突出问题，组织委员开展视察考察，撰写提案和调研报告。全年有88%的视察考察活动围绕民生主题；立案提案中，有48件涉及民生议题，占总数的61%；调研课题中，有20个关系民生问题，占总数的66%。常委会组织无物业管理住宅区治理专题协商，助推我区小区治理能力再提升；社法委组织对殿前街道劳动争议仲裁庭进行民主监督视察，推动维护劳动者合法权益工作机制进一步落实；教文卫委组织对厦门凤飞服饰设计有限公司等文化产业特色企业开展考察活动，就我区文化创意产业发展提出优化对策；台港澳侨委与区台港澳办开展对口协商，助力《湖里区关于鼓励和支持台湾青年创业就业实施办法》修订完善；九三学社《关于湖里区中小学图书馆建设的建议》、民进界别《加强我区教师心理疏导工作的建议》等提案，为提升我区教育文化品质积极献计；民建界别《完善在大数据条件下的公共安全管理预警机制》等课题调研报告，提出的诸多建言为政府破解群众关切的问题提供了有益参考。

有力服务民生改善。始终把保障和改善民生作为政协履职的出发点和落脚点。针对学前教育资源供给不足问题，将《加快我区学前教育发展的建议》列为年度重点提案，区政府区长林重阳高度重视、多次督办，加力湖里第二实验幼儿园等4所公办幼儿园建成开办，新增幼儿学位1530个。跟踪推进《提升社区治理信息化水平的建议》提案办理工作，助力区政府出台《关于进一步转变作风，切实为社区减负的若干规定》，社区减负工作取得初步成效。开展“推进湖里区居家养老服务”调研，对愈发突显的养老问题给予关注和建言，给力深化居家和社区养老服务改革试点工作，推动居家社区养老服务站实现“全覆盖”。委员们还热忱参与爱心厦门建设，以实际行动助推甘肃临夏

州东乡县脱贫摘帽，充分展示了深厚的家国情怀。

四、固本强基，提质增效，持续加强自身建设

激发委员履职热情。通过政协微信公众号、委员网络履职平台，适时推送总书记习近平关于加强和改进人民政协工作的重要论述和《习近平在福建》《习近平在厦门》《习近平在宁德》采访实录等，进一步提高委员政治觉悟；组织参加“更好发挥人民政协专门协商机构作用”专题理论研讨会，发动委员围绕做好履职工作深入实践和总结，其中《新时代党外政协委员正确履职有效作为的思考》入选市政协理论研究会论文集。召开提案、社情民意和课题调研工作会议，以会代训，强化新时期政协业务学习培训，进一步提升委员履职能力；切实加强委员日常履职管理，坚持委员履职反馈，开展优秀提案评选活动，进一步激发委员履职动力，着力建设政治坚定、珍惜荣誉、敢于担当的政协委员队伍。

重视文史宣传工作。为做好东部旧村整村改造历史文化保护和传承工作，紧密结合“关于我区区级文物保护的若干建议”重点提案办理工作，广泛开展实地专题调研，并专程赴龙海考察学习经验做法，提出比较详尽的保护建议，推动全区公布首批区级文物保护单位，完成第三次全国文物普查登记公布不可移动文物的挂牌工作。发掘湖里文化底蕴，整理编辑《湖里文史资料（楹联卷）》，辑录600余幅古今楹联，助力呈现中华传统文化之美。加大政协工作宣传力度，全面反映政协履职动态，《湖里政协》刊出15期，被省《政协天地》、市《政协信息》《厦门日报》等刊物和新媒体采用36篇（条）。加强湖里政协网络平台建设，政协机关干部坚持亲力亲为，努力做到推文鲜活又高效。一年来，通过网站发布工作动态61篇，通过微信推发政协信息83条，积极讲好委员履职故事，展现委员履职风采。

注重守正创新发展。强化政协机关理论武装和实践锻炼，认真开展“铭记初心、创先争优、奋力超越再出发”主题活动，组织“深学笃行、奋楫争先”系列专题学习，深入百家企业落实“企业特派员”服务，与怡景社区结对常态化开展文明创建活动，机关党支部书记率先上党课，邀请区委巡察组领导以案释法进行警示教育，激励干部坚守初心、尽责思为。努力完善和创新政协履职方式方法，推荐金安社区作为省政协“加强城乡基层社会治理制度创新”专题协商连线点，科技助力开展“云考察”“云协商”，分享交流我区社区治理方面取得的经验。致公党界别在街道创新设立省市区三级委员联络站。湖里街道委员联络组深化探索“政协委员街道轮值制度”，通过民主推选季度轮值主席，带动委员“开展理论学习、聆听群众心声、进行实地调研、参与基层治理、提出合理建议”，以个体轮值促集体履职，推动履职模式由以条为主向条块结合的转变。

（该文选自湖里区政协主席林凡在政协第八届湖里区委员会第五次会议上的工作报告）

湖里区人民政府关于应对新型冠状病毒肺炎疫情支持企业复工复产八条措施的通知

各街道办事处，区直各委、办、局，各有关单位：

为深入贯彻落实习近平总书记关于坚决打赢疫情防控阻击战的重要指示精神，以及党中央、国务院关于疫情防控的决策部署，在全面落实省政府《应对疫情扎实做好“六稳”工作若干措施》、市政府《应对疫情支持企业共渡难关若干措施》的基础上，结合我区实际，针对辖区企业应对疫情带来的生产经营困难，特制定以下措施。

一、支持对象

湖里辖区范围内受到新型冠状病毒肺炎疫情影响的企业，其中中小企业应符合工信部等四部门印发的《中小企业划型标准规定》。

二、支持措施

1. 全面加快各项惠企扶持政策兑现进度。对于原计划在年内完成兑现的各项惠企政策，各行业主管部门通过采取简化程序、容缺受理等方式，设立绿色通道，加快政策兑现进度，力争在一季度完成兑现，原则上不晚于上半年。

2. 加大融资担保力度。鼓励辖区融资担保机构对辖区内中小企业降低担保和再担保费率，减半收取担保费，减收部分由区财政予以补贴。（责任单位：区财政局）

3. 适当减免房租。鼓励辖区业主（房东）为租户减免租金。区属国有企业对于受政府委托代管的经营性用房和自营的经营性用房，对承租方（限中小企业和个体工商户）给予租金1个月全免、2个月减半。（责任单位：区财政局、区商务局）

4. 鼓励企业开展线上培训。对在福建省重大突发公共卫生事件一级响应持续期间，组织职工参加各类线上职业培训的企业，按实际培训费用给予50%的补贴，每家企业补贴不超过10万元。（责任单位：区人社局）

5. 鼓励企业采用远程办公模式。辖区企业在福建省重大突发公共卫生事件一级响应持续期间，采用视频会议、在线协作、协同设计等远程办公模式所产生的服务费用，实际支出总额达到2万元以上（含）的，对超过2万元的部分一次性给予50%的补贴，每家企业补贴不超过10万元。（责任单位：各行业主管部门）

6. 给予企业新增用工补贴。企业用工人数截至今年5月31日较2019年底的新增部分（以就业登记且缴交社保人数为准），给予企业每人200元补贴，每家企业补贴不超过20万元。（责任单位：区人社局）

7. 建立应急公共法律服务机制。对于企业受疫情防控影响造成的合同履行、劳资关系等纠纷，设立服务专线，开展应急公共法律服务。（责任单位：区司法局、区人社局）

8. 推行“不见面审批”工作。疫情防控期间，全面推行“网上办”“掌上办”“自助办”“邮寄办”等不见面审批模式，对企业办理的行政审批和公共服务事项实行快递双向免费，无法按时提供纸质材料的，原则上可待疫情解除后补交。（责任单位：区行政审批管理局）

三、附　则

1. 企业同时符合市、区出台的同类扶持政策时，按就高不重复原则享受。自贸区、火炬高新区属企业的扶持资金按照相关财政体制分摊。

2. 本措施由区发改局会同区相关部门负责解释。

3. 本措施自发布之日起执行，有效期至2020年6月30日。

湖里区关于进一步落实稳就业保就业工作若干措施的实施意见

为贯彻落实国家、省、市有关稳就业、保就业工作精神，扎实做好“六稳”工作，全面落实“六保”任务，根据《厦门市人民政府关于印发进一步落实稳就业保就业工作若干措施的通知（厦府规〔2020〕9号）》，结合我区实际，提出以下实施意见：

一、贯彻落实“八项行动”，持续扩大就业岗位供给

（一）实施增产增效行动带动就业。实施一、二、三产业“百千”增产增效行动。按照“一产业（企业）一方案”“一产业（企业）一专班”，以项目化运作方式挂图作战、压茬推进，全力推动第一批“百千”优势特色产业（企业）持续增产增效，积极培育新一批产业（企业）不断滚动接续。加快亿元以上在建及计划新开工产业项目进度，争取早开工、早建成。实施新老基础设施建设行动，全面加快交通基础设施、市政基础设施和教育、医疗、住房等民生基础设施建设，积极探索新技术、新场景和新领域应用，增加就业岗位。发挥创业投资促进“双创”和增加就业的独特作用，对带动就业能力强的创业投资企业予以引导基金扶持、政府项目对接等政策支持。（区工信局、区发改局、区商务局、区财政局、区建设局、区市政园林局、区文旅局，各街道按职责分工负责）

（二）保障供需平衡促进就业。实施保产业链供应链稳定行动，支持龙头企业通过增加或提前开展原材料、中间品备货等方式帮扶产业链中下游的中小企业；组织重点项目建设单位与生产企业加强供需对接，鼓励龙头骨干企业就近就地加大配套产品采购力度，密切上下游产业关系。各行业主管部门要全力稳住产业链供应链，支持各行业龙头企业通过增加或提前开展原材料、中间品备货等方式帮扶产业链中下游的中小企业。配合市交通局大力支持全货机和客改货航班，积极协助航空运输企业申请市级奖励新开洲际货运定期航线奖励政策，积极宣传、加快兑现《湖里区促进现代物流产业发展实施办法》。实施扩大消费专项行动，全面持续开展湖里魅力购，整合区、街资源，上下联动，策划更多符合消费者兴趣习惯的活动，加快消费潜力释放。提高消费层级，加快推动高端贸易型、连锁型品牌企业落地，打造消费新热点。依托湖里创意产业园等载体，借力金鸡电影节效应，推动商旅文融合的大健康产业发展，进一步拉动就业。（区发改局、区工信局、区商务局、区财政局、区文旅局，各街道按职责分工负责）

（三）加强招商引资提升就业。大力推进产业链招商、龙头企业和优势企业增资扩产、协同招商，创造更多就业岗位。紧扣今年引进内资1000亿元以上、利用外资35亿元、落地项目总投资额867亿元、实际利用外资23.4亿元、引进高能级项目21个的目标，加强协调联动，形成工作全力。密切跟踪世界500强、中国500强、大型企业、龙头民企、行业冠军等重点企业投资动向和布局，围绕“2+4+N”和双千亿发展战略，完善计算机、通讯、航空维修等重点产业链发展路线图，紧盯产业链缺失环节，狠抓上下游配套，落实强链补链，扩大就业。指导推动行业商（协）会、中介机构发挥桥梁纽带作用。（区商务局、区发改局、区工信局，各街道按职责分工负责）

（四）培育壮大新产能拓展就业。聚焦区重点“促落实、促到资”招商项目，推动在谈项目转落地、重点落地项目促到资，以此拓宽更广阔的就业渠道。紧盯优质企业增资扩产，鼓励支持企业开展技术改造，提高产品质量、增加品种、降低能耗，使技术创新成果实现产业化，发挥产值增长、增创企业营收效益。鼓励企业加强自主创新，增强原始创新、集成创新和引进消化再创新能力，加大创新投入，加快创新成果转化应用，促进企业走创新驱动的内涵式发展道路，培育产能新增长点，拓展就业岗位。（区发改局、区工信局、区商务局、区财政局、区市场监管局，各街道按职责分工负责）

（五）继续减负援企稳就业。实施困难行业和中小微企业帮扶行动，落实阶段性减免、缓缴社会保险费、金融支持、降低成本等助企纾困政策，实施“一难一策、一事一策、一业一策、一企一策”的精准帮扶，特别是针对小微企业，要用好用足各级各部门出台的有关融资、用工、免息等普惠型政策，继续深化免申报举措，加快各项政策兑现，加大失业保险稳岗补贴力度，切实减轻企业负担，帮助企业稳岗保岗。（区工信局、区商务局、区人社局、区财政局、区市场监管局、区税务局，各街道按职责分工负责）

（六）兜底保障困难群体就业。拓展公益性岗位等就近就地就业机会，新增100个公益性岗位安置就业。对从事公益性岗位政策期满后仍在公益性岗位继续就业的，工资性补贴政策享受期限可延长一年。做好困难人员兜底保障，用好失业保险金、失业补助金等保险措施，加强就业援助，确保“零就业”家庭动态清零。支持灵活就业和新就业形态，科学、精准规范设置便民服务点或临时市场等，引导符合准入条件的流动摊贩集中、有序经营，通过灵活多样形式实现就业。（区人社局、区建设局、区卫健局、区市政园林局、区民政局、区财政局、区城管局，各街道按职责分工负责）

二、扎实开展稳岗扩岗专项支持行动，聚力保企业用工保居民就业

（七）千方百计促进高校毕业生就业。把高校毕业生就业作为重中之重，实施“十个一批”扩岗行动。加大机关、事业单位招考（聘）力度，2020年我区公务员考录应届高校毕业生比例不低于去年，区属国有企业拿出新增岗位不低于50%的比例专门用于招聘应届高校毕业生（含基层服务项目期满毕业生），统筹安排非在编空缺岗位不低于80%的比例、社区工作者空缺岗位不低于50%的比例，专项用于招聘应届高校毕业生，重点安置毕业年度离校未就业城乡低保家庭、零就业家庭高校毕业生和退役大学毕业生士兵，兜底保障困难家庭未就业高校毕业生和退役大学毕业生士兵。支持中小微企业招聘毕业年度高校毕业生，符合创业项目带动就业奖励条件的，按符合条件的人员人数，以每人2000元标准给予该用人单位一次性带动就业奖励。中小微企业吸纳2020年应届高校毕业生就业，稳定就业3个月且签订1年以上劳动合同并按规定缴纳社会保险的，按符合条件的人员人数，以每人1000元标准给予该用人单位一次性吸纳就业补贴（与我市企业招工招才奖励就高不重复享受）。（区人社局、区委编办、区委组织部、区教育局、区民政局、区财

政局、区退役军人事务局，区属国有企业，各街道按职责分工负责）

（八）拓宽高校毕业生就业渠道。搭建线上线下招聘平台，用好“纳五湖英才，绘万里蓝图—2020-2021年厦门市湖里区校园人才招聘”空中双选会平台和“厦门湖里人力资源网”招聘平台，适时举办现场招聘会，线上线下齐发力，助力企业引人留才。增设高校毕业生见习岗位，各区直机关事业单位至少提供1个、各街道至少提供5个、各区属国有企业至少提供10个就业见习岗位，吸纳高校毕业生就业见习。依托“112”智慧就业服务管理系统，开展实名制就业创业服务，对有就业意愿的未就业高校毕业生不限就业推荐次数，提高岗位推荐频次，直到就业为止。深化就业“红娘”帮扶行动，“一对一”结对帮扶困难高校毕业生实现就业，对企业就业“红娘”结对帮扶我区就业困难高校毕业生正规就业6个月以上的，按符合条件的人员人数，以每人2000元标准给予该企业就业“红娘”补贴。支持我区户籍生源离校2年内未就业高校毕业生参加项目制就业创业培训，按就业技能培训每人不超过1000元、创业培训每人不超过1200元的标准给予培训项目补助。（区人社局、区委组织部、区教育局、区工信局、区民政局、区财政局，各街道按职责分工负责）

（九）促进重点群体就业。加大创业担保贷款贴息及奖补政策支持力度，符合条件的自主创业人员可申请个人创业担保贷款，最高额度达30万元。支持企业通过市内外人力资源服务机构开发劳动力资源，鼓励各类人才服务机构参加人社部门组织的赴外招聘、网上人才招聘会等活动。加强跨区域劳务协作，按照协作双赢的原则，探索在对口帮扶地区建立劳务输转基地，持续做好东西部对口帮扶劳务协作相关工作，落实住宿补贴、务工生活补助、稳定就业奖励和困难家庭补助等政策，帮助东乡县建档立卡困难家庭脱贫，线上线下结合，积极推动浦城县等省内对口地区劳务输转工作。扎实推进退役军人安置工作，将退役军人就业创业培训纳入国家学历教育和职业教育体系，促进退役军人多渠道就业创业。（区人社局、区工信局、区退役军人事务局，各街道按职责分工负责）

（十）做好困难群体就业帮扶。持续抓好“112”精准就业帮扶机制，做好就业困难人员、低收入群体、戒毒康复人员、刑满释放安置帮教对象等就业困难群体的就业帮扶工作。落实市失业金领取期限和就业困难人员享受灵活就业社会保险补贴延期政策，加强对符合条件人员的宣传，做到应知尽知，并及时通知符合享受政策的人员尽早到社区办理。与城镇职工同等参保缴费的外来管理技术人员，按规定参照本市户籍人员发放失业补助金。（区人社局、区司法局、区民政局、区财政局，各街道按职责分工负责）

（十一）多渠道支持灵活就业。创造更多灵活就业机会，鼓励自谋职业、自主创业，鼓励个体经营发展，支持发展各类特色小店，增加商业资源供给。对失业人员、高校毕业生、农民工、就业困难人员等重点群体从事个体经营的，按规定给予创业担保贷款、税收优惠、创业补贴等政策支持。对就业困难人员、离校2年内未就业高校毕业生从事非全日制等工作的，按规定给予社会保险补贴。对符合条件的灵活就业人员，按规定及时纳入最低生活保障、临时救助范围。2020年缴纳基本养老保险费确有困难的灵活就业人员，可按规定自愿暂缓缴费。对符合条件的灵活就业人员，及时按规定纳入最低生活保障、临时救助范围。（区人社局、区民政局、区财政局、区商务局、区市场监管局、区税务局，各街道按职责分工负责）

（十二）支持企业吸纳就业。企业吸纳登记失业半年以上人员就业的，稳定就业3个月且签订1年以上劳动合同并按规定缴纳社保的，2020年可按每人500元标准给予用人单位一次性吸纳就业补贴。对企业招用我市急需紧缺工种目录内台湾地区技工累计就业6个月以上的，根据我市采认高级工以上国家技能等级，按每人不低于1万元给予招用企业一次性补贴。扩大创业担保贷款政策覆盖面，小微企业当年度新招用符合创业担保贷款申请条件的人数与企业现有在职职工人数的占比，由20%下降为15%，超过100人的企业下降为8%。（区人社局、区财政局，各街道按职责分工负责）

（十三）加强职业技能培训提升就业。持续实施职业技能提升行动计划，鼓励重点企业开展“一企一策”职业技能培训。支持未升学初高中毕业生、失业人员、退役军人、就业困难人员参加项目制就业创业培训，根据培训后考核获取合格证的参训人员数，分别对就业技能培训项目、创业培训项目按每人不高于1000元和1200元的标准进行补贴。加强职业培训基础能力建设，支持各类企业特别是规模以上企业或者吸纳就业人数较多的企业设立职工培训中心，鼓励企业与职业院校共建实训中心、教学工厂。支持企业申报高技能人才培训基地和技能大师工作室，按规定给予补助。（区人社局、区教育局、区工信局、区退役军人事务局、财政局，区总工会，各街道按职责分工负责）

（十四）规范企业裁员行为稳住就业。支持企业与职工集体协商，采取协商薪酬、调整工时、轮岗轮休、在岗培训等措施，保留劳动关系。以集体协商“特别要约”行动月成果为依托，引导企业与职工协商解决特殊时期劳动合同、劳动报酬、休息休假等各方面问题。对拟进行经济性裁员的企业，指导其依法依规制定和实施职工安置方案，提前 30 日向工会或全体职工说明相关情况，听取工会或者职工的意见，并在裁员方案实施前 10 日向区劳动行政部门报告裁减人员方案，同时依法依规支付经济补偿，偿还拖欠的职工工资，补缴欠缴的社会保险费。（区人社局，区总工会，各街道按职责分工负责）

三、夯实服务保障基础，确保抓紧抓实抓细抓到位

（十五）强化责任担当。各街道、各职能部门要切实履行主体责任，统筹推进稳就业保就业工作，对抓落实有力有效的，加大政策和资金倾斜力度，予以表扬激励，对不履行或者不正确履行职责的，依纪依法严肃问责。（区人社局、区委组织部、区财政局等区直相关单位，各街道按职责分工负责）

（十六）强化服务保障。完善资金投入保障机制，积极投入保障资金，确保企业稳定岗位、鼓励就业创业、保障基本生活等稳就业支出。加强街道、社区公共就业服务平台建设，针对辖区内登记失业人员、就业困难人员及时跟踪调查服务，落实“112”就业帮扶机制。（区财政局、区人社局、区民政局，各街道按职责分工负责）

（十七）强化风险防控。完善就业形势监测机制，多维度开展重点群体、重点行业、重点企业就业监测，加快推进劳动监测预警、“仲裁云”和智慧就业大数据平台建设，实现监测成果交换共享。建立健全劳动关系形势三方会商制度，定期对劳动关系风险形势进行分析研判，制定大规模裁员和群体性事件应对方案，确保全区劳动关系问题在动态观察的范围内做到提前预防、及时发现、尽早介入。（区人社局，区总工会，各街道按职责分工负责）

本意见所述与市、区制定的其他政策属同类别政策的，按就高不重复的原则，申请对象仅享受其中一种。

本意见自发布之日起施行，有效期 2 年。意见中相关措施已有相应有效期规定的，从其规定。

关于促进湖里区 2020 年商贸业稳定增长的指导意见

为贯彻落实中央“六稳”“六保”工作精神，在常态化疫情防控中推进复工复产、复商复市，降低商贸企业经营成本，促进湖里区商贸企业销售额稳定增长，制定本意见。

第一条　培育龙头批发零售企业

（一）对 2019 年度商品销售额不低于 100 亿元的批发、零售企业，2020 年度比 2019 年度的商品销售额增幅不低于全区全年限上批零销售额增幅 50% 的，按销售额增量部分的 0.1‰给予奖励，封顶 100 万元。其中，对 2019 年度商品销售额不低于 500 亿元的批发、零售企业，2020 年度销售额增幅不低于全区全年限上批零销售额增幅 50% 的，再给予一次性存量奖励 10 万元。

（二）对 2019 年度商品销售额不低于 20 亿元但不超过 100 亿元的批发、零售企业，2020 年度商品销售额比 2019 年度增长 15% 及以上的（增长率≥ 15%），按销售额增量部分的 0.2‰给予奖励，封顶 50 万元。

（三）对 2019 年度商品销售额低于 20 亿元的限额以上批发、零售企业，2020 年度商品销售额比 2019 年度增长 30% 及以上的（增长率≥ 30%），按销售额增量部分的 0.3‰给予奖励，封顶 20 万元。

（四）对纳入限下销售额抽样统计的批发、零售业对象，2020 年度商品销售额比 2019 年度增长 30%～50% 的（30% ≤增长率＜ 50%），按销售额增量部分的 2‰给予奖励，封顶 1 万元；增长 50% 及以上的（增长率≥ 50%），按销售额增量部分的 2‰给予奖励，封顶 3 万元。

第二条　培育社会消费品零售龙头企业

（一）对 2019 年度零售额不低于 5 亿元的批发、零售企业，2020 年度零售额比 2019 年度实现增长的（增长率 >0%），按零售额增量部分的 6‰给予奖励，封顶 100 万元。其中，对 2019 年度零售额不低于 10 亿元的批发、零售企业，2020 年度比 2019 年度实现零售额持平及以上的（增长率≥ 0%），再给予一次性存量奖励 10 万元。

（二）对 2019 年度零售额不低于 1 亿元但不超过 5 亿元的批发、零售企业，2020 年度零售额比 2019 年度

增长 5% 及以上的（增长率≥ 5%），按零售额增量部分的 3‰给予奖励，封顶 50 万元。

（三）对 2019 年度零售额低于 1 亿元的限额以上批发、零售企业，2020 年度零售额比 2019 年度增长 15% 及以上的（增长率≥ 15%），按零售额增量部分的 1‰给予奖励，封顶 20 万元。

（四）鼓励批发企业提高零售额。对 2019 年度商品销售额不低于 1 亿元，且 2020 年度零售额比 2019 年度增长 10% 及以上的（增长率≥ 10%）限额以上批发企业，按零售额增量部分的 1‰给予奖励，每家企业最高不超过 20 万元。

（五）对纳入限下零售额抽样统计的批发、零售业对象，2020 年度零售额比 2019 年度增长 30%～50% 的（30% ≤增长率＜ 50%），按零售额增量部分的 6% 给予奖励，封顶 1 万元；增长 50% 及以上的（增长率≥ 50%），按零售额增量部分的 6% 给予奖励，封顶 3 万元。

第三条　培育龙头餐饮住宿企业

（一）对限额以上餐饮、住宿企业，2020 年度餐费收入比 2019 年度增长 5% 及以上的（增长率≥ 5%），按餐费收入增量部分的 2% 给予奖励，封顶 50 万元。

（二）对纳入限下零售额抽样统计的餐饮、住宿业对象，2020 年度餐费收入比 2019 年度增长 30%～50% 的（30% ≤增长率＜ 50%），按餐费收入增量部分的 6% 给予奖励，封顶 1 万元；增长 50% 及以上的（增长率≥ 50%），按餐费收入增量部分的 6% 给予奖励，封顶 3 万元。

第四条　拓展零售经营新模式

（一）鼓励零售企业连锁经营。对 2020 年实现零售额增长的限额以上商贸企业，每增加一个归集于本企业统计且年零售额在 500 万元以上的实体分店，给予 5 万元奖励，封顶 50 万元。

（二）鼓励汽车零售企业提升绿色消费份额。对限额以上汽车零售企业通过销售新能源汽车（以工信部备案的车型为准）提高销售额的，企业 2020 年新能源汽车零售总额同比每增加 200 万元奖励 1 万元，封顶 50 万元。

（三）鼓励零售企业提高网络销售额。对 2020 年实现零售额增长的限额以上商贸企业，其 2020 年网络零售额同比每增加 200 万元奖励 1 万元，封顶 50 万元。

第五条　鼓励新增限额以上商贸企业

（一）对 2019 年第四季度前注册成立的批发、零售、住宿、餐饮企业，于 2020 年申报纳入限额以上统计并在下一年度实现零售额增长不低于 12% 的，给予一次性奖励 5 万元。

（二）对 2019 年第四季度后注册成立，2020 年营业额成功纳入限额以上统计的批发、零售、住宿、餐饮企业，每家企业给予 15 万元奖励；鼓励企业尽早达限纳统，对 2020 年四季度以前实现纳统的再奖励 5 万元。

（三）鼓励大型综合体、专业市场为商贸业增长做出贡献。1. 对经营面积在 4 万平方米及以上的大型商业综合体及专业市场，其运营管理单位出资设立企业法人或授权设立产业个体，对入驻该商业载体的 5 个及以上商家的零售额进行统一收银结算并成功纳入我区限额以上商贸业统计并在下一年度实现零售额增长不低于 12% 的，给予该市场营运管理单位一次性 20 万元奖励；2. 对协助推动入驻商家纳入限额以上统计的商业综合体及专业市场运营管理单位，每成功推动一家奖励 2 万元。

第六条　鼓励商贸企业参与扶贫工作

鼓励辖区企业积极参与甘肃临夏东乡族自治县对口消费扶贫工作。对开设专柜销售对口扶贫农特产品的企业，扶贫农特产品年销售额每 50 万元，奖励 5 万元，封顶 50 万元。

其中：承销企业应在湖里区经营面积 4 万平方米及以上的大型商业综合体内开设产自东乡县的农特产品专柜，专柜营业面积不小于 15 平方米，需与湖里区指定的产销单位签订承销合同，并于专柜开设后一个月内向区商务局报备。

第七条　关于扶持有突出贡献的商贸企业

2020 年度对我区商贸业销售额增长有突出贡献需要特殊扶持的，可另行个案研究确定。

第八条　有关说明

（一）关于本意见的奖励对象

申请享受本意见奖励的对象必须是纳入 2020 年区、街考核的湖里区企业或个体工商户。在申请政策扶持时，对被厦门市信用平台列入联合惩戒名单的法人或自然人不予支持奖励。

（二）关于对同一政策不同奖项的申请

本意见的第一条、第二条不可互相叠加申请；第四条第（一）（二）（三）款不可互相叠加申请，但可与其他条款叠加申请。

（三）关于对不同政策的申请

本《意见》涉及的扶持政策，与本市、区出台的其他优惠政策同类的，企业可择优但不重复享受，扶持政策另有规定的除外。

（四）关于本意见的审核兑现程序

1. 符合本意见扶持条件的企业，应向注册所在地街道办事处提出申请，街道办事处初审后报区商务局审核。区商务局提出审核意见后，将拟奖励企业名单及奖励事项征询区相关部门及各街道办意见，之后得出最终审核结论。

2. 本意见的奖励资金由区、街按财政体制共担；区商务局完成申请审核后，根据部门预算管理有关规定，向区财政申请奖励金，在奖励金到位后 5 个工作日内通知企业兑付，并由企业自行缴交应付税款。

第九条　本意见由区商务局负责解释。

第十条　本意见自发布之日起施行，有效期至 2020 年 12 月 31 日。2020 年 1 月 1 日起至本意见发布之日前符合条件的企业可参照本意见执行。

厦门自贸区两岸贸易中心核心区企业发展扶持办法

为推进中国（福建）自由贸易试验区厦门片区两岸贸易中心核心区（以下简称自贸区）建设发展，引导鼓励符合自贸区产业发展方向企业入驻并形成产业集聚、繁荣片区，根据《中国（福建）自由贸易试验区厦门片区产业发展规划》（厦府〔2015〕163 号），结合辖区实际，特制定本办法。

第一条　本办法适用对象为具有独立法人资格（或合伙企业）、商事注册登记及纳税同时归属湖里区和自贸委、由湖里区与自贸委联合引进的企业。

第二条　本办法所扶持的企业应符合自贸区功能定位产业，包括国际贸易、金融服务等现代服务业，航空维修服务等高端制造业及其他属湖里区及自贸委鼓励发展的重点行业。

第三条　办公场所租金补助。

新入驻企业在一个自然年度内纳税总额（不含个人所得税）达 20 万元（含）以上，且在自贸区内租赁办公用房的，给予每月每平方米 25 元的场所租金补助。租金补助采取先缴后补的形式，补助面积最高不超过合同租赁面积，实际租金低于补贴标准的，按实际租金补助。单家企业租金补助面积最高不超过 1000 平方米。

第四条　经营贡献奖励。

新入驻企业在一个自然年度内两税（增值税及企业所得税，下同）地方级留成达 50 万元（含）以上的，从达到条件的当年度起连续三年分别按其年度两税地方级留成部分的 40%、32%、24% 给予奖励，用于支持企业发展。在扶持期间内，若企业年度地方级留成未达 50 万元以上的，则不享受当年度经营贡献奖励。

第五条　高管人员及技术骨干奖励。

对在符合第四条奖励条件的企业任职的高管人员和技术骨干，年度薪酬缴纳个人所得税总额达到 5 万元以上（含）的，按其年度薪酬缴纳税收地方级留成部分的 40% 给予奖励。

第六条　对投资强度大、市场前景好、拉动作用强的重大项目或重点产业园区改造运营，可由湖里区、自贸委采取“一企一策”方式，对场所租金补助、装修补助、经营贡献奖励另行研究决定。享受“一事一议”的项目或产业园区内企业不再享受本办法其他扶持条款。

第七条　本办法原则上每年兑现一次。每年度单家企业扶持资金总额不得超过该企业当年度缴纳税收金两区（湖里区及自贸委）地方级留成部分。扶持经费由湖里区和自贸委各按 50% 承担。符合扶持条件的企业，由自贸委进行初审，经湖里区复核后，由湖里区先行兑现，再与自贸委通过财政体制结算。

第八条　本办法涉及的扶持政策，与本市、区出台的其他优惠政策同类的，企业可择优但不重复享受；扶持政策另有规定的除外。

第九条　申请资金扶持的企业须承诺自兑现年度起五年内不迁出厦门自贸区湖里片区。享受本办法场所租金补助的企业不得存在转租、转借或改变使用功能等情况。如发生相关情况，需退回已享受补贴。

第十条　享受本办法奖励或补助的企业或个人，重复、多头申报扶持政策或者采取弄虚作假等手段骗取扶持资金的，责令限期纠正，取消其扶持资格，追回已发放的扶持资金；涉嫌犯罪的，依法追究相关法律责任。在申请政策扶持时，对被厦门市信用平台列入联合惩戒、失信被执行人名单的法人或自然人不予兑现。

第十一条　本办法由湖里区商务局、自贸委经济发展局负责解释，自发布之日起实施，有效期至 2022 年 12 月 31 日。2020 年 1 月 1 日起至本办法发布之日前入驻自贸区且符合条件的企业可参照本办法执行。

湖里区促进3岁以下婴幼儿照护服务发展实施方案

为贯彻落实《国务院办公厅关于促进3岁以下婴幼儿照护服务发展的指导意见》及《福建省卫健委等十一部门关于进一步贯彻落实〈国务院办公厅关于促进3岁以下婴幼儿照护服务发展的指导意见〉的通知》等文件精神，大力发展我区3岁以下婴幼儿照护服务（以下简称婴幼儿照护服务），现提出如下实施方案。

一、总体要求

（一）指导思想。以习近平新时代中国特色社会主义思想为指导，坚持以人民为中心的发展思想，建立完善促进婴幼儿照护服务发展的政策法规体系、标准规范体系和服务供给体系，逐步满足人民群众对婴幼儿照护服务的需求。

（二）基本原则

家庭为主，托育补充。发展婴幼儿照护服务的重点是为家庭提供科学养育指导，并对确有照护困难的家庭或婴幼儿提供必要的服务。

政策引导，普惠优先。将婴幼儿照护服务纳入经济社会发展规划，强化政策引导和统筹引领，充分调动社会力量积极性，大力推动婴幼儿照护服务发展，优先支持普惠性婴幼儿照护服务机构。

安全健康，科学规范。按照儿童优先的原则，最大限度地保护婴幼儿，确保婴幼儿的安全和健康。

属地管理，分类指导。我区将根据经济社会发展水平、工作基础和群众需求，有针对性地开展婴幼儿照护服务。

二、工作目标

到2020年底，我区至少建成一所具有示范效应的婴幼儿照护服务机构。到2025年，各街道（3岁以下人口规模达到1000人以上）辖区内至少建成一所具有示范效应的婴幼儿照护服务机构，婴幼儿照护服务水平明显提升，人民群众的婴幼儿照护服务需求得到进一步满足。

三、主要任务

（一）完善家庭婴幼儿照护支持和指导

1. 落实产休假政策。落实女职工产假、哺乳假及男方照顾假等政策规定。根据《福建省女职工劳动保护条例》，鼓励用人单位对符合法律、法规规定生育子女的夫妻，在子女三周岁以下期间，每年给予夫妻双方各十天育儿假。鼓励用人单位与职工协商，灵活安排职工工作时间和工作方式等，为职工照护婴幼儿创造便利条件。倡导一周岁以内婴幼儿在家庭中照护，女职工产假期满，经本人申请、用人单位同意，可以请哺乳假至婴儿满一周岁。至2025年一周岁以内婴幼儿父母照护能力达到90%以上。（牵头单位：区人社局；责任单位：区总工会、卫健局）

2. 提供就业指导。支持脱产照护婴幼儿的职工重返工作岗位，并为其提供信息服务、就业指导和职业技能培训。依法禁止招聘环节中的就业性别歧视及限制生育年限等违法行为。（牵头单位：区人社局；责任单位：区总工会、妇联）

3. 加强科学育儿指导。通过入户指导、亲子活动、家长课堂、专家咨询等方式，利用社区党群服务中心、妇女之家、儿童之家、婴幼儿照护服务机构、互联网等平台，为家长及婴幼儿照护者提供婴幼儿早期发展及照护指导等相关知识培训，增强家庭科学育儿能力。深入开展“优生优育进万家”等活动，建立一批婴幼儿早期发展宣传服务阵地。婴幼儿家长科学育儿知识普及率达到80%以上。（牵头单位：区卫健局、计生协；责任单位：区民政局、妇联、团区委）

4. 加强婴幼儿健康管理。区妇幼保健院、区疾病预防控制中心、区卫生计生监督所要按照职责加强对婴幼儿照护服务机构卫生保健工作的业务指导、咨询服务和监督检查，开展新生儿访视、膳食营养、生长发育、预防接种、安全防护、疾病防控及婴幼儿健康管理等服务。将婴幼儿列入家庭医生签约重点人群，婴幼儿健康管理率达到85%以上。（牵头单位：区卫健局）

（二）建立社区婴幼儿照护服务支持体系

5. 统筹规划建设婴幼儿照护服务设施。区政府是落实婴幼儿照护服务工作的责任主体，要将需要独立占地的婴幼儿照护服务设施和场地建设布局纳入相关规划，通过新建、改建、扩建等方式，逐步规划建设与常住人口规模相适应的婴幼儿照护服务设施。新建居住区要按照每千人口不少于 4 个托位的标准规划建设婴幼儿照护服务设施，与住宅同步规划、同步设计、同步验收，并同步交付所在街道管理。老城区和已建成居住区要通过购置、置换、租赁等方式，逐步配置完善服务设施。（牵头单位：各街道，市资源规划局直属分局；责任单位：区建设局、发改局）

6. 完善社区婴幼儿照护服务一体化建设。将社区婴幼儿照护服务纳入完善社区公共服务功能的重要内容，保障社区婴幼儿照护服务机构用地、用房，引导社会力量在社区举办婴幼儿照护服务机构。加强社区尤其是非营利性的婴幼儿照护服务设施与社区服务中心（站）及社区卫生、文化、体育等设施的功能衔接或一并规划建设，发挥综合效益。为社区规划建设的婴幼儿照护服务设施，建成后交由街道管理，用于发展婴幼儿照护服务。（牵头单位：各街道，区民政局、市资源规划局直属分局、区建设局）

（三）全面发展婴幼儿照护服务机构

7. 多种形式发展婴幼儿照护服务，优先支持普惠性托育服务机构。支持通过公建民营、民办公助、以奖代补等方式，鼓励开展专业化、规模化、连锁化运营婴幼儿照护服务设施，培育和打造一批龙头企业或社会组织。制定扶持普惠性托育服务机构发展的相关政策，可通过政府补贴、示范奖补、提供场地、减免租金、分担人工成本、政府购买服务等政策措施，加大对社会力量开展普惠性托育服务的支持力度。（牵头单位：各街道、区卫健局；责任单位：区民政局、市场监管局、发改局、财政局）

8. 鼓励开展福利性婴幼儿照护服务。通过企业补助、工会支持、企业福利费列支、成本核算等方式，支持用人单位以单独或联合相关单位共同举办的模式，在工作场所为职工提供福利性婴幼儿照护服务，有条件的可向附近居民开放。鼓励有条件的用人单位将“职工子女暑托班”的托管对象拓展至 3 岁以下婴幼儿的照护。（牵头单位：区总工会、卫健局；责任单位：区妇联、国资办，各街道）

9. 鼓励支持幼儿园开设托班。鼓励有条件的幼儿园利用现有资源或通过新建、改建、扩建等方式，开设托班招收 3 岁以下的婴幼儿。在新建幼儿园时，充分考虑婴幼儿照护服务需求，根据实际设置适当比例的托班。鼓励民办幼儿园开设婴幼儿照护服务机构，尤其是普惠性婴幼儿照护服务机构。（牵头单位：各街道，区教育局；责任单位：区卫健局）

（四）规范婴幼儿照护服务机构的登记备案

10. 依法进行登记备案。举办事业单位性质的婴幼儿照护服务机构的，在区委编办申请审批和登记；举办社会服务机构性质的婴幼儿照护服务机构的，在区民政局注册登记；举办营利性婴幼儿照护服务机构的，在区市场监管局注册登记；举办托班的幼儿园，在区教育局许可登记。经核准登记后，婴幼儿照护服务机构按照告知承诺制要求及时向区卫生健康局备案。同时，登记机关应当及时将有关机构登记信息推送至区卫生健康局。（牵头单位：区委编办、民政局、市场监管局、教育局；责任单位：区卫健局）

（五）建立健全婴幼儿照护服务机构的监管机制

11. 建立监督监管机制。建立举办者自查、行业协会监督、相关职能部门监管的综合监管机制。畅通投诉举报渠道。加强事中事后监管，对监管不力造成重大责任事故者，追究法律责任。（牵头单位：各街道，区卫健局；责任单位：各相关部门）

12. 建立联合执法机制。凡未登记、注册或设施条件差、管理混乱、存在严重安全隐患的机构，由各职能部门责令其限期整改，整改不合格的依法予以处罚。涉及违反相关规定的，可由区卫生健康局牵头开展联合执法。（牵头单位：各街道，区卫健局；责任单位：各相关部门）

13. 建立诚信评价机制。将婴幼儿照护服务机构及其工作人员信用信息纳入公共信用信息平台。对婴幼儿照护服务机构实行信息公示制度和质量评估制度。实施失信联合惩戒机制，对伤害侵害婴幼儿行为、虐童及严重婴幼儿安全管理事故、食品安全事故等行为零容忍，对相关个人和直接管理人员实行终身禁入，并按照有关法律法规和政策规定追究责任。（牵头单位：区卫健局、发改局；责任单位：区市场监管局、人社局、湖里公安分局）

14. 建立安全责任机制。依法加强安全监管，建立健全各类婴幼儿照护服务机构安全管理制度，督促各类婴幼儿照护服务机构落实安全责任，严防安全事故发生。（牵头单位：各街道，区卫健局、应急管理局、湖里消防救援大队、湖里公安分局）

四、政策保障

（一）加强政策支持。将婴幼儿照护服务工作管理所需的经费等纳入各级政府财政预算，支持婴幼儿照护服务工作的发展。按国家有关规定享受税费优惠政策。企业设立的员工子女托育点所发生的费用，符合条件的可作为职工福利费支出在税前扣除。婴幼儿照护服务机构用水实行居民价格。鼓励金融机构创新服务，提供低息贷款。鼓励和支持国有企业举办或参与举办婴幼儿照护服务机构，相关投资经营不纳入对国有企业的业绩考核。鼓励商业保险机构开发婴幼儿照护服务机构相关保险产品。对于开展婴幼儿照护服务工作中取得明显成效，起到示范引领作用的婴幼儿照护机构，可给予适当奖补。（牵头单位：各街道，区卫健局；责任单位：各相关部门）

（二）加强用地保障。将婴幼儿照护服务机构和设施建设用地纳入国土空间规划和年度用地计划并优先予以保障，新增用地指标分配要适当向婴幼儿照护服务机构和设施建设用地倾斜。鼓励利用低效土地或闲置土地建设婴幼儿照护服务机构和设施。鼓励国有产权用地通过公建民营或场地投入等方式举办婴幼儿照护服务机构。对婴幼儿照护服务设施和非营利性婴幼儿照护服务机构建设用地，符合《划拨用地目录》的，可采取划拨方式予以保障。对使用存量建设用地的婴幼儿照护服务项目，优先予以办理供地手续。（牵头单位：各街道，市资源规划局直属分局；责任单位：区国资办、建设局、卫健局）

（三）加强队伍建设。引导职业院校（含技工院校）根据需求开设婴幼儿照护相关专业。鼓励通过返聘教育、医疗等机构有经验的退休人员充实婴幼儿照护服务从业人员队伍。依法逐步实行婴幼儿照护服务从业人员职业资格准入制度，大力加强从业人员的法律法规、职业道德、安全教育意识和提升职业技能。依法保障从业人员合法权益。（牵头单位：区人社局、教育局；责任单位：区卫健局）

（四）加强信息支撑。充分利用互联网、大数据、物联网、人工智能等技术，结合婴幼儿照护服务实际，配合上级研发应用婴幼儿照护服务信息管理系统，实行信息化管理。统一监管平台，确保各部门相关信息数据互联共享。各类婴幼儿照护服务机构应当全面、主动接入婴幼儿照护服务信息管理系统。[牵头单位：区卫健局；责任单位：区政府办（区政务信息中心）、各相关部门]

五、组织领导

（一）强化责任落实。各街道和区直相关部门要提高认识，承担婴幼儿照护服务的规范发展和安全监管的主体责任。建立健全业务指导、督促检查、考核奖惩、安全保障和责任追究制度，将婴幼儿照护服务纳入经济社会发展相关规划和目标责任考核。

（二）强化组织管理。根据市里下步明确承担婴幼儿照护和家庭发展指导服务职责的机构，提出我区指导服务职责的机构，并明确街道、居委会有专门工作人员，确保各级开展婴幼儿照护服务工作人员到位、责任到位、落实到位。

（三）强化部门协同。建立区政府分管领导牵头，各相关部门和单位共同参加的婴幼儿照护工作联席会议制度，定期召开会议协调解决婴幼儿照护服务发展的重大问题。联席会议办公室设在区卫生健康局，具体承担联席会议的日常工作，督促各部门依职责加强对婴幼儿照护服务的监督管理。

（四）强化示范引领。按要求开展婴幼儿照护服务试点和示范活动，建设一批示范点。示范点以区、街道为责任主体，鼓励社会组织承建参建，区、街道结合实际安排配套资金给予补助，以点带面，充分发挥示范引领、带动辐射作用，不断提高婴幼儿照护服务整体水平。

（五）强化行业自律。鼓励婴幼儿照护服务行业自发成立行业协会。指导从业者积极参加婴幼儿照护服务行业协会，发挥社会组织行业自律、协调、规范等作用，组织婴幼儿照护服务从业人员学习政策法规，增强依法从业意识，促进行业自律。

调 研 报 告
湖里区物流产业发展新定位研究（节选）

一、湖里物流业发展概况

（一）湖里区物流业基础设施概况

在地图上，湖里区被厦门其他五个区“环抱”，是厦门市的地理区位中心，人流、物流、信息流都在此交织汇聚。独特的地理位置，让湖里区发展具备最大的优势就是交通便利，四通八达的湖里区是厦门重要的物流平台和对外交通枢纽。

目前湖里区初步形成以海运为重点，以沿海港口为枢纽，以国道干线公路为主骨架，空运、水运、公路、铁路相配套，已成为全省最大的物流平台。厦门的主要港口（国际旅游码头、海天码头、象屿码头以及五通海空联运码头）、厦门本岛与内陆连接的四座大桥（厦门大桥、海沧大桥、集美大桥、杏林大桥）、一座海堤、两个隧道（翔安隧道与海沧隧道）出口以及厦门唯一的铁路货运站都在湖里辖区内，形成了一环、四横、六纵的市区主干道。位于湖里高崎的厦门空港为全国第四大口岸机场，是连接东南亚和日韩的重要航空枢纽。

（二）湖里区物流业发展的外部环境

物流是国民经济的重要组成部分，也是经济发展的重要基础。物流业的发展既受到地区经济发展的带动，也受到地区产业要素的制约。湖里区是厦门改革发展较早的区域，地区经济实力相对较强，且增长速度在全省、全市处于较高水平，具备发展物流产业的良好外部经济环境。

1. 全区整体情况

根据厦门市统计局公开数据显示，2015—2019 年，湖里区地区生产总值在逐年增加，且保持较高增长速率，年平均增速达到 8.04%。

2015—2019 年湖里区地区生产总值

表 1

指标	2015 年	2016 年	2017 年	2018 年	2019 年
地区生产总值（亿元）	778.14	820.61	954.07	1035.84	1297.3
同比增长速率（%）	7.7	7.5	8.7	8	8.3

其中，第二、三产业增加值与 GDP 增长速率，如下图 1：

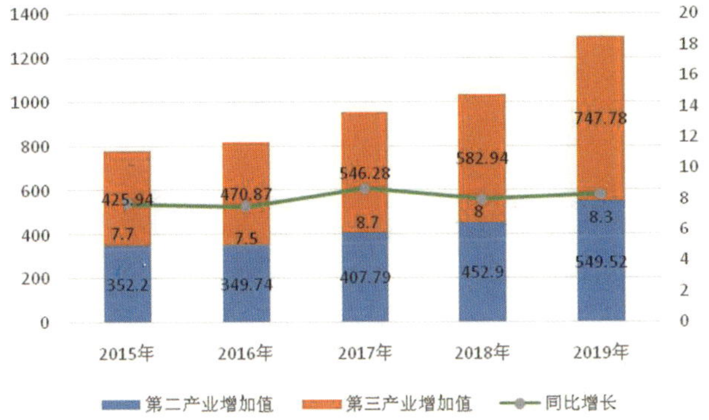

图 1 湖里区地区生产总值（亿元）与增长速率

2015—2019 年，湖里区产业增加值增长较快的行业
湖里区产值增速前三的产业

表 2

年份	产值增速第一	产值增速第二	产值增速第三
2015 年	金融保险业	仓储运输业	工业
2016 年	其他行业（其他服务业）	金融保险业	运输、仓储及邮政业
2017 年	其他行业（其他服务业）	批发零售业	建筑业
2018 年	运输、仓储及邮政业	建筑业	工业
2019 年	建筑业	运输、仓储及邮政业	工业

从表 2 中可以看出，除 2017 年，以运输、仓储及邮政业为主的物流产业，产值增速都在前三位；充分说明了物流产业在湖里区国民经济中的重要地位。

2. 批发零售业

根据厦门市统计局公开数据显示，2015—2019 年，湖里区社会消费品零售总额总体呈现增加趋势，2015、2016 年增速平稳，2017 年、2018 年连续下降，2019 年出现较高的增长速率，年平均增速为 3.78%。

其中，限额以上企业零售额和限额以下企业零售额变化，如图 2：

表 3

湖里区社会消费品零售总额与增长速率

指标	2015 年	2016 年	2017 年	2018 年	2019 年
社会消费品零售总额（亿元）	350.54	364.49	364.42	333.28	377.72
增长速率（%）	5.20	5.00	−0.40	−4.80	13.90

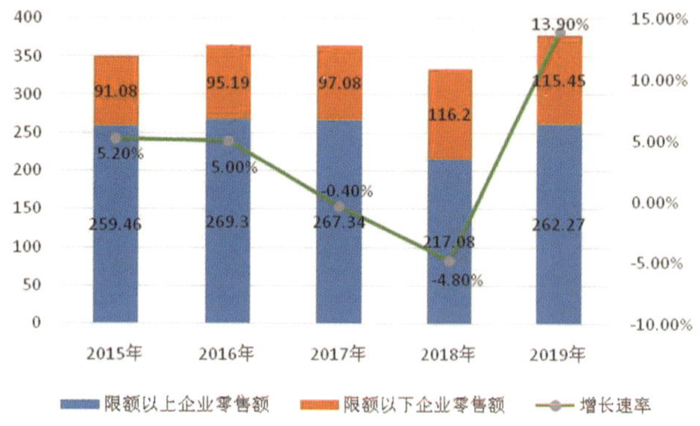

图 2　湖里区批发零售业（亿元）及增长速率

社会批发零售业离不开物流业的支持，同时也会直接影响社会物流的总体规模，二者相互影响，从社会批发零售额的变化，可以推测出物流产业的变化趋势。

3. 固定资产投资

根据厦门市统计局公开数据显示，2015—2019 年，湖里区固定资产投资额虽然在持续上升，但交通运输相关产业的投资额在 2015 年、2016 年上升，2017 年、2019 年大幅下降。

运输业是物流业务形式的具体形式，在一定程度上反映了物流业的规模。此外，对交通运输业的固定投资，侧面反映了对物流基础设施建设的投资力度和重视程度。

表 4

湖里区固定投资额与交通运输业投资情况

指标	2015 年	2016 年	2017 年	2018 年	2019 年
全社会固定资产投资（亿元）	315.35	366.97	359.43	434.91	476.22
交通运输业投资（亿元）	97.01	158.05	149.33	124.99	54.62
交通运输业投资增长率（%）	+10.7%	+60.4%	−5.5%	+65.3%	−56.4%

（三）湖里区物流业发展的内部要素

1. 湖里区物流企业数量

根据企业工商注册信息显示：截至 2019 年 12 月 31 日，厦门市存续在业状态的物流企业共计 5482 家，其中湖里区 3089 家，约占全市的 56.35%，思明区 617 家，约占全市的 11.26%，海沧区 340 家，约占全市的 5.55%，集美区 415 家，约占全市的 7.57%，同安区 508 家，约占全市的 9.27%，翔安区 278 家，约占全市的 5.07%。

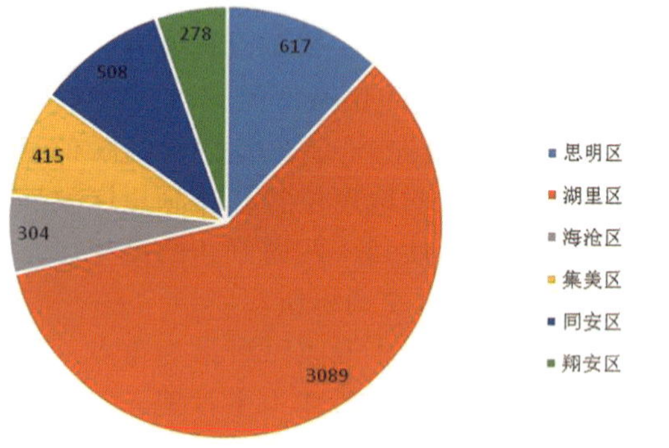

图 3　厦门市各区物流企业数量

从图 3 来看，湖里区物流企业众多，约占全市物流企业半数以上，体现了湖里区物流产业在全市的核心地位。

（1）行业分类

根据所属行业来划分，湖里区 3089 家物流企业中，铁路运输企业 7 家，道路运输企业 2481 家，水上运输 58 家，航空运输 11 家，管道运输 4 家，装卸搬运和仓储 249 家，邮政业 108 家。如图 4：

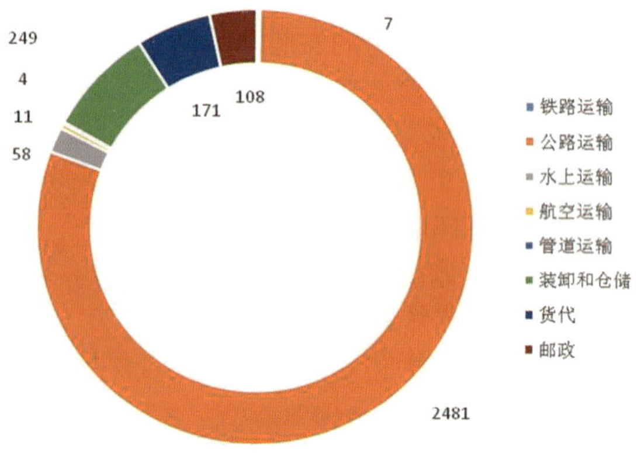

图 4　湖里区物流企业按行业分类

从图 4 来看，湖里区物流企业以道路运输为主，其次是仓储装卸、货代、邮政快递，由于厦门以港立市，湖里区自身拥有良好的港口资源，因此道路集运行业相对发达，与之配套的仓储装卸和货代企业也小有规模。

（2）注册资本

根据注册资本来划分，湖里区3089家物流企业中，注册资本在500万元及以下的有1659家，约占总数的55.00%；注册资本在500万～1000万元的有1100家，约占总数的35.69%；注册资本在1000万～5000万元及以下的有257家，约占总数的8.34%；注册资本在5000万元以上的有37家，约占总数的1.20%。如图5：

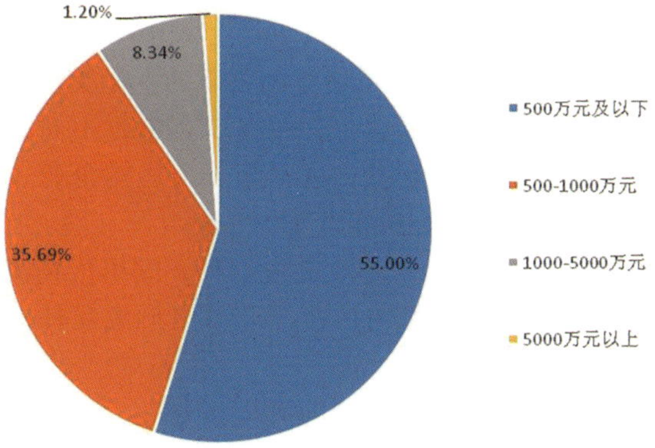

图5　湖里区物流企业按注册资本分类

从图5来看，湖里区物流企业中，注册资本为500万元以下、500万～1000万元的超过90%，据此可以推测，湖里区物流企业以小微型企业居多。

（3）成立时间

根据注册时间来划分，湖里区3089家物流企业中，注册时间最早的为1988年，按照成立时间顺序，企业数量如下表5：

湖里区物流企业成立时间

表5　单位：家

成立日期	1980—1989年	1990—1999年	2000—2009年	2010—2019年
企业数量	1	20	523	2545

从表5可以看出，湖里区物流企业自2000年以后，注册登记的密集度程度提高，尤其是2014年以后，年均注册数量超过300家。

（4）所有制类型

根据企业所有制类型来划分，湖里区3089家物流企业中，有限责任公司占比最多，达到97.18%，外资企业数量高于国企与股份所有制企业。其他所有制企业数量如下表6：

从表6的数据来分析，湖里区物流企业所有制呈现多样化，但分布不均，反映了市场资本的不均衡，市场结构稳定性较弱。

湖里区物流企业成立时间

表6　单位：家

所有制	有限责任公司	股份有限公司	国企	外资	个体工商户	其他所有制
企业数量	3002	17	9	34	18	9

2. 湖里区物流业营收能力

根据湖里区国民经济和社会发展统计公报，整理出湖里区物流业整体营收能力和经营情况，见表7。

湖里区纳统物流业经营情况

表7

指标	2015年	2016年	2017年	2018年	2019年
纳入统计的交通运输、仓储和邮政业企业数量	—	153	153	154	160
实现营业收入（亿元）	—	564.05	600.43	441.7	463.9
占服务业营业收入（%）	—	97.70	88.00	81.70	85

根据上表可以看出湖里区纳入统计的物流企业数量在不断增加，物流营收能力较强，在服务业营收占比一直高于80%；但2016—2018年，营业收入和服务业占比在不断下降。

3. 湖里物流产业地位

（1）湖里区经济支柱

湖里区物流产业对当年GDP的贡献情况见表8。

湖里区物流业对GDP贡献情况表

表8

年份	2016年	2017年	2018年	2019年
湖里区物流业增加值（亿元）	158.9	193.5	200.3	172
湖里区全年GDP（亿元）	820.61	954.07	1035.84	1297.3
物流业对GDP贡献率（%）	19.4	20.3	19.3	13.3

在表8中，虽然湖里区物流业对GDP的贡献率有逐年递减趋势，但对于湖里区来收说，物流业仍然是支柱产业。

（2）厦门物流业重心

根据表7和厦门市物流行业发展趋势报告中公开的数据，简单测算湖里区物流业收入在全市物流总收入中的占比，见表9。

湖里区物流收入在全市的占比

表 9

年份	2016 年	2017 年	2018 年	2019 年
湖里区物流产业营收（亿元）	564.05	600.43	441.7	463.9
厦门市物流业总收入（亿元）	1010.08	1098.87	1179.97	1370
湖里区物流业收入占比（%）	55.84	54.64	37.43	33.86

表 9 中以纳入统计的物流企业营收代替全区物流业营收，数据比实际值偏小，则实际的湖里区物流业收入在全市物流总收入的占比应大于表中计算结果，即湖里区物流业收入占全市比例高于 33.86%。

此外，厦门市物流协会公开数据显示，湖里区交通相关产业总收入约占全市的六成，结合图 3 湖里区物流企业数量超过全市的 56%，都能充分说明湖里区物流业在全市物流产业中的重要地位。

二、湖里区物流业现状分析

（一）物流企业业态划分

在现行的《物流企业分类与评估指标（GB/T19680–2013）》中，对物流企业定义为“从事物流基本功能范围内的物流业务设计及系统运作，具有与自身业务相适应的信息管理系统，实行独立核算、独立承担民事责任的经济组织”。

在国家统计局印发《统计上大中小微型企业划分办法（2017）》中，与物流相关联的企业类型为交通运输业、仓储业、邮政业。而在现实中，工商注册登记机关批准的业务范围，可以细分为运输企业、仓储企业、代理企业、配送企业等。

从表 10 来看，除少数业态外，湖里区物流企业门类比较齐全，完善的行业体系可以形成互补优势，可以提升区域物流竞争力。

（二）湖里区物流企业规模

湖里区未纳入统计的企业数量占全行业的 95% 以

湖里区物流企业常见业态

表 10

国民经济分类	常见业态	企业数量（家）	行业分类	典型企业
交通运输业	铁路运输业	7	铁路货物运输	厦门华亿通物流有限公司
			铁路运输	厦门德富物流有限公司
	道路运输业	2481	道路运输业	弘信物流集团有限公司
			城市公共交通运输	无
			道路货物运输	厦门港务物流有限公司
			道路运输辅助活动	厦门金贸物流有限公司
	水上运输业	58	水上货物运输	厦门象屿太平综合物流有限公司
			水上运输辅助活动	厦门汉航物流有限公司
	航空运输业	11	航空客货运输	福建省安创国际物流有限公司
			通用航空服务	福建万翔现代物流有限公司
			航空运输辅助活动	厦门威捷宏物流有限公司
	管道运输业	4	海底管道运输	无
			陆地管道运输	厦门祁汉物流有限公司
仓储业	装卸搬运和仓储业	249	装卸搬运和仓储业	厦门国贸泰达保税物流有限公司
			危险品仓储	无
			农产品仓储	无
邮政业	邮政业	108	邮政业	厦门达速物流有限公司
			邮政基本服务	中国邮政速递物流股份有限公司厦门市分公司
			快递服务	福建中邮物流有限责任公司
			其他寄递服务	厦门鹭空物流有限公司

上（以湖里区为例），到 2019 年底全区物流相关企业 3089 家，规上企业仅 161 家，未纳入统计的企业约占 94.78%，未纳入统计的企业营收无法准确统计。因此，判定物流相关企业的规模，不能以企业营业额来统计，应以从业人数作为统计的主要依据。

根据人社部门统计信息显示，湖里区物流企业规模如图 6：

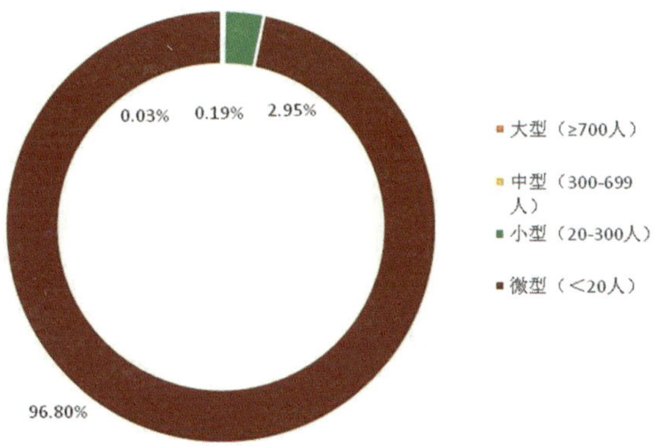

图 6　湖里区物流企业分类占比

从图 6 可以看出，湖里区物流企业以小微型为主，小微企业数量合计超过 99%。众多的小微物流企业在一定程度上增加了行业监管难度，并存在资源过度分散、抗风险能力较弱等问题。如何帮扶小微企业做大做强，应是各方共同关注的重点。

（三）物流企业的从业人员

根据人社统计信息，湖里区物流企业当前缴纳社保人数如表 12：

湖里区物流企业统计表

表 11　　　　单位：个

分类	大于 500 人	100～499 人	50～100 人	0～49 人
物流企业数量	1	16	24	2970

湖里区物流企业从业人数

表 12

类型	大型	中型	小型	微型
企业数量（家）	1	6	91	2990
测算计量值（人）	600	400	100	35
估算值（人）	600	2400	9100	104650
合计（人）	116750			

结合企业规模和企业数量，将湖里区大、中、小、微型物流企业统计人数的测算计量值分别定为 600 人、400 人、100 人、35 人，分别计算湖里区物流企业从业人数。

按照当前统计数据测算，湖里区物流企业从人员按规定缴纳医社保的人员超过 11.6 万人。

此外，与物流活动密切关联的物流设备制造销售维修（部分企业被划分到租赁业）、商贸物流（大部分企业被划到贸易服务业）、信息化（部分企业被划分到科技服务业）等企业的从业人数尚未纳入测算范围。保守预估，湖里区物流相关企业的从业人员在 20 万人左右。

（四）湖里区物流产业载体建设

自厦门市集装箱运输主力港由和平码头搬迁到东渡港区后，围绕厦门“以港立市”战略的实施，在东渡港区周围集聚了大量物流产业发展要素，载体建设不断完善，逐步形成东渡临港产业集聚区，并成为厦门市五大物流产业集聚区之一。

近年来，东渡临港物流产业集聚区充分发挥“一区多园、多种业态”的综合优势，大力发展以保税物流为特征的口岸物流、进出口贸易及以国际国内采购、分拨和配送为特色的专业市场，并着力推进以电子商务为依托的城市、城际配送物流发展，优化产业结构，同时强化招商引资工作，园区经济运行始终保持平稳增长的良好态势。

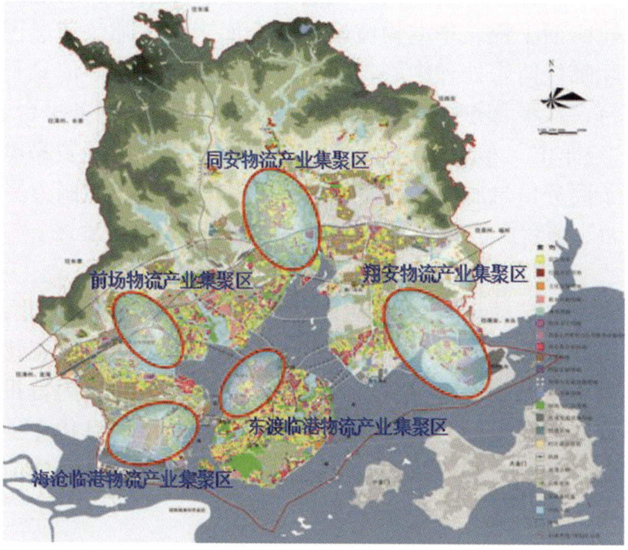

图 7　东渡临港物流产业集聚区

（1）功能区划

东渡临港物流产业集聚区是以现代物流园区为主要载体、紧邻海空港口岸的物流产业集聚区，由海港、空港、保税区、保税物流园区连为一体并联动运作的物流产业集聚区，包括东渡港区、保税物流园区、象屿保税区一期、象屿保税区二期和航空港工业与物流园区五大片区，规划面积约为 9 平方公里，其中象屿保税区一期的规划面积为 0.64 平方公里，二期为 1.55

平方公里，保税物流园区规划面积为 0.7 平方公里，航空港物流园区规划面积为 3 平方公里，海天与象屿码头作业区为 1.9 平方公里。

（2）发展目标

到 2020 年，东渡临港物流产业集聚区物流总收入突破 410 亿元，物流产业增加值达到 140 亿元。

（3）发展思路

以国际转口贸易作为切入点，重点打造国际贸易结算支付平台，积极推动国际转口贸易的大发展；

着力培育总部经济、冷链物流、海运快件、高新技术检测维修、互联网金融等新型贸易业务，重点打造保税展示交易平台、大宗商品交易中心、两岸贸易中心等贸易平台，着力发展民生资料保税仓储、分拨配送业务，积极发展文化保税业务和融资租赁业务，做大做强专业市场；

开展海陆空多式联运，做大电子商务等新型商贸业，打造海西新型电子商务示范区；

通过政策扶持及优化通关环境，延伸服务范围，拓展腹地做大出口拼箱，做好保税配套服务。

（4）支撑项目

重点推进与建设的项目包含：厦门石材商品交易中心项目、万翔现代物流仓储项目、厦门港主航道扩建四期工程、华港物流堆场及仓库工程、邮政速递国际邮件监管处理中心扩建工程、福建电子口岸信息平台、八零商务物流配送中心、海峡快线电子商务平台、“空车汇”车货交易及物流公共服务平台、跨境贸易电子商务信息服务平台、大宗商品供应链互联网服务平台、厦台海运快件、航空港电子商务与物流配套区。

（五）湖里区重点企业与项目

为推动现代物流业的发展，加快培育优势企业，引导实施项目带动。自 2004 年起，确定厦门华贸物流有限公司等 14 家物流企业和 12 个物流项目为首批重点物流企业和重点物流项目，并给予市信息化专项资金支持。2017 年，市物流办印发《厦门市重点物流企业和重点物流项目认定管理办法》，进一步规范全市重点物流企业、重点物流项目的认定和管理工作。2012—2019 年重点物流企业与项目注册或经营所在地为湖里区的，占比如图 8：

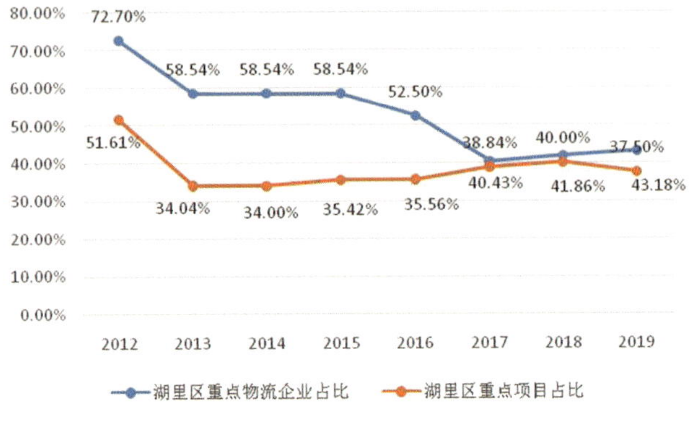

图 8 湖里辖区内市级重点物流企业与项目占比

根据图 8，湖里辖区内市级重点物流企业与项目占比变化，可以得到以下分析结论：

（1）湖里区市级重点物流企业占比虽然较高，但总体呈现逐渐降低趋势；湖里区市级重点物流项目占比虽然较低，但总体趋势平稳。

（2）湖里区物流企业与项目在全市占据重要地位，厦门市和湖里区的发展都离开物流业。

（3）认定时间超过 3 年的湖里区市级重点物流企业占比约 75%，近 3 年新增认定的市级重点物流企业中，湖里区每年只有 1 家左右；反映了湖里区新设物流企业实力较为薄弱。

（4）湖里区市级重点物流项目依托本地区的工业与制造业，较高的占比反映了湖里区物流产业向上下游延伸的张力；但是对土地、能源等依赖性较高的物流项目，正在逐渐减少，而岛外的此类项目有所增加，体现了物流项目的转移过程。

（5）近年来新认定的重点物流企业与重点物流项目中，信息化与智能化成为重要特征，如 2018 年新认定的市级重点物流企业天海欧康科技信息（厦门）有限公司，2017 年新认定的市级重点物流项目顺丰 SSS 自动智能分拣信息系统升级改造。基于互联网技术应用的高技术含量、高附加值的物流业成为行业主流，但是类似企业与项目在湖里区占比不高。

三、湖里区物流业发展分析（SWOT）

（一）优势（S）

1. 交通网络发达

湖里区在地理上位于厦门中心，被其他五个区包在中央，既是人流物流货流的集散地，也是岛内外的交通中转点。湖里区作为厦门市交通枢纽和重要的客货运节点，具有发达的交通网络。海港空港，火车货运北站，厦门大桥、海沧大桥、集美大桥、杏林大桥、翔安隧道、海沧海底隧道及正在建设的第二东、西通道，厦金航线都在湖里区。全市共有公路货运站 2 个，皆为一级站，分别为货运枢纽中心和集装箱储运站，皆位于湖里高崎。

2. 产业环境良好

在湖里辖区内，厦门自贸试验区、火炬高新区、湖里创新园、两岸集成电路产业园、五通金融商务区、“特区·1980”创意产业园等重大产业园区不仅成为经济增长的引擎，园区企业产生的物流需求，也是物流发展的推动因素。随着建设海峡西岸经济区战略的实施，以经济特区、台商投资区、自贸片区、高新技术区等为核心的多层次、宽领域的对外开放格局形成，区域经济将保持快速发展，使湖里区具有发展贸易流通的良好产业环境。

3. 经济基础坚实

2019 年，湖里区全面落实市委、市政府和区委各项工作部署，大力推进高质量发展落实赶超，深入实施“2+4+N”发展战略，实现经济社会平稳健康发展。全年地区生产总值（GDP）1297.30 亿元，同比增长 8.3%。全区规模以上工业企业 211 家，完成现价工业总产值 1809.88 亿元，同比增长 6.4%；重点服务业企业 269 家共实现营业收入 545.57 亿元，同比增长 3.7%。全区实现社会消费品零售总额 377.72 亿元，同比增长 13.9%；新增外资项目 236 个，增资项目 33 个，减资项目 12 个，合同利用外资 67.40 亿元，实际利用外资 19.51 亿元。外贸进出口总额 3044.96 亿元，同比增长 13.0%。坚实的经济基础是市场繁荣和产业兴盛的保障，在一定程度上，对湖里区物流产业发展形成推力。

4. 先行先试政策

湖里区是厦门经济特区的发祥地，1980 年 7 月厦门经济特区获批，1984 年 3 月厦门经济特区由湖里扩大到全岛；1992 年 11 月，国务院批准在湖里区设立厦门象屿保税区；2015 年 4 月，福建自贸试验区厦门片区在湖里区挂牌成立。厦门经济特区和自贸片区在立法、管理、审批等方面有先行先试的自主权，因此最具创新活力。通过“单一窗口”等平台，可以将出口货物的申报效率提升 50% 以上，通关申报时间由 4 个小时减至 10 分钟内；船舶滞港时间由 36 小时缩短为最快 2.5 小时，每艘船省掉了 257 页的申报单证，极大地推动了物流信息化发展进程。

5. 对台区位优势

厦门与台湾隔海相望，闽南与台湾地缘相近、血缘相亲、习俗相同，两地经济具有很强的互补性。湖里区与台湾一衣带水，与金门遥遥在望，无论是天然的地理区位还是沉淀的历史人文，湖里区在对台交流与合作方面具有无可替代的作用和地位。近年来，为加强两岸间物流产业的合作交流，在市物流办指导下，湖里区物流公会、厦门市现代物流业商会等行业组织多次应邀组团到台湾进行物流交流、考察，参与海峡物流论坛、海峡物流节、两岸冷链物流产业合作等重要活动，打造以物流经济为核心的对台交流平台。

6. 产业扶持政策

在厦门市政府、市物流办、市交通运输局、市商务局等多部门出台的物流产业扶持政策基础上，极大地推进了区域物流产业的发展。2014 年 3 月，湖里区政府出台《湖里区人民政府关于印发湖里区促进电子商务发展实施办法的通知》对从事电子商务的企业、人员、用地，以及作为配套电子商务服务的物流配送、包装、拍照、数据处理、软件开发、视频营销、人才培训、客服外包等第三方服务企业，给予奖励或补贴。2016 年 12 月，出台《湖里区促进现代物流业发展实施办法》（厦湖府办〔2016〕97 号）支持物流企业技术创新和技术改造，对物流区域总部企业、规模以上航空货运代理公司等方面制定补贴措施。2018 年 12 月，湖里区政府出台《关于印发湖里区促进现代物流业发展实施办法的通知》（厦湖府办〔2018〕131 号）对物流企业运营中心、跨境电商物流、航空货运业等新兴产业进行扶持。

（二）劣势（W）

1. 经济增长放缓

2019 年湖里全区固定资产投资同比增长 9.5%，远低于 2018 年的 20.1%；尤其是制造业和交通运输、仓储和邮政业的固定投资额均大幅下滑，分别比降 17.3% 和 56.4%。在限额以上企业商品零售额中，汽车类零售额 96.27 亿元，同比下降 0.1%；服装鞋帽针纺织品类零售额 24.03 亿元，同比下降 1.0%。区级收入中，税收收入 45.64 亿元，同比下降 0.2%；全年区级财政支出 58.59 亿元，同比下降 7.5%。

2. 港城矛盾显现

厦门岛内东渡港区是改革开放以后伴随着湖里工业区的规划发展而兴建的，在引导工业区布局和服务厦门经济特区以及全省国民经济和对外贸易发展中做出了很大贡献。目前港区岸线基本开发完毕，但随着城市空间的拓展和水平的提升，港口与城市之间矛盾已经显现，主要表现在：水、陆域空间不足，港口与城市在岸线和土地利用方面关系日趋紧张；港口装卸仓储功能与城市生产生活功能在景观、环境方面不协调；疏港交通特别是集卡运输与城市交通相混杂，易造成交通拥堵和带来安全隐患。根据厦门市城市发展规划，将逐步疏解东渡港区货运功能，根据自贸片区发展情况适度保留集装箱货运能力，重点发展国际邮轮运输，东渡港区物流功能将进一步减弱。

3. 产业要素流失

物流产业的发展要素主要是土地、车辆、人员，如图 9：

（1）用地少。2018 年 11 月，厦门规划委员会公布了最新的《厦门市工业用地控制线方案》，岛内只有少量工业用地，几乎没有规划或预留物流用地，自然也

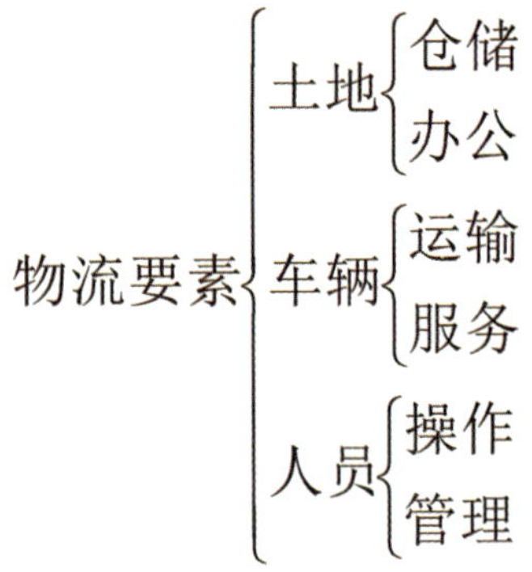

图 9　物流业相关的生产要素

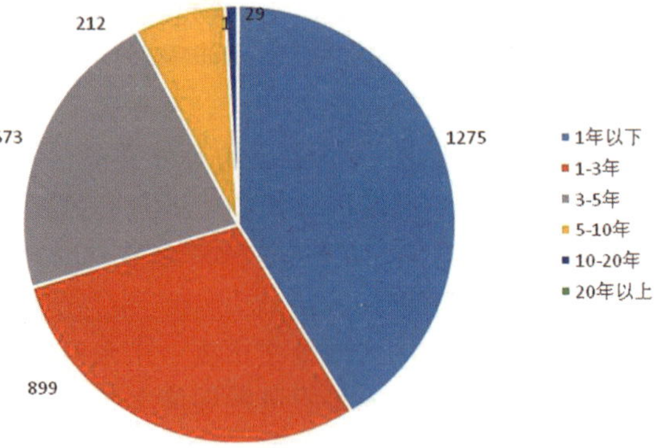

图 10　湖里区物流企业存续情况

就没有规划物流产业所需的基础设施。

（2）用工难。2016—2018 年，湖里区人口结构如表 14：

湖里区人口结构

表 13　　　　单位：万人

年份	户籍人口	流动人口	常住人口
2016 年	30.06	72.34	102.4
2017 年	31.85	71.45	103.3
2018 年	33.92	69.18	103.1
2019 年	36.59	66.01	102.6

在人口结构中，生产劳动最大的依赖是外来的流动人口，从表 14 来看，湖里区流动人口数量在连续 4 年下降。物流作为劳动力密集的行业，离不开大量的劳动力作为支撑。此外，人力资源成本也在逐年增加，员工工资成为物流企业的最大成本之一。因此，人口可能成为湖里区物流发展的制约因素。

（3）通行难。根据行业调研情况来看，虽然厦门市大部分区域对物流车没有明确的禁行或限行，但是普通道路的限高限宽限行、路边停车 8 分钟限制、新能源车辆通行路权、电动自行车禁行等问题，给物流产业发展带来一定的影响。

4. 行业竞争激烈

根据工商统计数据显示，截至 2019 年 12 月 31 日，湖里区物流企业存续年限情况，如图 10：

从图 10 可以看出，湖里区物流企业注册数量逐年增加，但企业存续时间集中在 5 年以内；既反映了湖里区物流企业之间同质化严重，市场竞争激烈，也说明了湖里区物流企业应对竞争的能力较弱，平均存续时间只有 3 年左右。

5. 融资借贷困难

结合前文分析，湖里区物流企业规模 99% 以上为中小微企业，而我国中小微企业普遍存在“融资难、融资贵”等问题。市场化的银行金融服务产品中，针对企业的融资贷款，主要有：抵押贷款，根据申请企业的固定资产来计算授信额度，并要求进行抵押，而物流企业多是轻资产型的，很少有适合抵押贷款的；互保贷款，要求申请企业互相担保，一旦出现坏账，联保企业要分担责任，且授信额度不高，不适用于物流企业；信用贷款，对于企业信用评估的机构和评估结果都有一定要求，由此产生的各类服务费，反而增加了企业负担。

6. 经营成本过高

根据企业的实际情况，物流企业的成本主要包含：运费、仓储费、材料损耗费、人员费用、各种行政管理费及税收、其他费用（如货物的保险费用和货物损失的赔偿等）。湖里区物流企业数量众多，在调研过程中，80% 的企业表示当前企业运行成本过高，尤其是传统的运输、仓储类企业认为成本中占比最高的是员工费用。

（三）机遇（O）

综合湖里区的自然资源、社会经济、地理区位、规划建设等要素，湖里区物流产业发展有以下重要机遇：

1. 全市战略发展的机遇

在实施“美丽厦门”和建设“五大发展城市”战略的同时，湖里区物流产业会遇到一个良好的机遇：以港口物流和交通运输业为基础，促进供应链物流与互联网、物联网、大数据等技术融合发展；以平台为依托，开展信用评估、融资、保险、信息等增值服务；推进仓储、包装、分拣、装卸、配送的流程服务标准化；探索资源节约和环境保护模式，打造绿色物流城市。

2. 区域产业规划的机遇

厦门市《打造现代物流千产业链规划》和《“十三五”物流规划》中，现代物流业重点发展领域与方向在分工上，湖里区均被列为重点支撑单位；湖里区政府印发《湖里区“十三五”规划纲要》提出构建“一主两辅”产业轴，形成“一核四圈四区”的产城融合空间结构；在厦门自贸片区产业规划中，国际贸易综合发展区明确发展供应链管理、冷链物流、绿色物流的目标。

图 11　湖里区物流企业存续情况

3. 行业转型升级的机遇

随着交通运输结构的调整，物流业的分工也更加细化。在“互联网 +”高效物流、“智慧物流”的推动下，涌现出一大批新企业、新模式、新业态。通过兼并重组、联盟合作等方式，物流企业不断强化资源整合能力，加快跨界融合，服务范围逐渐向产业链、价值链高端延伸。当前湖里区物流企业以仓储、运输为主，在新的城市规划中，这部分企业将逐步转移出去，而新兴产业中的快递、电商、城市配送、多式联运、物流平台、总部经济等新模式会不断出现。

4. 两岸经贸合作的机遇

湖里区对台湾有着“地缘、血缘、文缘、商缘、法缘”的五缘，这种地缘相近、血缘相亲、语言相通、习俗相同的人文关系在促进海峡两岸的经贸合作、科技文化交往、吸引台商在大陆投资等方面有重要地位和作用。作为台胞的主要祖籍地之一，湖里区在构建海上运输通道、改善两岸交通联系、加强两岸经济联系、推动两岸“三通”方面肩负着无可推卸的责任。随着海峡两岸沟通交流、贸易往来的不断深化，物流作为两岸经贸合作不可或缺的环节，在技术合作、信息融合、标准互认等方面有便利的合作条件，也会由此出现新的发展机遇。

5. 自贸片区建设的机遇

厦门自贸片区的两岸贸易中心落户在湖里区，伴随自贸片区试点成果推广应用，与之直接相关的贸易、航运、港口、物流、建筑、地产、金融等领域将最为受益。未来可能出现的贸易改革，将有助于厂商降低生产运营成本，消费者可获得价格更低的商品，进而吸引各国货物到自贸区集散转口，进一步提升自贸区物流服务功能，加快物流业发展。

6.“海上丝绸之路”的机遇

2019 年 9 月，首届丝路海运国际合作论坛在厦门开幕，并发布《“丝路海运”建设蓝皮书 2019》。蓝皮书指出，以“丝路海运”平台为基础，以国际港航合作为抓手，厦门 43 条命名航线共开行 934 个航次，完成集装箱吞吐量 76.26 万标箱。此外，通过缔结友好港、吸引外资企业参与港口建设和鼓励港航企业走出去等一系列措施，正助推“海丝”核心区建设朝着高质量发展方向走深走实。湖里区作为厦门市重要交通枢纽和物流节点，借助“海上丝绸之路”将会迎来更多的发展契机。

（四）挑战（T）

1. 行业监管困难

我国的物流业是一个垄断性和竞争性并存的混合产业，该产业自身特性、发展水平和我国政府组织结构决定了政府对物流业无法深入细致地跟踪监管。随着“放管服”和政府职能转变，行政手段对企业的约束力越来越小；而人社部取消物流行业的部分从业资格证书后，从业人员的结构更加复杂，流动性越来越强，因此对现代物流的监管的难度越来越大。此外，物流业监管制度仍然受制于计划经济体制影响，物流产业各个领域的管理权限被分散于各级各部门。如铁路、公路、航空、海运、仓储等物流管理职能，分属于交通、民航、商务部等不同政府部门，难以做到行之有效的管理与监管。

2. 两极分化严重

物流企业的两极分化，不仅体现公司规模上，也体现在企业盈利能力上。在湖里区企业规模分析时，根据人社数据显示，湖里区物流企业中员工人数（仅指缴纳医社保人数）最多的达 588 人，而许多微型企业仅有 2 名员工。在 2018 年度中国物流企业 50 强排行榜上，名列第二的为湖里区企业——厦门象屿股份有限公司，物流业务收入高达 1219438 万元，约占全区物流总收入的五分之一，超过全区近 2500 家物流企业的收入总和。

3. 设施建设不完善

通过 2015—2019 年的湖里区国民经济统计公报可以看出，以交通运输业、仓储业、邮政业为主的物流产业，5 年中有 4 年进入全区产业增加值最快的前三位，成为湖里区重要的经济增长点。湖里区交通设施建设齐全，但物流业的基础设施建设仍比较薄弱。在调研中，有多家企业反馈：物流车辆停车场地不足，当前大约有 3 万辆货运车辆因企业注册地在湖里区或业务方便等因素而需要产生停车需求，而实际上并没有专门的物流货运停车场地，该问题也未妥善解决。

4. 管理水平较低

相对于发达国家而言，我国现代物流业的发展水平尚有差距，商贸物流业的运行速度慢，效率低已经成为制约我国经济发展的重要因素，保持经济增长的“瓶颈”。根据当前湖里区物流企业规模来看，中小微型企业超过 99%，数量庞大却实力薄弱的中小微型企业普遍存在技术力量薄弱、管理水平落后、竞争能力差、经济效益低下、资金人才缺乏等重要缺陷，对湖里区物流产业的发展壮大产生消极影响。此外，较低的企业管理水平，不仅严重制约着产业的发展，也会造成不同程度的社会资源浪费。

5. 法律意识淡薄

促进现代物流服务业的发展是全市经济转型升级的一项重要改革内容，物流业的发展建设更是建立在发挥位置、交通、规模、功能、信息、服务等优势条件基础上的经济发展模式。通过调研发现，湖里区的物流企业普遍存在着防风险意识较缺失、抗风险能力较弱、法律意识不强的特点。企业所遇到的法律争议，主要在交通事故、货物运输、保险理赔、劳动人事、保管仓储及海事海商等方面。

6. 信用建设滞后

在国内外企业竞争日益激烈的市场环境中，信用已成为企业的一种稀缺资源，而在现代物流领域，行业信用建设滞后，物流企业信用危机日益突出。比如常见的货物丢失、配送延误、货物损坏、拖欠货款、恶意欺诈等。为落实《关于我国物流业信用体系建设的指导意见（发改运行〔2014〕2613 号）》，2016 年 4 月，厦门市现代物流业商会、厦门市湖里区商会物流行业公会等在市物流办指导下，开展行业信用建设工作，截至 2019 年底，累计完成 102 家物流企业信用等级评估，其中湖里区企业仅 40 多家，约占湖里区物流企业总数的 1.5%

（五）湖里区物流产业发展（SWOT）综合分析

基于对湖里区物流产业优势、劣势、机遇和挑战的分析，结合区域经济发展，构建业态分析框架。

表 14

湖里区物流产业分析框架

结合厦门市物流产业政策、湖里区社会经济发展对湖里区物流产业／行业／企业的综合分析	优势 S	劣势 W
	交通网络发达、产业环境良好、经济基础坚实、先行先试政策、对台贸易优势、产业扶持政策	经济增长减速、港城矛盾显现、产业要素流失、行业竞争激烈、融资贷款困难、经营成本过高
机遇 O	SO 分析	WO 分析
全市战略发展的机遇、区域产业规划的机遇、行业转型升级的机遇、两岸经贸合作的机遇、自贸片区建设的机遇、“海上丝绸之路”的机遇	统筹市区两级对产业发展的规划，合理调整，优化资源配置；利用对台交流和自贸区建设的政策优势，推进产业转型升级，积极发展对台物流、新兴物流	根据城市规划和资源配置情况，加快产业转型，减少企业对生产要素的依赖；及时调整产业扶持政策，对接市级单位，解决企业融资难题
挑战 T	ST 分析	WT 分析
行业监管困难、企业两极分化、基础设施欠缺、管理水平较低、法律意识淡薄、信用建设滞后	优化产业结构，完善基础设施建设；加强产业扶持，强化行业监管；推动行业信用建设，提高企业法意识	外部环境复杂性易对湖里区物流产业带来影响，造成冲击；行业同质化严重，竞争激烈；企业自身经营管理水平较低，发展壮大困难

通过 SWOT 分析，湖里区物流产业可选择增长型（SO）战略，即快速发展和积极推进，包括：

（1）充分发挥湖里区物流产业基础良好、企业众多的优势，合理调整物流园区功能建设，优化资源配置；

（2）结合国家省市物流发展规划，大力发展新兴产业，逐步推动产业转型升级，降低物流企业对土地的依赖；

（3）借助对台区位优势和自贸区政策洼地，积极发展对台物流，促进两岸产业融合，由物流行业交流带动商贸经济交流；

（4）结合企业实际需求，有序、及时调整产业扶持力度和方向。

四、湖里区物流业新定位与发展建议

（一）市级规划对湖里区物流业的定位

在厦门市物流办印发的《厦门市现代物流业“十三五”规划》中，湖里区物流业重点发展领域如表 16。

厦门市物流“十三五”专项规划对湖里区物流业重点发展领域进行前瞻性和全局性分析，任务分工不仅明确了湖里区物流发展的重点，也指出了湖里区物流发展的优势。

（二）区级规划对湖里区物流业的定位

在《湖里区“十三五”规划纲要》中，进一步明确“2+4+N”的发展战略，对现代物流发展方向确定为：重点对接自贸区航运物流产业发展，提升航运物流服务、航运专业服务、国际航空服务，重点发展海空物流、快递物流、生活消费品配送、冷链物流等第三方物流，推动信息技术、车载及手持终端等物流先

湖里区物流业重点发展领域

表 15

重点领域	发展方向	分工
口岸物流	国际中转	海沧、湖里
	国际采购	海沧、湖里
	国际分拨与配送	海沧、湖里、翔安
	国际转口贸易	海沧、湖里
	内支线中转	海沧、湖里、翔安
	内贸中转	海沧、湖里、翔安
	国际航运服务	海沧、湖里
高端、创新物流	供应链一体化物流	全市（含湖里）
	金融物流	全市（含湖里）
	物联网物流	全市（含湖里）
	低碳物流	全市（含湖里）
城市配送及快递物流	城市配送	全市（含湖里）
	快递物流	全市（含湖里）
	农产品物流	同安、湖里
	食品冷链物流	全市（含湖里）
	医药物流	全市（含湖里）
制造业、商贸业联动物流	电子物流	翔安、湖里、同安
	临港商品交易平台	海沧、湖里
	共同配送物流	全市（含湖里）
区域联动物流	对台物流	海沧、湖里、集美、翔安
	厦漳泉区域物流	海沧、湖里、集美、翔安

进技术的应用，增强供应链管理服务功能。加强对台航运物流合作，打造台湾生鲜食品、海上快件、制造生产等供应链物流中心。

湖里区的规划中，明确了对接对象和发展对象，将快递城配、生消冷链等新兴产业列为发展重点，体现了湖里区物流业的重大转变：由依赖产业要素的传统运输仓储物流，向集约智能的现代物流转变。同时，也强调对台航运、对台冷链，将对台物流打造为特色产业。

（三）湖里区物流产业的新定位

在对湖里区物流产业 SWOT 分析的基础上，对照湖里区物流业发展定位，结合湖里区物流业实际情况，对湖里区物流产业功能重新定位如下：

以全市物流产业规划为蓝图，以“2+4+N”发展战略为依托，以产业转型升级为核心，以对台物流合作为特色，以招商引资为抓手，以中小微企业扶持政策为助力，以做大做强湖里区物流产业为目标。

具体要求即：稳步提升航运、航空配套业务，着力发展新兴物流、智慧物流产业，悉心培育商贸物流、保税物流、供应链管理三个核心产业，全力打造对台物流、冷链物流两个特色产业，积极做好招商引资、产业扶持工作，立足厦门，服务两岸，不断做大做强湖里区物流产业。

（六）湖里区物流业发展建议

（1）积极推动物流业转型。当前物流企业多是由传统体制下物资流通企业基础上发展而来的，企业服务内容多数仍停留在仓储、运输、搬运上，现代化的综合物流服务企业数量较少，物流的统筹策划和精细化组织与管理能力都明显不足。随着港口规划调整和国际机场外迁，湖里区原来的以海运、空运、集运、仓储为主的物流业必定会受到影响，船代、货代、空运服务等配套企业也受到波及。湖里区应出台政策，积极引进新兴物流产业，发展以人工智能、工业互联网、物联网为基础的智能物流和智慧物流，重新布局，推动产业转型。

（2）加大物流业招商引资力度。物流作为基础产业，对经济建设和民生消费有重要影响，还是增加税收招、解决就业的有效途径。湖里区物流企业以内资为主，企业规模普遍较小，市场竞争力较弱，应当以重视物流企业招商，不断创新招商模式，加强招商资源整合优化，引进具有市场竞争力的第三方、第四方物流企业，努力引进国内外知名物流企业，调整产业结构。

（3）完善产业发展的政策措施。进一步完善企业财税扶持政策，出台涉及供应链管理、跨境电商、海外仓、城市配送、多式联运、无车承运、云仓配管理系统、物流车货匹配平台等物流新业态以及先进技术应用方面的扶持政策。

（4）加强对现有物流企业的培育。支持和引导物流企业进行各种形式的资产重组以及各种形式的企业联合与合作，加快传统运输型、仓储型物流企业转型形成一批规模大、实力强的第三方、第四方物流企业；支持物流企业建立信息管理系统，运用先进的仓储管理、运输管理、货物分拨、电子订货等信息系统软件和射频识别等装备技术，提高物流管理信息化水平，增强企业竞争力；鼓励本地物流企业“走出去”开展业务；支持物流企业加入全国性的供应链与物流商协会组织，获得协会在研发、设计、采购、生产、销售、物流等一体化高效供应链管理上的帮助，实现资源共享；引导物流业与制造业、商贸流通业、电子商务、互联网 + 等产业深度融合、联动发展，提高现代物流水平及市场竞争力。

（5）引进高素质的物流人才。湖里区不仅具有完整的物流综合服务体系，还有2所高等院校，建议采取多种形式宣传普及现代物流知识，提高全社会现代物流意识和知识水平；鼓励两岸物流行业商协会密切交流合作，开展物流技术人才培训交流；探索建立物流人才技能考核与职称评定体系；组织支持企业引进掌握现代物流专业知识的复合型人才，并积极开展在职培训；支持高校开设物流相关专业，为物流行业培养输送大批实用人才。

五、湖里区对台物流发展思路与建议

（一）湖里区对台物流重点领域

1. 对台港口物流枢纽

2019年厦门入选国家物流枢纽建设名单，类型为港口型国家物流枢纽。厦门现代港口建设起始于东渡港区，包括海天和象屿两个主力码头群，均位于湖里区，自20世纪90年代完成了港区功能从和平码头向东渡码头的转移，这个港区成为厦门港的主力港区，为厦门和周边地区经济社会的发展，作出了巨大的贡献。目前东渡港区拥有泊位59个，设计通过能力3578.2万吨/年，其中集装箱通过能力277.4万标准箱/年。在对台物流服务方面，东渡检验检疫局建立了对台检验检疫党员服务队，采取多项措施保障台湾进口冰鲜水产品快速通关：一是实行检验检疫人员转岗专责，专职负责近期进口台湾水产品的施检工作，确保快速反应，做到船靠人到、货到即验；二是对不需送检的水产品，现场查验合格的，做到即验即放；三是对送检环节开辟送检绿色通道。提前与检测部门联系好送样事宜，做到即检即送、优先检测，减少送检待时、提高通关效率。

根据《厦门港总体规划》，厦门港东渡港区将适时搬迁改造，远洋集装箱和散杂货运输功能要转移到海沧、刘五店、招银港区，大宗散货运输功能转移到后石港区，东渡港区仍保留300万标箱能力，同时可靠泊近洋航线。在此背景下，湖里区要利用区位优越，结合厦门港口型国家物流枢纽和自贸片区航运中心的建设，积极建设集装箱中转、集疏运网络等硬件设施，发展航运业服务的金融、贸易、信息等配套产业；进一步推进与台湾货运直航，增开两岸集装箱班轮航线、滚装航线和散杂货不定期航线，以港口联盟形式，共同开发国际航线。

2. 对台农产品物流

福建是最早开展两岸农业合作的省份，闽台农产品贸易增长将产生较大的物流需求。早在2005年5月期间，祖国大陆首次开放一批台湾水果零关税进口，厦门中埔水果批发市场就首先腾出5000平方米场地，建起了可容纳1300吨水果的临时保鲜冷库，设立台湾水果专区，并首次招入了20多家台湾水果商、农会入场经营。至2019年厦门进口台湾水果6.7万吨，连续12年居大陆进口口岸首位；进口台湾水海产品2.4万吨，居全国第二。

发展对台农产品物流合作，一是打造两岸农产品物流基地和配送中心。利用现有各类农产品集散中心和批发市场，通过整合开发和改造提升，形成对台农产品集散中心、信息交流中心、资金结算中心和物流配送中心。二是形成高效便捷的农产品物流服务系统。鼓励台商在湖里区设立农产品物流配送中心，帮助台湾水果经营者开拓大陆市场，扩大台湾农产品在福建销售和分销份额。完善市场、仓储、物流等配套设施，简化农产品通关手续，为台湾农产品流通提供快捷服务。三是构建冷链物流网络。吸引台湾冷链物流企业参与冷链物流中心或物流园区建设，鼓励流通和冷链物流服务企业运用供应链管理技术与方法，实现生鲜农产品产供销一体化的冷链物流运作。

3. 对台跨境电子商务

台湾地区人口虽然只有大约2300万，但据雨果网数据显示，台湾互联网的普及率高达88%、移动设备使用率高达79%、超过70%的台湾网购者使用手机购物，电商十分成熟。2016年台湾网购消费者比例达62%，居世界前列，电商销售额约占台湾总零售额的11%。据台经济部门统计数据，2017年的台湾“双11”比2016年同期业绩多出4成。2018年11月，台湾电子购物及邮购类数额较上年同期飙升20%，营业额突破200亿元；“双11”当天，台湾网络零售的销售额暴增327%，在线流量增加133%。2019年“双11”期间，“淘宝台湾”当天单日业绩比平日增加25倍，网页总浏览人次突破1000万，台湾地区成为首小时购买榜单的第二名，在中国各省区购买金额榜单排名中，台湾为第31位，高于香港、澳门。

随着两岸跨境电商的高速发展，对物流服务提出更高的要求，不仅要优惠政策环境，更需要改善物流综合能力，着力提升物流在时效、成本、安全、逆向物流、信息追踪、服务体验等方面服务水平。虽然自2008年起，厦门邮政率先通过空运或海运直航开启了两岸信件、包裹往来，但远远无法满足两岸跨境电商的需求。这对湖里区发展对台物流来说既是机遇，也是挑战。应充分利用湖里区地缘和对台邮件总包封发局的优势，发挥“台海快件”和厦门对台邮件交换中心的作用，打造两岸邮件往来的主要中转地和集散地。同时规划建设台湾向大陆电子商务物流中转总站，使湖里区成为两岸跨境电子商务物流的主渠道；鼓励两岸物流企业设立中转集散分拣仓库，打造两岸跨境电商结算中心，积极培育品牌优、规模大、实力强的本地物流寄递企业，支撑两岸跨境电商物流网络发展。

4. 对台冷链物流

2011 年厦门成为首批“两岸冷链物流产业合作试点城市”之一。2014 年，厦门专门成立的“两岸食品冷链物流标准化工作组”与台湾工业技术研究院、在厦台资企业等，开始共同开展食品冷链物流系列标准的研制。2019 年，由两岸食品冷链物流标准化工作组组织召开的“两岸食品冷链物流行业标准共通研讨会”在厦门召开。

两岸冷链物流合作不断细化，并形成共识和共通标准，进一步建立完善机制性沟通渠道，加强信息交流互享，对于便利两岸经贸往来、支撑产业规范发展方面有重要意义。湖里区对台交流的水果、农贸、花卉都离不开冷链，发展对台冷链物流也是湖里区物流产业的重要发展方向。当前湖里区对台冷链物流的代表是厦门万翔冷链物流中心，作为全国首家航空冷链业务中转库，可以为客户提供集食品、果蔬、药材等冷链物品检验检疫、报关、通关、仓储、分拣、集拼、中转快运、信息化处理、城际运输、城市配送等一体化的专业冷链物流服务。

5. 对台中转物流

台湾既是大陆进出口货物的收发货地，也是大陆到东南亚货物的中转站。从台湾到大陆腹地的水果、农产品需要在沿海口岸进行中转和关检查验，然后发往目的地；同时大陆中西部地区的台湾企业代工厂，也需要将成品或半成品运往沿海口岸进行中转和关检查验，再转运到台湾。虽然各地自贸试验区建立后，在当地即可清关发货，但除了集成电路等高附加值产品外，由于海运费只有空运的六分之一，因此大多数货物到台湾还是以海运为主。

虽然湖里区港口生产任务逐渐外移到岛外海沧和翔安，但东渡港区目前仍然承担 300 标箱的海运任务，完全可以满足台海中转运输的需求。此外，邮政快件处理中心和跨境电商产业园已建成投产，在功能使用方面，应该将集中处理和对台中转列为重点建设项目。

（二）湖里区对台物流规划思路

1. 近期规划

（1）重新定位。随着两岸形势的发展和自身产业发展要素的变化，湖里区应在分析对台交流合作方面的优劣势基础上，重新定位对台产业发展规划，调整产业发展扶持政策。

（2）整合资源。根据当前两岸物流合作的业务内容与方式，支持企业进行整合，避免同质化竞争与资源浪费。同时，结合海西对台物流的发展趋势，适当调整发展方向，例如大力发展腹地—台湾—国际的中转物流，减少沿海集装运输竞争。

（3）优势互补。应重点围绕两地在物流产业结构和生产要素等方面互补性较强的领域深入合作，通过资源整合实现共同发展。大力推进闽台冷链物流产业合作，引进台湾先进的技术、管理、人力资源模式，发展生鲜农产品物流和冷链物流系统，逐步形成功能完善、布局合理、设施设备先进、上下游紧密衔接、运行管理规范的冷链物流发展格局。

（4）突出重点。根据“海西经济区”与“海丝”发展规划，持续推进两岸农产品物流中心、五金机电物流中心、两岸金融中心等产业园区建设，鼓励两岸产业界合作投资冷链物流和寄递物流分拣中心，为进一步拓展两岸经贸往来提供更好的服务。

2. 中长期规划

（1）积极探索制度创新，突破制度障碍。应进一步优化营商环境，本着“能免尽免”的原则，对台湾进口或过境货物降低口岸服务性收费；在联检报关制度上，进一步优化办理进出口手续边检，形成途中报关、到港集中查验、一次放行的通关方式，减少船舶在港时间，提高通关效率。此外，双方可以通过非官方的行业组织在技术交流、信息共享、人员培训、业务合作等方面加大合作与交流。

（2）积极引入现代物流企业，打造两岸互补型产业。重点加强对台湾第三方物流企业的招商，引进台湾现代专业物流企业，提升湖里区物流业发展水平。发挥厦门对台直航的基础优势，鼓励台湾航空、海运企业到湖里区投资发展，鼓励船代、货代，互相开放承揽业务、互设办事处和分支机构，并按业务量给予奖励。鼓励物流信息化、跨境电商平台企业入驻湖里区产业园，在投资引资、业务发展、技术支持、人才交流方面形成互补。

（3）开展多样化物流产业对接，打造农产品集散中心。充分利用海峡两岸的地缘优势和资源优势，开展基于地区特色的多样化物流产业。积极落实相关优惠政策，开放台湾农产品、花卉产业、水产品冷链业务；鼓励大陆物流公司发展对台海运、空运业务，使湖里区成为两岸重要的商品集散基地；引导两岸物流金融服务，发挥海峡银行等金融机构的作用。

（三）湖里区对台物流发展构想

1. 打造对台新兴物流产业园

在工业 4.0 时代，随着 5G 网络技术的研发应用，传统物流向现代物流、智能物流、智慧物流的演变已是大势所趋，各种新技术、新思维、新模式与物流行业相结合，产生各种各样的新兴物流。湖里区可用于发展物流的土地、人力、能源等产业要素已经没有了绝对优势，因此，湖里区发展对台物流方面，建设新兴物流产业园，应当包含以下方面：

（1）跨境电商物流

“服贸协议”签署后，两岸在跨境电商领域的合作不断深化。一方面，应鼓励两岸在跨境电商与物流的技术对接和业务对接方面进行探索，包括交易软件与物流软件的对接，买卖合同与运输保管合同的对接，结算系统的对接等系统集成问题。另一方面，积极引导跨境电商企业与物流企业的结合，有条件的跨境电商企业可向物流企业延伸，信息查询、交易在网上进行，物流业务由物流公司来做；或从事物流企业向跨境电商延伸，信息查询、交易、货物送达都由物流企业完成；或实行现货仓单交易。

（2）农贸冷链物流

冷链物流泛指冷藏冷冻类食品在生产、贮藏运输、销售，到消费前的各个环节中始终处于规定的低温环境下，以保证食品质量，减少食品损耗的一项系统工程。它是随着科学技术的进步、制冷技术的发展而建立起来的，是以冷冻工艺学为基础、以制冷技术为手段的低温物流过程。冷链物流的适用范围包括：初级农产品，如蔬菜、水果；肉、禽、蛋等，以及水产品、花卉产品；加工食品，如速冻食品、禽、肉、水产等包装熟食、冰淇淋和奶制品，以及快餐原料；特殊商品，如药品等。由于食品冷链是以保证易腐食品品质为目的，以保持低温环境为核心要求的供应链系统。台湾在冷链物流产业方面积累了雄厚的技术力量和丰富的发展经验，这对大陆冷链物流产业发展和两岸合作具有十分重要的指导借鉴意义。大陆丰富的资源和巨大的市场需求则是市场已趋向饱和的台湾所急需的。因此，两岸冷链物流产业合作互补性强，在两岸搭建的制度性平台的基础上，双方互利合作，前景广阔。

（3）末端配送

台湾的物流发展相对精细化，有着与日本相类似的发展趋势。和大陆相比，台湾地区的物流精细化操作程度更深，同时具备“宅配”和“店配”两种模式，除了引进日本先进的物流理念，还通过整合社会资源，充分发挥便利店信息平台、门店网络、物流配送的优势，建立基于便利店社区网络化的物流配送体系。而大陆由于人口基数大、人口分布密度，末端配送起步晚，发展不均衡；因此，可以凭借消费群体大、物流服务市场广阔等优势，学习借鉴台湾配送业先进经验的同时，也可吸引台湾配送物流企业落户湖里，通过独资、合资等形式，与大陆配送业形成和睦共处、良性竞争、优势互补的良好局面。

（4）互联网物流

互联网物流要求物流节点普遍实行信息化管理，充分利用自动化设备收集和处理商流、物流过程中产生的信息，对物流信息进行分析和挖掘，最大限度利用有效信息对物流活动进行指导和管理。基于互联网产生的物流信息化平台、车货匹配系统、无车承运人、电子口岸单一窗口等新兴产业模式，引导带动行业向集约化、规模化、组织化方向发展，对现代物流业发展都是重大革新。发展对台互联网物流，不仅可以优化产业结构，还可以获得技术、人才支持，对全区物流向国际化转变有重要意义。

（5）物流专业服务

引进培台湾供应链集成及贸易物流综合服务商，开展进出口贸易代理、报关报检、物流运输、保税及非保税仓储、信息咨询、国际结算等一揽子供应链服务。让湖里区物流企业借鉴学习台湾物流业发展经验，鼓励两岸物流企业加深合作，相互投资建立联盟，提升供应链综合管理能力，建设两岸供应链管理中心。此外，可以引进专业的第四方物流从供应链设计、物流整合、信息技术、咨询服务等方面，改善物流运送效率，降低物流成本，增加企业经营效益。湖里区物流企业以传统运输、仓储、货代形式居多，亟须调整产业方向，探索转型升级。

2. 两岸物流结算中心

2009 年 4 月 26 日，海峡两岸关系协会与海峡交流基金会签署了《海峡两岸金融合作协议》，双方同意逐步建立两岸货币清算机制，加强两岸货币管理合作。2012 年 8 月 31 日，两岸货币管理机构签署了《海峡两岸货币清算合作备忘录》。2013 年 2 月 6 日，首批 46 家台湾外汇指定银行及境外金融机构，与中国银行台北分行签署清算协议并开户，正式开办人民币业务，两岸“通汇”开始实质运作。

两岸物流结算中心是在旨在《海峡两岸金融合作协议》和《海峡两岸货币清算合作备忘录》的框架下，结合两岸金融中心建设方案，用“结算 + 金融”的供应链金融创新服务模式，优化风险管理，打造物流金融生态体系，着力推动两岸商流、物流、信息流、资金流“四流合一”，使物流结算资金与物流金融资金形成闭环，实现金融安全监管和普惠金融，促进物流产业良性发展。

建设两岸物流结算中心，属于打造物流金融服务的基础设施，能够促进对接“一带一路”与“海丝”新通道建设，为区域金融互联互通创造条件。是发展对台物流的客观需求，既可以简化结算流程，也可以减少第三方货币结算方式产生的非必需物流成本。构建具备物流、金融、科技、研究等功能的物流结算中心，既是创新物流及贸易领域结算平台体系、资金管理模式和结算方式，也是重庆自贸试验区金融改革创新的新举措，可发挥物流金融公共服务的功能和作用，破解物流及贸易企业尤其是中小企业融资难融资贵问题。

（四）湖里区对台物流发展建议

1. 创新对台交流机制

海峡两岸虽然同宗同源，但体质差别是影响两岸经贸稳定的根本原因，因此，湖里区发展对台物流，首先要解决的问题是如何求同存异，创新对台交流的方式和机制。湖里区可做工作入戏：对内，要建立健全产业发展协调机制，共同制定物流产业政策，协商解决区域物流合作与竞争的重大问题；加强口岸关检等部门的协调，制定统一的经营规则，努力降低制度差异所产生的交易成本，提高综合物流效率；对外，推动两岸海关“监管互认、执法互助、信息互换”，实施以“互认”为核心的机制化海关合作模式。探索海关特殊监管区域交流合作，在台资企业密集地区开展海关保税物流业务；规划加工转口区，吸引利润差距较大的台湾商品（如热带水果、水产品）到湖里区，利用大陆人力资源成本较低的优势，加工增值后出口或转内地消费，既可以密切两岸贸易关系，还可以增加就业，发展加工转口贸易物流。

2. 拓展两岸贸易腹地

货源是两岸贸易发展的保障，腹地越宽广，货源就越充足。湖里区发展对台贸易的经济腹地首选省内的漳州、龙岩、三明、南平等市；其次是江西赣州等南部各地市；再次是江西南昌、鹰潭等北部城市，以及浙江衢州、丽水、安徽黄山、广东梅州等沿海内陆地区；再次是湖南、湖北等中部省市。湖里区具有良好的地理区位，可以作为国际物流的采购、中转基地，使台湾进口或经台湾中转的货物能够实现快速集散，同时为内陆腹地的货物转口台湾提供清关报检服务。当前国内大宗散货运输，对铁路依赖性强，江西等内陆省份外贸货源进出福建最便捷经济的是铁路通道，要加强交通疏运系统建设，进一步完善快捷出省的货运铁路网，建立各方共同参与的海铁联运协商机制；按照加快服务中西部、拓展两岸交流合作综合运输通道要求，继续推进高速公路网建设，加快建设湖里区到省内及周边地区城市、主要业群的公路集运支线，不断拓展物流业发展腹地。

3. 构建区域物流服务格局

按照经济区划和物流业发展的客观规律，打破行政区划界限，以项目合作为纽带，积极推动湖里区与周边省份和中西部地区的物流合作，逐步形成区域一体化的物流服务格局。继续发挥厦漳泉物流发展联席会议等协作作用，落实已推出的优惠政策，建立更加紧密的区域合作机制。进一步促进湖里区物流企业与港澳台、福建省内、内陆地区的物流企业分工协作，做到优势互补、协调发展。推动区域通关查验平台建设，推行跨区不同关区、检区间的区域通关模式，扩大“属地申报、口岸验收”和直通式放行范围。加快建设江西内陆港，吸引更多的货物从湖里口岸进出，鼓励区内物流企业到内陆腹地开办分支机构，承接对台大宗散货运输业务。

4. 推进两岸物流企业与产业合作

根据两岸两地物流企业的发展现状，加大物流资源整合力度，出台产业发展扶持政策，鼓励湖里区物流企业兼并重组，引导两岸大型物流企业通过投资、合作、参股等形式，加大物流设施投入，共同做大物流产业；共同对腹地的内陆省份开展口岸推介，争取台湾大宗货物由湖里区中转，促进两岸口岸服务业联盟发展。主动承接台湾物流产业转移，推进两岸临港产业全面对接，引导、支持物流企业向专业领域渗透，延伸物流服务领域，在湖里区对台产业集聚地区建设综合性物流服务平台，打通两岸物流信息交换，探索两岸通用物流标准，全面提升本地区物流业水平。

5. 提升两岸物流协作水平

推进物流标准化和信息化建设，促进供应链物流分工，实现企业内部供应链环节管理和技术标准化，建立健全物流标准化门类，加强推广国际标准、国家标准；积极制定地方标准，加快仓储、转运设施、运输工具的标准化改造。推广应用物流领域信息技术，鼓励物流企业广泛采用先进技术，实现商品来源可追溯、去向可查证、流程可视化；鼓励两岸商协会建立物流企业信用信息共享系统，降低企业经营风险，打造诚信品牌；扶持一批物流信息服务企业成长，开发符合两岸物流合作需求的软硬件产品，为闽台物流合作提供信息支撑。推动台湾物流企业与湖里区物流企业开展多种形式合作，共享优质教育资源，加强高端物流人才培养；建立两岸物流人才合作培训中心，提高物流从业人员素质；建立物流专业人才信息网络，加强两地人员的联系与沟通；促进物流人才合理流动，鼓励区内大型物流企业引进台湾物流人才。

（该文选自由湖里区工信局、厦门市现代物流业商会合作撰写的调研报告《湖里区物流产业发展新定位研究》）

统计资料

湖里区第七次全国人口普查公报

根据《中华人民共和国统计法》《全国人口普查条例》规定和《国务院关于开展第七次全国人口普查的通知》《福建省人民政府关于开展福建省第七次全国人口普查的通知》《厦门市人民政府关于开展厦门市第七次全国人口普查的通知》要求，我区认真组织开展第七次全国人口普查，普查标准时点为2020年11月1日零时。一年多以来，我区各级普查机构坚持以习近平新时代中国特色社会主义思想为指导，按照党中央、国务院和市委、市政府的统一部署，在区委、区政府的高度重视下，在参与普查工作的相关部门的大力支持下，经过全区各级普查机构及广大普查人员的艰辛努力和普查对象的积极配合，圆满完成了人口普查任务。现将2020年11月1日零时我区常住人口的基本情况公布如下：

一、常住人口

全区常住人口1036974人，与2010年第六次全国人口普查的931291人相比，十年增加105683人，年平均增长率1.08%。

二、户别人口

全区有家庭户446981户，集体户43515户；家庭户人口937487人，集体户人口99487人。平均每个家庭户的人口2.10人，比2010年第六次全国人口普查时的2.18人减少0.08人。

三、性别构成

全区常住人口中，男性人口为545047人，占52.56%；女性人口为491927人，占47.44%。常住人口性别比（以女性为100），男性对女性的比例110.8，与2010年第六次全国人口普查相比降低0.82。

四、年龄构成

全区常住人口中，0～14岁人口160492人，占15.48%；15～59岁人口801435人，占77.28%；60岁及以上人口75047人，占7.24%，其中65岁及以上人口46540人，占4.49%。与2010年第六次全国人口普查相比，0～14岁人口的比重上升2.54个百分点，15～59岁人口的比重下降6.26个百分点，60岁及以上人口的比重上升3.72个百分点，65岁及以上人口的比重上升2.44个百分点。

五、受教育情况

全区常住人口中，拥有大学（指大专及以上）文化程度的人口315679人；拥有高中（含中专）文化程度的人口191381人；拥有初中文化程度的人口272432人；拥有小学文化程度的人口161049人（以上各种受教育程度的人包括各类学校的毕业生、肄业生和在校生）。与2010年第六次全国人口普查相比，每10万人中拥有大学文化程度的由14911人上升到30442人；拥有高中文化程度的由20504人下降为18456人；拥有初中文化程度的由38750人下降到26272人；拥有小学文化程度的由16710人下降到15531人。

全区常住人口中，15岁及以上人口的平均受教育年限11.62年。全区常住人口中，文盲人口（15岁及以上不识字的人）为16614人，与2010年第六次全国人口普查相比，文盲率由2.08%下降到1.6%，降低0.48个百分点。

六、城乡人口

全区常住人口中，居住在城镇的人口1036974人，占100%。

七、流动人口

全区常住人口中，人户分离人口793436人，其中，本市辖区内人户分离人口143397人，流动人口650039人。与2010年第六次全国人口普查相比，人户分离人口增加33031人，上升4.34%。

湖里区 2020 年国民经济和社会发展统计公报

2020 年，面对突如其来且仍在全球肆虐的新冠肺炎疫情，我们坚持以习近平新时代中国特色社会主义思想为指导，全面落实市委、市政府和区委决策部署，统筹推进疫情防控和经济社会发展，扎实做好“六稳”工作、全面落实“六保”任务，全力推进“岛内大提升”，顺利实现经济全面企稳回升、持续向好发展。

一、综　合

初步核算，2020 年全年地区生产总值（GDP）1395.75 亿元，同比增长 6.4%。三次产业的比重为 0 : 39.1 : 60.9，其中第二、第三产业增加值为 545.65 亿元、850.09 亿元，分别增长 3.2% 和 8.7%，拉动 GDP 增长 1.4 个和 5.0 个百分点，对经济增长的贡献率依次为 21.4% 和 78.6%。其中增长较快的行业是房地产业、批发和零售业、建筑业，同比分别增长 34.4%、17.9%、9.8%。

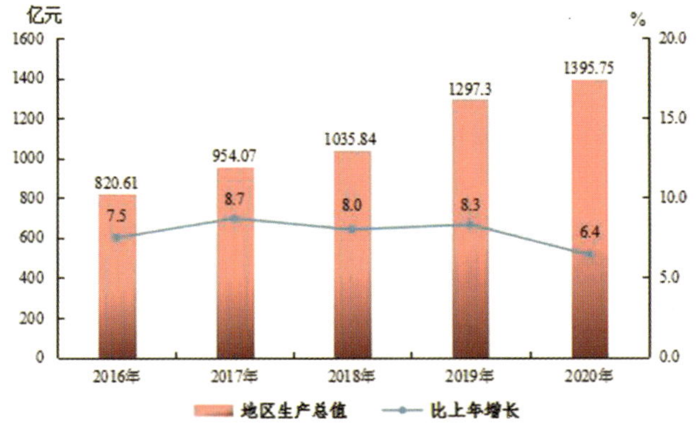

图 1　2016—2020 年地区生产总值（GDP）及其增长速度

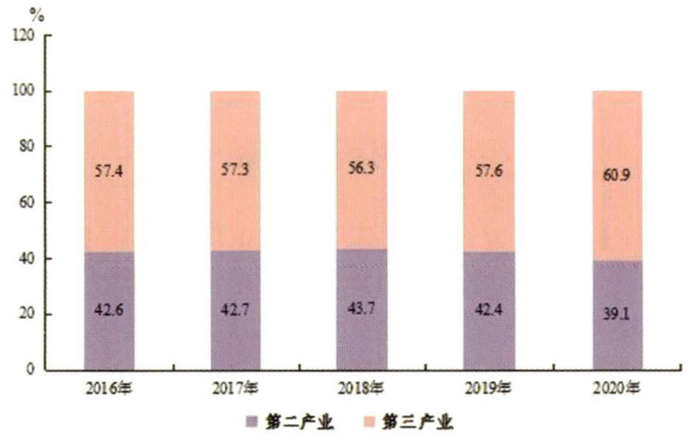

图 2　2016—2020 年二、三产业增加值占地区生产总值比重

二、工业和建筑业

2020 年末，全区规模以上工业企业 231 家，全年实现增加值 414.37 亿元，扣除价格因素后同比增长 1.3%，完成现价工业总产值 1742.30 亿元，同比下降 4.3%。亿元以上企业 86 家，完成工业总产值 1680.12 亿元，同比下降 4.4%。其中十亿元以上企业 20 家，完成产值 1482.91 亿元，同比下降 5.7%，占全区规模以上工业比重达 85.1%。前三大行业：计算机、通信和其他电子设备制造业完成产值 1327.04 亿元，同比下降 1.4%；电气机械和器材制造业完成产值 98.14 亿元，同比增长 5.1%；航空航天器修理业完成产值 84.91 亿元，同比下降 35.7%。

全区规模以上工业企业完成销售产值 1614.85 亿元，同比下降 6.3%，产销率为 92.7%。出口交货值 903.10 亿元，同比下降 1.3%，出口交货值率 55.9%。

全区高技术产业实现增加值 316.22 亿元，按可比价格计算，同比增长 1.1%。

图 3　2016—2020 年规上工业增加值增长速度

建筑业增加值 173.23 亿元，同比增长 9.8%。2020 年全区具有资质等级的 286 家建筑业企业完成建筑业总产值 796.62 亿元，增长 12.2%。其中，建筑工程产值 733.62 亿元，同比增长 13.4%；安装工程产值 58.50 亿元，同比增长 20.0%。全年房屋建筑施工面积

3427.79万平方米，同比增长31.4%。建筑企业当年新签合同价款976.04亿元，同比增长33.6%。

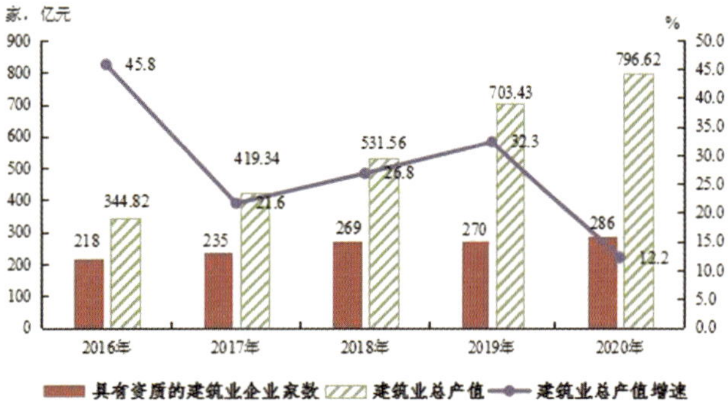

图4　2016—2020年建筑业发展情况

三、固定资产投资

全区固定资产投资同比增长26.1%。其中房地产投资比增81.1%，城镇固定资产投资比降19.1%。分行业看：交通运输、仓储和邮政业，水利、环境和公共设施管理业均大幅下滑，分别比降27.7%和53.4%。制造业投资比增3.4%，电力、热力、燃气及水的生产和供应业投资比增352.5%。

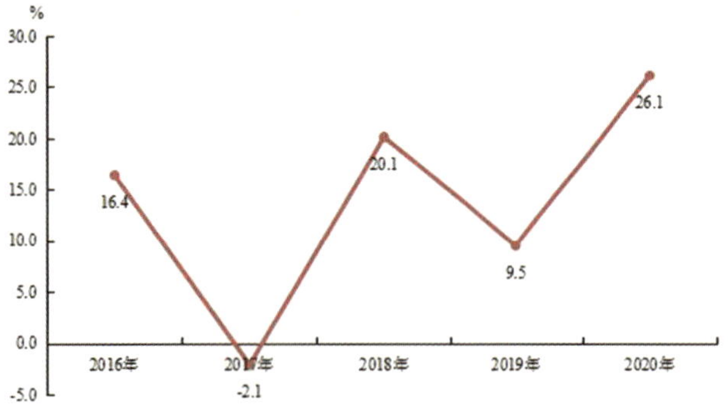

图5　2016—2020年固定资产投资增长速度

四、国内贸易

2020年实现社会消费品零售总额472.94亿元，同比增长0.2%。限额以上企业零售额277.86亿元，同比增长2.2%，占全区社会消费品零售总额的58.8%；限额以下单位实现零售额195.08亿元，同比下降2.5%。全年零售额超亿元的批发零售贸易企业54家，合计零售额233.96亿元，增加16.88亿元，同比增长7.8%；零售额超千万元的住宿餐饮企业31家，合计零售额9.63亿元，同比下降9.3%。

在限额以上企业商品零售额中，汽车类零售额93.76亿元，同比下降3.4%；日用品类零售额36.82亿元，同比增长54.3%；粮油食品类零售额22.96亿元，

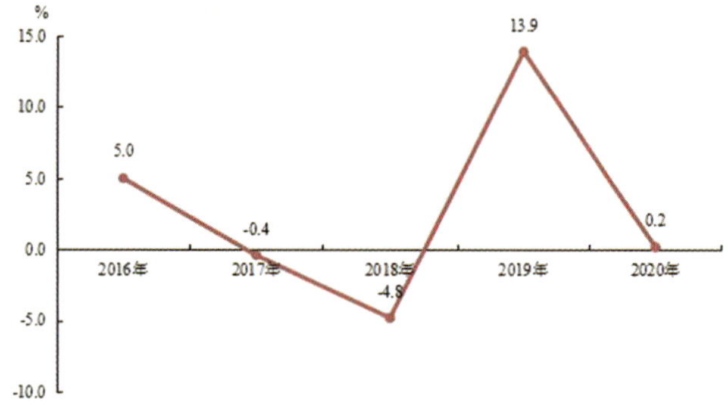

图6　2016—2020年社会消费品零售总额增长速度

同比下降6.3%；服装鞋帽针纺织品类零售额21.47亿元，同比下降20.4%；文化办公用品类零售额19.87亿元，同比增长12.5%；家用电器和音像制品类零售额7.76亿元，同比下降6.6%。

五、服务业

2020年全区重点服务业企业304家共实现营业收入623.22亿元，同比增长4.2%。其中，亿元以上企业74家，比上年同期增加8家，共实现营业收入529.62亿元。辖内企业分布在9个行业，其中，交通运输、仓储和邮政业企业167家，2020年实现营业收入451.75亿元，占服务业总营业收入72.5%。其他营利性服务业分布在5个行业，共有93家，分别是租赁和商务服务业（41家）、信息传输、软件和信息技术服务业（27家）、科学研究和技术服务业（14家）、居民服务、修理和其他服务业（6家）、文化体育和娱乐业（5家），分别实现营业收入93.77亿元、23.47亿元、8.30亿元、2.07亿元和2.46亿元。

六、对外经济

全年新增外资项目196个，增资项目39个。合同利用外资41.62亿元；实际利用外资22.56亿元，同比增长15.6%。

七、财税和金融

全区实现财政总收入259.34亿元，同比增长8.6%；地方级财政收入118.47亿元，同比增长0.9%；区级收入51.05亿元，增长2.9%。区级收入中，税收收入45.36亿元，同比下降0.6%，其中，个人所得税增长59.4%、企业所得税下降22.2%。

全年区级财政支出89.16亿元，同比增长52.4%。

其中教育支出 14.68 亿元，同比增长 6.9%；城乡社区事务支出 14.11 亿元，同比增长 28.8%；社会保障和就业支出 7.43 亿元，同比下降 4.6%，医疗卫生支出 4.0 亿元，同比增长 40.2%。

金融保险业实现增加值 115.76 亿元，同比增长 5.3%。

八、教育和科学技术

教育

2020 年，湖里区拥有各级学校 216 所，其中公办中小学 34 所，民办中小学 18 所，公办（含集体办）幼儿园 41 所，民办幼儿园 123 所；学年初招生 29031 人，在校学生共 110405 人。其中，完全中学 1 所，学年初招生 1238 人，在校学生 3662 人；普通初中 5 所，学年初招生 3739 人，在校学生 10942 人；九年一贯制学校 9 所，学年初招生 4101 人，在校学生 13817 人；小学 36 所，学年初招生 7009 人，在校学生 44145 人；幼儿园 164 所，学年初招生 12944 人，在园 37774 人；特殊教育学校 1 所，在校学生 65 人。公办中小学幼儿园专任教师 3394 人，其中研究生 214 人，本科学历 2625 人，专科学历 522 人，高中阶段及以下学历 33 人；民办中小学幼儿园教师总数 3113 人，其中研究生学历 17 人，本科人数 911 人，大专学历 1920 人，高中及以下 265 人。

科学技术

2020 年，全区累计专利申请量 7559 件，专利授权量 5308 件，其中发明 440 件、实用新型 3259 件、外观设计 1609 件，有效发明专利拥有 3114 件。2020 年湖里区国家级高技术企业数达 394 家，规上工业高技术产业实现增加值 316.22 亿元，同比增长 1.1%，占规模以上工业增加值比重为 76.3%。

九、文化、体育和卫生

文化

辖区共有文化馆 1 个，图书馆 1 个，街道文化站 5 个，社区综合文化服务中心 54 个，“24 小时街区自助图书机”53 台。2020 年 2 月底湖里区文化馆、图书馆搬迁至湖里区文旅中心大楼，场馆条件得到提升，受疫情影响图书馆每周开放 72 小时，全年 365 天无休开放，为群众免费提供图书借阅、资料查询等服务，馆藏文献资源总量达 62 万册，2020 年共借阅图书 30 万册次，全年共接待读者 17.6 万人次，开展各类读者活动 102 场，参加读者 7 万人次。

在落实好疫情防措施前提下，有序开放文化场所，逐步恢复线下服务。2020 年共开展全区性文化活动共 423 场，全区基层文体活动 755 场次。第十三届海峡文博会上，辖区共有 75 个文创产业展位申报参展。

体育

受新冠肺炎疫情影响，以指导居民居家健身为主，疫情缓和后，举办了“体彩杯”第六届厦门时尚三人篮球挑战赛、第五届“禾山杯”社区足球赛、第十六届中国俱乐部杯帆船挑战赛等赛事。第十六届中国俱乐部杯帆船挑战赛共吸引了来自 16 个城市的 41 支赛队，参赛人数较去年再创新高。

卫生

2020 年，全区各类医疗卫生机构 417 家，其中医院（含市属医院 13 家、区属市管医院 1 家、区属区管医院 7 家）21 家、疾病预防控制中心 1 家、社区卫生服务中心 5 家、分中心 2 家、服务站 7 家、门诊部 108 家、诊所 188 家、其他（医务室、卫生站、护理站、村卫生所等）85 家。专业卫生技术人员 7933 人，其中执业医师（含执业助理医师）3882 人、注册护士 4051 人。医疗机构开放床位 5159 张。

十、人民生活和社会保障

民生

城镇居民人均可支配收入 60263 元，同比增长 3.9%。城镇居民人均消费性支出 36026 元，下降 1.0%。

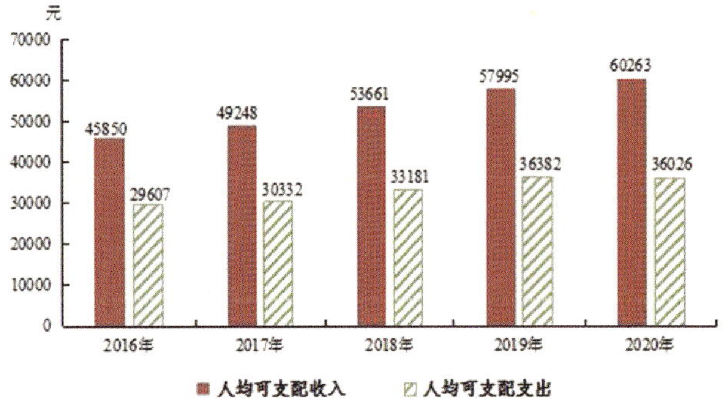

图 7　2016—2020 年城镇居民人均可支配收入支出

就业

全年促进失业人员再就业 22209 人，促进就业困难对象再就业 2756 人；开展劳动力职业技能培训 1580 人，均为本地失业人员。区经办基本养老、失业和工伤保险参保人数分别为 51.60 万人、51.51 万人和 51.91 万人。

社会保障

2020 年全区共有城镇低保家庭 591 户，全年累计为 9885 人次发放低保金 908.59 万元；累计实施特困人员供养 1105 人次，发放供养金 203.78 万元。残疾人补贴 321.88 万元，护理补贴 921.35 万元。2020 年区慈善、老年福利协会共接收捐赠款 1616.10 万元，为辖区累计约 2.3 万人次计各类困难群众发放救助 1433 万元。

工会

2020 年，全区共有 62160 人次参加职工医疗互助保障，参保金额为 372.96 万元，由区总工会经费支出补助参保金额 233.51 万元，普惠 38918 人。全年共有 1602 名患病参保职工申请职工医疗互助保障补助救济，金额共计 427.29 万元。

十一、环境保护和安全生产

环境保护

2020 年，湖里区空气质量优良率 100%，综合指数 2.41，空气质量综合指数比 2019 年下降 20.2%（向好）。六项污染物均达到国家二级标准，且同比实现“六降”，其中，二氧化硫（SO_2）下降 16.7%，二氧化氮（NO_2）下降 30.8%，一氧化碳（CO）下降 12.5%，臭氧（O_3）下降 8.5%，细颗粒物（PM10）下降 21.4%，可吸入颗粒物（PM2.5）下降 26.1%，全区环境空气质量大幅改善。湖边水库达到Ⅱ类水水质标准，新丰湖达到Ⅱ类水水质标准，埭辽湖达到Ⅳ类水水质标准，达标率均为 100%。地下水极差比例有效控制在 10% 以内。区域噪声 56 分贝，交通干线噪声 66.7 分贝。

安全生产

2020 年，全区发生生产安全事故 23 起，死亡 10 人，同比分别下降 39.5%、9.1%，未发生较大及以上事故，安全生产形势总体稳定。

十二、各街道经济

工业

2020 年各街道规模以上工业总产值分别为：湖里街道 76.91 亿元，现价同比下降 4.5%；殿前街道 337.75 亿元，同比下降 13.9%；江头街道 9.61 亿元，同比下降 –21.2%；禾山街道 1275.61 亿元，下降 1.3%；金山街道 37.20 亿元，下降 3.5%。

社会消费品零售总额

2020 年各街道社会消费品零售总额分别为：湖里街道 50.86 亿元，同比下降 5.3%；殿前街道 206.99 亿元，下降 2.3；江头街道 50.58 亿元，下降 18.4%；禾山街道 47.31 亿元，下降 21.6%；金山街道 117.20 亿元，增长 39.5%。

总财政收入

2020 年各街道实现财政总收入分别为：湖里街道 27.79 亿元，殿前街道 64.32 亿元，江头街道 26.09 亿元，禾山街道 33.73 亿元，金山街道 39.05 亿元。

全区主要经济指标完成情况

表 18

指标名称	单位	2020 年实际	同比增长 %	指标名称	单位	2020 年实际	同比增长 %
地区生产总值（GDP）	亿元	1395.75	6.4	合同利用外资	亿元	41.62	—
# 第二产业	亿元	545.65	3.2	实际利用外资	亿元	22.56	15.6
第三产业	亿元	850.09	8.7	引进内资	亿元	1273.38	—
规模以上工业增加值	亿元	414.37	1.3	财政总收入	亿元	259.34	8.6
社会消费品零售额	亿元	472.94	0.2	区级财政收入	亿元	51.05	2.9
批发零售商品销售额	亿元	8571.14	26.0	区级财政支出	亿元	89.16	52.4
住宿餐饮业营业额	亿元	49.18	–9.4	城镇居民人均可支配收入	元	60236.00	3.9
固定资产投资额（不含农户）	亿元	—	26.1	常住人口	万人	103.70	1.1
# 房地产开发	亿元	289.25	81.1	户籍人口	万人	37.88	3.5
建筑业总产值	亿元	796.62	12.2				

2020年湖里区重点建设项目完成情况表

表 19　　　　　　　　　　　　　　　　　　　　　　　　　　　　单位：万元

序号	项目名称		总投资	至 2019 年底累计完成投资	1—12 月进展情况		1—12 月完成率		责任单位
					主要形象	投资额	年度计划	1—12 月计划	
合计（42 项）			11174433	3031951		2625118	116.2%	117.0%	
一、产业类（18 项）			3530510	1430412		414661	108.3%	113.0%	
1	完工项目（3）	欣贺研发设计中心★市重点	60000	57000	项目通过验收，正在编制精装施工图	2002	100.1%	100.1%	区工业园区管委会
2		飞鱼科技总部大楼★市重点	23700	19500	项目已通过竣工预验收，正在进行各项收尾工作	2510	119.5%	119.5%	区工业园区管委会
3		湖里青年创业园	16500	11384	项目已竣工	5000	100.0%	100.0%	湖里街道
4	续建项目（13）	英蓝国际金融中心★省、市重点	600000	321868	1.T1 塔楼 F4−40 砌体结构施工完成，F1−3 砌体结构施工完 60%；2.11、19、27 层设备层墙面抹灰完成 80%，腻子施工完成 80%；3. 屋面设备基础施工完成，防水层施工完成 30%；4. 幕墙单元板块安装至第 34 层	82000	102.5%	102.5%	两岸金融中心湖里分指挥部
5		厦航总部大厦★省、市重点	265470	91821	1. 酒店塔楼天空吧东面、北面和西面幕墙玻璃安装完成，南面玻璃安装 75%；酒店东面、北面和西面幕墙单元体吊装完成，南面完成 35%。2. 办公楼南面大雨棚施工基本完成，框架幕墙玻璃安装完成 80%；办公楼主塔楼除塔吊位处幕墙单元体吊装基本完成，阳极氧化板完成西面三根立柱的安装。3. 裙楼框架幕墙骨架和包柱钢架安装完成，玻璃、氟碳喷涂铝背板和保温岩棉基本安装完成，东面、北面和西面格栅大面积安装。4. 室内进行机电管线安装；5. 粗装修：楼梯间栏杆和瓷砖铺贴施工；地下室墙面和天棚涂料施工；防火门安装	37191	124.0%	124.0%	两岸金融中心湖里分指挥部
6		赣州银行厦门金融大厦	74000	21000	1.1# 主楼十七层梁板商品砼浇筑完成，十七层墙柱钢筋绑扎．劲性柱安装完成；2.1# 主楼十七层模板盘扣支撑架体搭设完成；3. 外爬架、楼层临边防护与主体同步；4. 十七层墙柱水电预埋安装与主体同步；5.1# 楼十四层模板拆除清理完成	6125	76.6%	76.6%	两岸金融中心湖里分指挥部
7		西海湾邮轮城★省重大	1300000	636943	1～2# 地块完成竣备，3～4# 地块幕墙完成 90%。6# 地块完成 16 层梁板结构，7# 地块地下室顶板全部完成，正进行上部主体施工，5# 地块施工单位已进场施工	140000	116.7%	116.7%	湖里街道
8		SM 商业城三、四期★市重点	200000	23300	1. 地下室主体结构工程全部完成。2. 酒店主体结构工程完成。3. 商场主体结构工程完成。4. 地下室砌体工程完成 95%。5. 机电工程完成 45%。6. 幕墙工程龙骨完成 70%	20511	102.6%	102.6%	江头街道
9		华信明天广场★市重点	95974	51002	已竣工	8000	100.0%	100.0%	湖里街道

续表 19

序号	项目名称		总投资	至 2019 年底累计完成投资	1—12 月进展情况		1—12 月完成率		责任单位
					主要形象	投资额	年度计划	1—12 月计划	
10	续建项目（13）	昌富源公司酒店	52000	9805	主体施工至十二层	12060	100.5%	100.5%	湖里街道
11		高林—金林社区发展中心	88000	10017	1. 抗浮锚杆累计施工完成 1615 根，占总量的 72%。2. 垫层建筑累计完成总量的 75%，砖胎膜累计完成总量的 75%。3. 地下室主体结构累计施工完成 50%；地上主体结构开始施工	11628	116.3%	116.3%	金山街道
12		后埔社区发展中心（二期）★市重点	21300	13438	外立面完成 90%，公区精装完成 70%，室外工程完成 50%，地下室金刚砂完成 70%	8615	143.6%	143.6%	江头街道
13		五矿大厦	90000	63127	项目停工	0	—	—	湖里街道
14		住宅集团办公大楼★市重点	34066	29066	全面进入装修阶段，室外工程施工中	11084	221.7%	221.7%	湖里街道
15		厦门泉州（安溪）经济合作区湖里园★市重点	500000	70771	1. 购地企业中，宝丽金、欣省控、鑫绿源、芸苔科技、君诺美、健为医疗 6 家企业已开始试投产。布塔科技、豪帝卫浴 2 家企业已摘牌；尚贸家饰、秦北消防、明电实业、业盛电气、欧叶、小罐茶、祺亮建材 7 家企业已开工建设；佳福隆主体施工完成；诚联环保正办理土地报批手续。2.8 家购房企业中，富一锦、诚尔兴、珍长顺、贯一食品 4 家企业已投产，宙泰科技、合悦科技、赢顺欣三家企业已进场装修，海佳照明科技 A4 厂房已投产，A3 厂房已进场装修	15000	100.0%	100.0%	安溪经济开发区建设指挥部
16		特区 1980·西泠印象★市重点	10000	370	1. 项目建筑施工图完成。2. 监理和土建施工招标文件开始编制。3. 土建施工工程量清单准备编制	1151	23.0%	23.0%	湖里街道
17	动工项目（2）	亿联网络总部大楼★市重点	64500	0	主楼区域地下室完成 100%	35485	147.9%	147.9%	区工业园区管委会
18		闽昱置业酒店（2019P06 地块）	35000	0	土方开挖，基坑支护	16300	109.4%	109.4%	区工业园区管委会
二、基础设施类（16 项）			**7447358**	**1543273**		**2183606**	**117.9%**	**117.9%**	
19	完工项目（1）	薛岭旧村改造安置房	70000	69033	已完成竣工交付	2167	108.4%	108.4%	江头街道
20	续建项目（12）	五缘湾北片区旧村改造项目	1100000	100000	持续交房拆除中	344405	114.8%	114.8%	五缘湾北片区指挥部

续表 19

序号	项目名称		总投资	至 2019 年底累计完成投资	1—12 月进展情况		1—12 月完成率		责任单位
					主要形象	投资额	年度计划	1—12 月计划	
21	续建项目（12）	湖里体育公园片区旧村改造项目	1250000	150000	西潘社、田里社、前头社后续款项拨付	355393	101.5%	101.5%	湖里体育公园片区指挥部
22		五缘湾营运中心二期片区旧村改造项目	531000	160000	1. 仓后完成整社签约及拆除工作。2. 推进坂美签约收尾：坂美完成签约 32.6 万余平方米（100%），完成交房约 32.6 万平方米（100%），完成房屋拆除约 32.44 万余平方米（99.51%）。3. 下边完成签约约 15.38 万平方米。4. 完成 5 号地块交地	160000	100.0%	100.0%	五缘湾营运中心二期片区指挥部
23		高林—金林片区旧村改造项目★市重点	500000	100000	1. 完成全片区签约、全片区搬迁交房、全片区拆除工作，涉及房屋 1132 栋，面积 81.3 万平方米。2. 交地工作片区所有地块已净地，可供安置房开发建设与土地出让。3. 金林湾花园 A 区安置房返迁安置人口 953 人，三期可用房源 544 套，至今共办理交房 538 套。4. 民俗建筑搬迁工作已完成王公宫、镇湖宫等临时过渡搬迁工作。5.F34 地块：地下室底板、墙柱、顶板完成 100%（除后浇带），2# 楼四层梁板施工完成，1#、3# 楼二层梁板模板施工	278343	339.4%	339.4%	高林—金林片区指挥部
24		五通金融商务区片区旧村改造项目	1350000	350000	2020 年累计完成房屋签约 50.84 万平方米，征地并交地 290.94 亩	302875	101.0%	101.0%	五通金融商务区片区指挥部
25		湖边水库东片区旧村改造项目	800000	70000	签约 0.39 万平方米，交付 0.39 万平方米，拆除 0.63 万平方米	369834	123.3%	123.3%	湖边水库东片区指挥部
26		江头片区旧村改造项目（忠仑社旧村改造项目★市重点）	1000000	86000	征地签约 64.47 亩，拆除 11.52 万平方米	240000	100.0%	100.0%	江头片区指挥部
27		枋湖安置房	64000	45000	外立面、室外管综施工完成 100%，景观铺装施工完成 60%	13510	103.9%	103.9%	禾山街道
28		金林湾花园 B 区 1-07 地块安置房★市重点	130744	75642	地下室涂料及管网施工；主楼砌筑完成 95%，抹灰完成 75%。内外墙涂料施工	22500	140.6%	140.6%	区建设局
29		美仑花园安置房（一期）	82800	50685	全面封顶，砖墙粉刷施工，外立面开始真石漆施工	14200	118.3%	118.3%	区建设局
30		乌石浦花园一期	50417	6150	1. 基坑支护工程完成 5%，累计完成 100%。2.3# 楼：底板防水施工完成 75%，底板砼浇筑完成 60%。3.1#、2# 楼桩基施工：累计开孔 153 根（76.5%），累计成模 694 模（47%）。4.4# 楼桩基施工，开孔 160 根（100%），累计 1226 模（64%）	9700	97.0%	97.0%	江头街道

续表 19

序号	项目名称		总投资	至 2019 年底累计完成投资	1—12 月进展情况		1—12 月完成率		责任单位
					主要形象	投资额	年度计划	1—12 月计划	
31	续建项目（12）	五通金融商务区二、三期基础设施★市重点	303466	280263	1. 一期工程圆二路（金钟路至黄头路段）：12 月 9 日，市指挥部过会协调通过已完工段分段验收移交事项；现场开展竣工核实测量工作。2. 一期工程圆二路（金三路至金钟路段）：完成改道施工的剩余工程量，项目收尾完工。3. 二期工程金五路、金八路、塔埔西路：金五路西段完成机动车道级配碎石。2 层水稳层施工施工；金八路完成东段挡土板砼浇筑；圆三路完成特殊路基处理	1975	131.7%	131.7%	两岸金融中心湖里分指挥部
32	动工项目（3）	钟宅南苑安置房	114300	0	桩基验收完成，地下室底板施工完成 70%，负二层结构施工完成 50%，负一层结构施工完成 30%	19204	113.0%	113.0%	禾山街道
33	动工项目（3）	金林湾花园三期安置房	94747	500	1.F34 地块：地下室底板、墙柱、顶板完成 100%（除后浇带）；2# 楼四层梁板施工完成；1# 楼二层梁板模板施工；3# 楼二层梁板模板施工。2.F29&33 地块：土方外运完成约 95017 立方米（完成约 54.64%）。3.F33 地块围护桩低应变动测完成；边坡喷锚 2024 平方米（完成 95%）、高压旋喷桩施工 555 根（完成 100%）、锚索施工 198 根（完成 75%）。4.F29 地块围护桩低应变动测完成；边坡喷锚 1000 平方米（完成 95%）、旋喷桩完成 452 根（完成 100%）、锚索施工 160 根（85%）	47500	100.8%	100.8%	区建设局
34	动工项目（3）	湖里区道路工程包★市重点	5884	0	枋湖片区纵四路、薛岭北路完工收尾；祥岭路西侧接线道路工程进场	2000	100.0%	100.0%	区市政园林局
三、社会事业类（8 项）			**196565**	**58266**		**26850**	**113.5%**	**113.5%**	
35	完工项目（4）	湖里区人力资源和法律服务中心	19582	11509	已竣工	4500	100.0%	100.0%	区人社局
36	完工项目（4）	高林学校	28049	17850	已竣工	2150	107.5%	107.5%	区教育局
37	完工项目（4）	湖里区特殊教育学校★市重点	11157	10157	已竣工	1000	100.0%	100.0%	区教育局
38	完工项目（4）	天地幼儿园	7900	5750	已竣工	2150	100.0%	100.0%	区教育局
39	续建项目（1）	湖里区委党校★市重点	25000	13000	1. 主楼 A、B 栋外架拆除中，墙地面面砖铺贴；2. 报告厅外架已拆除，室内装修中；3. 室内电梯安装中	8120	101.5%	101.5%	区委党校
40	动工项目（3）	金尚学校★市重点	34825	0	完成支护工程主要工序，土方外运累计完成 15.5 万	2517	125.9%	125.9%	区教育局
41	动工项目（3）	南山学校★市重点	25093	0	桩基完成 38%，土石方约完成 26%，锚杆、锚索约完成 21%	2491	124.5%	124.5%	区教育局
42	动工项目（3）	湖里区教育工程包★市重点	44959	0	1. 穆厝幼儿园主体结构已封顶。2. 禾山中学改扩建项目已完成施工许可证办理，正开展场地平整及土方开挖等工作。3. 浦东安置房配套幼儿园项目已有序推进施工作业	3923	196.1%	196.1%	区教育局

备注：42 个区重点项目中含市重点项目 22 个，省重点项目 2 个（英蓝国际金融中心、厦航总部大厦），省重大项目 1 个（西海湾邮轮城）。

2020 年湖里区主营业务收入 2000 万元以上工业行业主要经济指标一览表

表 20

指标名称	工业总产值（当年价格）（万元）	资产总计（万元）	营业收入（万元）	主营业务收入（万元）	营业成本（万元）	营业利润（万元）	营业外收入（万元）	营业外支出（万元）	利润总额（万元）	利税总额（万元）	应缴税金及附加（万元）	应付职工薪酬（万元）	平均用工人数（人）
制造业	17227092	10851025	13424115	12722029	11495813	739716	26974	11119	755574	894702	282728	1254703	92034
农副食品加工业	120757	74892	148739	119334	129744	6918	52	59	6911	8120	1798	7683	740
食品制造业	35893	35695	29593	28263	25692	−2447	24	221	−2644	−1736	905	8114	865
酒、饮料和精制茶制造业	144752	119927	171457	170640	96815	15642	697	797	15543	24629	12492	26501	1785
纺织业	7796	6050	8416	6922	7278	454		9	446	862	429	448	65
纺织服装、服饰业	389472	511763	289762	282852	141017	26983	556	910	26629	49053	29113	76758	8903
皮革、毛皮、羽毛及其制品和制鞋业	79057	58197	74721	74682	58052	7580	29	9	7601	8695	1130	10770	979
家具制造业	32127	22189	34572	32108	29911	318	27	20	325	630	323	5291	783
造纸和纸制品业	18060	12150	18528	18026	16327	−56	26	1	−32	426	483	1570	169
印刷和记录媒介复制业	6566	26556	7194	6596	4709	1725	3		1728	2050	759	785	148
文教、工美、体育和娱乐用品制造业	67621	18949	64939	34738	62083	249	45		294	376	97	1188	129
化学原料和化学制品制造业	16758	40166	15648	15556	9259	1192	103	28	1267	1371	388	1895	185
医药制造业	27096	185370	26330	26288	9463	−1102	7	201	−1296	−613	−1317	8653	643
橡胶和塑料制品业	63373	99395	69262	66379	60157	−583	408	29	−204	701	1023	11353	1841
非金属矿物制品业	109435	147186	109340	109335	89811	10048	280	131	10197	14016	6300	8240	783
黑色金属冶炼和压延加工业	3378	2900	3378	3378	3313	16			16	9	−8	122	25
有色金属冶炼和压延加工业	13010	18039	25352	13023	22126	859		31	829	1107	420	1871	167
金属制品业	73993	92463	75138	74196	58828	4849	306	187	4968	6536	2256	8575	744
通用设备制造业	540036	602225	514365	506159	381117	76409	726	316	76820	80220	15487	126422	13877
专用设备制造业	352932	506906	305899	297128	236599	28665	724	787	28602	36879	12921	60778	4897
汽车制造业	35231	39278	34828	34750	30128	393	188	54	527	558	118	5772	760
铁路、船舶、航空航天和其他运输设备制造业	14231	36422	14530	14494	10482	2612	13		2625	2764	626	1430	163
电气机械和器材制造业	983047	1372182	937180	910076	689901	119252	2879	1452	120678	145116	46300	131271	10183
计算机、通信和其他电子设备制造业	13355224	6008478	9711231	9148725	8713321	387911	17352	5132	400132	447808	131409	634009	35373
仪器仪表制造业	123584	137468	119044	114700	78077	16586	1415	251	17751	21056	5701	22163	1957
废弃资源综合利用业	2374	12740	4169	3919	4631	−1549		2	−1551	−1366	184	1141	155
金属制品、机械和设备修理业	611292	663441	610499	609761	526975	36792	1115	493	37414	45435	13389	91902	5715
电力、热力生产和供应业	22072	274766	35772	22072	19643	7938	118	9	8047	8340	405	8173	462

2020 年湖里区限额以上批发零售法人企业经营情况表（一）

表 21

指标名称	从业人员期末人数（人）	商品购进额（万元）	进　口	商品销售额（万元）	其中：通过公共网络实现的销售额	其中：通过非自营平台实现的商品销售额
总　计	24809	76283272.6	13518933.2	78945547.3	1142331.4	704243.0
一、批发业	14640	74204153.0	13446343.3	76628593.2	474819.8	292907.0
农、林、牧、渔产品批发	400	1823665.4	252067.3	1820239.5	—	—
食品、饮料及烟草制品批发	2678	1586459.4	517087.8	1689614.0	157084.4	6762.5
纺织、服装及家庭用品批发	4115	3147420.0	40649.5	3320032.6	212873.7	210175.5
文化、体育用品及器材批发	641	1046124.7	117.1	1066906.6	3449.1	23.5
医药及医疗器材批发	507	346316.0	1356.2	361681.8	—	—
矿产品、建材及化工产品批发	4732	56380323.1	10527374.8	58395240.0	27165.1	8398.5
机械设备、五金产品及电子产品批发	1245	1501542.3	21538.1	1517078.1	14215.4	14177.2
其他批发业	322	8372302.1	2086152.5	8457800.6	60032.1	53369.8
按登记注册类型分						
内资企业	12451	67066256.2	10860776.4	69082731.7	266347.9	87174.7
集体企业	33	96377.0	—	93242.0	—	—
有限责任公司	3062	32051994.3	4854235.2	32859159.2	4252.4	1791.9
股份有限公司	1700	24398585.6	4930778.1	25076925.1	—	—
私营企业	7656	10519299.3	1075763.1	11053405.4	262095.5	85382.8
港、澳、台商投资企业	1807	6738051.7	2528848.1	7084666.4	208302.6	205601.2
与港澳台商合资经营企业	1080	3614183.4	1671606.6	3525215.5	202249.7	202249.7
港澳台商独资企业	441	970919.1	497360.0	1030559.9	6052.9	3351.5
港澳台商投资股份有限公司	286	2152949.2	359881.5	2528891.0	—	—
外商投资企业	382	399845.1	56718.8	461195.1	169.3	131.1
中外合资经营企业	237	35064.0	3733.0	67727.0	169.3	131.1
外资企业	145	364781.1	52985.8	393468.1	—	—
按单位规模分						
大型	4280	27098139.8	4953209.5	28346649.4	202269.0	202248.5
中型	7339	35566973.3	7439020.8	36457214.6	62013.4	36030.2
小型	2827	8028468.9	884279.2	8117903.9	207146.2	51237.1
微型	194	3510571.0	169833.8	3706825.3	3391.2	3391.2

续表 21

指标名称	从业人员期末人数（人）	商品购进额（万元）	进　口	商品销售额（万元）	其中：通过公共网络实现的销售额	其中：通过非自营平台实现的商品销售额
二、零售业	10169	2079119.6	72589.9	2316954.1	667511.6	411336.0
按零售行业中类分						
综合零售	1988	244478.5	—	270672.9	22017.9	2892.9
食品、饮料及烟草制品专门零售	275	30404.4	—	33748.1	145.5	—
纺织、服装及日用品专门零售	427	13094.7	—	17759.9	—	—
文化、体育用品及器材专门零售	57	1966.4	91.5	1338.8	52.3	52.3
医药及医疗器材专门零售	1169	69759.5	—	77615.0	716.0	716.0
汽车、摩托车、零配件和燃料及其他动力销售	3418	980618.3	65684.0	1045040.7	516.2	—
家用电器及电子产品专门零售	600	124730.2	—	130909.6	6258.7	453.2
五金、家具及室内装饰材料专门零售	29	5329.8	—	5519.3	—	—
货摊、无店铺及其他零售业	2206	608737.8	6814.4	734349.8	637805.0	407221.6
按登记注册类型分						
内资企业	7749	1570138.1	72589.9	1764310.9	553153.4	315675.1
有限责任公司	2096	654220.1	28700.7	724042.2	228983.6	8241.4
私营企业	5653	915918.0	43889.2	1040268.7	324169.8	307433.7
港、澳、台商投资企业	869	342167.6	—	358224.3	82517.1	76247.0
与港澳台商合资经营企业	27	3087.5	—	1343.0	678.2	—
与港澳台商合作经营企业	172	166146.8	—	170146.6	—	—
港澳台商独资企业	670	172933.3	—	186734.7	81838.9	76247.0
外商投资企业	1551	166813.9	—	194418.9	31841.1	19413.9
中外合资经营企业	334	23575.7	—	38793.5	4732.5	4507.7
外资企业	1217	143238.2	—	155625.4	27108.6	14906.2
按单位规模分						
大型	1928	223826.7	—	232403.3	15738.2	3535.8
中型	6395	1479712.5	4502.5	1630657.2	515024.7	281981.9
小型	1733	303333.6	68087.4	370949.5	84271.0	73443.1
微型	113	72246.8	—	82944.1	52477.7	52375.2

2020年湖里区限额以上批发零售法人企业经营情况表（二）

表22

指标名称	商品销售额（万元）					服务营业额（万元）
	批发额	出　口	零售额	其中：通过公共网络实现的零售额	其中：通过非自营平台实现的零售额	
总　计	76429265.1	3891444.0	2513600.4	868743.5	609141.3	103465.5
一、批发业	76250485.1	3884813.6	375426.3	223587.3	215427.4	52520.2
农、林、牧、渔产品批发	1817994.4	33474.6	2245.1	—	—	11.5
食品、饮料及烟草制品批发	1585157.3	63211.0	104456.7	9833.2	6712.5	3073.7
纺织、服装及家庭用品批发	3094574.4	974802.7	225275.4	204419.3	204398.8	14209.1
文化、体育用品及器材批发	1061202.8	181778.8	5703.8	2460.5	—	252.6
医药及医疗器材批发	346565.6	976.7	15116.2	—	—	722.2
矿产品、建材及化工产品批发	58395240.0	2479511.4	—	—	—	1953.2
机械设备、五金产品及电子产品批发	1494554.8	127696.7	20024.3	4274.8	4105.5	23648.4
其他批发业	8455195.8	23361.7	2604.8	2599.5	210.6	8649.5
按登记注册类型分						
内资企业	68935525.9	2238043.1	147023.0	17793.1	9826.2	44214.2
集体企业	93242.0	17547.0	—	—	—	—
有限责任公司	32765604.4	813057.9	93554.8	4252.4	1791.9	19092.3
股份有限公司	25062139.4	113440.9	14785.7	—	—	722.2
私营企业	11014540.1	1293997.3	38682.5	13540.7	8034.3	24399.7
港、澳、台商投资企业	6857050.6	1608532.7	227615.8	205624.9	205601.2	7540.9
与港澳台商合资经营企业	3305408.6	1463726.2	219806.9	202249.7	202249.7	6462.5
港澳台商独资企业	1022751.0	141407.6	7808.9	3375.2	3351.5	1078.4
港澳台商投资股份有限公司	2528891.0	3398.9	—	—	—	—
外商投资企业	457908.6	38237.8	787.5	169.3	—	765.1
中外合资经营企业	65058.7	11025.9	169.3	169.3		284.0
外资企业	392849.9	27211.9	618.2	—	—	481.1
按单位规模分						
大型	28036857.2	156156.6	309792.2	202269.0	202248.5	7725.2
中型	36399575.8	2489086.9	57638.8	19838.3	11698.9	28988.7
小型	8109909.8	1056835.5	7994.1	1478.8	1478.8	15425.4
微型	3704142.3	182734.6	1.2	1.2	1.2	380.9

续表 22

指标名称	商品销售额（万元）					服务营业额（万元）
	批发额	出　口	零售额	其中：通过公共网络实现的零售额	其中：通过非自营平台实现的零售额	
二、零售业	178780.0	6630.4	2138174.1	645156.2	393713.9	50945.3
按零售行业中类分						
综合零售	4122.0	—	266550.9	19190.0	2892.9	6880.1
食品、饮料及烟草制品专门零售	4078.8	—	29669.3	145.5	—	—
纺织、服装及日用品专门零售	—	—	17759.9	—	—	258.0
文化、体育用品及器材专门零售	248.0	—	1090.8	52.3	52.3	1598.4
医药及医疗器材专门零售	80.8	—	77534.2	716.0	716.0	13.4
汽车、摩托车、零配件和燃料及其他动力销售	81466.9		963573.8	516.2	—	27586.2
家用电器及电子产品专门零售	9795.0		121114.6	6258.7	453.2	1377.1
五金、家具及室内装饰材料专门零售	2178.0	—	3341.3	—	—	—
货摊、无店铺及其他零售业	76810.5	6630.4	657539.3	618277.5	389599.5	13232.1
按登记注册类型分						
内资企业	107723.1	2930.6	1656587.8	533625.9	298053.0	28130.2
有限责任公司	27998.6		696043.6	227180.6	8241.3	15037.7
私营企业	79724.5	2930.6	960544.2	306445.3	289811.7	13092.5
港、澳、台商投资企业	57329.2	3699.8	300895.1	79689.2	76247.0	8327.7
与港澳台商合资经营企业	—	—	1343.0	678.2	—	1343.0
与港澳台商合作经营企业	50800.6	—	119346.0	—	—	6222.9
港澳台商独资企业	6528.6	3699.8	180206.1	79011.0	76247.0	761.8
外商投资企业	13727.7	—	180691.2	31841.1	19413.9	14487.4
中外合资经营企业	10209.4	—	28584.1	4732.5	4507.7	9464.5
外资企业	3518.3	—	152107.1	27108.6	14906.2	5022.9
按单位规模分						
大型	9875.8	—	222527.5	15738.2	3535.8	4156.4
中型	126689.4	3707.7	1503967.8	497738.0	269314.8	29099.8
小型	34761.0	2922.7	336188.5	81278.4	70461.7	15643.4
微型	7453.8	—	75490.3	50401.6	50401.6	2045.7

2020 年湖里区限额以上住宿和餐饮业法人单位经营情况（一）

表 23

指标名称	从业人员期末人数（人）	营业额（万元）	客房收入	其中：通过公共网络实现的客房收入	其中：通过非自营平台实现的客房收入	餐费收入	其中：通过公共网络实现的餐费收入	其中：通过非自营平台实现的餐费收入
总　计	9494	189794.9	68531.2	9310.1	2865.9	109392.8	5537.4	3355.4
一、住宿业	5539	113925.6	68531.2	9310.1	2865.9	36776.3	4621.6	2933.8
按住宿行业中类分								
旅游饭店	4618	98605.6	58194.5	8014.2	2732.6	32708.7	4358.4	2933.8
一般旅馆	692	10779.2	8431.5	1167.9	133.3	1859.1	89.2	—
其他住宿业	229	4540.8	1905.2	128.0	—	2208.5	174.0	—
按登记注册类型分								
内资企业	3431	71893.8	46019.9	5242.2	1983.1	20702.1	1919.8	835.8
港、澳、台商投资企业	906	17037.8	9131.3	371.6	56.6	7394.1	78.3	33.2
外商投资企业	1202	24994.0	13380.0	3696.3	826.2	8680.1	2623.5	2064.8
按单位规模分								
大型	488	13705.4	6119.5	—	—	6217.0	—	—
中型	3502	70613.5	36079.7	5240.0	2320.6	29566.6	4456.4	2813.1
小型	1532	29523.3	26248.7	4070.1	545.3	992.6	165.2	120.7
微型	17	83.4	83.3	—	—	0.1	—	—
按星级分								
五星	1516	33184.2	16397.1	295.0	—	14746.7	44.7	—
四星	718	13830.3	8915.5	1166.0	211.4	3808.2	88.0	43.1
三星	193	2796.9	2403.8	27.5	—	332.4	120.7	120.7
一星	340	7513.4	3773.3	1655.0	—	3219.4	296.3	—
其他	2772	56600.8	37041.5	6166.6	2654.5	14669.6	4071.9	2770.0
二、餐饮业	3955	75869.3	—	—	—	72616.5	915.8	421.6
按餐饮业行业中类分								
正餐服务	2495	43956.7	—	—	—	43944.4	915.8	421.6
快餐服务	856	15423.8	—	—	—	12558.1	—	—
饮料及冷饮服务	38	738.4	—	—	—	388.8	—	—
餐饮配送及外卖送餐服务	253	7205.2	—	—	—	7205.2	—	—
其他餐饮业	313	8545.2	—	—	—	8520.0	—	—
按登记注册类型分								
内资企业	3802	72058.9	—	—	—	68806.1	618.1	421.6
港、澳、台商投资企业	153	3810.4	—	—	—	3810.4	297.7	—
按单位规模分								
大型	615	11389.2	—	—	—	9418.7	—	—
中型	1244	25520.2	—	—	—	24703.2	358.9	—
小型	2088	37172.6	—	—	—	36707.3	548.6	421.6
微型	8	1787.3	—	—	—	1787.3	8.3	—

2020年湖里区限额以上住宿和餐饮业法人单位经营情况表（二）

表24

指标名称	营业额（万元）			客房数（间）	床位数（个）	餐位数（位）	年末餐饮营业面积（平方米）
	商品销售额收入	其他收入	其中：外卖送餐服务收入				
总　计	3525.9	8345.0	6.8	12790	19560	63701	259001.0
一、住宿业	651.9	7966.2	2.8	12790	19560	12680	153048.0
按住宿行业中类分							
旅游饭店	541.1	7161.3	2.8	10782	16661	10652	124009.0
一般旅馆	21.5	467.1	—	1792	2594	1028	24470.0
其他住宿业	89.3	337.8	—	216	305	1000	4569.0
按登记注册类型分							
内资企业	579.1	4592.7	2.8	7785	12166	7548	89049.0
港、澳、台商投资企业	—	512.4	—	1035	1438	1765	26294.0
外商投资企业	72.8	2861.1	—	3970	5956	3367	37705.0
按单位规模分							
大型	136.0	1232.9	—	620	991	813	15000.0
中型	467.0	4500.2	—	5188	8179	9882	100234.0
小型	48.9	2233.1	2.8	6884	10194	1945	37364.0
微型	—	—	—	98	196	40	450.0
按星级分							
五星	136.0	1904.4	—	1759	2487	2933	31772.0
四星	46.2	1060.4	—	1637	2555	1960	32632.0
三星	4.6	56.1	2.8	636	1179	590	15808.0
一星	—	520.7	—	400	580	582	6006.0
其他	465.1	4424.6	—	8358	12759	6615	66830.0
二、餐饮业	2874.0	378.8	4.0	—	—	51021	105953.0
按餐饮业行业中类分							
正餐服务	8.3	4.0	4.0	—	—	28034	70951.0
快餐服务	2865.7	—	—	—	—	8202	9265.0
饮料及冷饮服务	—	349.6	—	—	—	230	617.0
餐饮配送及外卖送餐服务	—	—	—	—	—	7875	11120.0
其他餐饮业	—	25.2	—	—	—	6680	14000.0
按登记注册类型分							
内资企业	2874.0	378.8	4.0	—	—	50521	103530.0
港、澳、台商投资企业	—	—	—	—	—	500	2423.0
按单位规模分							
大型	1970.5	—	—	—	—	7300	7300.0
中型	817.0	—	—	—	—	17163	25644.0
小型	86.5	378.8	4.0	—	—	26294	72229.0
微型	—	—	—	—	—	264	780.0

新闻媒体报道题录

2020年湖里区被中央新闻媒体报道题录

表25

日期	标题	报道媒体
1月2日	人民网内容科技大赛总决赛将在厦门湖里区举办	人民网
1月7日	首届人民网内容科技创新创业大赛总决赛暨颁奖盛典在湖里区举行	人民网
1月9日	基层风采丨厦门湖里·奋斗故事：永远的英雄小八路	学习强国
1月14日	建立收运体系，预约上门回收厦门：大件垃圾处理有章可循（倾听·关注垃圾分类和资源化利用）	人民日报
1月15日	建立收运体系，预约上门回收厦门：大件垃圾处理有章可循（倾听·关注垃圾分类和资源化利用）	人民日报海外版
		人民网
		新华网
		中新网
1月17日	文化进万家丨福建省厦门市湖里区2020年三下乡进社区惠民活动启动	学习强国
1月21日	经验交流丨厦门湖里：高质量党建引领高质量发展	学习强国
1月27日	联防联控　不留死角不留盲区	人民网
		经济日报新闻客户端
1月29日	鑫海湾小区成立疫情防控指挥组：我们小区也有位闲人马大姐	央视新闻
1月30日	厦门湖里区全力防控　让小区成为防控疫情第一防线	人民网
1月31日	厦门湖里全力防控疫情：设置122个量体温检测点　覆盖城中村所有路口	人民网
2月11日	老旧小区如何防疫　厦门湖里频出高招	经济日报新闻客户端
2月11日	打赢疫情防控阻击战丨厦门市湖里区江头街道创新社区驻点特派员方式，确保防疫防控举措在一线有效落实	学习强国
2月11日	秀丨厦门湖里：空中飘来闽南腔硬核喊话自拍的阿姨、打球的帅哥和偷跑出来的小宝纷纷撤回家	学习强国
2月11日	厦门湖里区无人机空中广播小分队将祝福和提醒送进千家万户	人民日报新闻客户端
2月11日	厦门多措并举　保障企业有序复工复产	央视新闻
2月13日	基层往来丨血脉亲　手足情　厦门兴隆社区台胞积极参与防控疫情工作	学习强国
2月13日	厦门市湖里区：党旗飘扬在小区防控一线	经济日报新闻客户端
2月14日	厦门湖里硬核举措助力企业复工复产	经济日报新闻客户端
2月16日	台胞向湖北捐赠防护物资　厦门边检开辟绿色通道	央视新闻
2月18日	厦门市湖里区数字湖里事务中心12345便民服务平台快速处置疫情事件	人民网
2月18日	厦门湖里殿前街道新老高殿人筑起铜墙铁壁　加强管理助企业复工复产	人民网
2月18日	最美逆行者丨返回厦门的武汉雷神山医院建设者李中定这样对我们说……	学习强国
2月18日	经验交流丨支部建在小区上——厦门市湖里区疫情防控工作落细落实秘诀	学习强国
2月19日	她力量战疫情　巾帼上阵有大爱	人民网
2月19日	厦门湖里搭建云端会客厅　提升招商服务水平	人民网

续表 25

日　期	标　题	报道媒体
2 月 19 日	厦门湖里区青年突击队冲锋在前　奉献热血力量	人民网
2 月 1 日	厦门湖里区攻坚战疫各部门做实做细保障群众健康	人民网
2 月 1 日	党员风采丨小区马大姐马不停蹄投身战疫——湖里禾缘社区鑫海湾小区党支部书记马承云	学习强国
2 月 20 日	厦门湖里区启动千名干部深入万家企业结对联系服务行动	人民网
2 月 20 日	凝心聚力战疫情（艺文观察）丨厦门湖里区嘉福韵艺术团创演答嘴鼓《这场战役会胜利》	人民日报
2 月 21 日	厦门湖里区为抗疫一线医护人员家庭提供全方位暖心服务　解决后顾之忧	人民网
2 月 21 日	厦门市湖里区启动千名干部深入万家企业结对联系服务行动	经济日报新闻客户端
2 月 21 日	厦门市湖里区为抗疫一线医护人员家庭提供全方位暖心服务	经济日报新闻客户端
2 月 23 日	基层风采丨厦门湖里：你们驰援武汉义无反顾　我们贴心服务义不容辞	学习强国
2 月 25 日	厦门市湖里区：特派员为企业送上复工宝典	经济日报新闻客户端
2 月 25 日	厦门湖里区党员干部下沉一线面对面为企业解难题　全区开启复工复产加速度	人民网
2 月 25 日	厦门市湖里区充分发挥大城管机制全力以赴打好疫情防控阻击战	人民网
2 月 26 日	基层防疫不放松　台胞积极投身社区防控工作	央视新闻
2 月 26 日	面对面变屏对屏　福建厦门签约 60 个项目总投资超 328 亿元	经济日报新闻客户端
2 月 26 日	复工复产丨厦门湖里：千名特派员深入万家企业：有困难我们帮您解决	学习强国
2 月 28 日	厦门市湖里区全力做好援鄂一线医务人员家属就医保障工作	人民网
2 月 3 日	厦门湖里区：隐形战士 24 小时待命　坚守防疫第一道关口	人民网
2 月 4 日	厦门湖里区：邻里守望相助　织密老旧小区防疫网	人民网
2 月 5 日	殿前街道嘉福社区全力做好疫情防控工作	央视新闻
2 月 7 日	秀丨厦门湖里儿童快板书：《积极配合做防控》	学习强国
2 月 7 日	湖里区：不穿白大褂的逆行者　筑起守护健康第一道墙	人民网
2 月 7 日	打赢疫情防控阻击战丨厦门湖里区：隐形战士 24 小时待命　坚守防疫第一道关口	学习强国
2 月 8 日	厦门一对夫妻分赴战场共战疫	央视新闻
2 月 8 日	基层风采丨你在高压线，我在一线，保护好自己！——厦门一个小家、两个战场、共同战疫的感人故事	学习强国
2 月 9 日	# 战疫夫妻相隔十多米的对话 #	央视新闻微博
2 月 9 日	厦门湖里：无人机双语喊话　宣传防疫传递祝福	新华网
3 月 12 日	投资额超 180 亿　厦门湖里区举行影视文旅招商项目视频签约大会	人民网
3 月 12 日	【福建厦门】复工复产加速暖企措施全面助力	央视新闻
3 月 13 日	厦门市湖里区举行影视文旅招商项目视频签约大会	人民日报《民生周刊》
3 月 5 日	厦门湖里区复工扶贫两手抓	经济日报新闻客户端
3 月 13 日	厦门湖里：云端招商为影视文旅产业发展持续加码	经济日报新闻客户端
3 月 15 日	多措并举　助企业复工复产	央视新闻
3 月 16 日	厦门湖里：下忠旧村快拆快平　奏响春天奋进曲	经济日报新闻客户端

续表 25

日期	标题	报道媒体
3月18日	厦门市湖里区高殿社区：众志成城抗疫情　爱心捐赠暖人心	人民网
3月21日	CCTV4 央视中文国际频道《中国新闻》报道厦航、厦门港《厦门向韩国友城捐赠防疫物资》	央视新闻
3月23日	厦门破解招工难介绍湖里区推进复工复产政策（湖里区后坑社区　睿和电子有限公司）	央视新闻
3月26日	CCTV-13 新闻频道《共同关注》报道高崎机场　战疫情·严防境外输入：福建厦门　守好空中大门　严防境外输入	央视新闻
3月26日	CCTV2 央视财经频道《第一时间》、报道厦门高崎机场《厦门：守好空中大门　严防境外输入》	央视新闻
3月27日	CCTV13 央视新闻频道《24 小时》、报道厦门高崎机场《战疫情　严防境外输入·福建厦门　守好空中大门　严防境外输入》	央视新闻
3月27日	CCTV13 央视新闻频道《新闻直播间》报道厦门高崎机场《战疫情·外防输入：做好口岸检疫工作　严防境外输入》	央视新闻
3月29日	秀丨创意 MV 记录厦门湖里老旧小区的防疫故事	学习强国
3月29日	复工复产丨带着春天来找你——厦门湖里按下复工复产加速键	学习强国
3月29日	厦门以节促产推动影视业发展	经济日报
3月2日	厦门湖里区：将防控推到最后一百米	人民日报《民生周刊》
3月30日	厦门湖里区落实精准防控　108 将守护鹭岛空中门户	人民网
3月30日	厦门湖里区落实精准防控　108 将守护鹭岛空中门户	人民日报《民生周刊》
3月30日	中国好人榜好人游文晃：25 年资助 615 名孩子和老人	人民日报《民生周刊》
3月30日	厦门湖里区落实精准防控　108 将守护鹭岛空中门户	央广网
3月31日	CCTV13 央视新闻频道《新闻 30 分》报道厦门高崎机场《厦门海关　细化入境健康监测流程　严防疫情输入》	央视新闻
3月31日	CCTV13 央视新闻频道《东方时空》报道厦门高崎机场《厦门海关　生产生活加快恢复　细化入境健康监测流程　严防疫情输入》	央视新闻
3月31日	CCTV13 央视新闻频道《24 小时》报道厦门高崎机场《战疫情·厦门　细化入境健康监测流程　严防疫情输入》	央视新闻
3月4日	厦门湖里为一线医务人员家人送慰问品	新华网
3月4日	秀丨厦门湖里区中小学音乐教师共同演绎《坚信爱会赢》	学习强国
3月5日	厦门湖里区复工扶贫两手抓	经济日报
3月5日	厦门湖里区组建 358 支防控志愿服务队投身小区防疫工作	中国文明网
3月5日	《新闻直播间》福建厦门　志愿有我　志愿者 24 小时为家坚守	央视新闻
3月6日	福建厦门　两岸直航客滚船中远之星恢复运营	央视新闻
4月10日	厦门市湖里区织密立体防护网　筑牢文明防疫线	人民网
4月15日	厦门市湖里区：多措并举织密织紧疫情防控立体网	人民日报《民生周刊》
4月15日	CCTV13 央视新闻频道《新闻直播间》报道厦门大学附属心血管病医院《福建厦门，升级医保电子凭证技术，率先实现刷脸就医》	央视新闻
4月27日	厦门银发志愿者让社区更温暖	中国文明网
4月27日	厦门银发志愿者让社区更温暖	新华网

续表 25

日 期	标 题	报道媒体
4 月 27 日	厦门湖里区召开慰问援鄂医护人员座谈会　致敬逆行者	人民网
4 月 27 日	厦门湖里区召开慰问支援湖北医护人员座谈会　致敬逆行者	新华网
4 月 27 日	厦门湖里区召开慰问援鄂医护人员座谈会　致敬逆行者	人民日报《民生周刊》
4 月 27 日	最美逆行者丨特别的爱给特别的你——厦门湖里将这份神秘礼物送给战疫英雄	学习强国
4 月 28 日	CCTV-1 央视综合频道《晚间新闻》报道厦门火炬高新区管委会《克服疫情影响　助力经济加速复苏：一事一策　助力高新技术产业复苏》	央视新闻
4 月 29 日	高质量发展丨厦门湖里：大干快上推动旧村整村改造全速推进	学习强国
4 月 29 日	厦门湖里区华美创业园区初心课堂开讲啦！	人民网
4 月 29 日	厦门市湖里区聚力共建共治共享夯实基层社会治理	人民网
4 月 2 日	与时间赛跑 厦门湖里区去年五项经济指标位居全市第一	人民网
4 月 30 日	厦门湖里区举办招商项目云签约　投资额超 200 亿	人民网
4 月 30 日	厦门湖里区奋力攻坚再提速　拼出岛内大提升新速度	人民网
5 月 11 日	厦门湖里打造影视产业发展福地　老工厂将变身影视梦工厂	人民网
5 月 3 日	云直播逛吃逛玩　畅享美好家庭日　厦门湖里八大商圈消费新模式	人民网
3 月 29 日	厦门以节促产推动影视业发展	经济日报新闻客户端
4 月 3 日	厦门湖里：与时间赛跑　行稳高质量发展新航程	经济日报新闻客户端
5 月 3 日	云直播逛吃逛玩　畅享美好家庭日　厦门湖里八大商圈消费新模式	经济日报新闻客户端
5 月 6 日	厦门市湖里区着力构建落实阳光信访工作新成效	法治快报网
5 月 7 日	筑牢疫情防控的湖里战线　——福建省厦门市湖里区分类施策推动防控精细化纪实	学习强国
5 月 8 日	厦门市湖里区扎实推进深化大学习、提振精气神专项活动	人民网
5 月 8 日	CCTV-2 央视财经频道《经济半小时》报道厦门湖里区税务局支持《小微企业扛过疫情关》	央视新闻
5 月 9 日	厦门湖里邵火营调解工作室正式挂牌成立	人民网
5 月 11 日	厦门湖里打造影视产业发展福地　老工厂将变身影视梦工厂	人民网
5 月 13 日	厦门市湖里区全民齐参与　扮靓文明城区底色	人民网
5 月 13 日	厦门湖里区创新打造云演唱会　明星千里祝福白衣天使	人民网
5 月 14 日	厦门市湖里区表彰抗击疫情排雷兵和守门人	人民网
5 月 20 日	复工复产　复商复市丨厦门：鹭岛影视产业舒展翅膀	学习强国
5 月 20 日	央视《正点财经》报道野生鸟类进入繁殖期　厦门多举措帮筑巢	央视新闻
5 月 20 日	央视《新闻直播间》报道野生鸟类进入繁殖期　厦门多举措加大保护力度	央视新闻
5 月 21 日	福建厦门湖里区殿前街道嘉福社区：爱心之嘉　迎新纳福	人民日报新闻客户端
5 月 26 日	厦门市湖里区江头街道吕厝社区治理创新靠蜜蜂引路　酿甜蜜生活	人民网
5 月 27 日	刷新纪录的《致敬白衣天使》推特辑　27 日继续传递爱与信念	人民网
6 月 1 日	萌娃快看！这里有你的英雄爸妈	人民网
6 月 1 日	高质量发展丨湖里创新园创新驿站立足人才服务　打造综合型站点	学习强国

续表 25

日　期	标　题	报道媒体
6月1日	厦门湖里：小屋汇大爱　街边显温情	人民网
6月3日	以爱筑屋，爱心助残！厦门首批38家爱心屋来啦	人民网
6月3日	厦门市总工会为湖里区17家创新型共享职工之家授牌	人民网
6月5日	厦门湖里构建五个一爱心示范工程为岛内大提升注入新活力	人民网
4月30日	厦门湖里区兴办招商项目云签约投资额超200亿	新华网
6月5日	爱　是他们对城市最空性的告白	新华网
5月4日	加码投资中国　施耐德电气在厦门增扩产能	经济日报新闻客户端
5月4日	福建：力保薪酬增士气	经济日报新闻客户端
6月5日	爱　是他们对城市最空性的告白	经济日报新闻客户端
6月6日	走进厦门湖里区爱心工程	人民网
6月10日	生态美　厦门五缘湾片区：从潮滩到城市绿肺的变迁	学习强国
6月12日	厦门市湖里区开展抗击疫情为爱逆行无偿献血活动	人民网
6月12日	厦门湖里区殿前街道兴隆社区用三个到位打造阳光小区	人民网
6月20日	学实录　增力量 I 厦门市湖里区：追寻新思想厦门渊源再创特区发祥地发展优势	学习强国
6月23日	厦门湖里区举行读书会　两岸同胞隔空共同迎接端午佳节	人民网
6月23日	机制活 I 厦门湖里创新园：精心服务全覆盖　引才留才一站通	学习强国
7月1日	厦门湖里区举办悦游湖里26场文体活动将贯穿全年	人民网
7月1日	厦门湖里启动悦游·湖里系列文化旅游活动	经济日报新闻客户端
7月1日	厦门湖里区开展系列主题活动庆七一	人民网
7月2日	厦门湖里区兴园社区建起没有围墙的养老院	人民网
7月3日	厦门湖里区新港社区大党委开展主题党日活动　大力推进基层党建工作	人民网
7月3日	厦门湖里区纪委党支部建立每周一晚学习机制	人民网
7月4日	厦门湖里区：湖里榜样说促党课走心走实提振党员干部精气神	人民网
7月4日	厦门湖里区金安社区党委探索135N党建工作法让主题党日有形有效	人民网
7月5日	厦门湖里非公企业创新VR党建平台拓展学习无限空间	人民网
7月5日	厦门湖里区金山社区党委做实双报到工作画好党建同心圆	人民网
7月7日	厦门湖里区长乐社区暖心推出爱心诚信一条街	人民网
7月16日	厦门湖里区跨越两千公里　组团帮扶挂牌督战村	人民网
7月16日	电影展映进社区　厦门湖里区创新开展理论宣讲接地气	人民网
7月16日	厦门湖里深化东西部协作　助力临夏东乡县脱贫	经济日报新闻客户端
7月17日	【飞阅中国】厦门湖里@你：来一份夏日浪漫	新华网客户端
7月17日	基层宣讲｜厦门湖里开展家门口的电影宣讲活动	学习强国
7月17日	共奔小康｜跨越两千公里　湖里区组团帮扶挂牌督战村	学习强国
7月17日	基层党建｜厦门湖里创新园：推行四维党建营造一流营商环境	学习强国

续表 25

日　期	标　题	报道媒体
7 月 21 日	「人物志」看湖里影展策划人的创业大片	人民网
7 月 24 日	基层宣讲｜厦门市湖里区用闽南曲艺说唱宣讲新思想	学习强国
7 月 26 日	厦门湖里：推进精细化智慧化城市综合治理细琢建设高颜值城区	学习强国
7 月 28 日	厦门湖里区年逾八旬老人 36 年如一日真情拥军传佳话	人民网
7 月 28 日	厦门湖里区年逾八旬老人 36 年如一日真情拥军传佳话	人民日报客户端
7 月 28 日	【地方】厦门市湖里区：产业福地梦工厂光影之路焕新生	学习强国
7 月 29 日	厦门市湖里区扫黑除恶整治医疗行业乱象绝不手软	人民网
7 月 31 日	法治福建｜让法治阳光普照——厦门市湖里区江头街道落实七五普法取得实效	学习强国
8 月 1 日	【社会】大快人心！厦门湖里法院同日宣判两起恶势力犯罪集团案	学习强国
8 月 12 日	复工复产　复商复市｜厦门湖里区：直播牵手夜经济　消费模式再升级	学习强国
8 月 12 日	厦门市湖里区：万名志愿者齐上阵　抢险清障守护家园	学习强国
8 月 14 日	巧练绣花管出高颜值	中国改革报
8 月 14 日	餐桌文明｜厦门市湖里区：发出文明餐桌　从我做起倡议　干部群众积极响应厉行节约	学习强国
8 月 15 日	福建厦门：居民参与治理　共建幸福家园	央视《新闻联播》
8 月 16 日	福建厦门：居民参与治理　共建幸福家园	学习强国
8 月 18 日	爱心厦门　高殿社区慈善驿站暖人心	人民代表报
8 月 19 日	治理现代化｜厦门市湖里区：建设生态文明　打造两高两化中心城区	学习强国
8 月 20 日	厦门市湖里区：东部旧村整村改造掀起攻坚热潮　安置房建设加速推进	学习强国
8 月 21 日	爱心厦门｜厦门市湖里江头街道：千米爱心祥店路　文明之光惠万家	学习强国
8 月 24 日	文明实践｜厦门湖里：微节约引领用餐新风尚	学习强国
8 月 26 日	经济特区四十载：改革先行者整装再出发	人民网
8 月 26 日	厦门市湖里区政协积极打造党建+履职新模式	人民网
8 月 26 日	厦门市湖里区举办七夕文化活动　大伙晒书籍话家风祭双星	学习强国
8 月 28 日	探访厦门特区发祥地：2.5 平方公里的新生	中国新闻网
8 月 30 日	产业优｜厦门湖里区：特区发祥地　奋进新征程	学习强国
9 月 1 日	山海花园美而强——厦门经济特区建立 40 周年发展纪实	经济日报
9 月 1 日	福建厦门湖里区：先锋产业再升级　城建颜值再提升	经济日报
9 月 1 日	支部进小区　家园面貌新	经济日报
9 月 2 日	改变，让生活更美好	光明日报
9 月 3 日	纪念中国人民抗日战争胜利 75 周年｜厦门湖里区启动纪念抗战胜利 75 周年暨全民国防教育系列主题活动	学习强国
9 月 4 日	复工复产　复商复市｜厦门湖里：影视来搭台　唱响夜经济	学习强国
9 月 6 日	厦门市湖里区——改革劲头足　创新活力旺	人民日报
9 月 8 日	文明在哪里｜爱心厦门　满城芳香	中国文明网

续表 25

日　期	标　题	报道媒体
9 月 8 日	文明在哪里丨记者@厦门　告诉你	中国文明网
9 月 9 日	2020 厦洽会期间　厦门湖里区签约项目 19 个总投资额 493 亿元	人民网
9 月 9 日	2020 厦洽会湖里区举行招商大会	经济日报新闻客户端
9 月 10 日	厦门湖里发布影视取景地推介片彰显产业热土气质	新华网客户端
9 月 11 日	厦门湖里区举行集成电路产业人才实训基地签约	人民网
9 月 12 日	2020 厦门国际影视产业论坛在湖里举行　聚焦全市影视产业发展	人民网
9 月 12 日	厦门湖里区：做优人才品牌　打造芯时代生态圈	人民网
9 月 16 日	濒危候鸟仙八色鸫被困　爱鸟人士救助放生	CCTV13 新闻频道（新闻直播间）
9 月 17 日	第十六届中国俱乐部杯帆船挑战赛今日开赛	CCTV5 体育频道（帆船）
9 月 17 日	中国电影资料馆将在厦门未来电影世界设立分馆	CCTV6 电影频道（中国电影报道）
9 月 18 日	Across China: Old factories turn into creative hubs in east China	新华社客户端
9 月 21 日	厦门千名小学生义卖捐款　帮扶甘肃贫困生	中国经济网
9 月 26 日	跨越 40 年的特区印记——厦门经济特区发祥地的华丽嬗变	新华社客户端
9 月 27 日	厦门湖里区率先推出创新引才模式　共创一流营商环境	人民网
9 月 30 日	重温胶片电影独特魅力　第三届胶片电影露天放映大会在厦门开幕	CCTV6 电影频道（中国电影报道）
10 月 2 日	同心两岸话中秋	经济日报
10 月 2 日	五缘湾成了城市新客厅	经济日报
10 月 10 日	厦门湖里区：打造产城人深度融合两高两化中心城区	人民网
10 月 12 日	厦门：开放之门越开越大	改革报
10 月 12 日	厦门：开放之门越开越大	改革网
10 月 14 日	福建厦门　游客发病晕倒一车医生下车施救	CCTV13 新闻频道（新闻直播间）
10 月 15 日	视频丨福建厦门：老厂房变身梦工厂	新华社客户端：福建频道
10 月 15 日	努力续写更多春天的故事——习近平总书记在深圳经济特区建立 40 周年庆祝大会上的重要讲话引发热烈反响	新华社客户端
10 月 16 日	厦门市湖里区组织收看深圳经济特区建立 40 周年庆祝大会现场直播	人民网
10 月 16 日	厦门湖里助力脱贫攻坚云上开出致富良方	人民网
10 月 21 日	厦门湖里：全民拥军　当好后盾情暖兵心	新华社客户端：福建频道
10 月 21 日	厦门湖里区：发挥人才优势　助力健康扶贫	人民网
10 月 21 日	厦门湖里区中小学组织开展多样体育竞赛活动	人民网
10 月 22 日	海风吹进大山沟——厦门与甘肃临夏州州开展东西部扶贫协作纪实	人民网
10 月 23 日	我们的节日·重阳丨厦门：敬老活动走进社区，爱心长寿面为老人送祝福	学习强国

续表 25

日　期	标　题	报道媒体
10 月 25 日	厦门湖里区造血式扶贫　助力临夏东乡人民脱贫致富	人民网
10 月 25 日	厦门市湖里区深化东西部协作云上开出致富良方	人民网
10 月 26 日	厦门市全国最美志愿者赵亚娟：帮助别人快乐自己	人民网
10 月 26 日	第十三届海峡两岸福德文化节开幕式及颂典活动在厦门湖里区举行	人民网
10 月 27 日	卧凤是这样飞起来的：湖里人亲历的厦门经济特区四十年	新华社客户端：福建频道
10 月 29 日	厦门：全国首个新生儿医保参保报销秒批服务	央视网 CCTV 经济半小时
11 月 5 日	我国设立 10 个进口贸易促进创新示范区　厦门湖里区位列其中	人民网
11 月 11 日	福建厦门　老人着急转账基金会警银联手劝阻	CCTV13 新闻频道（新闻直播间）
11 月 12 日	福建厦门　老人着急转账基金会众人联手劝阻	财经频道（第一时间）
11 月 18 日	厦门市湖里区创新智慧化管理为城区公共安全保驾护航	人民网
11 月 19 日	厦门市湖里区江头街道党建引领助推工作稳步提升	人民网
11 月 20 日	厦门市湖里区殿前等街道汇聚八方力量共筑禁毒堡垒	人民网
11 月 24 日	福建厦门：全城金鸡　湖里区发布金鸡系列活动	中国经济网
11 月 25 日	厦门开展纪仿抗美援朝 70 周年优秀影视作品主题活动	CCTV6 电影频道（中国电影报道）
11 月 25 日	厦门市湖里区精心组织 8 场金鸡百花电影节系列配套活动	人民网
11 月 25 日	厦门湖里：构筑文化影视创意产业发展新高地　形成独特影视气质	中国经济网
11 月 26 日	第 33 届中国电影金鸡奖颁奖盛典系列活动 41 部国产新片和民族影片在厦门展映	CCTV13 新闻频道（新闻直播间）
11 月 26 日	第 33 届金鸡奖厦门执委会主任李辉跃做客《蓝羽会大咖》	CCTV6 电影频道（中国电影报道）
11 月 30 日	厦门湖里区推出超 S 计划　打造人才驿站工作品牌	人民网
12 月 4 日	厦门：大城管带来城市管理大变化	经济日报
12 月 7 日	厦门湖里：举办志愿服务论坛　力促广泛参与社会治理	中国经济网
12 月 11 日	厦门市湖里区非公领域党组织助力爱心屋建设	人民网
12 月 11 日	厦门湖里：爱心助残　非公领域党组织在行动	中国共产党新闻网
12 月 12 日	厦门：垃圾化身有机肥　绿色时尚进课堂	人民网
12 月 15 日	厦门湖里区开展禁毒宣传教育活动全面构筑六全毒品治理体系	人民网
12 月 22 日	厦门湖里爱心厦门建设汇聚合力　惠及民众	人民网
12 月 22 日	美好生活｜《阅游湖里》：新时代文明实践站	学习强国
12 月 23 日	文明实践｜厦门湖里：多方精准发力　助力爱心厦门建设	学习强国
12 月 31 日	福建厦门湖里区构筑全民禁毒一张网	人民网

2020年湖里区被福建省新闻媒体报道题录

表26

日　期	标　题	报道媒体
2月25日	你在前方冲锋　我在后方守护	福建日报
5月20日	看，鹭岛影视产业舒展翅膀	福建日报
7月31日	让法治阳光普照·厦门湖里区江头街道落实七五普法取得实效	福建日报
8月10日	利剑扫黑张正义　铁拳除恶守民安	福建日报
8月24日	厦门湖里：微节约引领用餐新风尚	福建日报
8月24日	1+4+5：爱心小区邻聚力	新福建
8月27日	俯首躬耕　破茧蝶变	福建日报
9月7日	邻里守望幸福金山——厦门市湖里区金山街道以近邻党建激发基层自治新活力	新福建
9月7日	邻里守望幸福金山——厦门市湖里区金山街道以近邻党建激发基层自治新活力	福建日报
9月7日	探索品质养老的蔡塘经验——金厝边里享晚年	新福建
9月7日	探索品质养老的蔡塘经验——金厝边里享晚年	福建日报
9月9日	特区发祥地　招商再启航	新福建
9月9日	特区发祥地　招商再启航	福建日报
9月10日	厦门湖里发布影视取景地推介片彰显产业热土气质	新福建
9月22日	老厂房变身梦工厂折射厦门经济特区40年变迁	福建频道
9月30日	以诗为桥，两岸同胞云端话中秋	新福建
10月4日	高颜值生态花园之城　五缘湾湿地公园	福建综合频道海博TV
10月5日	厦门：特区40年之社区文化与服务新篇章	福建综合频道海博TV
10月7日	特区40年之厦门速度：风雨无阻40年　四桥一隧画同心圆	福建综合频道海博TV
10月10日	全国抗击新冠肺炎疫情先进集体　厦门航空：架起抗疫空中桥梁	东南卫视福建卫视新闻
10月14日	厦门经济特区建立40周年：源头活水引领改革突围　书写开放发展新答卷	东南卫视福建卫视新闻
10月22日	海风吹进大山沟——厦门与甘肃临夏州州开展东西部扶贫协作纪实	新福建
10月26日	共享，是他们对职工最真诚的服务	新福建
11月2日	地球的肋骨上开出希望这花（厦门湖里区精准帮扶，助力临夏东乡蝶变）	新福建
11月11日	厦门湖里：提升区属医院诊疗技术水平　服务辖区群众	福建日报
12月10日	厦门湖里：人物同防，强化冷链监管仓管理	新福建
12月11日	湖里开启中医药知识进校园活动	海峡导报
12月16日	在湖里，看到两岸文创最佳融合	海峡导报
12月16日	第九届海峡媒体峰会联合采访团走进厦门特区发祥地湖里区，探寻台青的湖里故事	新福建
12月17日	视频｜瞧　这些少年不一般	福建频道
12月21日	厦门这个敬老餐厅开了五年，累计服务三万多人次！	新福建
12月30日	为全方位高质量发展超越奋力前行	海峡导报
12月31日	爱在湖里	福建日报
12月31日	助推城区发展　履职为民惠民	海峡导报

索 引

说 明

1. 本索引采取主题分析索引法编纂。主题词为《湖里年鉴（2021）》正文中出现的专业名词、名词词组为主。

2. 本索引按汉语拼音音序排列，汉字打头的条目按首字母音序排列，首字相同时，则以第二字排序，依次类推；以阿拉伯数字打头的主题词，排在最前面；以英文字母打头的主题词，列于其后。

3. 索引词条后的阿拉伯数字表示内容所在的页码，数字后的英文字母（a、b、c）表示正文中的栏（按从左至右对应 1、2、3 栏）。

4. 同一主题的内容在正文中多次出现的，在索引中按页码顺序依次列出。

5. 本卷中的《专记》《大事记》《人物》《附录》栏目内容不在索引范围内。

数字和英文

A

B

C

D

E

F

G

H

J

K

L

M

N

W

X

Y

Z